Natur – Heimat – Wandern

Östlicher
Schwäbisch-Fränkischer Wald

Probsteikirche St. Jakobus bei Hohenberg (vgl. S. 162)

Östlicher Schwäbisch-Fränkischer Wald

von
Klaus Seidel

mit Beiträgen von
Luzia Aßfalg
Herta Beutter
Immo Eberl
Bernhard Hildebrand
Emil Kost
Hans Mattern
Günther Stahl
Hans Wolf

Schwäbischer Albverein e.V., Stuttgart

Herausgegeben vom Schwäbischen Albverein e. V., Stuttgart
Schriftleitung: Theo Müller

Mit freundlicher Genehmigung der Autoren und des Konrad Theiss
Verlags konnten für die Ortsbeschreibungen und die Beschreibungen
kunsthistorischer Sehenswürdigkeiten bei den Wandervorschlägen
Auszüge aus den Büchern
    Konrad Theiss, Kunst und Kulturdenkmale im Ostalbkreis
    Manfred Akermann u. a., Kunst, Kultur und Museen im Kreis
    Schwäbisch Hall
verwendet werden.

Die Deutsche Bibliothek – CIP-Einheitsaufnahme

Ein Titeldatensatz für diese Publikation ist bei
Der Deutschen Bibliothek erhältlich.

Umschlag: Schloss und Schlosskirche in Hohenstadt
Foto: Klaus Seidel
1. Auflage 2001
© Schwäbischer Albverein e.V., Stuttgart 2001
Kommissionsverlag: Konrad Theiss Verlag GmbH, Stuttgart
Alle Rechte vorbehalten
Herstellung: Graphische Betriebe Wilhelm Röck GmbH,
74189 Weinsberg
Printed in Germany
ISBN 3-8062-1637-1

Zum Geleit

Der vorliegende Wanderführer schließt östlich an den des Naturparks Schwäbisch-Fränkischer Wald an. Sein Gebiet wird von den Städten Schwäbisch Gmünd, Schwäbisch Hall, Crailsheim, Dinkelsbühl, Bopfingen und Aalen begrenzt. Er umfasst damit die Ausläufer des Welzheimer Walds, die Limpurger und Ellwanger Berge, den Virngrund und das Östliche Albvorland, zu dem als besondere Teillandschaft das Welland westlich von Aalen gehört.

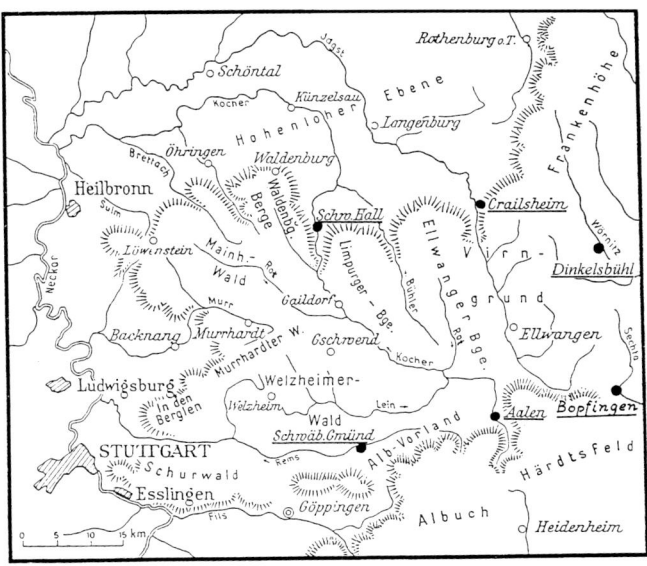

Es ist ein verhältnismäßig wenig bekanntes Wandergebiet, das aber besondere landschaftliche Reize bietet wie ausgedehnte Wälder, idyllische Täler, markante Aussichtspunkte, zahlreiche neue Stauseen (Wasserrückhaltebecken) und alte Weiher, in denen teilweise auch gebadet werden kann. Obwohl die Autobahn A 7 den Virngrund durchquert, ist das Wandergebiet weitgehend ländlich geprägt, blieb, gemessen an anderen Landesteilen, immer noch wenig berührt und

6

zeichnet sich durch Ruhe aus. Darüber hinaus ist es reich an Kunst- und Kulturdenkmälern der verschiedensten Zeiten, angefangen von der Frühgeschichte bis hin zur Gegenwart.

All dies wird erschlossen in 40 Rund-, 11 Strecken- und 9 Radwanderungen. Für diese gebührt in erster Linie unserem Wanderfreund Klaus Seidel Dank, der nicht nur die meisten Wanderungen selbst erkundet und beschrieben, sondern auch weitere Textbeiträge wie auch die meisten Farbphotos in diesem Band beigesteuert hat. Nicht weniger zu Dank verpflichtet bin ich unserem Wanderfreund Günther Stahl, der ebenfalls Wandervorschläge und Textbeiträge ausgearbeitet hat. In diesen Dank habe ich auch die Wanderfreunde einzubeziehen, die Vorschläge für Wanderungen unterbreitet haben. Ebenso habe ich den Text- und Bildautoren Luzia Aßfalg, Herta Beutter, Immo Eberl, Hans Fürst, Bernhard Hildebrand, Hans Mattern und Hans Wolf für ihre Beiträge zu danken, die sich in den einleitenden Kapiteln mit Natur, Geschichte und Kunst im Wandergebiet befassen, und damit Grundlagen legen für das vertiefte Erleben der durchwanderten Landschaften. Zu danken habe ich auch den Gemeinden, Städten und Kreisen, die durch Überlassen von Photos und anderen Unterlagen das Buch unterstützt haben, und Herrn Wolfgang Straile/Kartographisches Institut, der in bewährter Weise die Wanderkarte bearbeitet hat. Schließlich ist auch noch den Graphischen Betrieben Wilhelm Röck/ Weinsberg mit Herrn Eberhard Schirle zu danken, die auch diesen Wanderführer schön gestaltet und gedruckt haben.

Der Wanderführer wird der Öffentlichkeit mit der Hoffnung übergeben, dass er viele motiviert, die vielseitigen und reizvollen Landschaften des östlichen Schwäbisch-Fränkischen Waldes zu erwandern und zu erleben, und dass er die Wanderer sicher zu lohnenden Zielen führt. Mit den einleitenden Kapiteln und den knappen Erläuterungen bei den Wanderungen kann sich jeder Wanderer über Natur, Geschichte und Kultur informieren, womit der Wanderführer zugleich eine kurz gefasste Heimatkunde darstellt.

Stuttgart, im Frühjahr 2001
Prof. Dr. Theo Müller
Vizepräsident und Schriftleiter
des Schwäbischen Albvereins

Inhalt

Geleitwort   5

Geologischer Aufbau, Landschaft, Naturschutz   9
von Hans Mattern
Geographisch-geologischer Überblick – „Gipskeuperlandschaft" – Landschaft des Sandsteinkeupers – Knollenmergel,
Liashöhen, Stubensandsteinland – Albvorland (Schwarzer Jura
oder Lias) und Albvorhügel (Brauner Jura oder Dogger)

Der Limes: Eine Kulturgrenze?   38
von Bernhard Hildebrand
Bemerkungen zum Forschungsstand – Der Limesverlauf
und die natürlichen Voraussetzungen – Limes und Geologie –
Der Limes und die natürlichen Wegsamkeiten – Der Limes und
der vorgeschichtliche Siedlungsraum – Zur Trassenführung der
Strecke 12

Zur Geschichte des Wandergebiets   48
von Immo Eberl

Alte Höhenwege durchziehen das Limpurger Land   60
von Emil Kost †
Die Kohlstraße als Überlandweg der Vorzeit und des Mittelalters

Das Limpurger Holz und das Haller Salz   65
von Herta Beutter

Virngrundweiher und Glänzende Seerosen   74
von Hans Wolf

Von den neuen Stauseen im östlichen Schwäbisch-Fränkischen
Wald   77
von Günther Stahl

Städte, ihre Geschichte und Bauten
  Aalen   84
  bearbeitet von Klaus Seidel

  Crailsheim   91
  bearbeitet von Günther Stahl

Dinkelsbühl   96
bearbeitet von Klaus Seidel

Ellwangen   101
bearbeitet von Klaus Seidel

Gaildorf   111
bearbeitet von Luzia Aßfalg

Schwäbisch Gmünd   116
bearbeitet von Günther Stahl

Schwäbisch Hall   120
bearbeitet von Günther Stahl

Wanderungen   127
von Klaus Seidel
  Hinweise zu den Wanderungen   127
  Abkürzungen im Text   128
  Abkürzungen der Besonderheiten   128
  Übersicht der Wanderungen   129
  Auf den Spuren der Römer   132
  Kochertalexpress   132
  Rundwanderungen   134
  Streckenwanderungen   256
  Radwanderungen   293

Geschichte, Kunst und Kultur in Museen und Galerien 332

Aussichtstürme, Wanderheime   338

Literaturhinweise   340

Die AutorenInnen   341

Register   342

Hans Mattern

Geologischer Aufbau, Landschaft, Naturschutz

Geographisch-geologischer Überblick

Betrachtet man eine geologische Karte unseres Landes, so zeichnen sich dort auch für den Nichtfachmann die Großlandschaften Südwestdeutschlands unverkennbar ab, ein klarer Beweis, wie sehr diese durch die erdgeschichtlichen Vorgänge und die Gesteine, die in deren Verlauf an die Oberfläche gelangt sind, bedingt werden: Oberrheingraben, Schwarzwald und – getrennt durch die Kraichgausenke – Odenwald, die Gäulandschaften im Muschelkalk/Lettenkeuperbereich, die Keuperwaldberge, die Schwäbische Alb und Oberschwaben.

Der Schwäbisch-Fränkische Wald ist ein Teil der **Keuperwaldberge**, die am oberen Neckar schmal beginnen und sich weiter im Norden und Nordosten sehr stark ausdehnen, wobei sie sich allerdings westlich des Neckars auf einzelne Inseln beschränken, während sie im Osten zusammenhängend zu mächtiger Breite anschwellen und sich weit ins bayerische Mittelfranken fortsetzen. Mit den Löwensteiner, Waldenburger und Limpurger Bergen, der Crailsheimer Hart und der nach Norden umbiegenden Frankenhöhe erheben sie sich auf weiten Strecken sehr eindrucksvoll über die Hohenloher-Haller Muschelkalk-Lettenkeuper-Ebene.

Wenn wir hier ungefähr die Linie Hall–Gmünd als Westgrenze des „Östlichen Schwäbisch-Fränkischen Waldes" – bezogen auf Württemberg – wählen, so bleiben die Löwensteiner und Waldenburger Berge, der Mainhardter und Murrhardter Wald sowie, von Ausläufern abgesehen, der Welzheimer Wald außerhalb. Er lässt sich vor allem durch Flusstäler in mehrere Einzelgebiete gliedern, die sich freilich nicht durchweg scharf gegeneinander absondern. Auch sind manche Bezeichnungen schwankend und werden unterschiedlich gebraucht. Verhältnismäßig klar schälen sich die **Limpurger Berge**, begrenzt durch Kocher- und Bühlertal heraus, die ihren Namen einem einst hier herrschenden Adelsgeschlecht verdanken. An sie schließen sich zwischen der Bühler und der Jagst die **Ellwanger Berge** an, ebenfalls nach einem alten Territorium, der Fürstpropstei Ellwangen, benannt. Im südlichen Teil schlägt man oft auch die Gegend östlich der Jagst bis etwa

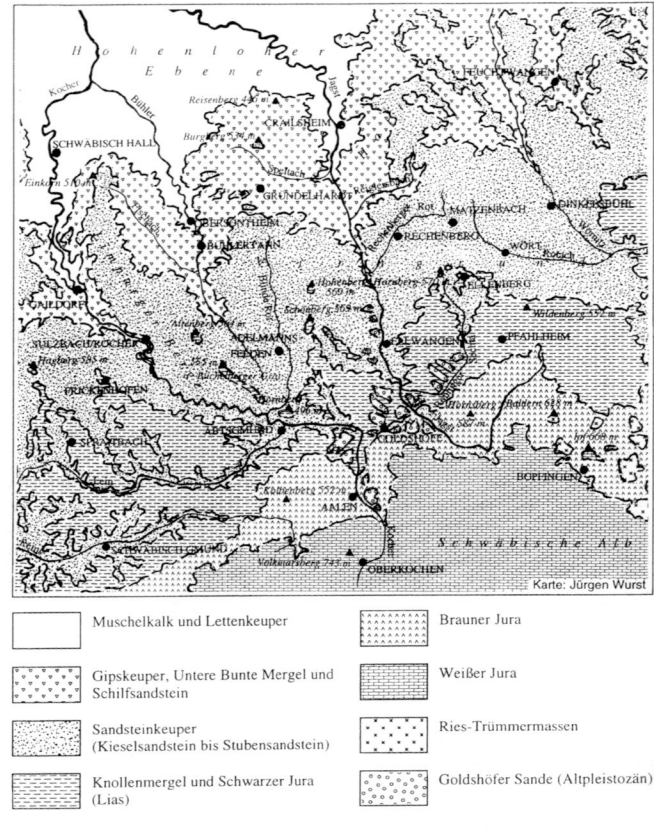

	Muschelkalk und Lettenkeuper		Brauner Jura
	Gipskeuper, Untere Bunte Mergel und Schilfsandstein		Weißer Jura
	Sandsteinkeuper (Kieselsandstein bis Stubensandstein)		Ries-Trümmermassen
	Knollenmergel und Schwarzer Jura (Lias)		Goldshöfer Sande (Altpleistozän)

Östlicher Schwäbisch-Fränkischer Wald mit angrenzendem Albvorland.
Geologische Verhältnisse, wichtige Orte, Gewässer und Erhebungen.
Stark vereinfacht.

zur Landesgrenze zu den Ellwanger Bergen. Sie decken sich dann
weitestgehend mit dem **„Virngrund"**, ein Begriff, der im Mittelalter
(Virigrund, Virgrund und verwandte Formen) viel umfangreicher
gefasst worden war. Nach Norden folgt auf den (östlichen) Virngrund

ohne scharfe Grenze die **Crailsheimer Hart**, die ihrerseits in die Frankenhöhe übergeht.

Die Stufe, mit der sich die Schwäbisch-Fränkischen Waldberge über die Hohenloher Ebene erheben, bleibt östlich des Kochers bescheidener als weiter im Westen, in den Löwensteiner und Waldenburger Bergen. Doch der **Einkorn** bei Schwäbisch Hall bildet einen mächtigen „Eckpfeiler" der Limpurger Berge gegen Nordwesten, und ihre Randhügel weiter im Osten bei Sulzdorf zeigen eindrucksvolle, unverwechselbare Gestalt. Allein stehend, wirkt der Crailsheimer **Burgberg** mächtiger als seiner vergleichsweise bescheidenen Höhe entspräche und im Osten von Crailsheim raffen sich die Hügel wieder geschlossen zu 100/120 m über ihr Vorland aufsteigenden Rücken. Mit breiten, trichterförmigen Buchten öffnen sich das **Jagsttal**, das **Bühlertal** und – am stärksten ausgeprägt – das **Kochertal** in die **Hohenloher-Haller Ebene**. Es sind die wichtigsten Entwässerungsadern unseres Raumes. Nur ein schmaler Streifen im Osten und Südosten gehört zum Einzugsgebiet der **Wörnitz** und damit der Donau.

Aufgebaut wird der östliche Schwäbisch-Fränkische Wald aus den Ablagerungen des **Mittleren Keupers**: in mehrfachem Wechsel Mergel und Sandsteine, dazu in geringerem Umfang Gips und Steinmergel. Er ist bei weitem das mächtigste Glied des Keupers, der sich seinerseits mit

Bühlertal mit Bühlertann. Am Rande des Tales Gipskeuperhügel, deren „Dach" von der Engelhofer Platte gebildet wird und die teilweise Wacholderheiden tragen. Im Hintergrund bewaldete Schilf- und Kieselsandsteinhöhen. *Aufn.: K. Seidel*

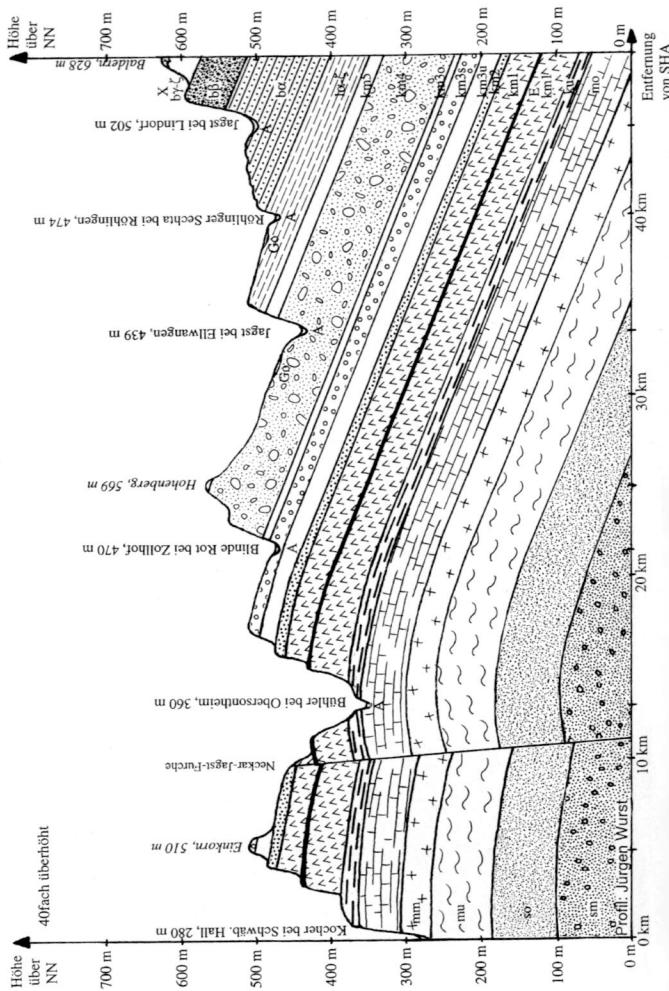

dem Buntsandstein und dem Muschelkalk zur **Trias** vereint. Diese bildet mit Jura und Kreide das Erdmittelalter.

In der Triaszeit waren große Teile Mitteleuropas ein Ablagerungsraum (Germanisches Becken), der nur beschränkte Verbindungen zum Weltmeer besaß. Während in der Muschelkalkzeit dort ein Meer wogte, trat in der darauffolgenden Keuperzeit der Meereseinfluss zurück. „Im Mittleren Keuper hat das Meer für die Schichtbildung im Germanischen Becken nur noch geringe Bedeutung. Die Ränder des Beckens steigen stärker auf. Ihre Schuttmassen werden in die Senke verfrachtet von Flüssen, die teils in Seen münden, teils im Sande versiegen, von Schichtfluten, die auf gelegentliche Wolkenbrüche zurückgehen, aber auch vom Winde, der feineres Material ausbläst und beckenwärts wieder abläd, teils auf trockenem Land, teils in Sümpfen und Seen, teils im flachen Meer" (**Georg Wagner**). Im Unteren Keuper (Lettenkeuper) behauptete sich der marine Einfluss am stärksten und auch der unterste Bereich des Mittleren Keupers ist großenteils eine Meeresablagerung: seine Grundgipsschichten entstanden im flachen Meer, das starker Eindampfung unterlag und nur eingeschränkten Wasseraustausch zum Weltmeer besaß. Aus den benachbarten Festländern wurde tonig-mergeliges Material in das Becken geschwemmt. Die Steinmergelbänke entstammen flachem Wasser, teils marinem, teils brackischem mit stark ausgesüßtem Charakter. Flüsse und große Schichtfluten brachten den Sandstein. Nach neuer Auffassung stammt der Schilfsandstein – wie zuvor schon der Sandstein des Lettenkeupers – von weit her, vom skandinavisch-baltischen Raum. Kiesel- und Stubensandstein dagegen kommen aus der „Nähe", vom böhmisch-vindelizischen Festland im

Östlicher Schwäbisch-Fränkischer Wald mit angrenzendem Albvorland. Querprofil von Nordwesten nach Südosten: Einkorn bei Schwäbisch Hall – Ellwangen – Baldern. Sehr stark schematisiert.

A	Auelehm (Holozän)	km3u	Untere Bunte Mergel
Go	Goldshöfer Sande (Altpleistozän)	km2	Schilfsandstein
X	Ries-Trümmermassen (Jungtertiär)	E	Engelhofer Platte (im Gipskeuper)
bγ-ζ	Brauner Jura γ-ζ	km1	Gipskeuper
bβ	Brauner Jura β = Eisensandstein	ku	Lettenkeuper
bα	Brauner Jura α = Opalinuston	mo	Oberer Muschelkalk
lα-ζ	Schwarzer Jura α-ζ = Lias α-ζ	mm	Mittlerer Muschelkalk
km5	Knollenmergel	mu	Unterer Muschelkalk
km4	Stubensandstein	so	Oberer Buntsandstein = Röt
km30	Obere Bunte Mergel	sm	Mittlerer Buntsandstein
km3s	Kieselsandstein		

Osten und Südosten. Im Zeitraum vor etwa 230–212 Millionen Jahren haben sich im Germanischen Becken die Ablagerungen gesammelt die, heute, im Wesentlichen in ca. 350 bis 550 m Meereshöhe, von den Kräften der Abtragung, von den klimatischen Faktoren, von der Vegetation und von menschlichem Wirken geformt, die Landschaft der Schwäbisch-Fränkischen Waldberge bilden. Gegen 300 Meter wird als ungefähre Mächtigkeit des Mittleren Keupers angegeben. Mit vielen, teils sehr erheblichen Abweichungen im Einzelnen senkt sich das Schichtpaket im Ganzen allmählich gegen Südosten. Insgesamt ist der Mittlere Keuper im östlichen Württemberg alles andere als ein Dorado für Liebhaber von Versteinerungen. Ganz ungleich spärlicher als beispielsweise im Muschelkalk zeigen sich Reste von Lebewesen.

„Gipskeuperlandschaft"
– Gipskeuper sowie höhere Schichten bis zum Kieselsandstein –

Den Sockel des Mittleren Keupers liefert der hier bis 90/100 m mächtige **Gipskeuper**. Seine Gipse, Mergel und Steinmergel treten im nördlichen breiten Randsaum unseres Gebietes um Bühler und Jagst besonders hervor, während die darüber folgenden Glieder des Mittleren Keupers zum guten Teil bereits der Abtragung zum Opfer gefallen sind und sich auf die höheren Bergrücken und Hügel beschränken. Die Täler sind viel weiter, die Landschaft ist offener, die Waldbedeckung beschränkter als unter der Herrschaft von Kiesel- und Stubensandstein. Bühler, Fischach, Speltach, Maulach und Jagst durchfließen in den vorherrschenden Mergeln und Gipsschichten breite, wiesenbedeckte Talungen mit schweren Böden. „Träg und trübe schleicht der Hauptbach durch die Wiesen, die, immer nass und sumpfig, den schwarzen Moorboden zum Untergrund haben. Die nächsten Höhen, die aus dieser trüben Ebene sich erheben, sind entweder kahle Bückel, zum Schaftrieb benützt, oder Höhen mit durchsichtigem Holz bestockt, meist Föhren mit abgeworfenem Gipfel . . ." So sieht der Geologe **Oscar Fraas** die Gipskeuperlandschaft, einerseits eine treffende Schilderung, die aber doch dem eigenen Reiz dieser von Fremden wenig besuchten Gegenden nicht gerecht wird.
Die dort, wo sie vor Auslaugung bewahrt blieben, auf ein Dutzend und etwas mehr Meter schwellenden **Grundgipsschichten** des unteren Gipskeupers, die dünne Steinmergelbänke einschließen, wurden und werden noch heute an vielen Stellen abgebaut. Ein ehemaliges Gipsbruchgelände bei Lorenzenzimmern ist seit 1985 **Naturschutzgebiet (Kirchbühl).** Die Wasserlöslichkeit des Gipses führt zu Absenkungen der Oberfläche, zu Schächten, Trichtern, Wannen sowie seichten Senken, die nur im Vorfrühling auffallen, wenn in ihnen Wasser steht und ziehende Vögel hier rasten.

Da und dort entspringen in den Talgründen kräftige, stark gipshaltige Quellen. Berühmt war der **Gründische Brunnen** in der breiten Aue der Speltach bei Unterspeltach. Aus beträchtlicher Tiefe stieg kristallklares Wasser zwischen weißen Gipsfelsen empor. Die „Regulierung" des Baches in den dreißiger Jahren hat zur Zerstörung dieses schönen Denkmales der Natur geführt. Doch eine neu aufgebrochene Quelle zeigt, dass die Wasser der Tiefe trotz Gewaltmaßnahmen des Menschen ihren von Gestein und Schichtlagerung vorgeschriebenen Weg zu finden wissen. Hoch erfreulich und vor wenigen Jahren noch nicht zu ahnen, dass man heute versucht, „regulierte" Bäche wieder zu „renaturieren". Zu den ersten Beispielen im Land gehören Speltach und Honhardter Steinbach.

Ihre schönste Ausprägung in ganz Südwestdeutschland erreicht die **Karstlandschaft des Gipses** im **Naturschutzgebiet Reisenberg** (Reusenberg). Die niedere, teilweise von der Bleiglanzbank (s. u.) bedeckte Anhöhe liegt nördlich des Burgbergs beim Weiler Maulach westlich von Crailsheim im Übergangssaum zur Hohenloher Ebene. Auf engem Raum finden sich hier in kaum überschaubarer Zahl und Mannigfaltigkeit Dolinen, von trockenen Trichtern bis zu wasser-gefüllten großen Wannen, den „Lachen". Die Einsenkungen können allmählich erfolgen oder als einmalige Einbrüche. Abgestorbene hohe Waldbäume, die zeitweilig oder auch ständig ins Wasser geraten sind, zeigen, dass sich die „Grüne Lache" in jüngster Zeit ausgeweitet hat. Sie war, wohl im Zusammenhang mit einem Erdbeben, 1911 eingebrochen. Das Häspelemoor, in einer weiten Mulde im Südwestsaum des Reisenbergs gelegen, reicht dagegen nach pollenanalytischen Untersuchungen etwa 10 000 Jahre zurück. Erdgeschichtliches, noch immer „lebendiges" Denkmal, Pollenlagerstätte in einer an pollenführenden Ablagerungen überaus armen Gegend und damit wichtiges vegetations-geschichtliches Dokument – zu diesen beiden Bedeutungen des Naturschutzgebietes gesellt sich als dritte seine Rolle als Pflanzen-standort. Er hat allerdings in den letzten zehn, zwanzig Jahren Einbußen erlitten. Rundblättriger Sonnentau, Wasserschierling und Kleinster Igelkolben, die in und an der „Schwarzen Lache" vorkamen, sind verschwunden und schon in den fünfziger Jahren hatte ich das früher hier gefundene Zarte Wollgras vergeblich gesucht. Aber manche kostbare Pflanze birgt der Reisenberg doch noch immer, so z. B. in kleinen „Mooransätzen" mehrere Torfmoosarten, in der Schwarzen Lache treibend den „fleischfressenden" Wasserschlauch, am Ufer und in dessen Nähe das Sumpfblutauge und den Sumpfhaarstrang, viele kleine Erlenbrüche mit der Walzensegge – und vielleicht kehrt doch das eine oder andere der „Verschollenen" wieder. Wer sich mit einem Mikroskop versieht, wird eine neue Wunderwelt entdecken und sicherlich werden ihm unter den zahllosen winzigen tierischen und pflanzlichen Wesen die so überaus hübsch geformten Zieralgen, wahre Schmuckstückchen, am meisten Eindruck machen.

Feste Steinmergelbänke unterbrechen die Folge der lockeren Mergel, die den Hauptteil des Gipskeupers einnehmen. Die **Bleiglanzbank** und die Engelhofer Platte sind die bekanntesten und für die Formung des Landschaftsbildes wichtigsten, treten sie doch an vielen Stellen als Stufen hervor. Vor allem die 60 cm bis zwei Meter mächtige **Engelhofer Platte**, eine teilweise feinsandige Steinmergelbank (bzw. eine Folge von Bänken), benannt nach einem Weiler in den Limpurger Bergen im Südwesten von Obersontheim, formt vielerorts eine scharfrandige Terrasse im Anstieg zu höheren Hügeln und das Dach langgestreckter Anhöhen, sehr schön ausgeprägt z. B. bei Crailsheim (Kreckelberg, Wacholderberg, Schafhalde nördlich von Alexandersreut, Burgbergge- biet) und beidseits von Fischach und Bühler bei Bühlertann-Obersont- heim.

Auf sonnigen Mergelhängen des Gipskeupers, seltener auch höherer Schichten, stellt sich oft eine wärme- und lichtliebende **Pflanzenwelt** ein. Sie ähnelt in ihrer Zusammensetzung durchaus den **Wachol- derheiden** der Alb, wenngleich sie gegen deren Reichtum zurückbleibt, zumal die Arten steiniger, felsiger Standorte fehlen. Teils weite Flächen bekleidend, teils sich auf kleine Flecken beschränkend, gibt sie dem nördlichen Teil der Keuperwaldberge besonderes Gepräge und gab dies in früherer Zeit in noch weit höherem Maße. Um zwei Drittel sind nämlich die Heiden in den Randhöhen der Crailsheimer Hart und in den Vorhügeln der Ellwanger Berge im Südwesten von Crailsheim zwischen 1900 und 1980 geschrumpft und trotz aller Bemühungen um ihre Erhaltung hat sich der Rückgang zwischen 1980 und 1990 fortgesetzt. Vor allem die kleineren Heiden sind gefährdet, die mit ihren einzel- stehenden malerischen Forchen, vollastigen Fichten, Wacholder- und Weißdornbüschen, ihrem Schlehengestrüpp und den Anrissen des blaugrauen, rötlichen und grünlichen Mergel-Untergrundes für den Charakter dieser Gegend so typisch waren und in geringerem Maße bis heute blieben. Auch gänzlich kahle Heiden entbehren keineswegs ihres eigenen, herben Reizes und wenn die sommerliche Zeit zur Neige geht, überziehen Hauhecheln, Glockenblumen, Flockenblumen und Enziane sie mit bunter Zier. Das Verständnis für ihren Wert ist leider gering, sogar bei Naturschützern. Viele ebene oder leicht geneigte Heiden dieser Art wurden unter den Pflug genommen oder in fette Wiesen umgewandelt – Kunstdünger und die heute im Übermaß vorhandene Gülle vermögen leicht solch drastischen Wandel zu bewirken. Andere Heiden wichen Fichtenaufforstungen oder aber fielen wegen man- gelnder Beweidung der Verwachsung anheim. Vor allem die Schlehe, so charakteristisch und unverzichtbar sie ist, leistet ihr kräftigen Vorschub. Sie gräbt sich damit letzten Endes selber ihr Grab, denn im dichten

Die Wacholderheiden des Keuperlandes stehen in ihrem Pflanzenbestand denen der Schwäbischen Alb kaum nach. Bezeichnend für sie sind von den Schafen gemiedene Arten, weil sie entweder stechen wie die Silberdistel (1), die Stengellose Kratzdistel (2) und der Wacholder (3), oder weil sie bitter schmecken wie die inzwischen selten gewordenen Deutscher Enzian (4) und der Fransen-Enzian (5) und die noch etwas häufiger vorkommende Bitterliche Kreuzblume (6).

Zeichnung: Th. Müller

Schatten aufgekommener Waldbäume vermag sie sich nicht zu behaupten.

Ganz so trostlos, wie es nun vielleicht klingen mochte, ist es um die Keuperheiden trotzdem nicht bestellt. Noch finden sich Wacholderheiden oder doch wenigstens kaum gedüngte, magere Weiden auf den Hügeln von Michelbach an der Bilz und am Einkorn in der Kochertalbucht, an den Hängen des Fischach- und Herlebachtales, im

Bühlertal, im Speltachtal, im Honhardter Steinbachtal und im östlichen Teil des Naturschutzgebietes Reisenberg, vor allem aber in den Vorhügeln der Crailsheimer Hart im Südosten der Stadt. Die dortige Heidelandschaft im Reiglersbachtal bei Weipertshofen-Siglershofen, um Wittau-Lohr und auf dem „Wächeldersberch" (Wacholderberg) bei Westgartshausen besitzt im Keuperbergland ganz Württembergs nicht ihresgleichen. Dem **„Wächeldersberch"** gebührt, ohne die anderen abzuwerten, der erste Rang. Prächtig die Wacholderbüsche in all' ihrer Mannigfaltigkeit an Formen, die Weidbuchen, die baumförmigen Feldahorne, die einzeln oder in Gruppen stehenden mächtigen Eichen, die Berberitzen im Schmuck ihrer zierlichen, orangefarbenen Früchte, die vielen Silberdisteln und die leuchtend blauen Bestände des Frühlingsenzians! Doch auch die „üblichen" Heidepflanzen sind nicht gering zu schätzen: Dornige Hauhechel, Rundblättrige Glockenblume, Sichelblättriges Hasenohr, Kleine, Große und Schlitzblättrige (Weiße) Brunelle, Stengellose Kratzdistel, Wollkratzdistel (gern an weit ruderalisierten Stellen), Golddistel, Thymian, Dost, Wirbeldost, Hügelmeister, Wiesenflockenblume u. v. a. Leider haben sich die beiden „Herbstenziane", der Deutsche und der Gefranste, in den letzten Jahren rar gemacht. Hellgraue Steinbrocken treten auf der zum Teil bäuerlich genutzten Hochfläche des Wacholderberges an vielen Stellen zu Tage. An größeren Anrissen lässt sich die Engelhofer Platte, der sie entstammen, als zusammenhängende Schicht sehen. Sie bildet das Dach dieses wie eine schmale Landzunge von den höheren Bergen nach Westen in die Crailsheimer Bucht vorstoßenden Rückens. Schon seit 1959, erweitert 1971, steht ein Teil des Wacholderberges unter Landschaftsschutz, vor allem um eine Handhabe gegen weitere Aufforstungen zu besitzen, die in den zwanziger Jahren oder etwas früher im Westen und nach dem letzten Krieg im Südwesten die Heide verdrängt haben. Seit 1995 ist sie (samt dem nahegelegenen, an Feuchtflächen reichen, obersten **Hammersbachtal**) **Naturschutzgebiet (Wacholderberg-Geigerswasen).** Die allermeisten **Keuperheiden** zwischen Kochertal und Crailsheimer Hart sind als **Landschaftsschutzgebiete** oder auch als **Naturdenkmale** geschützt. Der Rang eines Naturschutzgebietes gebührt außer dem Westgartshausener Wacholderberg auch der Heidelandschaft um Wittau-Lohr!

In den Verwandtschaftskreis der Heiden gehören die **Eichenhaine** in der Crailsheimer Umgebung, vor allem bei Gründelhardt, Jagstheim, Westgartshausen und Waldtann. Einst angelegt, um durch Schweinemast die kargen, kahlen Flächen gründlicher zu nützen, erfreuen uns heute ihre mächtigen, licht stehenden Bäume, neben Eichen da und dort Buchen und Linden. Auch sie genießen Schutz als flächenhafte Naturdenkmale oder Landschaftsschutzgebiete, der **Crailsheimer „Eichwald"** als **Naturschutzgebiet**.

Heiden und Haine lassen sich nur durch **Beweidung** erhalten –
zumindest für die größeren Flächen gilt dies ohne jede Einschränkung.
Es ist mühsam und finanziell aufwendig genug, die auch bei Beweidung
unerlässliche „mechanische Nachhilfe" zu gewährleisten, ganz abgesehen davon, dass dem Schafmaul und -tritt die Heiden ihre charakteristische Pflanzenwelt verdanken. Beweidungs- und Pflegezustand
der größeren Heiden dieses Raumes sind derzeit verhältnismäßig gut –
nicht zuletzt dank der finanziellen Unterstützung, welche die Bezirksstelle für Naturschutz zum Bau von Ställen gewährt hat: Michelbach an
der Bilz, Gründelhardt, Weipertshofen, Westgartshausen, Ellrichshausen, Satteldorf und Marktlustenau besitzen heute „Schafhäuser", die
großen Herden Unterschlupf bieten können.

Wandern wir eine Stufe höher! Der hellbräunliche, auch grünlich oder
rötliche **Schilfsandstein** bedeckt sie. Er wurde in „Strängen" abgelagert, deren Ausdehnung in der Querrichtung wenige Kilometer nicht
überschreitet. So wechselt seine Mächtigkeit auf kurzer Entfernung sehr
stark. Sie erreicht in der Umgebung von Crailsheim/Obersontheim bis
etwa 30 m („Flutfazies"), um in der „Normalfazies" („Stillwasser-
fazies") bei hohem Tongehalt gegen einen Meter zu schrumpfen. Bei
großer Mächtigkeit ist der Schilfsandstein in seine Unterlage, den
oberen Gipskeuper, eingetieft. Die vielen Brüche, in denen er einst als
begehrter Baustein gewonnen wurde, sind heute verfüllt oder stark
verwachsen. Schön zu sehen ist der feinkörnige Sandstein z. B. im
Einschnitt der Bahnstrecke Crailsheim – Nürnberg zwischen Ellrichshausen und Schnelldorf. Den Namen haben ihm fossile Schachtelhalme
verliehen, die man für Schilf hielt.

Eindrucksvoll lässt sich am Crailsheimer **Burgberg** (534 m; Land-
schaftsschutzgebiet) der Aufbau des Schichtstufenlandes erkennen. Auf
die breite Terrasse der Engelhofer Platte folgt die schmälere des
Schilfsandsteins und als dritte Verebnung das kleine Gipfelplateau,
gebildet von einer harten Steinmergelbank der **Lehrbergschichten**, die
sich zwischen die sie unterlagernden (rötlich gefärbten) **Unteren
Bunten Mergeln** und dem darüber folgenden Kieselsandstein ein-
schieben. Ihre Mergel und Steinmergel zeigen vorherrschend grünen
und hellgrauen Farbton. Obwohl nur rund 100 Meter über die weitere
Umgebung sich erhebend, bietet der Burgberg, als einsame Höhe, eine
ungemein prächtige Sicht, zum fernen Odenwald mit dem Katzenbuckel
im Nordwesten, über die grenzenlos erscheinende Hohenloher Ebene im
Norden, über die wogenden Waldrücken des Keuperlandes im Westen,
Süden und Osten, zum mächtigen, der Fränkischen Alb vorgelagerten
Hesselberg im Osten und zur „blauen Mauer" der Alb im Süden.

Landschaft des Sandsteinkeupers
– Kieselsandstein, Stubensandstein –

Nur noch einen kleinen Schritt höher hinauf und wir erreichen den
Kieselsandstein (Mächtigkeit etwa 25 bis 35 m). Seine harten Bänke
und nicht erst der weiter im Süden und Osten folgende Stubensandstein
bilden hier im östlichen Schwäbisch-Fränkischen Wald die Hauptstufe
des Keupers. Im Landschaftsbild typisch für den Kieselsandstein ist der
Plateaucharakter wie er sich nicht nur weiter im Westen, in den
Waldenburger Bergen, sondern auch in den westlichen Limpurger
Bergen darstellt. Stundenlang lässt es sich hier vom Einkorn auf nahezu
ebenen Waldwegen nach Süden bzw. Südosten wandern. Wem das
Ausschreiten auf wenig bewegter Fläche lang werden mag, dem können
das Eisbachtal und das kürzere Irsbachtal Abwechslung schaffen. Weit
oben nahe der Straße Gaildorf–Crailsheim wurzelnd, durchzieht der
Eisbach in langgestrecktem, schmalem, naturnahem Waldtal auf
beträchtlicher Strecke die Limpurger Berge bis hinab zum Kocher in
Laufen, erst im untersten Teil sich verbreiternd und Wiesen Raum
gebend. Noch weiter im Osten prägt sich der Plateaucharakter zum Teil
nur kleinerflächig, mancherorts gewissermaßen zusammengezogen zu
ebenen, spornartigen Vorsprüngen aus, z. B. in der Bergzunge von
Rudolfsberg bei Crailsheim und im Beegberg bei Ellrichshausen mit
angrenzendem Gelände. Von der Spitze eines schmalen Kieselsand-
steinplateaus sieht die wohlerhaltene Tannenburg der Ellwanger Äbte
und späteren Fürstpröpste weit ins Limpurger Land hinaus. In den
Klingen macht sich der Kieselsandstein – ähnlich wie andere harte
Sandsteinschichten und Steinmergelbänke – oft durch Wasserfälle
bemerkbar, sehr eindrucksvoll z. B. im **Naturschutzgebiet „Schlucht
des Großen Wimbachs"** bei Laufen am Kocher. Früher hat man den
Kieselsandstein im östlichen Württemberg zugunsten des Stubensandsteins eine geringere Rolle zugebilligt bzw. ihn gar nicht von diesem
geschieden. Das war nicht verwunderlich, denn im Aussehen ähneln sie
sich hier oft sehr, die **Oberen Bunten Mergel**, die beide trennen, sind im
östlichen Württemberg nur wenig mächtig, und tonige Zwischenlagen
finden sich auch in anderen Zonen innerhalb des Sandsteinkörpers.
Der gelblich-bräunliche **Stubensandstein** nimmt das Herzstück des
Schwäbisch-Fränkischen Waldes ein, nicht nur in dessen westlichem
Teil sondern trotz weitflächiger Verbreitung tieferer Schichten auch im
Osten. Hundert Meter lässt sich als „Merkzahl" für seine nicht überall in
unserem Gebiet gleiche Mächtigkeit angeben. Bei der Nähe zum
Böhmisch-Vindelizischen Land zeigt er gröberes Korn als im Westen. Er
enthält Gerölle von Granit, Porphyr, Quarzit, Kieselschiefer u. a. Den
eigenartigen Namen verdankt der Stubensandstein seiner einstigen
Verwendung als Fegsand. Während er in anderen Landsteilen mit

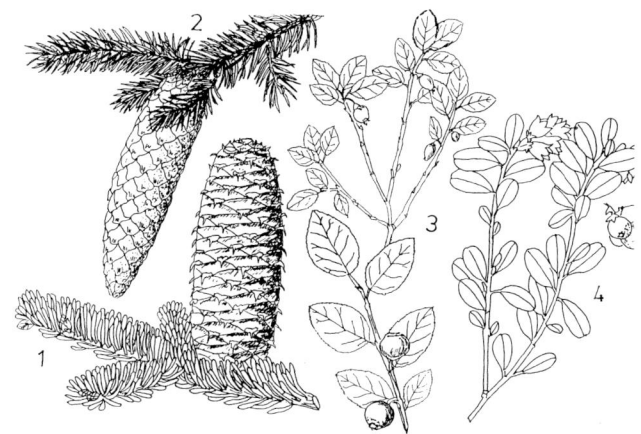

Wichtigste Baumart der Wälder der Stubensandsteinhöhen ist die Weißtanne (1). Daneben kommt die Fichte (2) vor, wobei es unklar ist, welche Rolle sie im Naturwald spielte. Weite Verbreitung besitzen Bestände mit reichlich Heidelbeersträuchern (3), zu denen sich vor allem im östlichen Virngrund spärlich die Preiselbeere (4) gesellt.
Zeichnung: Th. Müller

reichen Wirbeltierfunden aufzuwarten vermag, vermochte er derlei im östlichen Württemberg bislang nicht zu bieten. Da und dort kann der aufmerksame Wanderer jedoch „Kieselhölzer" finden.
Die Geländeformen sind unruhiger als im Kieselsandstein, doch herrschen, bei sehr starker Zertalung, gestreckte, weich gerundete Rükken, sanft geschwungene Linien. Ausgeprägte Einzelberge treten völlig zurück. Die markantesten Erhebungen im Stubensandsteinland, der Hohenberg im Nordwesten von Ellwangen, der südlich benachbarte Schönberg, die schmalen Rücken der Ellenberger Höhe mit dem Hornberg und des Büchelberger Grats sowie der Altenberg östlich von Sulzbach reichen bereits in höhere geologische Schichten (s. u.). Wohl aber zeigt unser Gebiet in seinen Tälern und unzähligen Klingen auf kleinem Raum ein vielseitiges Relief und mancherorts durchaus schroffe Züge, wenngleich Felsen größeren Ausmaßes, wie sie in den westlichen und mittleren Teilen des Schwäbisch-Fränkischen Waldes auftreten, weit seltener sind. Die Teufelskanzel am Rand der Frikkenhofer Höhe und die Teufelsküche südlich von Gschwend gehören zu

den östlichsten Bildungen solcher Art in Württemberg (geschützte
Naturdenkmale).

Eduard Paulus d. Jüngere, Kunsthistoriker, Archäologe, Denkmal-
schützer, Geograph und Dichter hat in seinem Buch „Aus Schwaben"
(1887) ein treffliches Bild des Keuperwaldlandes gezeichnet. So sei ein
(stark gekürzter) Ausschnitt wiedergegeben: „Rechts vom Neckarthale
liegen die sogenannten ‚schwäbischen Waldberge', ein großes Waldland
in einer Breite von 8–10 und in einer Länge von 15–20 Stunden, voll von
Thälern, Schluchten und Rinnen, die jäh und tief einbrechen, jede
durchrauscht von einem Bache oder Flüßchen, in den Thalsohlen saftige
Wiesen mit prächtigen wilden Laubbäumen an den Ufern, oben vielfach
versumpfter, sandiger Wald- oder Heidegrund mit einzelnen Föhren,
dazwischen ist weit auseinander mageres Ackerland mit zerstreuten
Höfen. Diese gar wenig, eigentlich nie bereisten Gegenden gehören
landschaftlich zum schönsten und ansprechendsten. Eine tiefernste
Stimmung überkommt den Wanderer in diesen vom Verkehr nie
betretenen, durch Schluchten fast unzugänglich zerrissenen Wald-
gründen, menschenarm und still, wo kaum ein Vogel mehr wohnt. Eine
Menge voll und rasch fließender Bäche, zu Seiten überall kleinere
Wasserstränge aus den Schluchten aufnehmend, durchfurchen den Wald
und gaben in Thalmulden größeren Ansiedlungen Raum. Der viele
Regen, der sich um die Waldberge hängt, läßt auch auf dem Sandboden
die Bäume prächtig gedeihen und überall mit stolzem Wuchs
empfangen uns die Wälder, immer noch durch zahlreiches Wild
bevölkert. Die Luft dieses Hochlandes, herwehend über einen bis gegen
den Neckar sich ausweitenden Waldgürtel und aufsteigend aus den
tiefen, schattigen, mit riesigen Tannen besetzten Schluchten, ist rein und
würzig, wie selten sonstwo. In den Bachgründen findet der Wanderer
schöne Weiher, hoch von Wald umschlossen; weiße Seerosen
schwimmen auf der Flut, mannshohes Schilf wogt wehmütig flüsternd
um den Rand. In warmen Sommernächten, wenn die Waldvögel stumm
werden, Glühwürmchen wie Funken ins Tannendunkel schweben und
schwinden, ist man wie zurückversetzt in fromme sagenumsponnene
Zeit, denkt an die Geschichte von der heiligen Genovefa, erzählt vom
Verfasser der ‚Ostereier', Christoph Schmid, der, im nahen Dinkelsbühl
geboren, als Kind schon diese Gegend durchstreifte. An den Weihern
rauschen Sägmühlen, an den menschenleeren Heerstraßen steht
zuweilen ein Wirtshaus bei Birken und Ebereschen, deren glührote
Beeren im Herbst diese Straßen oft wunderbar farbig säumen. Auf
Höhen und an den Berglehnen verstreut liegen unter bescheidenen
Obstbäumen Höfe und Weiler mit warmen, an der Wetterseite
verbretterten, rotangestrichenen Riegelhäusern."

Vieles ist in den hundert Jahren, seit diese Sätze geschrieben wurden,
anders geworden: Mächtige Ausweitung der Siedlungen, verbunden mit

In den südöstlichen Limpurger Bergen und den Ausläufern des Welzheimer Waldes gewinnt die Buche wieder an Boden und bildet Tannen-Buchenwälder wie im Krummbachtal bei Abtsgmünd.

Aufn.: K. Seidel

kräftigem Schub zu vorstädtischem Charakter, in jüngster Zeit selbst bei Weilern, vielbefahrene Autostraßen an Stelle „menschenleerer Heerstraßen", die nur Wege waren, der östliche Virngrund und sein Vorland zerschnitten vom Riesenband einer Autobahn, voll hastiger Unruhe, lärmvoll und fremd, auch wenn es immerhin gelang, sie aus dem Herz des großen Waldes im Nordosten von Ellwangen nach Osten zu verschieben und den Bau eines Tunnels bei Ellenberg durchzusetzen. Doch gemessen an anderen Teilen des Landes blieb der östliche Schwäbisch-Fränkische Wald gleichwohl noch immer wenig berührt und wer ihn nicht mit dem Auto durcheilt sondern gemütlich durchwandert, der wird ihn in vielen Teilen noch heute ganz ähnlich erleben wie vor einem Jahrhundert Eduard Paulus.

Hinweise zum Pflanzenkleid. **Wälder**. Um bei Paulus zu bleiben: Noch immer sind die Schluchten – und nicht nur sie – „mit riesigen Tannen besetzt". Die Weißtanne hat im mittleren und vor allem im östlichen Schwäbisch-Fränkischen Wald eines ihrer reichsten Vorkommen ganz Süddeutschlands. Pollenanalytische Untersuchungen im Virngrund beidseits der Jagst um Ellwangen sowie bei Wildenstein zeigen ihren ungewöhnlich hohen Anteil an der ursprünglichen Zusammensetzung der Wälder, während die Buche wenig wichtige, oft schlecht wüchsige

„Nebenbaumart" war, die Eiche auf armen Böden jedoch einen vergleichsweise beachtlichen Rang einnehmen konnte. Für die Fichte ergaben die Pollenanalysen so hohe Werte, dass sie sich mit Ferntransport des durch „Luftsäcke" gut flugfähigen Blütenstaubs nicht allein deuten lassen, wobei „unklar ist, welche Rolle der Baum im Naturwald spielte" (Müller und Oberdorfer). Entschieden untergeordnet im Vergleich zur Tanne war sie auf jeden Fall. Ohne beabsichtigte, aber durch mittelbare Nachhilfe des Menschen drang sie in verlichtete Wälder ein, besiedelte brach gefallenes Land in der Wüstungsperiode des späten Mittelalters und wanderte so schon früh nach Westen.

Selbstverständlich, möchte man fast sagen, mangelt es dem östlichen Schwäbisch-Fränkischen Wald nicht an Fichtenforsten; in sehr viel geringerem Grade erfuhr auch die Forche Förderung. Doch alles in allem weicht die Baumartenzusammensetzung eines guten Teiles der Wälder nicht grundsätzlich vom natürlichen Zustand ab und wenn das Streben der Forstverwaltung nach naturnahen Beständen langfristig anhält, werden sich die „Monokulturen" zumindest im öffentlichen Wald allmählich den übrigen Wäldern angleichen. Deren Bilder sind im Einzelnen so mannigfaltig wie das Relief, wie die Boden- und Feuchtigkeitsverhältnisse. Sogar kalkreiche Partien – im unteren Bereich der Stubensandsteinschichten („Fleins") und in mergeligen Zwischenlagen – fehlen durchaus nicht. Weite Verbreitung besitzen Bestände mit reichlich Heidelbeersträuchern, zu denen sich auf stark sauren Böden vor allem im östlichen Virngrund spärlich die Preiselbeere gesellt.

Der Sommer beschert den Wäldern die leuchtend roten Früchte des Traubenholunders und wenn er sich zum Abschied rüstet, schmückt er Lichtungen und Waldränder, die Böschungen von Feldwegen und trockene Säume sumpfigen Geländes mit den zarten Blüten des Heidekrauts. Weitflächig kann es den Boden sonnenreicher Forchenwälder bekleiden, manchmal zusammen mit den hellgrünen, schwammigen Kissen des Weißmooses. Auf sehr armen, doch verhältnismäßig lichtreichen Standorten vermag sich die Rentierflechte (mit verwandten Arten) gegen die Konkurrenz höherwachsender Blütenpflanzen zu behaupten. Die Flechten können da und dort sogar bestandsbildend sein. Allgemein herrscht großer Reichtum an Moosen, Farnen, Schachtelhalmen und Bärlappen. Am feuchten Grund von Hängen und an Wegböschungen, aber auch auf ebenem Waldboden wachsen üppige grüne oder rötliche Torfmoospolster. Neben den „gewöhnlichen" Farnarten findet sich vereinzelt der Rippenfarn, neben dem Sprossenden Bärlapp und dem Kolbenbärlapp, die ihrem volkstümlichen Namen „Schlangenmoos" alle Ehre machen, selten auch der weniger auffallende Tannenbärlapp und an einer Stelle nahe dem Hilsenweiher sogar der Flache Bärlapp. In Auwäldern und auf anderen feuchten

An den Bächen kann man noch die Wasseramsel beobachten.
Aufn.: H. Fürst

Standorten wächst gerne in größerer Gesellschaft der schmucke Waldschachtelhalm und so arm an Arten die ausgedehnten Seegraswiesen in feuchten Laubwäldern, verlichteten Nadelwäldern, „Schlägen" u. ä. auch sein mögen, so wird der Wanderer doch an ihren frischgrünen Teppichen Gefallen finden. Besonders gern breiten sie sich unter dem lückigen Schirm von Erlen aus. Nicht „bestandsbildend", doch typisch für Lichtungen, Waldränder und auch in der Flur sind Birke, Eberesche, Aspe und Faulbaum.
Weiter im Westen, in den südöstlichen Limpurger Bergen und den Ausläufern des Welzheimer Waldes, gewinnt die Buche gegenüber der Tanne erheblich an Boden. Über die Vorherrschaft entscheiden die örtlichen Gegebenheiten. Häufig und typisch sind hier u. a. Wälder, in denen der Waldschwingel, ein auffallendes, stattliches Gras, die Bodenschicht beherrscht. Er ist geradezu so etwas wie eine „Charakterart" in Teilen des Schwäbisch-Fränkischen Waldes. An feuchten, nährstoffreichen Stellen kann sich die Vegetation zu großer Üppigkeit steigern, u. a. aus dem Wasserdost, der Waldsimse, dem Riesenschachtelhalm und der Pendelsegge.
Verlassen wir nach diesen wenigen Streiflichtern die Wälder und wandern den **Wiesentälern** entlang, die sie durchziehen. Das landwirtschaftliche Interesse an den schmalen Auen ist zu gering, um dem

Wunsch nach Begradigung der Bäche so großen Nachdruck zu verleihen
wie in den Agrargebieten, und das Hochwasser hat man in den letzten
Jahrzehnten auf andere Weise zu bannen versucht (s. u.). So kann der
Wanderer den Bächen mit uneingeschränktem Genuss folgen, ihrem
Murmeln lauschen und das ewig gleiche Spiel der Wellen über dem
klaren, sandigen Grund genießen. Gebirgsstelzen und Wasseramseln
lassen sich beobachten und wer Glück hat, vermag einen Blick auf den
eilends dahinschießenden, metallisch glänzenden Eisvogel zu erhaschen.

In großen Sträußen haben einst Kinder und Erwachsene in den
Wiesenauen Trollblumen („Rolleblueme") gepflückt. Heute sind sie
schon fast zu Seltenheiten geworden – freilich kaum wegen den
Blumenpflückern sondern wegen Veränderungen der Lebensbedingun-
gen. Die Trollblume ist zwar keine Pflanze ausgeprägt nährstoffarmer
Standorte, doch bei starker Düngung weicht sie und früher Schnitt
bekommt ihr ebenso wenig wie Entwässerung oder Aufforstung.
Bleiben die Grundstücke ungenutzt, so ist dies auf längere Sicht in
vielen Fällen ebenfalls unerwünscht: Die Talwiese wird zum Wald und
lichtliebende Pflanzen gehen im Schatten unter. Dasselbe Schicksal wie
der allseits bekannten Trollblume widerfuhr anderen Pflanzen feuchter
Auen, z. B. dem Breitblättrigen und dem ähnlichen Fleischfarbenen
Knabenkraut, dem sehr seltenen Fettkraut sowie Pflanzen noch nässerer,
nur zur Streugewinnung geeigneter Wiesen wie dem Fieberklee und
dem Sumpfblutauge, Wollgräsern und Seggen. So gilt es, möglichst
viele Überlebende zu retten, nicht nur durch bloße Unterschutzstellung,
die für sich allein wenig hilft, sondern durch **Pflege der Wuchsorte**. Das
liest sich leicht, bedeutet aber trotz Maschineneinsatzes harte Arbeit, die
um so aufwendiger ist – auch in finanzieller Hinsicht – je geringer das
Interesse der Bauern an wenig wertvollem Futter und an Streu für die
Ställe wird. Wohin nun mit dem Mähgut? Eine oft sich stellende, noch
keineswegs befriedigend gelöste Frage.

Feuchte Wiesen fehlen oder fehlten keinem größeren Tal der
Schwäbisch-Fränkischen Keuperwaldberge. Die Neigung zu Versump-
fung ist jedoch im Allgemeinen um so größer, je geringer das Gefälle
und daher im Osten, in „Neckarferne", besonders ausgeprägt, am
stärksten wohl an der in die Wörnitz und mit ihr in die Donau fließenden
Rotach. Sicher hat der Aufstau von Weihern die Entstehung sehr
feuchter Streuwiesen im talaufwärts gelegenen Gelände gefördert.

Viele Hunderte geschützter **Naturdenkmale** – auf der Gesamtmarkung
von Frankenhardt (überwiegend der „Gipskeuper-Landschaft" zuge-
hörig) allein rund 75, von Ellwangen 58 – kann der östliche Schwäbisch-
Fränkische Wald vorzeigen: Einzelbäume, Baumgruppen, Feldgehölze,
Hohlwege, Weiher, Altwasser, Quellen und mit an wichtigster Stelle
eine große Zahl von „**Feuchtflächen**" unterschiedlichster Art, von der

Mit etwas Glück kann man auch einen Blick auf den dahinschießenden Eisvogel erhaschen. Das Bild zeigt einen Eisvogel im Anflug an seine Bruthöhle. *Aufn.: H. Fürst*

Trollblumenwiese bis zum Röhricht. Zwei besonders reiche **Streuwiesen** besitzen als **Naturschutzgebiete** den gebührenden Rang: **Orbachtal** nahe Rosenberg gelegen die eine, bei der **Buchmühle** im Rechenberger Rottal die andere. Ein großer Teil der Streuwiesen liegt zudem in landschaftsgeschützten Tälern (s. u.); bei manchen waren sie sogar der wichtigste Schutzgrund, so z. B. für das Rotenbachtal westlich von Ellwangen. Bestmöglichen Schutz, über Verordnungen hinaus, und ungehemmte Möglichkeit für Pflegearbeiten bietet der Erwerb durch das Land. Hiervon wurde gerade im östlichen Württemberg sehr ausgiebig Gebrauch gemacht und die „Feuchtflächen" nehmen dabei einen besonderen Rang ein.

Weiher. „Der nordöstliche Teil des Waldes ist weniger tief von Schluchten zernagt, aber durchlöchert von vielen Seespiegeln, wie um die Nähe der alten Reichsstadt Dinkelsbühl anzuzeigen, wohin auch manche dieser Wälder und Weiher zum Teil noch heute gehören. Dinkelsbühl, jetzt still und wenig verkehrsam ... wirkte bestimmend weit herein in den Ellwanger Wald; sein Anblick rundet unser Landschaftsbild ab in bedeutsamer Weise" (**Eduard Paulus**). Wie Dämme mitten im Wald und im Wiesengrund sowie alte Karten zeigen, sind viele Weiher trocken gelegt worden. Trotzdem gehört der östliche Virngrund noch immer zu den weiherreichsten Gegenden ganz

In feuchten Talwiesen kommt gelegentlich noch die Trollblume in größeren Beständen vor.   *Aufn.: H. Fürst*

Süddeutschlands. Das „**Weiherland**" beginnt im Norden bereits in der Umgebung von Neustädtlein–Bernhardsweiler–Lautenbach–Wildenstein mit dem Rohrweiher, dem Brettenweiher, dem Stockweiher, der Weiherkette an der obersten Rotach und anderen, um bei Wört–Ellenberg–Stödtlen seine schönste Ausprägung zu erfahren. Die Anlage der Weiher war mit vergleichsweise geringer Veränderung des natürlichen Geländes verbunden. Die wannenartige Form der Täler und tonreiche, wasserstauende Schichten im Stubensandstein haben sie begünstigt. Viele Weiher reichen bis weit ins Mittelalter zurück. Sowohl die Abtei und spätere Fürstpropstei Ellwangen wie das reichsstädtische Spital Dinkelsbühl widmeten sich der Fischzucht. „Es hat gut fisch, vögel, wilpret, vil weyer", schrieb **Sebastian Münster** um die Mitte des 16. Jahrhunderts in seiner berühmten Kosmographie über das „lendlin" „Viragrund". Und von Dinkelsbühl meint er, wohl etwas übertreibend, es habe „so vil weyer als tag im jahr seind". Viele dienten mehreren Aufgaben, neben der Fischzucht auch als Stauhaltung für Sägmühlen, Mahlmühlen, Ölmühlen u. a.

Immer wieder habe ich die Überraschung von Besuchern erlebt, wenn sie hören, die Weiher seien von Menschenhand entstanden, so sehr bilden sie mit ihren Vernässungs- und Verlandungszonen natürlich anmutende Glieder der Landschaft. Sie liegen „mitten im Walde in größter Abgeschiedenheit und tiefstem Naturfrieden". In abgewandelter Art galt dieses Prädikat des Botanikers und Pfarrers **Julius Hanemann** aus dem Jahre 1924 damals auch für die im freien Gelände gelegenen Weiher. Als in den sechziger Jahren sich stärkerer Verkehr zu regen begann, bereitete die Bezirksstelle für Naturschutz eine Landschaftsschutzverordnung vor, die etwa dreißig Weiher umfasste und 1973 in Kraft trat. Die Weiher im oberen Rotachtal genießen diesen Schutz schon seit 1967, der Rohrweiher bei Wäldershub und der Stockweiher bei Wildenstein seit 1959. Selbstverständlich beschränken sich die Bemühungen um den Schutz von Weihern und ihrer Umgebung nicht auf den östlichen Virngrund. Im westlichen liegen neben manch anderen z. B. der obere Teil des Espachweihers, Sägweiher, Grießweiher und Sekretärweiher bei Neuler/Ellwangen in **Landschaftsschutzgebieten**, und die vielen, meist kleinen Weiher, die als **Naturdenkmale** Schutz genießen, verteilen sich über das ganze Gebiet. Als Beispiele nennen will ich nur die beiden Neuweiher, den Muckenweiher und den Unteren Straßenweiher bei Ellenberg, die Ellwanger Schlossweiher, den Dankoltsweiler Weiher, den Treibsee bei Kammerstatt, den Hofsee bei Sulzbach und einen Weiher beim Ölhaus im Westen von Crailsheim, alle mit Verlandungs- und Versumpfungsgebieten und manche mit prächtigem Baumbestand.

Mit wachsender Motorisierung stieg die Bedrohung der Weiher durch Freizeit- und Angelbetrieb. So erfuhren zwischen 1983 und 1990 mehrere Weiher im Einzugsgebiet der Rotach nahe Wört im östlichen Virngrund eine „Rangerhöhung" zu **Naturschutzgebieten**: die noch immer „in größter Abgeschiedenheit und tiefstem Naturfrieden" gelegene **Weiherkette beim Spitalhof**, **Birkenweiher mit Ober- und Unterholzweiher**, **Breitweiher mit Hilsenweiher** sowie der **Auweiher**, samt Röhrichten, Groß- und Kleinseggenbeständen, Torfmoospolstern, Sumpfwiesen, Borstgrasrasen, Pfeifengraswiesen, Heidekrautbeständen und malerischen Waldsäumen.

Jeder Weiher hat seinen eigenen Reiz und birgt eigene Kostbarkeiten. Zu den größten gehören die Glänzende Seerose, die im Virngrund die einzigen Standorte unseres Landes besitzt, Kammfarn, Wassernabel, Wasserschierling, Rundblättriger Sonnentau, Arnika, Sumpf- und Waldläusekraut – die drei letzteren, wie im ganzen nördlichen Württemberg, stark zurückgegangenen –, Zungenhahnenfuß, (ob noch?), Sumpfgreiskraut, Sumpfmiere sowie einige Seggenarten. Doch auch Breitblättriges, Fleischfarbenes und Kleines Knabenkraut, Fieberklee und Sumpfblutauge, Pfeilkraut und Wasserfenchel, Nadelsimse und Schmalblättriges Wollgras sind bemerkenswert. In der gemächlich zur Wörnitz fließenden Rotach findet sich neben dem Pfeilkraut die Schwanenblume.

Im und am **Auweiher**, dem größten Weiher im württembergischen Teil
des Virngrunds, und in seiner unmittelbaren Umgebung sind nicht
weniger als 220 Blütenpflanzenarten nachgewiesen worden. Die Mühle
an seinem Damm erscheint urkundlich bereits 1379. Sie befand sich im
Eigentum des Spitales der Reichsstadt Dinkelsbühl. Vermutlich besitzt
der Weiher dasselbe Alter wie die Mühle. Wie Karten zeigen, ist seine
Wasserfläche seit anderthalb Jahrhunderten stark geschrumpft, ein
Prozess, der sich zur Gegenwart mit beängstigender Geschwindigkeit
fortsetzt. Kein Wunder! Die kräftige Rotach, die ihn durchfließt, führt
düngende Stoffe aus häuslichem Abwasser, aus Äckern und Wiesen in
beträchtlichem Maße zu. Üppig gedeihen Schmalblättriger Rohrkolben
und Kalmus, aber auch Schilfröhricht und Großseggenbestände. Der
Auweiher liefert ein Musterbeispiel für die bedenkliche Entwicklung,
die viele alte Weiher eingeschlagen haben. Angelbetrieb ersetzt die
frühere **Teichwirtschaft**. Sie war mit herbstlichem Ablassen, teils
jährlich, teils alle zwei oder drei Jahre, verknüpft. Dies hatte die
Anhäufung faulenden, organischen Materials gebremst (Beschleuni-
gung der Verrottung an der Luft, Wegtransport von Ablagerungen beim
Ablassen des Weihers und bei frühjährlichem Hochwasser). Das
Röhricht wurde zur Streugewinnung gemäht. Der Kalmus diente auch
arzneilichen Zwecken. Wiedereinführung der Teichwirtschaft bei allen
wichtigeren Weihern muss daher das Bestreben des Naturschutzes sein.
Beim Oberholz-, Birken- und Unterholzweiher, Hilsen- und Breitweiher
sowie den Weihern der „Kette" beim Spitalhof blieb sie erhalten und
wurde in den Schutzverordnungen als zulässige Nutzung festgeschrie-
ben. Im Übrigen werden – wie am Unterholzweiher um 1990
durchgeführt – beim Auweiher und einigen anderen zumindest mittel-
fristig gesehen **Entlandungsarbeiten** unerlässlich sein, mag dies auch
zu Proteststürmen vieler Botaniker, Zoologen und Naturschützer führen.
Wenn in erheblichem Umfang häusliches Abwasser oder auch Sand
anfällt, wäre der Bau von Vorbecken als Sedimentfang angebracht.
Bedarf es besonderer Erwähnung, dass die Weiher und ihre Ver-
landungs- bzw. Versumpfungsgebiete zahlreichen **Vogelarten** Brut-,
Nahrungs- und Raststätten bieten? Am Auweiher ist zwar der
Drosselrohrsänger verschwunden, doch brüten dort noch immer
Wasserralle, Zwergtaucher, Teichhuhn, Sumpf- und Teichrohrsänger,
Rohrammer, Reiher- und Tafelente sowie in der Nähe in manchen Jahren
der Eisvogel. Neuerdings hat im Rotachtal der **Biber** Einzug gehalten.
Zu Freizeitbetrieb und unnatürlich rascher Verlandung können für die
Weiher noch drastischere Gefahren kommen. Die Straße von Ellwangen
nach Dinkelsbühl sollte mitten durch den Auweiher geführt werden!
Nach langen Verhandlungen beschränkt man sich jetzt auf eine
Verbreiterung des Dammes – und würde gut daran tun, ganz auf einen
Ausbau zu verzichten und etwas weniger und langsamer zu fahren!

*Wie die Trollblume ist
auch das Breitblättrige
Knabenkraut selten
geworden.
Aufn.: H. Fürst*

Zur Weiherlandschaft gehören **Mühlen**. Die moderne Entwicklung hat fast alle in Mitleidenschaft gezogen. Ihre Räder, ihre technischen Anlagen zerfallen, die alten schutzwürdigen Gebäude ebenso, manche wie z. B. die Holzmühle an der Orrot bei Rosenberg, die „Öl- und Sägmühle" im Tal der Blinden Rot und die Heimatsmühle am Kocher bei Hüttlingen wurden zu modernen Großbetrieben.

Vom alten, naturfeindlichen Rezept der **Bach-** und **Flussbegradigungen** zur Vermeidung von Hochwasserschäden waren die Wasserbauer in den Fünfziger Jahren mancherorts abgekommen. **Rückhaltebecken** entstanden in großer Zahl im Einzugsgebiet der Lein als wichtigstem Zufluss des oberen Kochers und an den Seitenbächen der Oberen Jagst – in den Augen der Naturschützer zwar eine deutlich bessere Alternative, doch durchaus nicht alle gern gesehen. Während die Lein auf ihrem langen Lauf ihre schönen Wiesenmäander – von vergleichsweise kleinen Ausnahmen abgesehen – behalten hat, musste sich die Jagst trotz der Becken zwischen Schwabsberg–Ellwangen–Rindelbach in ein künstliches Bett pressen lassen. Manche Rückhaltebecken, am stärksten ausgeprägt an den Zuflüssen der Röhlinger Sechta im östlichen Virngrund, haben sich zu Erholungsgebieten mit großen Dauer-Campingplätzen entwickelt. Es gelang zwar, den anfänglichen Wildwuchs zu kanalisieren, doch die Erschließung bisher unberührter Täler für den Freizeitbetrieb bleibt. Dass die Becken allmählich manches von ihrem ursprünglich technisch betonten Charakter verloren haben, dass sie sich an den Säumen vor allem im obersten Abschnitt zu wertvollen Pflanzenstandorten und für die Vogelwelt zu wichtigen Lebensräumen

Das recht wellige Gelände eines Knollenmergel-Rutschhanges bei Neuler-Bronnen.   *Aufn.: K. Seidel*

entwickeln können – das **Vorbecken des Bucher Staubeckens** und der **Stausee Stockmühle** wurden sogar **Naturschutzgebiete** – sei auf der Gegenseite nicht verkannt. Auch mindern sie den „Freizeitdruck" auf die Weiher.

Trotz dieser und anderer Eingriffe, das sei ausdrücklich festgehalten, gehört der östliche Schwäbisch-Fränkische Wald nach wie vor zu den am wenigsten berührten Gegenden unseres Landes und kann an Reiz und Reichtum durchaus mit viel bekannteren und besuchteren in Wettstreit treten. Die Schaffung von **Landschaftsschutzgebieten** möge zu ihrer Erhaltung beitragen. Ich erwähnte bereits Heiden und Haine sowie Weiher als Schwerpunkte. Weitere sind zum einen der Keuperstufenrand (Saum der Limpurger Berge gegen die Kochertalbucht zwischen Buchhorn und Einkorn und gegen die Haller-Hohenloher Ebene zwischen Sulzdorf und Hessental sowie Teile der Crailsheimer Hart und ihrer Ausläufer), zum anderen die wichtigsten Täler: Das Jagsttal zwischen Rindelbach bei Ellwangen und Crailsheim und eine ganze Reihe von Seitentälern (Strütbachtal bei Buch, Frankenbach-Sitzenbachtal und Rotenbachtal bei Ellwangen, Teil des Fischbachtals bei Keuerstadt, Tal der Rechenberger Rot (Rotbachtal), Orrottal bei Schweighausen, Reiglersbachtal bei Weipertshofen/Stimpfach, Degenbachtal bei Alexandersreut/Jagstheim, Kühnbachtal bei

Crailsheim); zum Flussgebiet der Wörnitz gehörend das Trutenbachtal bei Mariäkappel und das Schönbachtal mit dem Kreßberg bei Marktlustenau; das Kochertal auf dem Gebiet des Kreises Schwäbisch Hall sowie viele Täler seiner Zuflüsse, zuvorderst die bedeutendsten der Lein und (in großen Teilen) der Bühler, beide mit Seitentälern, außerdem des Fülgenbachs bei Niederalfingen, der Blinden Rot bei Adelmannsfelden, des Rötenbachs bei Untergröningen, des Eisbachs und Irsbachs bei Sulzbach. Als „Muster" eines kaum berührten, idyllischen Keupertales ist der untere Teil des **Tales der Blinden Rot** bei Pommertsweiler **Naturschutzgebiet**. Zwischen bewaldeten Hängen durchfließt der kräftige Bach über sandigem Grund in vielen Mäandern eine schmale Aue mit Wiesen, Streuwiesen, Sumpfstellen, Erlenwäldchen und Altwasserresten. Bildeten früher wasserwirtschaftliche Vorhaben eine erstrangige Gefahr für diese Täler, so treten sie heute in den Hintergrund. Um so mehr gewachsen sind aber örtlich Bedrohungen durch Bebauung und weitflächig durch Aufforstung und Verwachsung wegen Aufgabe der bäuerlichen Nutzung.

Knollenmergel, Liashöhen im Stubensandsteinland

Ungern scheidet der Wanderer von den dunklen stillen Wäldern, den einsamen Weihern, den grünen Wiesentälern des Virngrunds. Aber nach langer Wanderung genießt er doch gewiss die befreiende Weite, die sich ihm auf den Hügeln und Rücken über dem Stubensandsteinland öffnet, auf der **Frickenhofer Höhe**, dem **Büchelberger Grat**, dem Ellwanger **Schlossberg** und **Schönenberg**, der **Ellenberger Höhe** und am großartigsten, da auf allen Seiten frei, auf dem **Hohenberg** im Nordwesten von Ellwangen: Ringsum die tannendunklen Wälder des Virngrunds, im Süden die vielgliedrige Mauer der Schwäbischen Alb, im Osten der Hesselberg als Vorbote der Fränkischen. „Als einer der höchsten Punkte (569 m) steigt er über seine Umgebung in sanfter Pyramide einzeln empor und trägt auf seinem waldlosen Gipfel die aus dem zwölften Jahrhundert stammende Kirche zum heiligen Jakobus" (**Eduard Paulus**). Sie geht auf ein Priorat des Klosters Ellwangen zurück, ist in ihrem heutigen Zustand allerdings großenteils eine Rekonstruktion aus dem 19. Jahrhundert. Wie Frickenhofer Höhe, Büchelberger Grat, Ellwanger Schönenberg und Schlossberg genießt auch der Hohenberg (samt seiner Umgebung) Landschaftsschutz. Während der im groben Durchschnitt 20 m Mächtigkeit erreichende, rötliche-rotviolette, ungeschichtete, als Windablagerung gedeutete **Knollenmergel**, da leicht abtragbar, in der Regel nur an Hängen unter dem schützenden Dach des Schwarzen Juras an der Oberfläche erscheint, vermochte er es, mit dem Hohenberg einen beherrschenden

Hügel zu formen. Er ist hier sandhaltig. Bauherren fürchten den
Knollenmergel wegen seiner Neigung zu Rutschungen, die sich im
Gelände an zahllosen Hängen durch Wülste und Dellen unverkennbar
äußern. Waldfreie Teile dienen oft als Viehweiden und Obstwiesen. Da
maschinell kaum nutzbar, drohen Aufforstungen. Sie freuen den
Naturschützer wenig, weil dadurch sehr charakteristische Landschafts-
bilder in den Hintergrund treten, schöne Ausblicke und wertvolle
Lebensräume – Feuchtflora in tieferen Senken, Pflanzen magerer
Standorte auf trockenen Stellen – verloren gehen.

Wohl nirgendwo in Württemberg findet sich eine solch schöne **Heide
auf Knollenmergel** wie am **Wildenberg** bei Stödtlen (Landschafts-
schutzgebiet). Wacholderbüsche, vollastige Einzelfichten, malerische
Weißdornsträucher und ein guter Teil der von der Alb her bekannten
Heidepflanzen, dazu feuchtigkeitsliebende Arten in den Mulden, von
der Höhe aus ein prächtiger Blick hinab auf das Wäldermeer des
östlichen Virngrunds bis zu den Türmen Dinkelsbühls, einsam herr-
schend der Hesselberg – ein wenig bekanntes kostbares Fleckchen Erde
an der Grenze vom Virngrund zum Albvorland.

Fast alle über den Stubensandstein aufsteigenden Hügel und hoch-
flächenartigen Rücken reichen bis in den unteren **Schwarzen Jura
(Lias)**, außer den schon genannten der **Altenberg** (564 m) östlich von
Sulzbach am Kocher, der **Schönberg** südlich des Hohenbergs, die
ausgedehntere Hochfläche um Vorder- und Hinterlengenhardt im Westen
von Ellwangen, der Hornberg bei Abtsgmünd u. a. Wo sie isoliert liegen
oder wie die Frickenhofer Höhe, die Höhe bei Leinenfirst und die
Ellenberger Höhe als schmale Halbinseln weit ins Keuperland vor-
springen, gehören sie geographisch noch diesem an.

*Albvorland (Schwarzer Jura oder Lias) und Albvorhügel (Brauner Jura
oder Dogger)*

Gegen Süden und Südosten zu verbreitern sich die Halbinseln und gehen
in die geschlossene Liasfläche des Albvorlandes über, die wir nun noch
kurz besuchen wollen, zumal Keuper- und Liasland sich in einer
Übergangszone sehr vielfältig verzahnen und durchdringen. Mit
eindrucksvollem, steilem, stellenweise sogar felsigem und schwer
zugänglichem, in seinen Höhenmaßen allerdings bescheidenem Anstieg
erhebt sich die Stufe des Schwarzen Juras. Meist bildet sie der harte,
gelbliche, feinkörnige **Angulatensandstein**. Einzelne Brocken von ihm
finden sich häufig abgerutscht auf dem Knollenmergel und noch tiefer
im Bereich des Stubensandsteins. Wegen der teilweise auffallend feinen
Schichtung nennt man ihn „Buchstein". Am schroffen Abhang wachsen
vielerorts sehr naturnahe Wälder, in denen die Rotbuche meistens

Der 496 m hohe Hornberg bei Abtsgmünd trägt eine schützende Decke aus Lias.   *Aufn.: K. Seidel*

zurücktritt und anderen Laubbäumen die Herrschaft überlässt, Esche, Spitz- und Bergahorn zumal, doch auch Eiche, Linde und Hainbuche, – soweit noch nicht der verbreiteten Krankheit zum Opfer gefallen – Ulme, sowie Feldahorn und Hasel. Heute wird dort kaum noch Holz geschlagen. Es zeigen sich oft eindrucksvolle, „urige" Bilder.

Ein ausgesprochenes Wandergebiet ist das überwiegend ackerbaulich genutzte, wenig zertalte, sich ganz allmählich in südöstliche Richtung senkende **Albvorland („Liasplatten")** nicht. Es besitzt aber im einzelnen doch viele reizvolle Partien, vor allem in den Tälern, zuallererst in dem in Keuperschichten hinabreichenden Leintal, aber auch im Kochertal, im Tal der Röhlinger Sechta und in deren Seitentälern. Prächtig sind immer wieder die Ausblicke zur nahen Alb mit ihren Vorbergen, zum Hohenstaufen, Rechberg und Stuifen, zum Rosenstein und seinen Nachbarn, zur Kapfenburg, zum Ipf und zum Baldern.

In der Gegend zwischen Aalen und Ellwangen fallen Sandgruben auf, teils noch im Abbau befindlich, teils aufgelassen und verwachsend. Es sind die rostbraun gefärbten **Goldshöfer Sande**, die dort ausgebeutet werden bzw. wurden, benannt nach einem Weiler und Bahnhof an der Abzweigung der Linie nach Nördlingen von der Strecke Aalen–Ellwangen–Crailsheim. Ein Blick auf die geologische Karte zeigt ihre

Naturdenkmal Höhensande bei Stödtlen-Gaxhardt mit einer für die Gegend seltenen Uferschwalbenkolonie.   Aufn.: K. Seidel

große Verbreitung, noch beträchtlich über Ellwangen hinaus gegen Norden sowie bei Adelmannsfelden, nicht nur auf Schwarzem Jura sondern auch ins Keuperland und im Süden auf den Braunen Jura übergreifend. Ihre lockere Beschaffenheit lässt ein geologisch junges Alter vermuten. Andererseits lagern die Sande jedoch nicht in den Talauen sondern auf Anhöhen darüber. Des Rätsels Lösung: Donauwärts ziehende Flüsse, die zur Urbrenz vereint durch die Pforte von Oberkochen–Königsbronn die Alb querten, haben sie im frühen Eiszeitalter (Altpleistozän) abgelagert. Auf die einstige Entwässerung des ganzen östlichen Schwäbisch-Fränkischen Waldes nach Süden/ Südosten deuten noch heute die Mündungswinkel vieler Nebentäler, die in die alte Richtung weisen. Vor der Risseiszeit, der vorletzten Eiszeit, erfolgte die Umlenkung der Entwässerung nach Norden/Nordwesten. Ein Teil der Sande wurde dabei verfrachtet (Jüngere Goldshöfer Sande). Als Standorte für „Sandpflanzen" und Lebensraum für Lurche sowie für die im nördlichen Württemberg sehr seltenen, an senkrechten Sandwänden brütenden Uferschwalben besitzen die Abbauplätze der Goldshöfer Sande sowie der **Höhensande** aus verschwemmtem Keuper- und Schwarzjura-Material im **Rotachtal** hohen Wert.

Fast sind wir auf der Wanderung vom Saum der Hohenloher Ebene durch den Schwäbisch-Fränkischen Wald und das Albvorland am Fuß der Alb und damit am Ziel angelangt. Doch ein im Allgemeinen recht schmaler, da und dort aber auch sich verbreiternder Streifen einer andersartigen Landschaft trennt uns noch davon. Es sind die **Albvorberge** aus Schichten des **Braunen Juras**. Ihren Sockel bildet der rund 100 m mächtige, aber nur sehr wenig widerstandsfähige, graue bis dunkelgraue, bei Essingen in einem großen Ziegelwerk abgebaute **Opalinuston** (Brauner Jura alpha). Sowohl westlich von Aalen wie beidseits der obersten Jagst bedeckt er in breitem, flachem Ausstrich einen Teil des Albvorlandes und gehört landschaftlich noch diesem an. Weiter südlich und zwar vor allem dort, wo Reste des viel widerstandsfähigeren **Eisensandsteins** (Brauner Jura beta) ihn schützen, haben sich im Braunen Jura Hügelländer geformt: Im **Welland** westlich von Aalen mit den eindrucksvollen Kuppen des **Kolbenbergs** (552 m), des Hügels vom Weinschenkerhof und einigen anderen sowie im Osten mit dem mächtigsten aller jener Braunjuravorberge, dem **Hornsberg** bei Killingen (587 m). Auch der schlossgekrönte **Baldern** gehört diesem Landschaftsraum an. Die wurzellose Scholle aus Weißem Jura, die seinen oberen Teil bildet, verleiht ihm jedoch besonderen Charakter, so dass er überleitet zur Alb wie zum Saum des Rieses, dem die Fremdmasse des Gipfels entstammt.

Bᴇʀɴʜᴀʀᴅ Hɪʟᴅᴇʙʀᴀɴᴅ

Der Limes: Eine Kulturgrenze?

Der Limes in Süddeutschland soll im Jahr 2004 in die Liste der Weltkulturdenkmale aufgenommen werden. Damit steht das größte Bodendenkmal in Europa wieder einmal im Brennpunkt des Interesses. Allerdings nur einseitig: Während viele Kommunen im Bereich der Tourismus-Werbung sehr viel Wert auf die Reste aus der Römerzeit legen und überregional sogar die Initiative für eine Deutsche Limesstraße mit Erfolg umgesetzt wurde, führt der Limes im Bereich der archäologischen Forschung eher ein Mauerblümchen-Dasein. Zumindest in den letzten Jahrzehnten fanden mit Ausnahme der wichtigen Grabungen am **Dalkinger Limestor** keine bedeutenden archäologischen Forschungen an der vordersten Linie des raetischen Limes mehr statt, gelten doch Verlauf und Struktur der Grenze seit den Forschungen der Reichslimeskommission als gesichert und bestens dokumentiert. Auch über die chronologische Abfolge der Befestigungsanlagen scheint inzwischen Klarheit zu herrschen.

Schnell relativiert werden diese Aussagen bei einem näheren Blick auf den jüngsten und westlichsten Teil des raetischen Limes, die Strecke 12 im Bereich des heutigen Ostalbkreises. Am Beispiel dieser Teilstrecke des Limes soll auch der Frage nach den Gründen für die ganz besondere Trassenführung der Römer im Vorland der Schwäbischen Alb nachgegangen werden.

Bemerkungen zum Forschungsstand

Für das ehrgeizige Forschungsvorhaben der **Reichslimeskommission** 1892–1935 wurde der gesamte obergermanisch-raetische Limes in Strecken aufgeteilt. Die Strecke 12 umfasst dabei den letzten Teil des obergermanischen Limes vom Haghof bis zur Provinzgrenze im Rotenbachtal bei Schwäbisch Gmünd und den anschließenden jüngsten Teil des raetischen Limes vom Rotenbachtal bis zur württembergisch-bayerischen Landesgrenze bei Mönchsroth[1].

Damit gehört fast die ganze Strecke 12 zum Gebiet des heutigen Ostalbkreises. Nur ein kleiner Teil im Westen liegt im Rems-Murr-

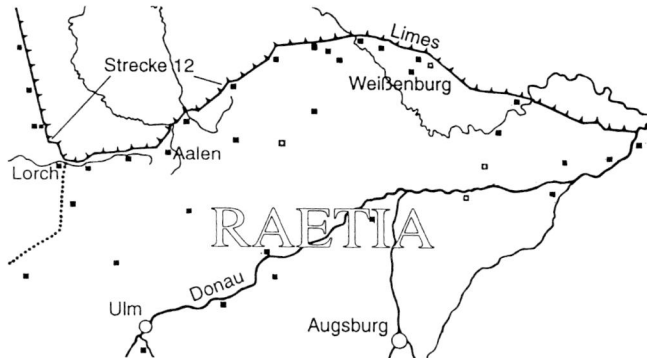

Karte 1a. Der Limes in Südwestdeutschland und die Strecke 12.
Kartengrundlage nach: Dietwulf Baatz, Der Römische Limes. Berlin,
3. Auflage 1993. Karten 1–4: B. Hildebrand

Kreis, und zwar die Wachtposten (WP) 1–8. Dieser Abschnitt bis
einschließlich WP 14 bildet von der Trassenführung des Limes her das
Nahtstück zwischen dem Nord-Süd verlaufenden **obergermanischen
Limes** und dem Ost-West verlaufenden **raetischen Limes** und ist
offensichtlich nur darauf angelegt, die beiden Abschnitte zu verbinden.
So ist der Verlauf der Grenze hier von der Aussagekraft her wohl zu
vernachlässigen.

Ganz anders verhält es sich mit dem restlichen Teil der Strecke 12: Hier
lassen sich beispielhaft die Prinzipien verfolgen und aufzeigen, die
seitens der Römer beim Bau der Limeslinie Anwendung fanden.

Doch zunächst zum Forschungsstand für diesen jüngsten Teil des
raetischen Limes. Die Strecke 12 lässt sich nach den Grabungsbefunden
am **Dalkinger Limestor**[2] chronologisch weiter unterteilen: In einen
älteren Abschnitt von der württembergisch-bayerischen Landesgrenze
bis zum Jagstübergang in der Nähe des Limestores und einen jüngeren
Abschnitt vom Jagstübergang bis zum Rotenbachtal in Schwäbisch
Gmünd.

Nach den Grabungsergebnissen Plancks[3] beginnen die Grenzanlagen
im älteren Teil der Strecke 12 mit einem Flechtwerkzaun und einem
Holzturm am Limestor Dalkingen möglicherweise schon in hadriani-
scher Zeit. Schon um die Mitte des 2. Jahrhunderts wird der Zaun durch
eine Palisade ersetzt und als Vorläufer des späteren Steinbaues entsteht
gleichzeitig ein hölzernes Wachtgebäude. Der Holzwachtturm wird als
nächste Bauphase durch einen Steinturm ersetzt, der wiederum bereits

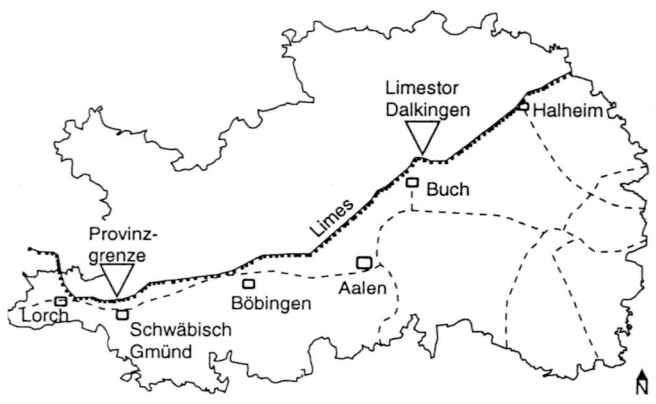

Karte 1b. Strecke 12 des obergermanisch-raetischen Limes im Ostalb-kreis.

Ende des 2. Jahrhunderts von einem steinernen Wachtgebäude, ange-baut an die Limesmauer, abgelöst wird.

Für den älteren Teil der Strecke 12 bedeuten diese Grabungsbefunde, dass 1. der ganze Streckenabschnitt schon um die Mitte des 2. Jahrhunderts befestigt war, 2. für den ganzen Abschnitt mit dem Vorhandensein sämtlicher Bauzustände von der Holz- bis zur Steinbau-phase zu rechnen ist und 3. dass der endgültige Ausbau der Grenze mit einer Mauer schon im späten 2. Jahrhundert erfolgt sein muss.

Ganz anders ist die Situation am jüngeren Teil der Strecke 12: Bei den Ausgrabungen am WP 77 im Mahdholz bei Buch, nur 1,75 km entfernt vom Jagstübergang fanden sich keinerlei Holzbauphasen[4]. Vielmehr wurden gleich zwei aufeinanderfolgende steinerne Türme gefunden. Ähnliches gilt für den restlichen Abschnitt bis zum Rotenbachtal: Hier fanden sich mit Ausnahme eines unklaren Befundes bei Mögglingen und der üblichen Palisadenreste in Flussübergängen keinerlei Spuren einer Holzbauphase[5].

Dieser Befund ist auch hinsichtlich der für den raetischen Limes im wahrsten Sinne richtungsweisenden Vorverlegung des Obergermani-schen Grenzabschnittes zu erwarten. Erst in den Jahren um 155 n. Chr. entstand der letzte Teil der obergermanischen Grenze als Vorverlegung des sogenannten Neckar-Odenwald-Limes und damit wird erst für das

letzte Teilstück des raetischen Limes die Richtung vorgegeben[6]. Auch
der Forschungsstand für die Kastelle unmittelbar am Limes unter-
streicht die Zweiteilung der Strecke 12. Für die Kastelle des jüngeren
Abschnitts von Aalen bis Lorch wird eine Entstehungszeit erst in oder
nach der Mitte des 2. Jahrhunderts angesetzt[7]. Schließlich gibt es noch
zwei dendrochronologisch ermittelte Daten, die ebenfalls für die
deutlich jüngere Zeitstellung dieses Limesabschnittes sprechen[8].
Sowohl in der Bachniederung des Rotenbachs wie auch in der Talaue
der Jagst wurden Palisadenreste gefunden, die für eine Entstehung
dieses Abschnitts in die Jahre 165 bzw. 163/164 n. Chr. weisen.
Die Limesstrecke 12 im Ostalbkreis lässt sich damit sehr deutlich in
zwei weitere Abschnitte unterteilen: Der ältere davon bis zum Jagsttal
bei Rainau–Schwabsberg entstand wahrscheinlich schon vor 150 n.
Chr., sicher aber um die Jahrhundertmitte. Der Abschnitt wird zunächst
sehr schwach militärisch durch das **Numeruskastell** in **Halheim** und
später auch durch das **Kohortenkastell** in **Rainau-Buch** gesichert. Der
jüngere Teil vom Jagsttal bis zu Provinzgrenze mit Obergermanien im
Rotenbachtal wurde nach den bis jetzt vorliegenden Befunden erst in
den 70er Jahren des 2. Jahrhunderts gleich als Steinbauphase ausgeführt.
Durch die Kastelle Aalen, Böbingen, Schwäbisch Gmünd-Schirenhof
und auf obergermanischer Seite Lorch wird dieser Grenzabschnitt
militärisch besonders stark durch eine Ala und 3 Kohorten gesichert,
obwohl eine direkte germanische Bedrohung hier genauso wenig zu
erwarten war wie im älteren Teil der Strecke. Die starke militärische
Präsenz könnte hier ganz andere Gründe haben, die weniger mit dem
Schutz der vordersten Grenzlinie, sondern vielmehr mit den geografi-
schen Gegebenheiten hier im Vorland der Schwäbischen Alb zu tun
haben. Gleichzeitig gibt es um den Verlauf der Strecke 12, vor allem aber
das sogenannte **Limesknie** bei Lorch[9], immer noch offene Fragen, die
im Folgenden durch den Vergleich der Limeslinie mit den natürlichen
Voraussetzungen einer Klärung ein Stück näher gebracht werden sollen.

Der Limesverlauf und die natürlichen Voraussetzungen

Für den großräumigen Verlauf des Limes in Süddeutschland gibt es nach
heutiger Forschungsmeinung zwei Vorgaben. Die wichtigste davon
dürfte in der Anlage und Sicherung der strategisch ungemein wichtigen
Fernverbindung von Mainz über Stuttgart-Bad Cannstatt nach Augs-
burg liegen[10]. Daneben lässt die römische Grenzziehung die deutliche
Absicht erkennen, das fruchtbare Nördlinger Ries in das römische
Gebiet einzubeziehen. So führt der Limes zunächst in einem großen
Bogen um das Ries um dann durch das Vorland der Schwäbischen Alb in
Richtung zur Provinzgrenze mit Obergermanien zu ziehen. Für dieses

letzte Teilstück ist zunächst nur die Vorgabe zu erkennen, die
Schwäbische Alb ebenfalls mit einzubeziehen. Im Gegensatz zum Ries
ist aber die Schwäbische Alb hinsichtlich Bodenqualität und sogar auch
im Blick auf die Bodenschätze für die Römer eher uninteressant, wie
auch die spätere sehr spärliche Besiedlung der Alb zeigt[11]. Hier im
Vorland der Alb richtet sich die Grenzziehung nach den, von der Natur
vorgegebenen Standortfaktoren.

Limes und Geologie

In geologischer Hinsicht bildet das Gebiet des heutigen Ostalbkreises
einen typischen Ausschnitt aus dem sogenannten Südwestdeutschen
Schichtstufenland. Die unterste Stufe bildet im Norden die Keuperformation des Stubensandsteins mit einem sehr unruhigen Relief und einer
auch heute noch sehr dichten Bewaldung. Das **Keuperbergland** bietet
weder landwirtschaftlich besonders interessante Flächen (Ertragsmesszahlen zwischen 20 und 39) noch besondere Bodenschätze und gehört
deshalb zu den sehr spät besiedelten Teilgebieten des Ostalbkreises. Auf
Grund dieser natürlichen Gegebenheiten haben sich dort neben vielen
Waldbauern ganz typische Erwerbszweige wie Glashütten, Steinbrüche
und Sägemühlen herausgebildet.
Besser geeignet für die Landwirtschaft scheinen die beiden nächsten
Stufen, der **Schwarze und der Braune Jura** zu sein. Hier liegen vor
allem im östlichen Teil des Landkreises die großen und alten Bauern-
dörfer. Diese beiden Formationen bilden nach der naturräumlichen
Definition das Vorland der östlichen Schwäbischen Alb, das ganz im
Osten an das Nördlinger Ries grenzt.
Als letzte, höchste Schichtstufe erhebt sich die Schwäbische Alb
durchschnittlich 100–200 m über das Vorland. Die Grenze der
Albhochfläche fällt hier mit der auch siedlungsgeschichtlich wichtigen
600-m-Höhenlinie zusammen. Die eigentliche Hochfläche der Schwäbischen Alb besteht aus **Weißem Jura** und trägt stellenweise noch eine
Auflage aus **Feuersteinlehm**. Die Weißjuraböden und vor allem der
Feuersteinlehm bilden aus landwirtschaftlicher Sicht wiederum sehr
schlechte Ertragsbedingungen (Ertragsmesszahlen zwischen 20 und
39). Interessant sind allenfalls die Bodenschätze. Das im Tagebau
gewinnbare **Bohnerz** wird sehr wahrscheinlich schon in keltischer Zeit
abgebaut, während der Feuersteinlehm in größerem Umfang erst in der
Neuzeit als Töpferton genutzt wird.
Die Karte Nr. 2 zeigt[12], wie sich der Limesverlauf an den geologischen
Formationen orientiert: Die Limeslinie der Strecke 12 beginnt im Osten
des Landkreises noch im Gebiet des Keupers, was durch eine gerade
Linienführung und den Bogen um das Nördlinger Ries zu erklären ist.

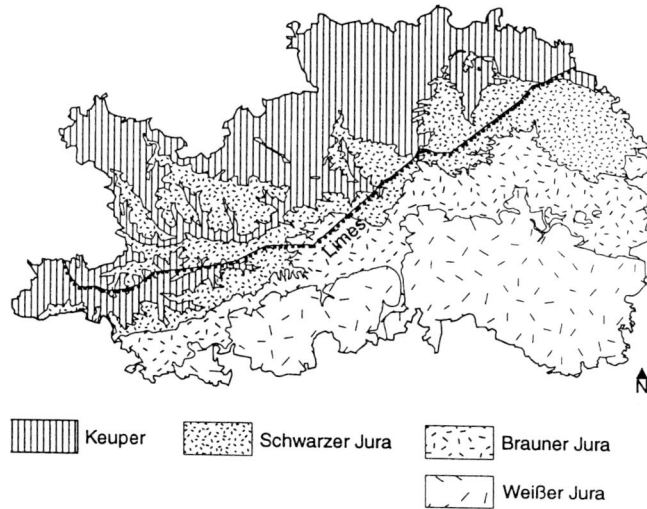

Keuper Schwarzer Jura Brauner Jura Weißer Jura

Karte 2. Der Limes im Ostalbkreis und die geologischen Formationen.

Der weitere Verlauf wird dann allerdings direkt durch die Geologie bestimmt. Bis zum Kastell Böbingen verläuft der Limes vorwiegend im Schwarzen Jura, spart die Keuperformation sehr deutlich aus und hält immer einen Abstand zur Schwäbischen Alb mit ca. 4 km. Erst zwischen Böbingen und Lorch verläuft die Grenze dann wieder im Keuper, bedingt durch die verkehrsgeografische Situation des Remstales. Damit ist das sogenannte Limesknie bei Lorch geologisch zu erklären. Die Römer hätten zwar die Möglichkeit gehabt, etwa ab dem Jagstübergang bei Schwabsberg, eine wesentlich geradere Linienführung genau nach Westen zu bauen, die kürzere Grenze müsste aber durch eine sehr viel schwieriger zu errichtende Infrastruktur (Straßen, Brücken) in dem sehr zerklüfteten Gelände erkauft werden und die Keuperformation war auch als Siedlungsland alles andere als interessant.

Der Limes und die natürlichen Wegsamkeiten

Die Siedlungsgeschichte des Ostalbkreises wird neben den geologischen Voraussetzungen ganz wesentlich von den sogenannten natürlichen **Wegsamkeiten** bestimmt[13]. Zwei dieser natürlichen Verkehrswege werden vermutlich schon seit der Vorgeschichte benutzt und sind von überregionaler Bedeutung.

In Süd-Nord-Richtung ist dies zunächst das Kocher-Brenztal mit dem bequemsten Albübergang der gesamten Schwäbischen Alb. In seiner Verlängerung durch das Jagsttal bei Ellwangen nach Crailsheim und Hohenlohe ist diese Wegsamkeit Teil der bequemsten Fernverbindung von der Donau bei Ulm an den Main. Markiert wird der alte Verkehrsweg heute von der Eisenbahnlinie Ulm – Würzburg und den Bundesstraßen 19 und 290. Erst die Autobahn A7, eröffnet 1987, weicht von dieser natürlichen Wegsamkeit ab.

In der Bedeutung vergleichbar ist der zweite natürliche Verkehrsweg in Ost-West-Richtung vom Nördlinger Ries dem Albtrauf entlang in den mittleren Neckarraum. Hier deuten ebenfalls vorgeschichtliche Funde eine entsprechende alte Nutzung an. Heute verläuft die B 29 und die Eisenbahnlinie Stuttgart – Nördlingen auf dieser Strecke.

Die Karte 3 zeigt den Limesverlauf im Vergleich mit den genannten natürlichen Wegsamkeiten. Offensichtlich ist zunächst die Bedeutung der Ost-West-Achse auch für die Römer, nicht nur durch den Bau der ersten befestigten Straße am Fuß der Ostalb. Vielmehr scheint der Straßenverlauf Voraussetzung für die Trassierung der Limeslinie gewesen zu sein. Der Limes sichert nach Norden hin nur diesen Verkehrsweg im Remstal. Auch die militärische Überwachung durch drei Kastelle ist um ein vielfaches stärker als im östlichen Teil der Strecke 12.

So ist es wohl auch kein Zufall, dass am Schnittpunkt der beiden natürlichen Wegsamkeiten in Aalen das größte und wichtigste **Auxiliarkastell** der Provinz Raetien liegt[14]. Die **ALA II Flavia** kontrollierte von hier aus nicht nur den Limes, sondern vor allem die wichtigen Straßenverbindungen. Der zweiten natürlichen Wegsamkeit im Ostalbkreis wird von den Römern ebenfalls Beachtung geschenkt. Das Kastell in Rainau-Buch sperrt genau diesen Durchgang nach Norden, der, wenn die für das Limestor in Dalkingen angenommene Funktion als Grenzübergang richtig ist, auch in römischer Zeit benutzt wurde. Zumindest für den Feldzug Caracallas im Jahr 213 n. Chr. erlangt der genannte Verkehrsweg überregionale Bedeutung[15].

Der Limes und der vorgeschichtliche Siedlungsraum

Eine weitere Vorgabe für den Verlauf der Limesstrecke 12 ist der vorgeschichtliche Siedlungsraum und damit das bereits gerodete und urbar gemachte Land. Die Karte 4 zeigt an Hand der vorgeschichtlichen Grabhügel die Ausdehnung des **keltischen Siedlungsraumes** im Gebiet des heutigen Ostalbkreises. Dabei baut das keltische Siedlungsbild auf

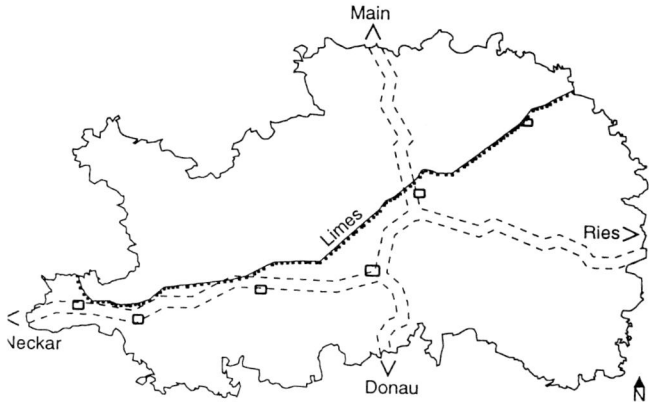

Karte 3. Limes, Kastellen und natürliche Wegsamkeiten im Ostalbkreis.

dem der früheren Epochen auf und ist in seinen Grenzen auch für das besiedelte Land von der **Bronzezeit** bis in die **Latènezeit** exemplarisch[16].

Die Karte zeigt, dass auch von den vorgeschichtlichen Siedlern die Keuperformation gemieden wurde und dass der Limes im Ostalbkreis sehr genau diesen vorgeschichtlichen Siedlungsraum abgrenzt. Außerhalb des Limes liegen nur im Vorfeld des westlichen Abschnitts einige wenige Grabhügel, die von einer geringen keltischen Besiedlung zeugen. Der Limes ist damit auch eine **Kulturgrenze**.

Außerhalb der in keltischer Zeit noch imaginären Linie ist für das Vorfeld der Strecke 12 mindestens bis zum Fall des Limes 260 n. Chr. mit dichtem Urwald zu rechnen.

Zur Trassenführung der Strecke 12

Der Vergleich mit den natürlichen Gegebenheiten und dem vorgeschichtlichen Siedlungsraum zeigt, dass die Trassenführung der Limesstrecke 12 großräumig geplant und sehr bewusst angelegt ist. Der Limes ist hier nicht nur die Grenze des römischen Herrschaftsbereichs sondern indirekt, durch die Aussparung der Keuperformation, auch eine geologische Grenze. Besonders Wert gelegt wird auf die Sicherung der überregional wichtigen Verkehrswege und der möglichen

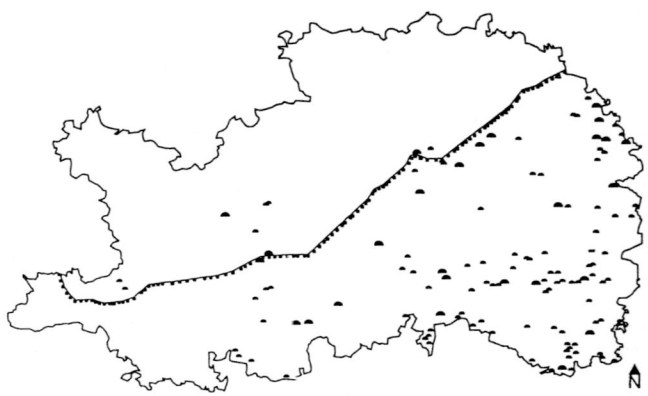

Karte 4. Der Limes und die vorgeschichtlichen Grabhügel im Ostalb-kreis.

Einfallspforten für germanische Vorstöße. Durch die Abgrenzung des vorgeschichtlichen Siedlungsraumes ist der Limes gleichzeitig auch eine Kulturgrenze. Als **Grenzbefestigung** hat die **Teufelsmauer**, wie der Limes im Volksmund bezeichnet wird, eine relativ kurze Geschichte. Bemerkenswert ist, dass die Funktion als Kulturgrenze auch noch nach dem Abzug der Römer erhalten bleibt und zwar für mehr als 400 Jahre. Für die Gebiete außerhalb des Limes im Ostalbkreis gibt es bis heute keinerlei Hinweise auf eine frühgeschichtliche, alamannische Besiedlung. Die Kulturgrenze Limes wird erst im Verlauf des 8. Jahrhunderts überschritten[17] und hinterlässt bis heute im **Siedlungsbild** ihre Spuren: Innerhalb des Limes sind große Bauerndörfer auf sonst weitgehend siedlungsleeren Gemarkungen kennzeichnend für das heutige Siedlungsbild. Außerhalb dagegen, besonders im Keuperbergland, zeigt sich ein ganz anderes Bild. Hier ist die Landschaft zusätzlich geprägt von zahlreichen Klein- und Kleinstsiedlungen.

Quellen
1) Oscar Paret, Der raetische Limes vom Haghof bei Welzheim bis zur württembergisch-bayerischen Grenze. ORL A, Strecke 12, Berlin/Leipzig 1935.
2) Dieter Planck, Das Freilichtmuseum am rätischen Limes im Ostalbkreis. Führer zu archäologischen Denkmälern in Baden-Württemberg 9, Stuttgart 1983.
3) Ebd., S. 68 ff.
4) Ebd., S. 57 ff.

5) Paret, Anm. 1, Tafel 7, WP 45.

6) Dieter Planck, Der obergermanisch-rätische Limes in Südwestdeutschland und seine Vorläufer, in: D. Planck (Hg.), Archäologie in Württemberg, Stuttgart 1988, S. 267.

7) Kastell Aalen: Bauinschrift 163/164 n. Chr.: Geza Alföldy, Die Inschriften aus den Principia des Alenkastells Aalen. Mit einem Beitrag von Vera Habicht-Weinges, Fundber. Baden-Württemberg 14, 1989, S. 293–338.
Kastelle Böbingen bis Lorch: Karlheinz Dietz, Die Blütezeit des römischen Bayern, in: Wolfgang Czysz, Karlheinz Dietz, Thomas Fischer u. Hans Jörg Kellner, Die Römer in Bayern, Stuttgart 1995, S. 123.

8) Planck, Anm. 6, S. 268 und: Dieter Planck, Die Limespalisade von Schwabsberg, Gemeinde Rainau, Ostalbkreis. Archäologische Ausgrabungen 1976, S. 37–39.

9) vgl.: Planck, Anm. 6, S. 271.

10) Ebd., S. 271.

11) Bernhard Hildebrand, Neresheim und das Härtsfeld in der Vor- und Frühgeschichte, in: Gerd Dannenmann (Hg.), Neresheim die Härtsfeldstadt, Neresheim 2000, S. 22–43.

12) Kartengrundlage: Geologische Karte von Baden-Württemberg 1:200 000.

13) vgl. auch: H. Grees, Historischer Atlas von Baden-Württemberg, Beiwort zu Karte II,3, Stuttgart 1975. Textkarte Natürliche Wegsamkeiten in Südwestdeutschland n. H. Schrepfer.

14) Zusammenfassend: Dieter Planck, Zum Abschluss der archäologischen Untersuchungen im Kastell Aalen, Ostalbkreis. Archäologische Ausgrabungen in Baden-Württemberg 1991, S. 95–100.

15) Karlheinz Dietz, Zum Feldzug Caracallas gegen die Germanen, in: 13. LMK, 1986, Stuttgart 1986, S. 135–138.

16) Dazu ausführlich: Bernhard Hildebrand, Fundstellen, Siedlungen und Naturräume als historische Quellen von der Urgeschichte bis zum Ende des ersten Jahrtausends n. Chr. Regionalforschung am Beispiel des Ostalbkreises. Dissertation Augsburg 1995.

17) Ebd., S. 103 ff.

IMMO EBERL

Zur Geschichte des Wandergebiets

Wer heute in diesem Gebiet wandert, bewegt sich fast ausschließlich in den beiden zum Bundesland Baden-Württemberg gehörenden Landkreisen Ostalbkreis und Schwäbisch Hall. Nur ein geringer Teil des Raumes um Dinkelsbühl gehört zum Landkreis Ansbach und damit zu Bayern. Diese Situation ist durch die Gebietsreform in Baden-Württemberg 1972 entstanden. Dabei hat sich die Grenze zwischen Baden-Württemberg und Bayern seit dem Vertrag über die Grenzregulierung von 1810 kaum mehr verändert. Der Ostalbkreis und der Kreis Schwäbisch Hall sind 1972 aus jeweils mehreren kleineren Kreisen entstanden, die selbst in der Gebietsreform von 1938 aus noch kleineren Oberämtern zusammengefasst worden waren. Vor der Herausbildung der Grenze zwischen Baden-Württemberg und Bayern im Zeitraum von 1802–1810 war die Situation in diesem Raum eine vollständig andere. Diese war ein Beispiel für den im deutschen Südwesten genannten „Fleckenteppich" zahlreicher Herrschaften. Die bedeutendste Stellung in diesem Raum hat die Fürstpropstei Ellwangen innegehabt. Als weiteres geistliches Territorium ist die Deutschordenskommende Kapfenburg zu nennen. An weltlichen Territorien fanden sich in diesem Raum das Herrschaftsgebiet der Schenken von Limpurg um Gaildorf herum sowie die Territorien der Reichsstädte Aalen, Bopfingen, Dinkelsbühl, Schwäbisch Gmünd und Schwäbisch Hall. Neben einzelnen Dörfern, die zum Herzogtum Württemberg gehörten, ist das zur Markgrafschaft Brandenburg-Ansbach gehörende Gebiet um Crailsheim zu nennen, die ritterschaftlichen Herrschaften der Familien Adelmann von Adelmannsfelden und von Woellwarth sowie ein Teil der Grafschaft Oettingen. Die Besitzungen anderer Herrschaften in diesem Raum waren neben diesen Herrschaften zu geringfügig, um ausführlicher erwähnt zu werden.

Die **Fürstpropstei Ellwangen** im Virngrund war 764 von den adeligen Brüdern Hariolf und Erlolf, von denen letzterer Bischof von Langres war, als Benediktinerabtei gegründet worden. Die als adeliges Eigenkloster nicht sehr umfangreich ausgestattete Gründung wurde noch zu Lebzeiten des Gründers Hariolf ein Reichskloster. Karl d. Gr. hat ausweislich der Privilegienbestätigung seines Sohnes Ludwig (814)

Ellwangen umfangreiche Privilegien gewährt und dieses wohl gleichzeitig mit dem größten Teil seines späteren Besitzes ausgestattet, der sich über die unmittelbare Umgebung des Klosters bis weit ins Ries und wohl noch darüber hinaus ausgedehnt hat. Durch diese Maßnahme ist der Ellwanger Konvent wie die Verbrüderungsbücher der Klöster Reichenau und St. Gallen aus dem dritten Jahrzehnt des 9. Jahrhunderts beweisen, rasch auf über 120 Mönche angestiegen. Im 8. Jahrhundert sind in diesem Gebiet nicht nur Schenkungen an das Bistum Würzburg nachweisbar (741 Stöckenburg bei Vellberg), sondern auch Schenkungen an das Kloster Fulda und vielleicht auch die Gründung einer Zelle in Schwäbisch Gmünd. Archäologische Funde bei der Johanneskirche in Aalen lassen auch diese über das 8. Jahrhundert hinaus zurückreichen. Während sich jedoch in der Stöckenburg, in Aalen und in Gmünd die Geschichte der Siedlungen lange Zeit nicht weiter verfolgen lässt, ist dieses in Ellwangen möglich. Ludwig d. Fromme hat 814 der Abtei seinen besonderen Königsschutz und die von seinem Vater verliehenen Privilegien bestätigt. Diese Urkunde gilt als die älteste Südwestdeutschlands. Das 817 erstmals ausdrücklich als Reichskloster genannte Ellwangen erscheint im weiteren 9. Jahrhundert wiederholt in Verbindung zu Fulda, zur Reichenau und zu St. Gallen. Vermutlich wurde in ihm der Slawenapostel Methodius gefangen gehalten. Seine Verurteilung erfolgte auf dem Reichstag in Regensburg 870–873. Maßgeblich am Urteil beteiligt war Bischof Ermanrich von Passau, der vor der Übernahme des Bischofsamtes Mönch in Ellwangen war und die Vita Hariolfi mit der Gründungsgeschichte Ellwangens verfasst hatte.

Der Abt von Ellwangen hatte enge Verbindungen zum Königshof. 981 musste er dem Kaiser 40 Panzerreiter kostenfrei zu seinem Italienzug stellen. Vom Papst hatte das Kloster 979 eine Exemtion von der Jurisdiktion und Weihegewalt des Augsburger Diözesanbischofs erhalten. Im 9. Jahrhundert haben sich die durch den Raum verlaufenden Diözesangrenzen ausgebildet. Es handelte sich dabei einerseits um die Grenze zwischen den Diözesen Augsburg und Würzburg, die etwa mit der Stammesgrenze parallel verlief, und andererseits um die zwischen den Diözesen Augsburg und Konstanz. Die nördlich von Ellwangen liegenden Orte Hohenberg (Gem. Rosenberg) und Jagstzell gehörten zur Diözese Würzburg ebenso im Westen von Gmünd Waldstetten mit Rechberg, Degenfeld und Wißgoldingen bereits zur Diözese Konstanz. Der überwiegende Teil des Raumes gehörte damit bis zur Säkularisation, soweit er nicht im 16. Jahrhundert evangelisch geworden war, zur Diözese Augsburg. Das Pfarrnetz war bereits im 12. Jahrhundert so eng, dass in späterer Zeit kaum Neugründungen erforderlich waren.

Die deutschen Herrscher haben die Privilegien der Abtei Ellwangen immer wieder bestätigt. So nahm Otto III. 987 auf Bitten seiner Mutter und des schwäbischen Herzogs Konrad Ellwangen neuerlich in seinen

Schutz, bestätigte dessen Immunität von jeder richterlichen oder sonstigen Amtsgewalt und die Verwaltung der weltlichen Geschäfte, wobei er sich auf die Bestätigungen durch seinen Großvater und Vater bezog. Heinrich II. verlieh Ellwangen 1003 die Privilegien der am meisten begünstigten Reichsabteien wie Fulda und Reichenau. Dazu übertrug er Ellwangen 1024 den Virgundawald in einem genau beschriebenen Umfang als Bannforst mit Jagd- und Fischereirechten. Dieses große Privileg wird nach allgemeiner Ansicht der Forschung als die Grundlage der späteren Reichsfreiheit der Abtei und Fürstpropstei angesehen.

Friedrich I. Barbarossa hat 1152 Ellwangen die Privilegien Ottos III. und Heinrichs II. bestätigt. 1168 bestätigte er nochmals seine Urkunde über die Rechte Ellwangens im Virgundawald, jedoch gestand dabei der Abt Herzog Friedrich von Schwaben, dem Sohn des Kaisers, Nutzungsrechte in dem Waldgebiet zu. Damit griffen die Staufer auch in die ostschwäbischen Verhältnisse ein, um dort ihre planmäßige Territorialpolitik mit Burgenbau, Gründung von Städten und der Einbindung von Klöstern und Ministerialen voranzubringen. Aufgrund der Urkunde von 1168 dürfte nach Meinung der Forschung die Herrschaft Adelmannsfelden aus dem Bereich des Klosters Ellwangen gelöst worden sein.

Die Stauferzeit ist der Zeitraum, in dem sich in Ostschwaben die bis zu Beginn des 19. Jahrhunderts bestehenden Herrschaftsverhältnisse weitgehend ausgebildet haben. Während hierbei die Abtei Ellwangen in ihrer Grundherrschaft eingeengt wurde, kam es durch die Anlage von Reichsstädten und Burgen zu einer intensiveren herrschaftlichen Durchdringung des Raumes. Als erste staufische Stadt wird dabei 1162 **Schwäbisch Gmünd** erwähnt. Angeblich wurde die Stadt von Herzog Friedrich I. von Schwaben in Erfüllung eines Versprechens an der Stelle gegründet wo der verlorene Trauring seiner Gemahlin Agnes wieder gefunden wurde. Die Nähe zum Hohenstaufen und zum Haus- und Reichsgut in dessen Umgebung dürfte der eigentliche Grund für die Gründung der Stadt als Verwaltungsmittelpunkt und Schutz gewesen sein. Darüber hinaus war die Stadt seit ihrer Gründung ein wichtiger Punkt auf der Remstalstraße, die den fränkisch-ostschwäbischen Raum mit dem Oberrheingebiet verband. 1188 wird der „burgus Gemunde" unter den Gütern aufgezählt, die Friedrich Barbarossa seinem Sohn Konrad übertrug. Die rasch aufblühende Stadt zahlte nach dem Reichssteuerverzeichnis von 1241 160 Mark Silber. In dieser ersten Blütezeit wurde die Stadt unter Friedrich II. vermutlich aus ihrem ältesten Kern um den heutigen Münsterplatz und die St. Johanniskirche heraus auf das Gebiet innerhalb der sog. inneren Stadtmauer erweitert, die fünf Tore mit Türmen und fünf weitere Türme besaß. Ein Schultheiß ist seit 1189, ein Bürgermeister seit 1284 genannt. Die Stadt konnte nach dem Ende der Staufer ihre Stellung gegen die benachbarten Herrschaften Württemberg, Ellwangen, Rechberg und Limpurg verteidigen und festigen. Sie beteiligte sich an den Städtebündnissen und -kriegen des 14./15. Jahrhunderts. Nach der neuerlichen Stadterweiterung im frühen 14. Jahrhundert von deren Mauerring mit 24 Türmen und Halbtürmen außer Mauerresten noch heute sechs Türme erhalten sind, blieb der doppelte Mauerring bis ans Ende der Reichsstadtzeit erhalten. Die Stadt hatte sich 1343 die Befreiung von fremder Gerichtsbarkeit erkauft, was 1373 nochmals bestätigt wurde. Die Zünfte erhielten seit 1360 ein Mitspracherecht und seit 1462 gehörten auch Zunftmeister dem Rat an, aus dem sie jedoch durch die Verfassungsänderung von 1553/1556 wieder entfernt wurden. Kaiser Sigismund verlieh der Stadt 1433 den Blutbann und das Recht, Maß und Ungeld zu verändern und Bürger und Beisassen aufzunehmen. Damit hatte die Stadt endgültig ihre Unabhängigkeit erreicht. Es gelang der Stadt im 15. und 16. Jahrhundert durch Kauf und Tausch ein Territorium aufzubauen, das aber zu zwei Drittel dem Hl.-Geist-Spital, dem Kloster Gotteszell und Patrizierfamilien unmittelbar gehörte. 1802/1803 kam Schwäbisch Gmünd an Württemberg.

Das im fränkischen Sprachraum gelegene **Schwäbisch Hall** wurde bereits 1190 als „Halla in Suevia" bezeichnet. Der durch seine Salzgewinnung bedeutsame Ort wurde 1037 erstmals erwähnt als Bischof Gebhard von Regensburg eine Hälfte desselben den Grafen von Comburg verlieh. Diese haben in den nächsten Jahrzehnten anscheinend den Ort ganz in ihre Hand gebracht, denn als sie 1116 erloschen, fiel er ungeteilt an die Staufer. Hall dürfte damals bereits eine größere Siedlung gewesen sein, die durch ihren Salzhandel einem Marktflecken überlegen war. Nach dem Aufstieg der Staufer zum Königtum wuchs die Bedeutung des Ortes, in dem die Saline vergrößert und die vielleicht bereits bestehende Münze weiter ausgebaut wurde. Die dort geprägten „Häller" haben als Heller die Münzen der bischöflichen Prägestätten in den folgenden Jahrzehnten verdrängt und wurden für eine Münzform des Mittelalters namenprägend. Die Staufer haben Schwäbisch Hall ausgebaut und dabei zur Verwaltung Ministerialen als Schultheißen, Sulmeister (Verwalter der Saline) und Münzmeister eingesetzt. Diese Amtsbezeichnungen finden sich in späterer Zeit als Familiennamen im Patriziat wieder. Die Aufsicht über die Reichsgüter im weiteren Umkreis und die Saline erhielten die **Schenken von Schüpf** (Oberschüpf im Main-Tauber-Kreis), die sich um 1215 oberhalb der Stadt die **Burg Limpurg** erbauten, nach der sie sich seit 1230 als **Schenken von Limpurg** bezeichneten. Nach dem Ende der Staufer wollten sie die Herrschaft über Schwäbisch Hall an sich reißen, da sie 1251 den Wildbann im Osten des Ortes erhalten hatten und die Waldgebiete, deren Holz für die Saline notwendig war. Die Stadt musste 1255 die

Schutzherrschaft von Limpurg anerkennen und ihm einen Teil der
Reichssteuern überlassen. Die Schenken beanspruchten für sich das
Recht in Hall den Schultheiß einzusetzen, was aber den Widerstand der
übrigen in der Stadt ansässigen Patrizier bzw. ehemaligen Ministerialen
hervorrief. Die dadurch ausbrechenden Auseinandersetzungen, die
teilweise mit Waffen ausgetragen wurden, wurden erst 1280 im Wiener
Schiedsspruch von Rudolf von Habsburg geschlichtet. Doch bleibt die
Lage zwischen der Stadt und den Schenken von Limpurg weiterhin
gespannt und noch im 15. Jahrhundert kam es zwischen ihnen zu
neuerlichen Wirtschaftskämpfen. Erst 1541 konnte Hall den Schenken
ihre Burg mit dem darunter gelegenen Burgflecken Unterlimpurg
abkaufen und damit seine Selbstständigkeit endgültig absichern. Eine
Stadterhebung lässt sich für Hall nicht feststellen, der Jakobimarkt hatte
sich schon um 1100 herausgebildet, obwohl Hall damals noch als „villa"
bezeichnet wurde. Schon 1156 kam der Michaelismarkt als zweiter
Markt dazu und der Ort erscheint vielleicht 1204, sicher aber seit 1226/
1231 urkundlich als Stadt (civitas). Die Bezeichnung lässt darauf
schließen, dass Hall zu diesem Zeitpunkt bereits befestigt war. König
Rudolf von Habsburg hat die Einwohner Halls 1276 von fremder
Gerichtsbarkeit befreit und das in der Stadt geltende Recht anerkannt.
Das Schultheißenamt wurde weiterhin durch den König vergeben, das
1382 als Pfand von Hall ausgelöst und seitdem von ihr besetzt wurde.
Die Münze befand sich 1401 ebenfalls im Besitz der Stadt und der
Schutz über das unmittelbar benachbarte Kloster Comburg wurde ihr
1318 übertragen. Die Aufsicht der Saline konnte sie dagegen erst 1590
endgültig erlangen. Die Entwicklung in der Verwaltung der Stadt wird
erst im 14. Jahrhundert deutlicher. Das im frühen 14. Jahrhundert
einseitig patrizische Stadtregiment führte zu Unruhen, die 1340 dadurch
geschlichtet wurden, dass von den 26 Mitgliedern des Rates zwölf aus
dem Adel sein sollten, sechs „Mittelbürger" und acht Handwerker. Als
das Patriziat 1510 versuchte, diese Ordnung abzuschaffen, musste der
Kaiser 1512 durch eine neue Schiedskommission zwar formell zur alten
Ordnung zurückkehren, was jedoch in Wirklichkeit einen Umschwung
des Stadtregiments bedeutete. Die unterlegenen Adeligen verließen
weitgehend die Stadt oder starben bald darauf aus. An ihre Stelle traten
die reich gewordenen Bürger in das Stadtregiment ein. Die Zünfte hatten
dabei nie eine politische Rolle gespielt. Die alte Stadtverfassung galt bis
zum Übergang der Stadt an Württemberg 1802/1803. Diese hatte mit
Erfolg im Spätmittelalter und der frühen Neuzeit ein großes Territorium
um sich herum erworben.

Dinkelsbühl als Sitz eines fränkischen Königshofes am Schnittpunkt
zweier bedeutender Straßen wurde 1188 erstmals unter den Gütern
erwähnt, die Friedrich Barbarossa seinem Sohn übertrug. Die Stadt war
zu diesem Zeitpunkt bereits befestigt. Im 13. Jahrhundert gewann sie an

Bedeutung und konnte 1274 den Status einer freien Reichsstadt erlangen. Mit der Verleihung der Hochgerichtsbarkeit 1398 konnte sich die Stadt endgültig ihre vollständige Unabhängigkeit sichern. In der Zeit zwischen 1370 und 1450 hatte die Stadt ihr bis heute erhaltenes Aussehen mit einer zweiten, fünf Kilometer langen Mauer, vier großen Toren und 18 Türmen erreicht. Neben dieser Befestigungsanlage beweist auch das zwischen 1448 und 1499 errichtete Münster St. Georg, das als die schönste Hallenkirche Süddeutschlands bezeichnet wird, den Reichtum der Stadt, der vor allem auf den Tuchmachern und später den Schmieden aufbaute. Bereits 1387 war es den Zünften im sogenannten Richtungsbrief gelungen, an der Stadtregierung beteiligt zu werden. Im 16. Jahrhundert wurde die Stadt in einen evangelischen und einen katholischen Teil gespalten, wobei letzterer seit 1546 die Stadtregierung führte. Diese Vorgänge und der Dreißigjährige Krieg ließen die Stadt weitgehend verarmen. Sie konnte sich bis zum Verlust ihrer Reichsunmittelbarkeit 1802/1803 und den Übergang an Bayern nicht wieder erholen.

Die Herren von Flochberg erscheinen 1138 erstmals im Gefolge der Staufer. Wenige Jahre später erscheint die **Burg Flochberg** in staufischem Besitz. Sie und ihre Inhaber mussten einerseits die Handelsstraßen in nächster Nachbarschaft schützen und andererseits die Ostgrenze des staufischen Herzogtums gegen Bayern sichern. Nachweislich hat Herzog Welf VI. 1150 versucht, die Burg Flochberg einzunehmen, was ihm aber nicht gelang. Die etwas unterhalb der Burg gelegene Siedlung **Bopfingen** ging auf altes Gut des Klosters Fulda zurück und ist bereits im frühen 12. Jahrhundert an die Staufer gefallen. Der sich herausbildende Ort dürfte in ähnlicher Weise entstanden sein wie Schwäbisch Gmünd. Die erstmals 1153 vorkommende und im 16. Jahrhundert erloschene Adelsfamilie von Bopfingen saß auf einer Burg „am Schultor" und stellte die Marschälle und Kämmerer der Staufer und Ammänner in Bopfingen. Die Siedlung und die Burg Flochberg werden 1188 als Heiratsgut des Staufersohnes Konrad erwähnt. Wohl um 1230 wurde Bopfingen endgültig Stadt und wird im Reichssteuerverzeichnis von 1241 mit 50 Mark Silber ausgewiesen. Nach dem Erlöschen der Staufer fiel die Stadt ans Reich. Im 13. und 14. Jahrhundert wurde sie mehrmals an Brandenburg, Oettingen und Bayern verpfändet, konnte sich aber nach dem Erwerb der oettingischen Güter in der Stadt 1362 und des Ammannamtes 1384 ihre insbesondere von Oettingen bedrohte Reichsfreiheit mit Hilfe des Schwäbischen Städtebundes bewahren. Es gelang ihr nicht, ein eigenes Herrschaftsgebiet aufzubauen, sondern sie musste den Grafen von Oettingen den Blutbann bis vor die Mauern zugestehen. Das Territorium der Stadt beschränkte sich auf einen Teil Oberndorfs und zerstreute Höfe, während dem Spital der Stadt ein Teil des Dorfes Dirgenheim gehörte. Die Stadt, die 1525/1546 zur

Reformation übertrat, war zu keiner Zeit im Kreis der Reichsstädte bedeutsam. Auf der schwäbischen Städtebank war sie als 37. Stadt an letzter Stelle. Mit der Mediatisierung fiel sie 1802/1803 an Bayern und gelangte durch den Vertrag desselben mit Württemberg 1810 an dieses. Das am Eingang des Kocher-Brenz-Talzugs in die Schwäbische Alb gelegene **Aalen** wurde um 1136 als Siedlung erstmals genannt, erscheint aber erst 1339 als Stadt. Sie wurde vielleicht zwischen 1241 und 1246 von den Staufern auf einem Gelände angelegt, das dem Kloster Ellwangen gehörte, und nach dem Ende der Staufer an die Grafen von Oettingen kam. Vermutlich sollte die Stadt die wichtige Straße zwischen Nördlingen und Straßburg schützen, was bereits die Gründung Gmünds gefördert hatte. Mit der Herrschaft Lauterburg wurde Aalen von den Grafen von Oettingen 1358/1359 an Württemberg verpfändet, von Kaiser Karl IV. 1360 aus der Pfandschaft gelöst und zur Reichsstadt erhoben. Die Stadt konnte durch ihren Anschluss an den Schwäbischen Städtebund 1377 ihre Reichsfreiheit gegen seine adeligen Nachbarn behaupten, blieb aber politisch weithin unbedeutend, was auch für das von ihr aufgebaute Territorium galt. Die Reichsstadt konnte 1374 die Selbstverwaltung, 1401 den Blutbann und 1418 das Ammannamt für sich erwerben. Erst 1514 trat neben die wenigen ratsfähigen Familien eine Vertretung der Bürgerschaft, doch wurde die Verfassung 1552 wieder zugunsten der Patrizier abgeändert. Erst 1575 führte die Stadt mit württembergischer Hilfe die Reformation ein. Trotz erheblichen Widerstands des Klosters Ellwangen, dem das Patronat der Pfarrei zustand, konnte sie im Dreißigjährigen Krieg ihr evangelisches Bekenntnis behalten. Doch wurde sie nach der Schlacht bei Nördlingen 1634 weitgehend zerstört. Aalen fiel 1802/1803 ebenfalls an Württemberg.

Auch in **Ellwangen** begann die seit um 1136 neben dem Kloster erwähnte Ansiedlung von Laien seit 1182 stadtähnliche Züge anzunehmen: 1229 erscheint die Siedlung urkundlich als „civitas" und war damit befestigt. Diese Entwicklung dürfte insbesonders unter Abt Kuno I. (1188–1221) keineswegs reibungslos abgelaufen sein, denn die Ellwanger Annalen überliefern zu 1201, dass dieser die Stadt durch Brand zerstört hätte. Abt Kuno war mit Friedrich II. politisch eng verbunden und der Staufer hat ihm nicht nur 1218 zu der Abtei Ellwangen die Abtei Fulda hinzu übertragen, sondern ihn auch mit diplomatischen Verhandlungen beauftragt. Abt Kuno erscheint 1215 erstmals mit der Bezeichnung Reichsfürst. Die Abtei hat nach der Mitte des 13. Jahrhunderts zahlreiche Verluste hinnehmen müssen, wobei die Grafen von Oettingen, die mindestens seit dem 12. Jahrhundert die Vogtei über Ellwangen ausgeübt haben, zum Nachteil des Klosters gewirkt haben. Aufgrund ihres Amtes haben sie dem Kloster umfangreichen Besitz entzogen, wenn nicht sogar ihre Herrschaft im Ries größtenteils auf diesem aufgebaut wurde. Obwohl die Abtei im

Laufe des 15. Jahrhunderts trotz umfangreicher Bemühungen keine dauernde wirtschaftliche Gesundung erreichen konnte, hat sie zumindest 1381 den Grafen von Oettingen die Vogtei abgekauft und sich damit die Unabhängigkeit gesichert. Der von Kaiser Karl IV. 1360 den Grafen von Helfenstein und 1370 den Grafen von Württemberg übertragene Schutz und Schirm über die Abtei hat ein rechtlich anderes Verhältnis begründet als dieses mit den Grafen von Oettingen bestanden hatte.

Die im 14. Jahrhundert festzustellenden kleinen Herrschaften des Niederadels, die aus staufischer, oettingischer und ellwangischer Ministerialität herausgewachsen waren, haben zu einem großen Teil auf Lehen der Abtei Ellwangen aufgebaut, die dann im Laufe der Zeit der Abtei entfremdet wurden. Doch gelang es dem Kloster 1317 die Kochenburg mit Unterkochen zurückzukaufen, ebenso 1368 die Herrschaft Adelmannsfelden, 1372 Haisterhofen und 1374 Wöllstein. Wegen seiner finanziellen Schwierigkeiten und vielleicht auch wegen der geplanten Erwerbung der Vogtei von den Grafen von Oettingen verkaufte die Abtei bereits 1377 die Herrschaft Wöllstein an die Herren von Hürnheim und Adelmannsfelden, 1380 an die Schenken von Limpurg. Dagegen konnte die Abtei im Laufe des 15. Jahrhunderts die weitgehend verarmten Herren von Pfahlheim, Röhlingen, Killingen und Schwabsberg auskaufen und damit einen großen Teil der Dörfer in ihrem Umkreis wieder unter ihre unmittelbare Herrschaft bringen. Insbesondere der Versuch der Herren von Pfahlheim aufgrund ihrer ellwangischen Lehen eine eigene Herrschaft aufzubauen, waren damit gescheitert. Die Abtei hat in den folgenden Jahrhunderten diese Politik fortgesetzt. 1543 kaufte Ellwangen Halheim von der Familie Adelmann und zog nach dem Erlöschen der Herren von Ahelfingen, Hürnheim und der Linie Heuchlingen der Herren von Rechberg 1545, 1585 und 1590, deren ellwangische Lehen ein. Dadurch hat sich noch in der frühen Neuzeit das Ellwanger Territorium erweitert.

Die **Grafen von Oettingen,** die nach 1350 erhebliche territoriale Verluste erlitten hatten, teilten sich im 16. Jahrhundert in die Linien Oettingen-Oettingen (evangelisch) und Oettingen-Wallerstein (katholisch). Die erstere hat die Vogtei über das seit dem 13. Jahrhundert bestehende Familienkloster Kirchheim ausgeübt und dieses versucht zu säkularisieren. Die Absicht scheiterte am Widerstand der Nonnen und der katholischen Linie. Diese konnte 1613/1615 durch den Kauf von Gütern der Schenken von Schenkenstein in Aufhausen und einer Reihe weiterer Orte ihre Stellung verbessern. Sie spaltete sich ab 1623 in die Zweige Wallerstein, Spielberg und Baldern. Nach dem Erlöschen der Linie Oettingen-Oettingen 1731 und dem Zweig Baldern von der Wallersteiner Linie verblieb der Besitz im Berichtsraum weitestgehend in der Hand der Linie Oettingen-Wallerstein, die 1806 von Bayern mediatisiert wurde.

Die Geschichte des Hauses der **Schenken von Limpurg** und des von ihr beherrschten Limpurger Landes ist mit dem der Grafen von Oettingen vergleichbar. War es diesen nicht gelungen, Ellwangen seiner Herrschaft zu unterwerfen, so gelang es den Schenken nicht, die Stadt Schwäbisch Hall ihrem Besitz anzugliedern. Die Schenken von Limpurg waren durch ihren umfangreichen Waldbesitz und das Schenkenamt, das die Goldene Bulle von 1356 bestätigt hatte, politisch einflussreich. Letztmals hat ein Mitglied der Familie das Schenkenamt 1690 bei der Krönung Kaiser Josephs I. ausgeübt. Die Familie teilte sich 1441 in drei Linien. Nach dem Übertritt zur Reformation waren die Schenken dazu gezwungen, ihre Herrschaft, das „Limpurger Land" weiter zu teilen, was ihre wirtschaftliche Lage schwächte. Mitglieder der Familie sind wiederholt als Beamte und Offiziere in württembergischen, pfälzischen oder ansbachischen Diensten zu finden. Der Dreißigjährige Krieg hat das Limpurger Land hart getroffen und zu einer weiteren Verschlechterung der Wirtschaftslage beigetragen. Nach dem Erlöschen der Linie Speckfeld starben auch die Linien Gaildorf (1690) und Sontheim (1713) im Mannesstamm aus. Die zehn Erbtöchter aus den drei Schenkenfamilien führten zu einer starken Zersplitterung der an sich schon nicht großen Herrschaft, von der Württemberg Zug um Zug Anteile erwarb bis die restlichen Besitzungen, die teilweise unter der Herrschaft der Grafen Pückler, der Familie Hohenlohe-Bartenstein und Leiningen-Dachsburg gewesen waren, durch die Mediatisierung ebenfalls an Württemberg fielen. Das Oberamt Gaildorf, das bis 1938 bestand, hat den größten Teil des Limpurger Landes zum Landkreis Schwäbisch Hall gebracht, während Gschwend mit weiteren Gemeinden der Frickenhofer Höhe sowie Untergröningen zu den Vorläufern des heutigen Ostalbkreises kam.

Von den zahlreichen Familien des Niederadels im Spätmittelalter haben sich neben den Grafen von Oettingen und den Schenken von Limpurg die **Herren Adelmann von Adelmannsfelden** und die **Herren von Woellwarth** bis ans Ende des Alten Reiches in ihrem ritterschaftlichen Besitz halten können, der ihnen teilweise bis in die Gegenwart erhalten geblieben ist. Während sich der Besitz der Familie Adelmann seit dem Kauf der Herrschaft Hohenstadt 1530 um diese konzentrierte, war es bei den Herren von Woellwarth Essingen, Laubach und Hohenroden.

Nachdem es der Abtei Ellwangen im 14. und 15. Jahrhundert, trotz anhaltender wirtschaftlicher Schwierigkeiten gelungen war, seine ehemals so große Grundherrschaft zu einer beachtlichen neuen Territorialherrschaft umzuformen und dabei auch die Stadt unter ihrer Herrschaft zu behalten, bekam sie im Laufe des 14. und 15. Jahrhunderts zunehmend innere Schwierigkeiten durch den nicht mehr nach den Ordensregeln lebenden adeligen Konvent. Alle Reformversuche drangen nicht durch, da sie bedeuteten, dass das Prinzip der alleinigen

Aufnahme von Adeligen durchbrochen worden wäre. Das Zusammenleben des Konvents wurde dabei mehr und mehr aufgegeben. Ein Kennzeichen dafür ist, dass nach dem Brand der Konventgebäude, der auch ein Teil des Kreuzganges zum Opfer gefallen war, der Konvent keine Anstrengung unternahm, einen Neubau zu errichten. Dieses war erst möglich, nachdem auf Antrag des Abtes von 1459 Papst Pius II. 1460 die Abtei in ein Chorherrenstift mit einem Fürstpropst an der Spitze und zwölf Chorherren umgewandelt hatte, von denen mindestens drei Viertel adelig sein mussten, während die übrigen ihren fehlenden Adel durch einen akademischen Grad ersetzen konnten. Tatsächlich sind nach diesem Wandel der Abtei zur Fürstpropstei kaum bürgerliche Chorherren im Ellwanger Konvent gewesen. Insgesamt 20 Fürstpröpste haben zwischen 1460 und 1802/1803 Ellwangen regiert. Eine Reihe von ihnen haben in der Kirche des Alten Reiches noch weitere Ämter innegehabt: Pfalzgraf Heinrich bei Rhein (1521–1552) war Bischof von Worms und Freising sowie zeitweise von Utrecht. Sein Nachfolger Otto Truchsess von Waldburg war Bischof von Augsburg. Seine Nachfolger haben trotz enger Verknüpfung mit auswärtigen Domkapiteln, wie die Wahl der Fürstpröpste Wolfgang von Hausen zum Bischof von Regensburg (1601), Johann Christoph von Westerstetten zum Bischof von Eichstätt (1612) und Johann Christoph von Freiberg zum Bischof von Augsburg (1665) beweist, überwiegend in Ellwangen regiert. Erst mit der Wahl von Pfalzgraf Ludwig Anton bei Rhein (1689–1694), der nicht nur Hoch- und Deutschmeister war, sondern auch Bischof von Worms und Koadjutor des Erzbischofs von Mainz, verlor Ellwangen für die Folgezeit weitgehend den Charakter einer Residenz mit einem Fürsten vor Ort. Ellwangen wurde zur wirtschaftlich und kulturell bedeutsamen Nebenresidenz, in der die jeweiligen Landesherren in zeitlich weiten Abständen nur kurzfristige Besuche abstatteten. Fürstpropst Franz Ludwig bei Rhein (1694–1732) war Bischof von Breslau, Bischof von Worms, Hoch- und Deutschmeister, Erzbischof und Kurfürst von Trier (1716–1729) und ab 1729 von Mainz. Franz Georg von Schönborn (1732–1756) war gleichzeitig Erzbischof und Kurfürst zu Trier, Anton Ignaz Graf Fugger-Glött zu Kirchberg und Weißenhorn (1756–1787) seit 1769 Bischof von Regensburg, weshalb er sich in Clemens Wenzeslaus von Sachsen für Ellwangen einen Koadjutor wählte, dem er 1777 die gesamte Landesregierung übergab, die dieser dann bis zum Ende des Alten Reiches ausüben sollte. Er war seit 1768 auch Erzbischof und Kurfürst von Trier und Bischof von Augsburg. Damit hat die Ellwangen einerseits benachteiligende Abwesenheit des Regenten, die aber andererseits zu weiten kulturellen Verbindungen Ellwangens im 17. und 18. Jahrhundert beigetragen hat, bis zum Ende des Alten Reiches ihre Fortsetzung gefunden. 1802/1803 ist Ellwangen an Württemberg gefallen.

Die zwischen den Städten Aalen und Bopfingen gelegene **Kapfenburg**
oberhalb von **Lauchheim** ist durch den ursprünglichen Besitz der
Herren von Gromberg und die Rechte der Grafen von Oettingen als
Besitz der Abtei Ellwangen ausgewiesen. Die Herren von Gromberg
übergaben 1363 mit Zustimmung des Bischofs von Augsburg die
Kapfenburg und Lauchheim an den Deutschen Orden, der die
oettingischen Rechte 1364 ablöste. In der Folge entwickelte sich auf
der Kapfenburg die Deutschordenskommende, der 1397 von König
Wenzel gestattet wurde, die Ordensdörfer Neubronn und Lauchheim zu
befestigen, worauf 1398 die Verleihung eines Halsgerichtes, Stocks und
Galgens , sowie des Bannes für das Ordenshaus Kapfenburg und das
Dorf Lauchheim erfolgte. König Ruprecht bewilligte dem Deutschor-
denskomtur zu Kapfenburg 1402 drei Jahrmärkte und einen Wochen-
markt und König Sigismund erlaubte 1430 den Markt Lauchheim mit
Türmen, Mauern, Gräben und Erkern zu befestigen und verlieh diesem
1431 alle Rechte, Gnaden und Freiheiten der Stadt Bopfingen. Die
Kommende fiel 1806 an Württemberg.

Das zwischen Schwäbisch Hall und Dinkelsbühl gelegene **Crailsheim**
wurde 1178 noch als „villa", 1289 jedoch als „oppidum" bezeichnet. Es
erhielt 1316 Marktrecht und war 1323 Stadt. Sein Stadtrecht wurde 1338
dem des benachbarten Hall angeglichen, wobei die Stadt den Blutbann
erhielt, den der hohenlohische Vogt in Vertretung des Grafen ausübte.
Die Stadtmauer wurde um 1350 errichtet. Die sich nach der Siedlung
benennende Adelsfamilie, die sich vom 13. bis 16. Jahrhundert in
zahlreichen Linien verzweigte und eine wenig bedeutende niederadelige
Familie war, hat ihre Rechte in Crailsheim selbst wohl nur als Lehen der
Herren von Lohr innegehabt, deren Anteile nach ihrem Aussterben an
die Grafen von Oettingen gelangten, die 1289 durch den Erwerb der
Güter des Stiftes St. Moritz in Augsburg zum Alleinherren von
Crailsheim wurden. Dieses zum Mittelpunkt ihres in der Umgebung
gelegenen Besitzes auszubauen, scheiterte als sie 1310 Crailsheim an
die Grafen von Hohenlohe abtreten mussten. Diese wurden gezwungen,
Crailsheim 1387 den Reichsstädten Hall, Rothenburg und Dinkelsbühl
zu verpfänden und 1388 und 1390 an die Landgrafen von Leuchtenberg,
die das von Hohenlohe nicht ausgelöste Pfand 1399 den Burggrafen von
Nürnberg, den späteren Markgrafen von Ansbach, verkauften. Damit
waren diese, die 1367 erstmals Güter im Crailsheim benachbarten Rot
am See erworben hatten und 1380/1405 die Herrschaft Bebenburg
kauften, endgültig fest in den Raum eingebunden. Das schon 1379/1380
vom Schwäbischen Städtebund erfolglos belagerte Crailsheim konnte
sich 1449 als ansbachischer Vorposten gegen die Städte Hall und
Rothenburg sowie die Schenken von Limpurg halten. Die Markgrafen
von Ansbach führten 1522/1528 die Reformation ein, wobei sich ihr
Besitz in der Folgezeit durch die eingezogenen Güter des Klosters

Anhausen (1557) und der Stifte Feuchtwangen und St. Gumbert in Ansbach (1563) weiter vergrößerte. Vom 16.–18. Jahrhundert kauften sie weiteren Besitz im Umkreis von Crailsheim, was ihre Herrschaft vergrößerte. Der letzte Markgraf von Ansbach dankte 1791 ab und übergab sein Land an Preußen. Damit übernahm dieses die Herrschaft in Crailsheim und schloss Tauschverträge mit Hohenlohe-Bartenstein (1797), mit den Grafen von Oettingen und der Fürstpropstei Ellwangen ab. In den letzten Jahren bis zum Ende des Alten Reiches zwang Brandenburg-Ansbach zahlreiche Rittergüter, ebenso das zu Hall gehörige Honhardt und das zu Ellwangen gehörende Stimpfach unter seine Landeshoheit. Mit dem Übergang an Bayern 1806 fand diese aggressive Herrschaft ihr Ende. Bayern überließ Crailsheim und seine Umgebung 1810 an Württemberg. Damit entstand die Struktur, die über die Kreisreformen von 1938 und 1972 zur heutigen Situation führte.

EMIL KOST †

Alte Höhenwege durchziehen das Limpurger Land

Die Kohlstraße als Überlandweg der Vorzeit und des Mittelalters

Ein Wunschtraum für den besinnlichen und naturfrohen Wanderer sind die Limpurger Berge mit ihren Forsten, ihren Wiesenhängen und -auen, den frischen Quellen und Bächen und den über die Höhen auf trockenen Sandböden dahinziehenden Verbindungswegen mit ihren Erinnerungen an alte Zeiten.

Einer der zügigsten dieser Hochwege ist die **Kohlstraße** (in der Wanderkarte 1:50 000 als „Kohlenstraße" angegeben). Ihr Beginn im Norden der Limpurger Berge wird gekennzeichnet durch die hoch über dem Ebenenland aufragende Warte des Einkorns. Von der Salzstadt Hall herüber, dann die Steinbacher Haalsteige hinauf über den Ort Gschlachtenbretzingen nach Steinbrück, vorbei an Michelbach, aber auch aus der Ferne von Untermünkheim her aus Richtung Öhringen, vom Westausgang der berühmten „Nibelungenstraße", kletterte über Hessental der Fernweg auf den Höhenrand der waldbestandenen Stubensandsteinberge zwischen Kocher, Fischach und Bühler. Alte Gestalten des Volksglaubens umgeistern den Weg hier oben am Rande der dunklen Wälder; – der Einkornjäger, das Sarlachbäbele, die Roggenfrau. Der Schnelllebigkeit der atem- und besinnungslos dahinjagenden Jetztzeit entrückt, setzt der Wanderer hier Schritt um Schritt seinen Fuß in eine andere Welt der Jahrhunderte und Jahrtausende von einst bis heute. Diesen Randweg beschritten schon beim Wechsel vom Hohenloher und Haller Ebenenland zur Alb die Steinzeitleute. Eine Gruppe von ihnen blieb vor vier Jahrtausenden auf dem Einkorngipfel sitzen, wie Gerätfunde aus ihrem Nachlass erzählen; eine andere hat auf der Kohlstraße über Michelbach ein Steinbeil liegen lassen.

Viele Jahrhunderte nach ihnen haben urkeltische Menschen der Bronze- oder Früheisenzeit in mehreren Hügelgräbern beiderseits der Kohlstraße beim Sandbrunnen ihre Toten nahe dem Hoch- und Fernweg zur Ruhe gelegt.

Weit blickten einst die erhöhten Totenmale hinunter ins Tal- und Ebenenland. Bei ihnen steigt ein alter Hohlweg von der Tiefe aus der Gegend von Rauhenbretzingen und Hessental herauf zur Einmündung in die Kohlstraße. Weiter südlich nimmt diese auch über Michelbach von Hall – Steinbach – Gschlachtenbretzingen – Steinbrück her an der Enzenklinge und der abgegangenen mittelalterlichen Burg Entsee zur Höhe des Kohlhäu eine Zuführung aus der altbesiedelten Kocherebene auf, und nochmals weiter südlich ist über Eutendorf ein Wegstück nahe der Kohlstraße der „alte Haalweg" genannt; dieser verrät durch seinen Namen, dass hier oben über die Kohlstraße auch Salztransporte gelaufen sind, auf die sich vielleicht auch der „Salinenweg" bei Winzenweiler und die „Haalsteige" auf Markung Geifertshofen beziehen. Von der Kohlstraße als einer „Kohlenstraße" für Holzkohleabfuhr berichten die von ihr durchzogenen Waldteile Kohlhäu und Kohlschnäue über Michelbach als alte Tätigkeitsbereiche der Köhler wie weiterhin Kohlwald und Kohlbruck. Es steigt das Bild säckebeladener Maulesel und knarrender Köhlerkarren entlang der Kohlstraße auf, die ihre Holzkohleladungen auf diesem langgestreckten Höhenweg zu den Eisenhüttenwerken und Schmelzöfen des oberen Kochertales und des Brenztales brachten, zur Pulvermühle in Abtsgmünd, zum königlichen Hüttenwerk Wasseralfingen, nach Oberkochen und zum Hüttenwerk Königsbronn im Brenztal.

Aus der Anfangszeit unserer Industrie, aus dem Mittelalter und aus der Vorzeit rühren sich also hier in der Waldstille die Stimmen. Die Dreikaiserlinde am weiteren Weglauf auf Markung Oberfischach spricht vom Dreikaiserjahr 1888 von neuerer und doch schon verklungener Geschichte. Älter ist der im Waldteil Hundshof nahe der Kohlstraße stehende verwitterte „Hohe Wappenstein", der schon 1614 in einer Waldbeschreibung genannt ist und als Grenzstein auf der Westseite das limpurgische und auf der Ostseite das komburgische Wappen trägt.

Seitab auf Markung Eutendorf am Höhenrand, liegt eine im Steinbruchbetrieb verwühlte alte Schanze, die noch um 1790 die Einbildungskraft des limpurgischen Geschichtsschreibers Prescher lebhaft beschäftigt hat; sie mag noch im Dreißigjährigen Krieg für die in die Bergwälder hinaufflüchtende Bevölkerung der Ebene ihren Dienst getan haben. Der Name „Streitberg" dort hat Prescher zu allerhand romantischen Deutungen veranlasst; die heutige kritische Forschung kann in ihm nur das Wort „streut" aus „struet" in der Bedeutung von Buschwald erkennen.

Beim Weiterschreiten nach Süden ziehen nach dem längst abgegangenen Hundshof der Haspelbrunnen und die Gegend des Haspelhäuser Sees mit der abgegangenen Siedlung „Hagestaldeshusen" (urkundlich 1090) am Wanderer vorüber; hier herum hielt sich nach

dem von den aufständischen Bauern verlorenen Bauernkrieg 1525 ein
limpurgischer Bauernführer aus Algishofen versteckt. Im Mittelalter
standen hier herum und im Waldteil Roggenland noch vereinzelte
Hofsiedlungen. Ein im Fichtenwald verstecktes Steinkreuz westlich der
heutigen Kohlstraße, früher an ihrem dortigen Zug gelegen, trägt die
verwitterte Jahreszahl 1526; hier lässt der Volksmund, irrtümlicher-
weise, den Bauernführer Florian Geyer gefallen sein. So ist der stille
Wegzug vom Einkorn bis zu seiner Kreuzung mit einem quer
kommenden Fernweg nordöstlich von Winzenweiler begleitet von
Erinnerungen an eine dramatisch bewegte Vergangenheit. In dieser
Gegend war es, wo nach einem naiven Bericht des althällischen
Chronisten Widmann an einem herrschaftlichen Jagdlagerfeuer die
einheimischen Bauern Waldfrauen zu sehen geglaubt hatten, volkstümliche Glaubensgestalten des Mittelalters, die so recht den Geist
dieser einsamen Wälder vertreten:

*„Also auch haben die herrn von Weinnspergh vor zeithen dasz gejäg uf
dem holtz bey Wintzenweyller unferne von dem stättlein Gailldorf
gelegen gehabt, unnd uf ein zeith an dem orth, noch der Weinnsperger
gehrn genannt, ein schweinhatz gehabt, ihr frauenzimmer (ihre Frauen)
mitgenommen, und bey einem erdtfall im waldt den weibern sich zu
erwarmen ein fewer gemacht. Alisz aber von ungeschichten zwen bauren
im waldt dises frauenzimmer mit iren bunden (Kopfbund) gesehen,
haben sie den bauren, so deselbst inn höffen sietzen, gesagt, wie sie
waldt- oder holtzfrauen im waldt bey dem fewr sitzend gesehen hetten.
Dahero solcher orth desz waldes – ist ietzt (um 1550) desz stifftes
Chomburg – uf diesen tagh zue der holtzfrawen stuben genant wirdt. "*
Wenn schon dieser urbäuerliche Glaube an die Geister des Waldes die
Vorzeit beschwört, so tut dies aus derselben Gegend, der vom
bachumflossenen Kuppe des Eisbachhofes, ein wirklicher Fund aus
urkeltischer Zeit um 1000 v. Chr., eine bronzene Schaftlappenaxt von
dieser zum Verweilen einladenden Stelle. Dieses schöne spätbronze-
zeitliche Fundstück ist im Hällisch-Fränkisches Museum in Schwäbisch
Hall zur Schau gestellt. Bronzezeithändler mögen also schon mit
metallener Tauschware und mit Salz den unweit vorbeiziehenden
Fernweg, die „Kohlstraße", begangen haben.
Auf Markung Engelhofen, die hier an die Kohlstraße angrenzt, ist vor
einem Menschenalter ein Verwahrfund mit drei spätbronzezeitlichen
Schaftlappenäxten gemacht worden.
In dortiger Gegend, zwischen Winzenweiler und Rothof, überquert eine
andere Straßenverbindung die Kohlstraße. Man kann sie als Franken-
straße bezeichnen; – sie kommt aus dem Murr- und Rottal mit ihren alten
Frankensiedlungen Fichtenberg, Mittelrot und Gaildorf, an einer
mittelalterlichen Flur „Burgstall" bei der Gaildorf-Unterroter ARWA-
Siedlung vorbei über eine ehemalige Kocherfurt an der Gaildorfer

Wasserburg, heute Altes Schloss, die Steige herauf über Winzenweiler und den alten Straßenhaltepunkt Rothof nach Mittelfischach und Obersontheim. Zwischen letzteren beiden Orten bleibt rechts der Galgenwasen liegen, nördlich Obersontheim links ein „Heerberg". Ein altersgraues Steinkreuz steht bei Markertshofen am Weg, dann zieht die Straße durch den Keuperwald über Onolzheim und Crailsheim, offenbar als alte Frankenstraße, über Mariäkappel als typischer Hochweg nach Feuchtwangen weiter gegen Nürnberg. Die Kohlstraße ihrerseits strebt nach ihrer Überschreitung dieser Straße bei Winzenweiler unentwegt nach Südosten, durch den Wald Falchen, dessen Name vielleicht von Falken herkommt, vielleicht aber auch vom Borstgras, Falchen geheißen. Hier bildet, wie schon zuvor zwischen Ober- und Mittel-fischach und Eutendorf, die Kohlstraße die Markungsgrenze, einerseits für Geifertshofen, andererseits für Sulzbach am Kocher. Man darf daraus den Schluss ziehen, dass der Kohlstraßenzug schon vor der Abgrenzung dieser Markungen gelaufen ist. Im Mittelalter ist solche Grenzlinie noch mit Grenzbäumen in Abständen besetzt gewesen, die in einer Waldbeschreibung von 1706 noch „Loheichen" und „Lohbuchen" genannt werden. Am „Hohen Wappenstein" an der Kohlstraße ist sogar eine dreifache Grenze, eine „Trilohe" genannt, auf heutiger Markungs-grenze Eutendorf – Oberfischach. Das Wort „Lohe" ist hier für „Laach", Grenzzeichen gesetzt.

Vom Wald Falchen strebt die Kohlstraße weiter über Kohlwald zu den Fernrichtpunkten Hohenberg – Altenberg nach der 1855 abgegangenen Siedlung Vorhardsweiler, die lange Zeit Vohensteinische Domäne war (Herrschaft Vohenstein bei Westheim). Hier mündet von Gerabronn – Heilberg – Bühlerzell – Kottspiel von der dortigen Nibelungenstraße abgezweigt ein alter Nordsüdweg ein. Nahe dem nördlich gelegenen Schnittpunkt und Kreuzweg muss am Strang nach Bühler eine alte Kapelle gestanden haben, wie ein dortiger Flurname „Kirchfeld" vermuten lässt. Von dem Schnittpunkt in Vorhardsweiler nördlich Wegstetten geht die Wegverbindung in einem Zweig weiter nach Strassdorf über den Büchelberger Grat nach Abtsgmünd zum Kocher und weiter nach Aalen. Der andere Zweig läuft durch das kennzeichnend benannte Wegstetten über Dinkbühl – Hohenstein – Hexenstein über den Rötenberg zum Kocherübergang nach Algishofen. Entlang diesem Zug sind Steinzeitfunde von Winzenweiler, Kohlwald, Vogelburren, Hexen-stein und vom Rötenberg bekannt, in der Wegfortsetzung wieder bei der Eulenburg, Obergröningen und Schechingen. Ein spätjungsteinzeit-licher, gut gearbeiteter Feuersteindolch vom Rötenberg weist seinem ortsfremden Werkstoff nach sogar auf nord- oder nordwestdeutsche Rohstofflager und damit auf weitgreifenden Handelsimport vom Ende des 3. vorchristlichen Jahrtausends. Der Fund gibt einen Begriff von uralten Fernbeziehungen, in welche auch diese heute seitab liegende

Gegend in grauer Vorzeit eingespannt war. Bei Dinkbühl tritt die alamannische Frühzeit unseres ersten Jahrtausends in seinem Namen hervor, der eine Dingstätte der Gruninge bezeichnen dürfte aus vormittelalterlicher Landnahmezeit.

Nach dem Kocherübergang bei Algishofen wirft die vielbesprochene und geheimnisvolle Eulenburg eine andere geschichtliche Frage auf. An ihren Wällen und Gräben vorbei erklimmt der Weg die Höhe des altalamannischen Siedlungsortes Obergröningen zu demjenigen von Schechingen und den weiteren von Heuchlingen und Mögglingen bis hinauf nach Lautern zur Albhöhe. Dass auch dieser Teil des Fernzugs uralt ist, zeigen die ausgedehnten urkeltischen Grabhügelgruppen beiderseits des Weges zwischen Heuchlingen und Mögglingen. Rund zweitausend Jahre später stehen in Schechingen, Heuchlingen, Mögglingen und Lautern feste Rittersitze zur Deckung dieses bedeutsamen Überlandweges der Jahrtausende.

Herta Beutter

Das Limpurger Holz und das Haller Salz

Das Limpurger Land wird vom Wald geprägt, – das Holz ist daher der wichtigste Exportartikel dieses Landstrichs. Bis vor 150 Jahren bildete dieser Wald das verbindende Glied zwischen den Schenken von Limpurg bzw. nach deren Aussterben im Mannesstamm im Jahr 1713 den nachfolgenden Familien der Erbtöchter und der Reichsstadt Hall sowie zwischen den Limpurger Waldbesitzern, den Haller Siedern und den württembergischen Salinenbeamten. Ein Großteil der Limpurger Holzernte „floss'' im wahrsten Sinne des Wortes über Jahrhunderte hinweg nach Hall, wo es hauptsächlich der dortigen Saline als Energiequelle diente.

Das rund 380 qkm umfassende, etwa zu 36 % vom Wald bedeckte Gebiet der ehemaligen **Grafschaft Limpurg** erstreckt sich vor allem auf die Keuperberge des Inneren Schwäbisch-Fränkischen Waldes und des westlichen Virngrundes. Es wird vom Kocher und seinen zahlreichen Nebenflüssen in die Landschaften Welzheimer Wald, Murrhardter Wald, Mainhardter Wald, Ellwanger Berge und Limpurger Berge gegliedert.

Für die Flößerei wurden von den vielen Wasserläufen neben dem Kocher die Lein, der Wimbach, der Steigersbach, die Rot (münden linksseitig in den Kocher) sowie die Blinde Rot, der Rötenbach, der Nägelesbach, der Irsbach und der Pfannenbach/Eisbach (münden rechtsseitig in den Kocher) genutzt. Die beiden Hauptpartner beim Betrieb der **Kocherflößerei** waren bis zum Ende des Alten Reiches die Grafschaft Limpurg und die **Reichsstadt Hall.**

Die **Haller Saline** war der ausschlaggebende Faktor für die Ausbildung und Entwicklung dieses Wirtschaftszweiges. Die hier in der Talaue des Kochers zutage tretende Solequelle wurde mehr als zweitausend Jahre zur Salzproduktion genutzt. Nachweislich haben hier schon die Kelten um 400 v. Chr. eine Saline betrieben.

Obwohl es bis zum Mittelalter an entsprechenden Sachzeugnissen und schriftlichen Belegen fehlt, ging man bisher davon aus, dass es zwischen der keltischen und der mittelalterlichen Saline eine Kontinuität gegeben hat, was jedoch in jüngster Zeit von einigen Historikern wieder in Frage gestellt wird. Wie dem auch sei, ab dem 11./12. Jahrhundert ist der Salinenbetrieb wieder nachweisbar, und von da ab wurde er bis zum Jahr 1924 ununterbrochen fortgeführt. Maßgebend für die Einstellung der Salzproduktion und die **Stilllegung der Saline** im Jahr 1924 waren wirtschaftliche Gründe. Mit den in der zweiten Hälfte des 19. Jahrhunderts bei Heilbronn erschlossenen Steinsalzlagern konnte das weitab der modernen Verkehrswege liegende Haller Salzwerk nicht mehr konkurrieren.

Das Salz wurde während des gesamten Betriebszeitraumes der Saline im selben Verfahren gewonnen. In großen Pfannen sott man die Sole so lange, bis das Wasser verdampft war und die Salzkristalle ausgefallen sind.

Die Salzproduktion stieg stetig an, 1472 beispielsweise lag sie bei 11 200 Zentnern, 1802 bei 85 000 Zentnern und um 1910 bei 100 000 Zentnern. Dazu benötigte die Siederschaft bzw. später die württembergische Salinenverwaltung ungeheure Mengen Holzes, das sie sich aus den Wäldern des Umlandes besorgten. Hauptlieferant waren nicht die naheliegenden, zum Haller Territorium gehörenden Wälder der Mainhardter und Waldenburger Berge, sondern das waldreiche Gebiet im Süden von Hall. Aus den Waldenburger Bergen und dem Mainhardter Wald hätte das Holz per Achse in die Stadt gebracht werden müssen. Eine andere Transportmöglichkeit gab es aus diesen Gebieten nicht. Anders verhielt es sich dagegen im Limpurger Land, wo es einen Wasserweg gab. Und dass diese Art Schwerlasten zu befördern kostengünstiger war als der Transport auf dem Landweg, wussten auch unsere Vorfahren: Per Floß konnten auf einmal große Holzmengen transportiert werden.

Urkundlich erwähnt wird die Kocherflößerei erstmals ausgangs des Mittelalters. Dass dieser Handwerkszweig aber viel älter ist, belegt das erste erhaltene Siegel der Hauptstadt des Limpurger Landes – nämlich der Stadt Gaildorf aus dem Jahr 1434. Bereits damals führte Gaildorf ein Floß in seinem Siegelbild.

Die Flößerei muss also für den Ort ein charakteristisches Merkmal gewesen sein, wenn die 1404 zur Stadt erhobene Gemeinde dieses Zeichen neben dem der Ortsherrschaft, den Limpurgischen Kolben, als Wappenbild wählt. Ähnlich verlief die Entwicklung in Hall, das schon im 13. Jahrhundert Kreuz und Hand, die Kennzeichen des seit dem 12. Jahrhundert hier geprägten und sich als Zahlungsmittel rasch im Westen des Reiches ausbreitenden Hellers, als Wappenzeichen führte.

Möglicherweise reicht die Tradition der Holzflößerei auf dem Kocher in die vorlimpurgische Zeit zurück. Die Schenken von Schüpf, 1138 bzw. 1144 erstmals urkundlich erwähnt, kamen vor 1230 in diese Gegend. Die staufischen Dienstmannen, die sich wahrscheinlich nach der Burg Oberschüpf bei Königshofen im Main-Tauber-Kreis nannten, hatten am

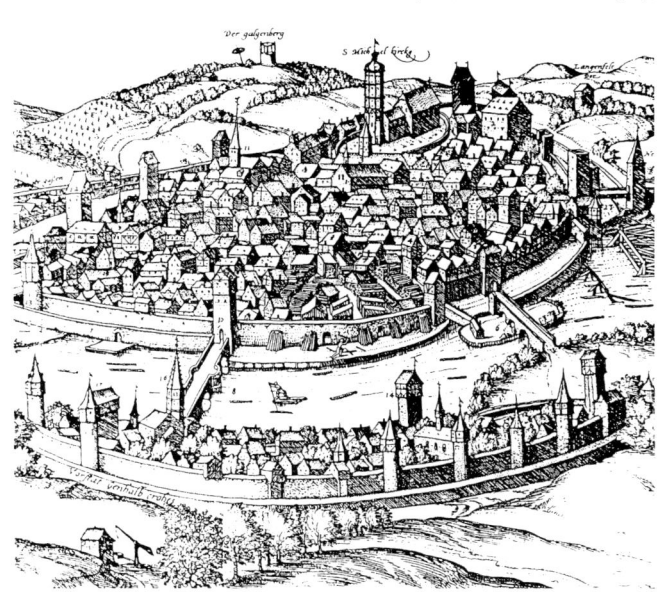

Schwäbisch Hall um 1580. Im Kocher einzelnes Blockholz, ein gebundenes Fach und Holzauffangeinrichtungen. Am Ufer vor der Stadtmauer ein Holzlagerplatz. Ausschnitt aus dem Stich Braun/ Hogenberger

Königshof das Amt des Mundschenks inne und mussten dem Herrscher bei großen Auftritten wie an den Festtagen neben dem Truchsess, dem Marschall und dem Kämmerer nach den Regeln des Hofzermoniells dienen. Vermutlich durch Heirat gelangten sie in den Besitz des der Stauferstadt Hall benachbarten Gebietes und errichteten hier die ab 1230 für ihre Familie namengebende Burg Limpurg.

In dieser Zeit begannen sich die Landesherrschaften, die Staaten, auszubilden. Auch Schenk Walter II. von Limpurg versuchte, seine Landeshoheit auszubauen. Er attackierte deswegen Besitzungen der Klöster Comburg und Lorch im Umland. Er bemühte sich, den Reichswald zwischen Kocher und Limpurg zu erwerben und vor allem in den Besitz der durch die Salzquelle, die Münze und den Fernhandel reich gewordenen Stadt Hall zu kommen. Die Verfügungsgewalt über die Wälder hat der Schenk – wenn auch nicht unbedingt auf legalem Wege – erlangt. Hall wollte sich jedoch dem neuen Nachbarn nicht unterordnen, und es kam zu einem fast 30 Jahre dauernden Krieg, in dem Felder und Wohnplätze verwüstet, Vieh weggetrieben und Menschen gefangen genommen und getötet worden sind. Den Schlusspunkt in diesen Auseinandersetzungen bildete der sogenannte Wiener Schiedsspruch, in dem König Rudolf am 26. Januar 1280 bestätigte, dass die Stadt künftig unabhängig, nur dem König bzw. Kaiser untertan sei. Gerd Wunder schreibt dazu in seiner Geschichte der Schenken von Limpurg: „Das war das Ende der Limpurger Träume. Die Schenken besaßen zwar nun den Wald, aber ihre Ausdehnung war blockiert durch die Stadt Hall, die bald ein eigenes Landgebiet erwarb, das schließlich sogar die Herrschaft der Schenken übertraf. Weder wirtschaftlich noch politisch hatten die Schenken eine Möglichkeit, aus ihrem engen Bereich herauszutreten."

Trotz des Schiedsspruches kam es auch in der Folgezeit immer wieder zu Streitigkeiten zwischen den beiden Territorialherren, die 1432 dazu führten, dass Hall den Zugang vom schenkischen Unterlimpurg zur Stadt, das sogenannte Limpurger Tor, vermauern ließ, um dem Nachbarn die Zolleinnahmen zu entziehen.

Auf die Beschwerde der Limpurger über das Vorgehen der Reichsstädter soll Kaiser Sigmund geantwortet haben, wenn die Haller alle ihre Tore zumauerten und auf Leitern in ihre Stadt stiegen, solle es ihm auch recht sein. Den über 300 Jahre während Streit beendete die Reichsstadt 1541, als sie Schenk Erasmus, der des öfteren in Geldnöten steckte, das freieigene Schloss Limpurg mit Unterlimpurg und den dazugehörigen Reichslehen um 45 700 Gulden abkaufte. Erasmus verließ die Limpurg und begann, Obersontheim zu seiner Residenz auszubauen.

Im Gegensatz zu den politischen Verhältnissen, die stets von Spannungen und militärischen Attacken begleitet waren, funktionierten die wirtschaftlichen Beziehungen zwischen Limpurg und Hall. Das Holz machte beide Parteien zu Partnern. Hall war auf das Holz als Energiequelle angewiesen und Limpurg auf die Einnahmen aus dem Verkauf und den Durchgangszöllen. Für die Limpurgische Kameralverwaltung bildeten diese Einkünfte übrigens die Haupteinnahmequelle. Auch hier bewahrheitete sich, dass dem Geld starke verbindende Kräfte innewohnen.

Als Holzlieferanten wurden nur die durch **Floßgewässer** erschlossenen Waldgebiete genutzt. 1828 betrug diese Waldfläche 21 415 ha. Um eine Übernutzung der Wälder zu verhindern, legte die Herrschaft den jährlichen Einschlag fest. Im 16. Jahrhundert betrug er z. B. je nach Hofgröße des Waldbesitzers maximal 2 Stück = 106,5 fm.

Der Zugriff der frühneuzeitlichen Obrigkeit auf die Untertanen schloss auch die Reglementierung des Floßholzbetriebes ein. 1570 war eine „Treib Ordnung über den Rauhen Zainbach, Staigersbach und Wimbach" erlassen worden, die 1627 erneuert wurde. Für den Rötenbach ist eine solche aus dem Jahr 1630 überliefert. Für den Kocher dagegen ist eine entsprechende Instruktion erst zu Beginn des 18. Jahrhunderts in Kraft getreten, nachdem es vorher zu langwierigen Auseinandersetzungen wegen des Holzabgangs, des Kaufmodus und der Bezahlung zwischen der Herrschaft Limpurg und der Reichsstadt gekommen war.

Wieviel Holz zum Sieden einer **Pfanne** mit 480 Litern Sole nötig war, ist nicht überliefert. Die Menge des jährlich von den Siedern einzukaufenden Brennmaterials legte die Haalverwaltung fest, wobei sicher nicht zu knapp kalkuliert und ein bestimmtes Quantum für einen Holzvorrat berücksichtigt wurde. Im 15. und 16. Jahrhundert betrug die Menge für den Besitzer einer Pfanne 746 fm – das Eigentumsrecht am Haller Salzbrunnen war in 111 Pfannen aufgeteilt –, 1685 lag sie bei 320 fm, 1736 bei 426 fm, 1749 213 fm und 1800 160 fm. Die beträchtlich voneinander abweichenden Werte rühren zum einen von den jährlich unterschiedlich langen Betriebszeiten der Saline – wenn z. B. die Nachfrage größer war, erhöhte man die Zahl der Siedewochen – und der Einführung der Luftgradierung im Jahr 1739 her, die den Holzverbrauch drastisch senkte.

Zu Beginn des 19. Jahrhunderts, als die Haller Saline von Württemberg übernommen und ganzjährig betrieben worden ist, wurden dann mit 2,76 fm Holz 42 Zentner Salz gewonnen.

Geordert wurde das Floßholz für das Haller Salzwerk an bestimmten **Holztagen** im Frühjahr und im Herbst nach der Besichtigung auf den **Schrotplätzen**. Bauholz dagegen konnte bei Bedarf erworben werden. Die zum Einschlag kommenden Bäume wurden zu Jahresbeginn gekennzeichnet und zwischen Ostern und Pfingsten gefällt. Die während der sogenannten **Schälzeit**, in welcher die Stämme Saft ziehen, geschlagenen „Stauden" gaben beim Verfeuern die von den Siedern geschätzte schnelle und brausende Flamme. Nach dem Fällen wurde der Stamm entastet und bei einem Durchmesser von 2 Zoll (6,8 cm) abgegipfelt. Das anschließende Entrinden war Frauenarbeit. Danach sortierte man das Holz nach Länge und Durchmesser. 40 bis 60 Stämme ergaben im Durchschnitt ein Stück **Floßholz** (53,26 fm).

Zum Trocknen, dem sogenannten **Ausleichten**, blieben die Hölzer den Sommer über in den Wäldern. Im Spätherbst, wenn der Boden gefroren war, wurden sie mit Hilfe von Ochsengespannen auf offene Plätze geschleift. Diese Plätze befanden sich entweder direkt am Kocher bzw. an einem der Floßbäche oder an der Hangkante eines Steilhanges, von wo aus das Holz über sogenannte **Wölze** zu Tal gelassen wurde. Diese Wölze waren auf 50 Schritte gerodete Waldstreifen mit einer eingetieften Fallrinne, die mit der Länge nach angeordneten Stangen ausgefüttert war, in denen die Stauden „mit großer Geschwindigkeit und bedeutendem, in der Ferne oft wie Artillerie-Feuer anzuhörendem Getöse und Pfeifen in das Thal hinunterschossen und häufig unter donnernden Kraftsprüngen bis weit in die Feldebene gelangten". Von dort wurden sie zu den **„Schrot-stätten"** an den Floßbächen oder am Kocher geführt. Dass es bei dieser gefährlichen Arbeit so manchen auch tödlich verlaufenden Unfall gab, versteht sich von selbst.

Der Arbeitsaufwand, der für ein Stück Floßholz vom Einschlag bis zum Verbringen an den Floßplatz von einem Mann erbracht werden musste, betrug 54 Arbeitstage, wobei an 13 Tagen die Unterstützung von Zugtieren nötig war.

Auf den Schrotplätzen wurde das **Haalholz** auf das vorgeschriebene Maß von 3,35 m eines „Haalblocks" bzw. 1,67 m einer „Kugel", dies waren Stämme mit über 57,5 cm Durchmesser, abgelängt und gemalt, also mit den **Holzmälern** der **Floßbauern** versehen. Da die Stämme nicht gebunden, sondern einzeln verflößt worden sind, musste jedes Stück Holz gezeichnet werden.

An der Schrotstatt wurden die Stämme gezählt und registriert. Acht Stämme oder **Blöcke** gaben ein **Fach** und 30 Fach, also 240 Stämme, ein **Stück**.

Ab 1694 waren die an den Schrotstätten gefertigten Zählregister maßgeblich für die Abrechnung des Floßholzes. Bis dahin hatte man sich an den in Hall geführten Ausziehregistern orientiert. Sowohl die eine als auch die andere Verfahrensweise führte zu Beschwerden wegen Ungereimtheiten, und zwar auf beiden Seiten. Außerdem haben sich die Zähler angeblich nicht immer so verhalten, wie es „uffrecht und redlichen Bjedermännern ... eignet und gebühret", die Sieder bezichtigten die Limpurger Zähler und die Floßbauern die Haller Schreiber der Trunkenheit.

Zur besseren Nutzung der weniger wasserreichen Nebenbäche des Kochers für die Flößerei legte man sogenannte **Treibseen** oder **Schwallstuben** an. Dazu wurden an den Oberläufen der Bäche Dämme errichtet, um bei Bedarf das Wasser zu stauen. Durch das Ablassen der Seen erhöhte sich der Wasserstand in den Bächen, so dass das eingeworfene Floßholz leichter bis zu deren Unterlauf getrieben werden konnte. Solche Treibseen gab es z. B. am Rötenbach, am Wimbach, am Irsbach, am Eisbach und Steigersbach. Der Eisbachsee besaß eine Oberfläche von ca. 2300 qm und konnte bis zu einer Fläche von ca. 6000 qm angestaut werden. Am Oberlauf des Eisbachs ist noch der Damm eines Treibsees erhalten. Im Sommer wurde die Staufläche als Gras- oder Weideland genutzt. Den Unterhalt der Seen und Uferbauten

Das Haal mit dem Schöpfwerk über der Salzquelle.

bestritten die beteiligten Floßbauern durch die Abführung eines See-
bzw. Bachzinses.

An der Einmündung in den Kocher waren die Bäche mit sogenannten
Querstauden versehen, die den unkontrollierten Einfluss des Floßhol-
zes verhinderten. In Westheim diente ein Notrechen aus mehreren
Querbalken als Fanggatter. Dagegen sicherten in Hall umfangreiche
Sperr- und Schutzvorrichtungen den sich hier in mehrere Arme
teilenden Fluss.

Geflößt wurde im Spätjahr, wenn nach ausgiebigen Regenfällen der
Wasserstand in den Flussläufen gestiegen war, und im Frühjahr nach der
Schneeschmelze. Von Pfingsten bis zur Heuernte lag der Floßbetrieb
still. Bis Westheim, wo die Grenze zwischen dem Limpurger und dem
Haller Territorium verlief, hatten die schenkischen Floßbauern, Forst-
knechte und Holzzähler das Holz zu begleiten. In Westheim übernahmen die Haller Sieder das Floß. Unterwegs hängen gebliebenes und
angelandetes Holz versuchten die **Treiber** entweder vom Ufer aus mit
Floßhaken flott zu bekommen oder sie fuhren auf einem **gebundenen
Fach**, das aus acht Stämmen bestand und eine Länge von 6,70 m hatte,
in dem Trift mit und schoben die Blöcke von dort an. In Hall
angekommen, wurde das Floßholz an den Lagerplätzen vor der
Stadtmauer am **Haal**, im sogenannten Acker und am Großen Unterwöhrd ausgezogen.

Mit Wasserstiefeln ausgerüstete Männer zogen im oder am Wasser
stehend die Stämme an Land. Am Ufer las ein Mann das Holzmal ab, der
„Behrer" rief es aus. Meistens wurden als Behrer Kinder verpflichtet,
ihrer hohen, durchdringenden Stimme wegen.

Nach Abschluss des Floßbetriebes und vor dem Einwerfen des neuen
Holzes trafen sich die Beamten des Haals, die Bauern, die Sieder und die
limpurgischen Abgeordneten am 20. Januar eines jeden Jahres zur
„Bauernrechnung" in Hall. Bei diesen Zusammenkünften wurden noch
bestehende Holzschulden beglichen, Beschwerden vorgebracht, neue
Lieferverträge abgeschlossen, die Limpurgischen Wasserzölle abge-
rechnet und natürlich auch ausgiebig gezecht.

Die größte Gefahr bei der Floßarbeit stellten Hochwasser und Eisgang
dar. Oft hielten die Auffangvorrichtungen dem ungeheueren Druck der
sich aufstauenden Hölzer und der antriftenden Eisschollen nicht stand
und brachen. Das Holz ging durch und konnte nur zu einem kleinen Teil
wieder eingefangen werden. Die dadurch entstandenen Schäden gingen
in die Zehntausende von Gulden. 1570 z. B. schwemmte ein Hochwasser
neben aufgestapeltem Scheiter- und Spaltholz allein 108 000 Blöcke
hinweg. In Geislingen am Kocher fischte man davon lediglich 12 000
Stämme aus dem Kocher, der Rest war schon weiter getriftet.

Ein nicht unerheblicher Teil der Holzverluste entstand durch Diebstähle.
Die Toleranz gegenüber solchen Vergehen war jedoch recht hoch. Zum
einen war es schwierig, zwischen dem natürlichen und einem mutwillig
herbeigeführten Abgang zu unterscheiden, zum anderen war eine
Mengenkontrolle und wirksame Überwachung während der Flößerei
kaum möglich. Allein die Gaildorfer Bürger durften aufgrund eines
althergebrachten Rechtes ungemalte Blöcke an der Brücke ausfischen
und einbehalten. Erst 1694 verbot die Herrschaft auf Druck der Sieder
das Ausziehen in Gaildorf. Trotzdem hielten die Gaildorfer Bürger an
dem Gewohnheitsrecht fest. Gelegentlich gab es aber auch Missbräuche
wie 1702, als der Adelmannsfelder Vogt sich beschwerte, dass beim
letzten Hochwasser die Gaildorfer 300 – 400 Blöcke ausgezogen und für
das Wiedereinwerfen 3 Kreuzer pro Block verlangt hätten. Der
Schreiber erachtete dies als „ein straffbar Unternehmen", das nichts
mit dem Gewohnheitsrecht zu tun habe. Im Gegensatz dazu hielten noch
1794 viele Floßbauern das Ausfangen in Gaildorf nicht für strafbar,
obwohl es durch die Bürgerordnung verboten war. Manche Bauern
kauften sogar den Dieben das gestohlene Holz wieder ab.

1818 führte die württembergische Salinenverwaltung, in deren Administration die Saline nach dem Übergang der Reichsstadt Hall an
Württemberg gelangt war, anstelle der **Blockholzflößerei** die **Scheiterholzflößerei** ein. Das Holz wurde nun im Wald zu Scheitern verarbeitet
und dann auf dem Wasserweg nach Hall und ab 1829 bis nach
Friedrichshall transportiert. Geflößt wurde jetzt nur noch im Frühjahr
nach der Schneeschmelze. Diese Floßart war sehr viel kostengünstiger
als die Blockholzflößerei, konnte das Holz doch ohne Zwischen-
lagerung an der Haller Altstadt vorbei über den Dreimühlenkanal zur
neuen Saline unterhalb der Gelbinger Vorstadt gebracht werden, wo es

gleich gestapelt wurde. Dennoch hatte die Flößerei bald keine Zukunft mehr. Durch Verbesserung der Siedetechnik konnte der Holzverbrauch auf ein Drittel des ursprünglichen Bedarfs reduziert werden. Der Ausbau des Straßennetzes und der Eisenbahnlinien ermöglichte kostengünstige Transporte per Achse und per Bahn und erschloss auch dem Limpurger Holz neue Märkte. Der große organisatorische Aufwand, den die Flößerei verursachte, war nicht mehr zu rechtfertigen, deshalb ging die Haller Saline kurz nach 1850 dazu über, ihren Holzbedarf aus den umliegenden Wäldern zu decken. Das letzte Scheiterholzfloß passierte im Mai 1855 den Fluss in Richtung Friedrichshall. Damit fand eine über 500-jährige Tradition ihr Ende.

74

HANS WOLF

Virngrundweiher und Glänzende Seerosen

Im Virngrund gibt es über zweihundert Weiher. Das schwäbische und fränkische Wort Weiher kommt von römisch *vivarium* = Fischteich. In den Weihern wurden Fische gehalten, vor allem Karpfen. Alle Virngrundweiher sind künstlich Erddämme stauen die Bäche auf, über einen Mönch, einen Schacht im Damm, verlässt das Wasser die Weiher. Im Herbst entleeren Berufsfischer im ein- oder mehrjährigen Turnus ihre Weiher, um die Fischernte zu entnehmen. Im Winter liegen die Weiher oft trocken, der angesammelte Weiherschlamm trocknet aus,

Eine der größten Kostbarkeiten der Virngrundweiher ist die Glänzende Seerose (Nymphaea candida), die es in Baden-Württemberg nur im östlichen Schwäbisch-Fränkischen Wald gibt.   *Aufn.: H. Wolf*

In den 1920er und 1930er Jahren hat die Glänzende Seerose noch den ganzen, heute kahlen Espachweiher (Ellwangen) bedeckt.
Aufn.: Dr. R. John 29. 6. 1925

friert aus und mineralisiert. Im Herbst und Winter sind oft niedrige, im Sommer meist hohe Wasserstände vorhanden, gerade umgekehrt als in den natürlichen Virngrundbächen, die in die Weiher fließen.

Die Weiher haben eine besondere Flora. Eine Kostbarkeit, die es im Land nur in den Virngrundweihern gibt, sind weißblühende **Glänzende Seerosen**. Diese winterharten Pflanzen sind an die winterliche Weiherentleerung vollendet angepasst und erreichen hier den westlichsten Punkt ihres bis weit nach Skandinavien und Sibirien ausgedehnten Verbreitungsgebiets. In den 1920er und 1930er Jahren noch haben diese Seerosen den ganzen Espachweiher (Ellwangen) bedeckt, der heute kahl ist, noch um 1950 kommen sie in über dreißig Weihern vor, heute nur mehr im untersten Schlossweiher (Ellwangen), Häsleweiher (Ellenberg), Lettenweiher (Wört), Breitweiher (Stödtlen) und Hammerweiher (Wildenstein) in kleinen Beständen. Seit etwa 1960 trüben Nährstoffeinträge und Algen viele Weiher, die Pflanzen brauchen aber klares Wasser. Seit derselben Zeit wandern massenhaft Bisame ein, eine ursprünglich nordamerikanische Tierart, und fressen die Bodenstöcke und die süßen Seerosenknospen! Seit die „Bisamratten" im Häsleweiher und in den Schlossweihern bejagt werden, kommen hier wieder Glänzende Seerosen zur Blüte.

Die Schlossweiher am Fuß des Ellwanger Schlossbergs sind ein guter Punkt, um die Glänzenden Seerosen zu besuchen. Im Wasser der Weiher spiegelt sich das Schloss der Äbte und Fürstpröpste. Im Hintergrund erhebt sich die Klosterkirche der 764 gegründeten karolingischen Abtei. Sie hat die Weiherwirtschaft vor über sechshundert Jahren begründet (erster schriftlicher Nachweis der Schlossweiher 1337!). Vielleicht sind auch einige Weiher schon über tausend Jahre alt, denn ein Befehl der Landgüterordnung Kaiser Karls des Großen aus der Zeit um 800 lautet: Weiher erhalten, womöglich vergrößern, wo sie noch fehlen und doch mit Wasser gespeist werden können, neu anlegen.

Günther Stahl

Von den neuen Stauseen im östlichen Schwäbisch-Fränkischen Wald

Wanderer in den Wäldern des östlichen Schwäbisch-Fränkischen Waldes erleben immer wieder eine Überraschung, wenn nach Wegstrekken im schattigen Wald auf einer Lichtung unvermutet eine Wasserfläche auftaucht. An Sommertagen sind diese Seen von Wasser- und Sonnenhungrigen umlagert. Jung und Alt freuen sich über diese Bereicherung unserer Landschaft. Auch für die Fischer wurden Möglichkeiten zur Ausübung ihres Hobbys geschaffen. Viele Pflanzen und Tiere fanden neue Lebensräume in der von Menschen künstlich geschaffenen „Natur". Darüber wird leicht vergessen, dass der erste und wichtigste Zweck dieser künstlichen Seen die Rückhaltung von Hochwasserspitzen ist; bei den **Rückhaltebecken** an der Jagst kommt noch die Aufgabe hinzu, nach langen Trockenzeiten eine **Mindestwasserführung** der Jagst aufrecht zu erhalten.

Vertieft sich der Bürger in die Geschichte dieser Seenplatten, wird er staunen und sich freuen, wie schnell die Zusammenarbeit zwischen Grundstücksbesitzern, Gemeinden, Landkreisen, Landesregierung, der Wasserwirtschaft, Forstverwaltung, den Landwirten, Waldbesitzern, Jägern, Naturschützern und Vertretern des Freizeitsportes so schöne und sichtbare Früchte getragen hat.

Wer kann sich heute noch vorstellen, dass noch vor wenigen Jahrzehnten im Gebiet der oberen Jagst der Fluss alljährlich mehrmals über die Ufer trat, das Tal mit Wasser bis zum Bahndamm oder Bergfuß füllte und dem Straßenverkehr weite Umwege aufzwang? Seit Jahrhunderten traten an landwirtschaftlichen Grundstücken, Mühlen und Wohnhäusern immer wieder katastrophale Schäden auf. Die Überlegungen, die Jagst durch Eindämmung zu „zähmen" wurde – glücklicherweise, wie wir heute wissen – jedoch nicht in die Tat umgesetzt. Dipl.-Ing. Kurt Richter, der 1947 aus Kriegsgefangenschaft zurückgekehrt war, übernahm 1949 im Landesamt für Straßenbau den Geschäftsteil Wasserbau. Die häufigen Hochwasser im Gebiet der oberen Jagst drängten zu raschem Handeln. Die Vorarbeiten liefen seit 1949; 1951 wurden die betroffenen Gemeinden, Triebwerksbesitzer und Behörden über die neuartigen

Reiglersbachsee bei Stimpfach-Weipertshofen.   *Aufn.: K. Seidel*

Pläne unterrichtet. Das Hochwasser sollte im Bereich des Einzugs-
gebietes der Jagst durch Rückhaltebecken schon beim Entstehen
verhindert werden; zudem sollten diese Becken dazu dienen, die
Wasserführung der Jagst bei Niedrigwasser aufzufüllen. Das Verhältnis
Niedrig- zu Hochwasser war mit 1 : 3600 bei der Jagst außergewöhnlich
ungünstig. Im Januar 1952 war die Planung für den Oberlauf bis zum
Kreßbach abgeschlossen. In Anhörungen, Aufklärungsabenden und
Absprachen wurden schließlich alle Bedenken ausgeräumt und die
unterschiedlichen Interessen berücksichtigt. So konnte am 27.7.1955
der neueste Stand der Planungen und schon der Satzungsentwurf für
einen zu gründenden Wasserverband vorgetragen werden. Ein Jahr
später wurde der **Wasserverband Obere Jagst** am 16.7.1956 gegründet
und im Jahr 1957 wurden die Arbeiten am Rückhaltebecken Häsle
begonnen und der 1. Bauabschnitt zu Ende geführt. Nach dem Bau des
Beckens Häsle wurden bis 1963 die **Hochwasserrückhaltebecken**
(HRB) Glasweiher, Degenbach, Orrot, Holzmühle, Schlierbach,
Kreßbach und Sägweiher fertiggestellt. Es folgten Sonnenbach, Rötlen,
Fischbach und Haselbach zwischen 1965 und 1970. Mit dem Bau der
neuen Trasse der B 290 wurde 1975 das HRB Schwabsberg fertiggestellt
und 1981 der Bucher Stausee. Als letztes wurden die Speicher- und
Rückhaltebecken Reiglersbach und Stockmühle gebaut. Bei allen
Hochwassern der vergangenen Jahre hatten sich die Rückhaltebecken
bewährt. Fachleute aus Deutschland und Europa überzeugten sich bei
zahlreichen Besuchen vom Erfolg dieser Wasserbaumaßnahmen,

darüber hinaus auch von den Folgen für Landschaft und Ökologie, die auf's Ganze gesehen positiv zu bewerten sind.

Im Gebiet der Lein entwickelten sich die Maßnahmen zur Eindämmung der Hochwassergefahr auf ähnliche Weise. Ein Hochwasser im März 1956 verursachte Schäden in Höhe einer halben Million DM. Die Betroffenen handelten sofort und gründlich: Im Mai konnte das Wasserwirtschaftsamt den Gemeinden die Planungen erläutern, im Februar 1957 ging der Entwurf der Satzung an die Gemeinden und im März 1957 wurde der **Wasserverband Kocher-Lein** in Laufen am Kocher gegründet. Im Jahr 1959 wurde mit dem Bau der Staudämme und der dazugehörigen Einrichtungen von 6 Rückhaltebecken begonnen, die alle schon 1961 in Betrieb genommen werden konnten: Es sind die HRB Laubbach, Reichenbach, Aichstrut, Hüttenbühl, Eisenbach und Leineck. 1964 bis 69 kommen die HRB Täferrot, Rehnenmühle und Hagerwald hinzu. Das Hochwasser vom 20. bis 23. Februar 1970 wurde mit einem Stau von 10 Millionen cbm wesentlich abgemildert. Alle Anlagen waren in Funktion und hatten sich bewährt. 1976 bis 82 wurden die HRB Götzenbach und Federbach erstellt. Schließlich wurde beschlossen, die **Hochwasserentlastungsanlagen** (HWEA), die bislang auf einen HQ_{100} (das heißt für ein Hochwasser, das statistisch gesehen nur einmal im Jahrhundert vorkommt) abgestimmt waren, auf ein „Jahrtausendhochwasser" mit 1,6 x HQ_{100} aufzurüsten. Diese Sicherheitsanpassung wurde in den Jahren 1991 bis 99 bei Gesamtkosten von 6,11 Millionen DM durchgeführt. Auch beim Wasserverband Obere Jagst wurde in den Jahren 1990 bis 2000 kräftig investiert und für ca. 10 Millionen DM wurden die Anlagen den neuesten Sicherheitsvorschriften angepasst.

Interessant ist die technische Überwachung und Steuerung der Rückhaltebecken: Mit Hilfe der Skizze kann die Steuerung der HRB leicht verstanden werden. Im Normalfall sind die Becken bis zur Höhe der **Mönchswand** gefüllt (**Dauerstau**). Dabei sind die **Grundablassschieber** immer ganz geschlossen. Das ins Becken fließende Wasser fällt über die Mönchswand und läuft Richtung Unterwasserpegel ab. Die Steuerung im Hochwasserfall geschieht mit den **Hochwasserschiebern**. Für diese Schieber gibt es in der Betriebsvorschrift festgelegte Normal- und Hochwasser-Stellungen. Grundsätzlich sind die Schieber auf Normalstellung eingestellt. Sobald an den für das HRB maßgeblichen **Abflusspegeln** Grenzwerte erreicht werden, müssen die Schieber weiter gedrosselt werden (Hochwasser-Stellung). Dadurch, dass dies erst zu einem relativ späten Zeitpunkt geschieht, wird verhindert, dass wertvoller Stauraum durch Zuflüsse aus Vorregen verloren geht und dadurch die Hochwasserspitze nicht aufgenommen werden kann. Sobald der Hochwasserschieber gedrosselt ist, steigt der Wasserspiegel im Beckenraum schnell an. Die Schieberstellung wird so gewählt, dass

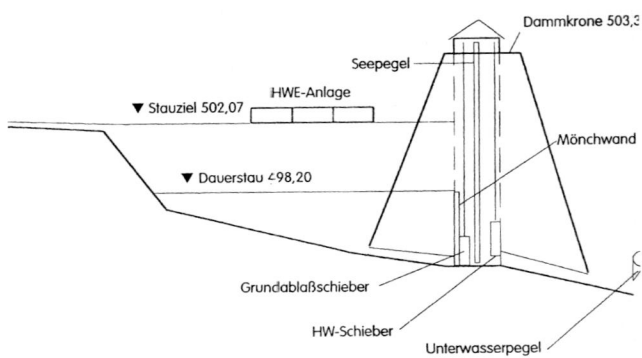

Systemskizze Hochwasserrückhaltebecken Aichstrut.

nicht mehr Wasser abläuft als der Vorfluter aufnehmen kann. Dadurch sollen Überflutungen unterhalb der Becken vermieden werden. Übersteigt der Beckenwasserspiegel das Stauziel, springt die Hochwasserentlastungsanlage an, es läuft dann annähernd so viel Wasser ab wie zuläuft. Zu diesem Zeitpunkt kann es im Unterlauf zu Schäden und Überflutungen kommen. Erfahrungsgemäß treten Hochwasserentlastungsanlagen aber nur selten in Funktion. Sobald an den maßgeblichen Abflusspegeln im Leintal fallende Tendenzen erkennbar sind, wird mit dem Entleeren der HRB begonnen.

Bis vor wenigen Jahren wurden bei starken Niederschlägen die jeweiligen Pegelstände telefonisch abgefragt. Ein Mitarbeiter fuhr anschließend die Rückhaltebecken ab und öffnete, bzw. schloss die Schieber, je nach Wasserstand. Heute dagegen werden die Becken zentral überwacht und gesteuert. Die aktuellen Wasserstände erscheinen auf dem Bildschirm beim Bereich Ellwangen der Gewässerdirektion Neckar mittels Datenübertragung – und per Mausklick werden die Schieber geöffnet, bzw. geschlossen. So werden Kosten gespart, vor allem kann auf Veränderungen viel schneller reagiert werden. Kurvendiagramme lassen die Tendenz des Hochwassers erkennen und damit kann der weitere Verlauf des Hochwassers abgeschätzt werden.

Im Bereich der Jagst wird von den HRB die zusätzliche Aufgabe der **Niedrigwasserauffüllung** übernommen. Nach längeren Trockenzeiten führt die Jagst so wenig Wasser, dass der Betrieb der Mühlen und der Kläranlagen an diesem Fluss beeinträchtigt wird. Durch langsames Ablassen der Dauerstaumengen kann der Pegel der Jagst einige Zeit auf noch erträglicher Höhe gehalten werden.

Die beiden Wasserverbände haben die folgenden Aufgaben an die Gewässerdirektion Neckar, Bereich Ellwangen, übertragen:
– Technische Betreuung einschließlich Überwachung und Steuerung der HRB,
– Technische Planung und Überwachung von Arbeiten, die vom Verband selbst oder von Firmen ausgeführt werden,
– Technische Koordination.
Die nachfolgende Auflistung der HRB der beiden Wasserverbände gibt einen Überblick, sowohl über die wasserwirtschaftlichen Größen als auch über die Nutzung als Freizeiteinrichtung. Es fällt auf, dass die Seen beider Verbände nahezu dieselbe maximale Wassermenge speichern können, nämlich 12 Millionen cbm bei Oberer Jagst und 13 Millionen cbm bei Kocher-Lein, obwohl bei Normalstau einer Seefläche von 195,7 ha bei Oberer Jagst nur eine solche von 32,3 ha bei Kocher-Lein gegenübersteht. Für den Naturschutz interessant ist, dass bei Kocher-Lein der Federbachsee dem ungestörten Vogel- und Tierleben vorbehalten ist; dasselbe gilt für den Stausee Stockmühle an der oberen Jagst, während der Stausee Rötlen für die Angler reserviert ist. Ein landschaftlicher Unterschied beider Wasserverbandsgebiete fällt in die Augen: Die Seen von Kocher-Lein liegen häufig im Wald oder sind großenteils von Wald umgeben. Die Seen von der oberen Jagst liegen meist in offener Landschaft und prägen das Landschaftsbild schon auf größere Entfernungen, – schon allein dadurch, dass diese Seen weit größere Dauerstauflächen aufweisen.

Siehe Tabelle Seite 82 und 83

Für den geologisch Interessierten ergeben sich Hinweise auf den jährlichen Abtrag im Einzugsgebiet der Seen. Werden z. B. im Hüttenbühlsee nach 10 Jahren des ungestörten Durchflusses ca. 12 000 cbm Sand und Schlamm ausgebaggert, kann diese Menge theoretisch als dünne Schicht auf das gesamte Einzugsgebiet von ca. 16 qkm aufgetragen werden. Es ergibt sich dann in unserem Beispiel eine durchschnittliche jährliche Abschwemmung (Erosion) von 0,0075 mm, gerundet also 0,01 mm. Allerdings ist dies eine rein theoretische Berechnung!
Wir können anerkennend feststellen, dass die 11 Seen von Kocher-Lein und die 16 Seen von Oberer Jagst ein Musterbeispiel dafür sind, dass auch heute noch die unterschiedlichsten Interessen, vertreten von Kommunen und Behörden, zusammenfinden und dass diese zum Wohl und Nutzen der Allgemeinheit schnell und wirkungsvoll zu handeln vermögen. Hier hat der Wille der Bürger, Probleme zu lösen, greifbare Früchte getragen, die – wie zu hoffen ist – auf lange Jahre hinaus Bestand haben.

Übersicht der Hochwasserrückhaltebecken im Gebiet von Jagst und Kocher-Lein

	Dauerstaufläche, ha	max. Staufläche, ha	Einzugsgebiet km^2	Gesamtstauraum in Tsd. m^3	Dammhöhe, m	Erholungs- einrichtungen: B Bademöglichkeit WC G Gasstätte K Kiosk C Campingplatz Z Zeltplatz Gs Grillstelle S Spielplatz
1. Wasserverband Obere Jagst						
Holzmühlensee, Rosenberg	6	11	12	190	6	
Orrotsee, Rosenberg, Jagstzell	18	25	18	1050	13	B, K (Tel. 07967/446), Gs, S
Glasweiher, Ellwangen-Eggenrot	10	13	10	360	7	
Degenbachsee, Crailsheim-Jagstheim	7	20	8	600	9	B, WC
Reiglersbachsee, Stimpfach-Weipertshofen	5	26	19	1070	9	B, WC, K (Tel. 07967/8641), Z + Gs (Tel. 07967/90010), S
Fischbachsee, Ellwangen, Jagstzell	12	14	17	690	10	B, Gs
Kreßbachsee, Ellwangen	7	20	8	580	10	B (Städt. Bade- anstalt), WC, K (Tel. 07961/2767)
Haselbachsee, Ellenberg-Haselbach	16	26	9	990	10	B, G+C (Tel. 07965/536 oder 2359)
Stausee Häsle, Ellenberg-Haselbach	10	16	10	500	7	B, G+C (Tel. 07965/359 oder 587 oder 2359)
Stausee Rötlen, Ellwangen-Rötlen	13	23	23	410	6	
Schlierbachsee, Ellwangen-Neunstadt	10	14	8	540	8	
Sonnenbachsee, Ellwangen-Pfahlheim	12	15	9	620	10	B, WC, G, C (Tel. 07964/566 bzw. 07964/1232)
Schwabsberger Stausee, Rainau-Schwabsberg	2	61	175	1990	11	
Stausee Rainau-Buch, Rainau-Buch	28	32	84	1120	10	B, WC, K (Tel. 07961/51790), Gs, S. Der Badesee liegt direkt neben dem Limes-Frei- lichtmuseum.
Stausee Stockmühle, Lippach	23	28	19	1170	8	Naturschutzgebiet

2. Wasserverband Kocher-Lein

Aichstrutsee, Welzheim-Aichstrut	4	21	6	715	11	B, WC, G (Tel. 07182/ 2369), Z (Tel. 07172/31842), Gs
Hagerwaldsee, Alfdorf-Hüttenbühl	3	18	14	870	14	B, WC, G+C (Tel. 07182/ 6810), Gs
Hüttenbühlsee, Alfdorf-Hüttenbühl	2	13	16	550	11	B
Eisenbachsee, Alfdorf-Pfahlbronn	2	11	7	580	14	B, WC, K (Tel. 07172/32230)
Leineckesee, Alfdorf-Pfahlbronn	5	35	32	2180	14	B, WC, G (Tel. 07172/32727), Gs, S. Vorbecken mit Vogelschutzgebiet
Reichenbachsee, Spraitbach	3	18	9	1220	15	B, G (Tel. 07176/ 773)
Rehnenmühlensee, Durlangen	5	57	45	2700	15	B, WC, K (Tel. 07176/6350), C, Gs, S
Täferrotsee, Täferrot	2	42	109	2200	14	
Götzenbachsee, Göggingen, Leinzell	3	45	17	1750	23	B, WC, G (Tel. 07175/6961), C (Tel. 07175/ 8541), Gs, S, Irrgarten
Federbachsee, Schechingen-Horn	3	14	10	1000	25	
Laubbachsee, Abtsgmünd	1	4	3	190	13	B, WC, G (Tel. 07366/7323), C, Gs, S, Wanderheim des Schwäb. Albvereins Ortsgruppe Abtsgmünd direkt beim See (s. S. 325)

In folgenden Seen/Weihern besteht z. Zt. noch Bademöglichkeit:
Breitweiher, Stödtlen-Gaxhardt
Eisenweiher, Abtsgmünd-Hammerschmiede
Griesweiher, Neuler
Herlingsweiher, Rosenberg
Steineweiler Weiher, Fichtenau-Neustädtlein
Stockweiher, Fichtenau-Wildenstein
Volkmersweiher, Stödtlen-Tragenroden

Städte, ihre Geschichte und Bauten

K<small>LAUS</small> S<small>EIDEL</small>

Aalen

Geschichtlicher Überblick. Am Nordrand der Schwäbischen Alb, zwischen Welland und Härtsfeld und den Tälern von Kocher und Rems, liegt in herrlicher Landschaft eingebettet die ehemalige Freie Reichsstadt Aalen.

Wichtige Heeresstraßen durchzogen einst das Land. Die strategisch günstige Lage am Schnittpunkt dieser Straßen veranlasste daher den römischen Kaiser Antoninus Pius, um die Mitte des 2. Jh. die Ala II Flavia pia fidelis Domitiana miliaria, eine rund 1000 Reiter starke Truppe nach Aalen zu verlegen. Diese Truppe befand sich hier im größten Reiterkastell nördlich der Alpen bis Mitte des 3. Jahrhunderts. Um 1136 wird Aalen (Alon) als Dorf erstmals erwähnt. Die Stadtgründung erfolgte zwischen 1241 und 1246 durch den Stauferkaiser Friedrich II.; – er legte die Stadt zum Schutz der Handelsstraße von Straßburg nach Nördlingen an. Aalen wurde 1300 erstmals als Stadt genannt.

Nach dem Untergang der Staufer gelangte Aalen an die Grafen von Oettingen. Diese verpfändeten 1359 die Stadt an die Grafen von Württemberg.

1360 erobert Kaiser Karl IV. Aalen im Reichskrieg gegen Württemberg und machte es zur Freien Reichsstadt.

1575 wurde gegen den massiven Widerstand der Fürstpropstei Ellwangen die Reformation eingeführt.

Ein schweres Schicksal erlitt Aalen nach der Schlacht bei Nördlingen im Dreißigjährigen Krieg. Bei dem fluchtartigen Rückzug der Schweden gerieten im September 1634 in der Stadt zurückgelassene Pulverwagen in Brand. Aalen wurde schwer verwüstet, nur wenige Häuser überstanden dieses Unglück.

Durch die Kriege im Gefolge der Französischen Revolution fiel Aalen 1803 an Württemberg.

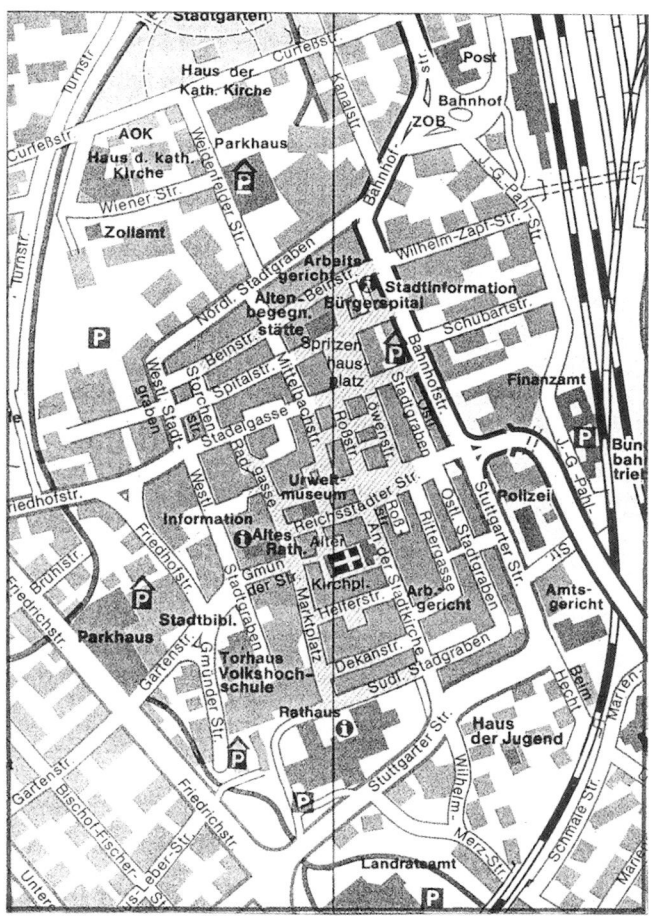

Aalen

Der wirtschaftliche Aufbruch Aalens begann mit dem Bau der Eisenbahnlinie im Jahre 1861. Aalen wurde Knotenpunkt der Bahnlinien von Stuttgart nach Nördlingen und von Crailsheim nach Ulm.

Mit der Eingliederung der Gemeinden Waldhausen, Ebnat, Dewangen, Fachsenfeld und Unterkochen in den Jahren 1970/73 und 1975 mit der Stadt Wasseralfingen, ist Aalen in den folgenden Jahren zu einer bedeutenden Industriestadt geworden.

Stadtrundgang. Diesen beginnen wir am besten beim Bahnhof. Über den Bahnhofsvorplatz gehen wir am ZOB vorbei zur Bahnhofsstraße, queren diese und gehen ca. 30 m nach links bis zur Straßenkreuzung. Rechts beginnt die Beinstraße (Regenbaumallee), deren Anfang ein pittoresker Quelltempel markiert. Aus ihm sprudelt als kleine Fontäne in der Mitte des Runds aus venezianischen Glasmosaiken das Bächlein und fließt, gefasst in einem Bett aus edlen Steinen und begleitet von Bäumen, dem *„Regenbaum"* entgegen. Beim Regenbaum biegen wir links ab und haben nach wenigen Metern den Spritzenhausplatz erreicht. Eine erholsame Grüninsel auf dem Platz bilden die Platanenbäume; – Sitzbänke unter dem schirmförmigen Blätterdach laden ein zum Verweilen. Vor der Anlage biegen wir am Bürgerspital rechts ab.

Das *Bürgerspital* wurde 1702 erbaut, es diente bis 1873 als städtisches Krankenhaus und später als Altersheim. Seit 1980 ist in dem schönen Fachwerkhaus eine Seniorenbegegnungsstätte eingerichtet.

Wir gehen am Bürgerspital geradeaus weiter, queren die Mittelbachstraße und folgen der Spitalstraße, – an den liebevoll restaurierten Fachwerkhäusern (17. Jh.) entlang, bis zur Storchenstraße. Rechts haben wir nun den Stadtturm (Schwörturm) im Blickfeld. Der *Schwörturm* (1989 – erster Stadtturm der neuen Spionstadt) diente während der Reichsstadtzeit zusammen mit acht weiteren Türmen zum Schutze vor feindlichen Übergriffen. Um die Stadt zog sich die Stadtmauer, umgeben von zwei mächtigen Wassergräben. Die neun Türme wurden um 1800 wegen Baufälligkeit abgerissen.

Der Storchenstraße folgen wir in südlicher Richtung und biegen dann links in die Stadelgasse ein. Das Eckhaus *„Haus Aißlinger"* gilt als das älteste Haus der Stadt. In seiner ursprünglichen Form stellte es ein typisches Ackerbürgerhaus dar. 1949 durch Brand teilweise zerstört, inzwischen in der alten Bemalung wiederhergestellt.

Nach wenigen Schritten biegen wir rechts in die *Radgasse* ein. Mitte der 80er Jahre wurde die älteste Häuserfassade der Stadt restauriert. Ursprünglich befand sich in der Gasse ein Weiher. Die in den Jahren 1659 bis 1662 erbauten Gebäude sind typische Beispiele alter Aalener Ackerbürgerhäuser.

Der Radgasse folgen wir geradeaus weiter und erreichen in Kürze den Marktplatz. Zuvor kommen wir am Gebäude *„Marktplatz 2"* vorbei, – hier befindet sich der Touristik-Service Aalen (Gelegenheit, sich ausreichend mit Info-Material zu versorgen). Eine Besonderheit in dem Bürgerhaus des 17. Jh. ist das erhaltene Rokoko-Treppenhaus.

*Aalen: Altes Rathaus
und Marktbrunnen mit
Standbild von Kaiser
Josef I.
Aufn.: K. Seidel*

Linker Hand, Ecke Marktplatz – Reichsstädter Straße, steht das
Historische Rathaus mit Spionturm. Das im 14. Jh. erbaute Gebäude
diente bis 1907 als Rathaus der Stadt Aalen, die von 1360 bis 1803 die
Reichsfreiheit besaß. Nach dem Stadtbrand von 1634 wurde das Rathaus
neu errichtet, wozu die Reichsstadt Nürnberg eine Kunstuhr stiftete, von
der seit einem weiteren Brand von 1884 nur noch der Kopf des „Spions
von Aalen" erhalten ist. Das Gebäude beherbergt seit 1977 das Urwelt-
Museum.

*Geschichte des **Aalener Spions**.* Als Aalen noch zu den Freien
Reichsstädten zählte, war der Kaiser über die Eigenmächtigkeiten der
Stadt sehr erzürnt. Schon war er mit seinem Heer bis Schwäbisch
Gmünd herangerückt, um seinem Willen mit Waffengewalt Nachdruck
zu verleihen. Die Aalener Bürger waren sehr erschrocken, denn
einerseits bestand kein Zweifel, dass der Kaiser es ernst meinte,
andererseits war die Stadtmauer in schlechtem Zustand. Nachdem man
sich beraten hatte, entschloss man sich, den schlauesten Bürger zum
Auskundschaften nach Schwäbisch Gmünd zu schicken. Er schlich sich
unbemerkt an den Kaiser heran, zog den Hut und sagte treuherzig „Grüß
Gott, Ihr Herren! Ich bin der Spion von Aalen!" Der verblüffte Kaiser
freute sich schließlich über so viel Ehrlichkeit, beschenkte den Spion

reichlich und ließ den Aalenern mitteilen, dass er mit so tapferen und klugen Leuten gern in Frieden leben und den Stadtvätern verzeihen wolle. Das Wahrzeichen der Stadt wacht, die Pfeife rauchend, fortan seit 1634 unentwegt über das geschäftige Treiben der Stadt.

Der schöne *Marktbrunnen* (1979) ist eine Neuschöpfung im Stile des Barock, nur die Figur des Kaisers Joseph I. ist die Kopie eines Originals (Original im Rathaus). Die gusseisernen Brunnenplatten zeigen das Württembergische Wappen 1718, Aalener Stadtwappen und die Wappen der eingemeindeten Ortschaften.

Rechter Hand des Marktbrunnens, das *Alte Rathaus* – einst Hotel „Krone-Post" (1575 erstmals urkundlich erwähnt), diente bis 1851 als Thurn- und Taxis'sche Poststation und von 1907 bis 1975 als Rathaus. Durch die Beherbergung prominenter Gäste ist das Gebäude in die Geschichte eingegangen; – noch heute erinnert das „Napoleonfenster" an den Aufenthalt des französischen Feldherrn im Jahre 1805. An der Außenwand befindet sich das älteste auffindbare Stadtwappen aus dem Jahre 1664. In dem Gebäude sind heute Kultureinrichtungen, wie die Spielstätte des Theaters der Stadt Aalen, ein Kleinkunstcafé und das Museum am Markt mit Schubart-Museum untergebracht.

Beim Alten Rathaus biegen wir rechts in die Gmünder Straße ein; – nach wenigen Schritten öffnet sich uns der Gmünder Torplatz. Das interessante *Torhaus* (Kulturzentrum) auf der linken Seite beherbergt die Stadtbibliothek, die Volkshochschule und das Theater der Stadt, ebenso kommen Darbietungen aus den Bereichen Musik, Theater, Pantomime und Kabarett zur Aufführung. Gegenüber dem Torhaus ziert der *Bretzgeblase-Brunnen* des Aalener Künstlers Prof. Fritz Nuss den Platz. Der Brunnen erinnert an ein Aalener Original, das um die Jahrhundertwende Brezeln aus einem alten Wäschekorb verkaufte und durch sein heiter-komisches Wesen zur Erheiterung der Aalener Bürgerschaft beitrug.

Dem Westlichen Stadtgraben folgen wir beim Torhaus in südlicher Richtung zur *Stadtmauerpassage*. Die Passage durchbricht Reste der mittelalterlichen Stadtbefestigung.

Die Ringmauer war etwa 6 m hoch, 1,50 m bis 1,60 m dick und trug einen umlaufenden Wehrgang. Sie besaß eine Länge von 990 m und umschloss eine Fläche von 5,3 Hektar. Am Ende gibt die Passage den Blick frei auf den oberen Marktplatz mit Neuem Rathaus und dem Reichsstädter Brunnen davor.

Der *Reichsstädter Brunnen* (1977) auf dem *Marktplatz* wurde ebenfalls von Prof. Nuss, in Erinnerung an die Freie Reichsstadt, geschaffen. Die Bronzefiguren auf dem umlaufenden Brunnenfries stellen Szenen aus der Aalener Stadtgeschichte dar. Nur wenige Meter vom Brunnen entfernt sind die Wappen der Stadt Aalen und ihrer Partnerstädte sowie das Wappen der Wischauer Sprachinsel als Mosaik in den Marktbodenplatz eingelassen. An den Wochenmarkttagen (seit 1809 Mittwoch- und Samstagvormittag) wird der Marktplatz zum beliebten Treffpunkt der Bevölkerung. Auf dem Marktplatz gehen wir in nördlicher Richtung weiter; – sehr schön ist der Blick von hier zum Historischen Rathaus mit seinem Spion über dem Uhrenblatt.

Auf Höhe der Apotheke Völter biegen wir rechts in den Kirchplatz ein und gehen weiter zum Sträßchen „An der Stadtkirche". Die *Evangelische Stadtkirche* (Pfarrkirche St. Nikolaus), erstmals 1340 erwähnt, wurde nach dem Stadtbrand von 1634 notdürftig wiederaufgebaut. Der Einsturz des Turmes bedingte 1765/67 einen völligen Neubau. Nach dem Entwurf des württ. Landbaumeisters Johann Adam Groß schuf Baumeister Johann Michael Keller eine barocke Quersaalanlage mit rundum laufender, nur an der Südseite unterbrochener Empore. Wenn an Werktagen nicht geöffnet, Schlüssel zum Eingang neben der Sakristei im gegenüberliegenden Schuhgeschäft.

Dem Sträßchen „An der Stadtkirche" folgen wir wenige Schritte in nördlicher Richtung und biegen vor dem „Bräustüble" rechts in die Gasse ein; – wir stoßen dann in der Rossstrasse direkt auf das *Schubarthaus.* Das Bürgerhaus aus dem 17. Jh. war einst Wohnhaus der Familie Schubart. Hier erlebte der Dichter, Journalist und Musiker **Christian Friedrich Daniel Schubart** (1739–1791) seine Kindheit und Jugendzeit.

Der Rossstrasse folgen wir nach links, queren die Reichsstädter Straße und gelangen wieder zum *Spritzenhausplatz.* Der Platz entstand nach einem Flächenbrand 1865. An der Stelle des abgebrannten Zehntstadels wurde 1866 das Spritzenhaus errichtet. Das EG diente bis 1981 der Feuerwehr, das OG ersetzte bis 1957 die Stadthalle. Zeitgemäße Giebelbebauung und das Platanen-Baumkarree verleihen dem Spritzenhausplatz seine unverwechselbare Atmosphäre. Am Ende des Platzes weist uns der Regenbaum den Weg zu unserem Ausgangspunkt.

Weitere Infos bei Touristik-Service Aalen, Marktplatz 2, 73430 Aalen, Telefon: 07361 / 52-2358, Telefax: 07361 / 52-1907

Was noch einen Besuch lohnt

Limes-Thermen Aalen. 34 Grad warme Thermal-Mineralquellen Öffnungszeiten: Mo – Fr von 8.30 – 21.00 Uhr, Sa und So von 9 – 21 Uhr Ständige Busverbindung von und zum Stadtzentrum.

Aussichtspunkt Aalbäumle. Ausgangspunkt Langert-P, ca. $^3/_4$ Std. Gehzeit.

Umfassender Rundblick vom Aussichtsturm. Herrlicher Blick hinab in die Aalener Bucht auf die Stadt Aalen. Im Hintergrund, etwas rechts, erkennen wir Ellwangen mit Schloss und Wallfahrtskirche auf dem

Limesmuseum in Aalen mit Freigelände (ausgegrabene Reste des Kastells).   *Aufn.: Kreisarchiv Ostalbkreis (B. Hildebrand)*

Schönenberg; – links davon den Hohenberg mit der Jakobuskirche, das Welland, den Schwäbischen Wald und im Westen den Einschnitt des oberen Remstales mit dem Rosenstein. Links davon haben wir im Heubacher Fernsehturm im Blickfeld und dahinter die Kaiserberge. Weiter in südlicher Richtung schöner Blick über die Baumgipfel des waldreichen Albuchs und zum Volkmarsberg mit seinem Aussichtsturm. Links davon erkennen wir über dem Kochertal die Hochhäuser von Heidenheim; – in südöstlicher Richtung das Härtsfeld und Richtung Norden endet die Rundsicht mit Blick zum Braunenberg mit seinem Fernsehturm.

Limesmuseum. Römische Geschichte als Erlebnis im größten Römermuseum im Süden Deutschlands. Öffnungszeiten siehe Museen S. 332.

Koniferengarten. Schillerhöhe – beim Limesmuseum. Über 200 Nadelholzarten, Blumenuhr und Mahnmalturm.

St.-Johann-Kirche. Unterhalb des Limesmuseums, vermutlich 9. Jahrhundert. Eine der ältesten Taufkirchen des Landes. In ihr Mauerwerk sind zahlreiche Spolien – das sind Steine aus den Ruinen römischer Bauwerke – eingemauert.

Katholische Salvatorkirche. Neurenaissance-Bau. Mitte der 80er Jahre stil- und farbgetreu renoviert.

Besucherbergwerk „Tiefer Stollen" und Bergbaupfad in Aalen-Wasseralfingen. Siehe Wanderbeschreibung S. 212.

Geologischer Lehrpfad (4 km). Ausgangspunkt Wander-P Aalen-Triumphstadt am Langert (Schautafeln). Einblick in die Erdgeschichte der Schwäbischen Alb, anhand aufgezeigter Gesteinsschichten des Braunen und Weißen Jura und den darin vorkommenden Versteinerungen.

Naturlehrpfad (5 km). Ausgangspunkt Schubart-Gymnasium (Parkschule), in Richtung Jugendherberge zum Stadtwald „Rohrwang". Waldpfad mit Tafeln zur Geschichte des Waldes.

Panoramaweg. Faltblatt mit Wegbeschreibung beim Touristik-Service Aalen erhältlich.

Günther Stahl

Crailsheim

Geschichtlicher Überblick. Crailsheims Innenstadt liegt auf ca. 400 m Höhe auf dem rechten, östlichen Hochufer der Jagst, wenig oberhalb der Stelle, wo die Jagst sich ein enges und unwegsames Kerbtal in den Muschelkalk gegraben hat. Eine alte Furt über die Jagst zeigt, dass hier eine alte Fernstraße nördlich entlang der Keuperberge nach Osten verlief. Die erste Steinbrücke wurde 1497 errichtet. Die Keuperhöhen treten westlich mit dem Burgberg und ebenso östlich weit zurück. Das unmittelbare Umland hatte ausreichend gute Böden für eine ertragreiche Landwirtschaft. Dem Wanderer bietet sich von höher gelegenen Punkten eine liebliche, leicht geschwungene Landschaft mit eingestreuten Heiden, zum Teil noch mit Wacholder und kleinen Wäldchen dar.

Allgemeines. Crailsheim gehört nicht zu den bis 1803 selbstständigen Reichsstädten mit eigenem Territorium und eigener Verwaltung. Doch hat es als bedeutende Landstadt, früher als Amtsstadt, für eine weite Umgebung schon seit Jahrhunderten große Bedeutung.

Streufunde aus einem merowingischen Gräberfeld (7. Jh.) weisen auf eine frühe fränkische Besiedlung hin, desgleichen Grabungsstücke unter dem Boden der Johanneskirche. Die alten Bezeichnungen „Kreuwelsheim" und „Croweleseheim" lassen auf einen fränkischen Personennamen schließen. Sehr wahrscheinlich war der alte Jagstübergang Anlass zur Gründung der Siedlung und ebenso zur Anlage einer Burg. Die älteste Urkunde stammt aus dem Jahr 1136. Crailsheim gehörte damals dem Stift St. Moritz in Augsburg. Dieses verkaufte 1289 das „oppidum Croweshein" – also einen befestigten Ort – an die Grafen von Oettingen. Von diesen kam es an die Grafen von Nürnberg, den späteren Markgrafen von Ansbach-Bayreuth. Bis zum Jahr 1806 blieb es bei der **Markgrafschaft Brandenburg-Ansbach**, – auch als diese 1791 von König Friedrich Wilhelm II. in das Königreich Preußen übernommen wurde. Denkwürdige Ereignisse waren im Städtekrieg die 5-monatige Belagerung der damals hohenlohischen Stadt durch die Reichsstädte Hall, Rothenburg und Dinkelsbühl. Als die Vorräte zu Ende gingen, griffen die Crailsheimer zu einer List: Sie warfen frisch gebackenes Gebäck, die **Horaffe**, über die Mauer, zudem zeigte die Bürgermeisterin ihr respekteinlößendes Hinterteil, worauf die Belagerer die Nutzlosigkeit ihres Vorhabens einsahen und abzogen. Schon 1521 führte der Prediger **Adam Weiß**, ein Freund des Haller Reformators Johannes Brenz, in Crailsheim die Reformation ein. Für die Crailsheimer muss die neue Religion sehr viel bedeutet haben, denn sie errichteten 1717 zum 200-jährigen Gedächtnis an den Thesenanschlag Luthers den über 57 m hohen *Rathausturm*, der zweimal ausbrannte, einmal 1835 durch Blitzschlag, dann beim großen Stadtbrand während der Kämpfe im April 1945. Er konnte erst 1979 durch eine Bürgeraktion mit Haube, Glocke und Uhr in alter Schönheit wieder neu erstehen. 1726 wollte die **Markgräfin Christiane-Charlotte**, eine geborene Württembergerin, in Crailsheim eine Universität errichten. Die kaiserliche Genehmigung lag schon vor. Doch ihr früher Tod vereitelte die Ausführung. Die Universität der Markgrafschaft kam dann nach Erlangen. 1791 verzichtete Markgraf Carl Alexander auf seine Fürstentümer Ansbach-Bayreuth zugunsten des preußischen Königs Friedrich Wilhelm II. Dessen bevollmächtigter Minister wurde Carl August Freiherr von Hardenberg unter dessen Administration eine neue Blütezeit begann. Als Preußen den Krieg mit Napoleon verlor, wurden diese Fürstentümer 1806 bayerisch und im Zuge eines Gebietsausgleichs 1810 württembergisch. Um 1850 betrug die Bevölkerungszahl etwa 3000 Personen. Die württembergische Zeit brachte wie überall einen allmählichen wirtschaftlichen Aufschwung, der durch den 1. Weltkrieg jäh unterbrochen wurde.

Juden lebten in Crailsheim seit dem 15. Jh. 1910 erreichte ihre Zahl den höchsten Stand. 1738 wurde die Synagoge erbaut. 1835 bis 1923 bestand eine jüdische Volksschule. Nach der Auswanderung der meisten Mitglieder wurde 1939 ihre Gemeinde aufgelöst. Etwa 50 Personen wurden von den Nazis ermordet. Die Synagoge wurde in der „Kristallnacht" schwer beschädigt und 1945 durch Beschuss vollends zerstört. Die wahnwitzige Politik und Kriegsführung der Nazis wurde beim Rückzug von Resten der deutschen Wehrmacht der Stadt zum Verhängnis. Am 6. April 1945 wurde die Stadt von den Amerikanern eingenommen, am 10. April von den Deutschen zurückerobert, um nach

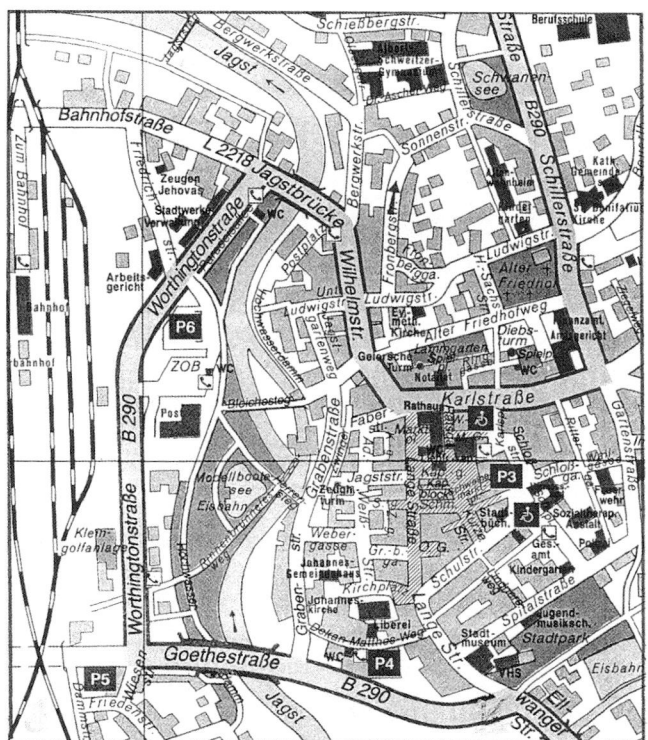

Crailsheim

der verheerenden Bombardierung am 20. April am nächsten Tag von den Amerikanern endgültig besetzt zu werden. Dem Wiederaufbau wurde ein übersichtlicheres Straßensystem zugrunde gelegt. Er wurde sofort in Angriff genommen und war im wesentlichen 1956 schon abgeschlossen. Der Landkreis Crailsheim wurde 1973 mit dem Landkreis Schwäbisch Hall vereinigt. Crailsheim wurde am 1. Januar 1972 Große Kreisstadt. Herausragend ist die seit 1947 bestehende Städtepartnerschaft mit der Stadt Worthington in Minnesota, USA. Sie kam durch die Initiative der Amerikanerin Theodora Cashel zustande. Trotz mancher Ablehnung in den USA setzte sich der „Worthington-Plan" einer ersten amerikanisch-deutschen Städtepartnerschaft durch. Diese wurde in der US-Presse sehr beachtet und im Kongress erwähnt. Sie diente als Vorbild für viele spätere Städtepartnerschaften. 1969 kam eine Partnerschaft mit der südfranzösischen Stadt Pamiers zustande. Seit 2000 hat Crailsheim Städtepartnerschaften mit Bilgoraj in Polen und Jurbarkas in Litauen. Dies ist die erste Partnerschaft zwischen einer baden-württembergischen und einer litauischen Stadt. Mit allen vier Städten wird lebhafter Austausch gepflegt.

In früheren Jahrhunderten waren Landwirtschaft und Handwerk die wichtigsten Erwerbstätigkeiten. Vor allem Gerbereibetriebe hatten sich weit über Crailsheim hinaus einen guten Ruf erworben. Mitte des 19. Jh. wurden durch die beiden Bahnlinien Stuttgart–Nürnberg und Würzburg–Ulm mehrere kleinere und mittlere Industriebetriebe zur Niederlassung in Crailsheim veranlasst. Dieser Trend verstärkte sich durch die beiden Autobahnen A 6 Heilbronn–Nürnberg und A 7 Würzburg–Ulm, die sich ähnlich der beiden Bahnlinien in der Nähe Crailsheims kreuzen. Die Wirtschaftssparten sind in Crailsheim breit gestreut, die örtliche Wirtschaft ist beweglich und daher weitgehend krisensicher.

Stadtrundgang. Am lebendigsten ist die Stadt beim **Fränkischen Volksfest** Mitte September mit zwei großen Umzügen, Volksfesttreiben, Vergnügungspark, gewerblichen und landwirtschaftlichen Ausstellungen. Doch geben schon die drei Wochenmärkte einen lebendigen Eindruck der Hohenloher Lebensfreude und Weltoffenheit. „Man schwätzt mit de Leut." Der Rundgang beginnt am Marktplatz mit dem modernen *Rathaus.* Dort, im Großen Ratsaal erzählen Wandbilder von der Geschichte der Stadt, ebenso an der Wand des Verwaltungsgebäudes am Schlossplatz. Der Turm kann bestiegen werden. Das Rathaus ist das vierte Gebäude seiner Art. Zuerst stand dort das Tanzhaus für die Lustbarkeiten der Landesherrschaft. Im Umkreis des Rathauses erfreuen drei schöne neue Brunnen den Besucher: Der *Marktbrunnen* mit den beiden Marktfrauen, der *Kapellenbrunnen* mit einem Jüngling und Delphin und der *Brunnen am Schweinemarkt*, der den Städtepartnerschaften mit Worthington, Pamiers, Jurbarkas und Bilgoraj gewidmet ist. Die hübsche *Liebfrauenkapelle* ist den Crailsheimern besonders ans Herz gewachsen. Als sie wegen Baufälligkeit 1800 abgebrochen werden sollte und deshalb schon an einen Bürger verkauft worden war, sammelten die Crailsheimer Geld, kauften die Kapelle wieder zurück und setzten sie instand. Nach der Zerstörung am 20. April 1945 lag alles in Trümmern; als ein Jahr später der Traubenkirschbaum an der Kapelle in voller Blüte stand, gab dieses Zeichen den Crailsheimern Mut und Hoffnung zum Wiederaufbau, der dann auch die Kapelle neu erstehen ließ. Vom Marktplatz gehen wir die Wilhelmstraße hinunter und gelangen zur Grabenstraße, wo noch einige wenige Reste der *Stadt-*

Crailsheim. Stadtansicht mit Liebfrauenkapelle (links), Rathausturm (Mitte) und Kirche Johannes d. T. (rechts).
Aufn.: Stadt Crailsheim

mauer zu sehen sind. Schon 1754 wurden die Gräben in Gärten umgewandelt. Im südlichen Teil der Grabenstraße bei den Gebäuden Nr. 17 und 19 stand vor Jahrhunderten eine *Burg,* die schon 1407 abgebrochen wurde; sie war vermutlich der Stammsitz der **Herren von Crailsheim,** deren Geschlecht noch heute in mehreren Linien blüht; ihnen gehören die Burgen Morstein und Hernberg an der Jagst. Über den Parkplatz der Johanneskirchengemeinde gelangen wir zur *Liberei,* der alten Stadtbücherei und zum größten erhaltenen Gebäude der Stadt, der spätgotischen *Johanneskirche* (J. d. Täufer). Der Bau wurde 1398 begonnen und schon 1440 geweiht. Neben dem schönen Chorgewölbe (aus dem 19. Jh. – in Holz) besitzt sie von der alten Ausstattung noch den Hochaltar von einem Nürnberger Meister um 1490, ein gotisches Sakramentshaus in Turmform von 1498 und einen Totentanz an der Nordwand von 1434. Unweit der Kirche steht das *Alte Dekanat* aus dem Jahre 1779, das die Kriegsstürme unbeschadet überstand. Die Lange Straße überqueren wir etwa an der Stelle, an welcher 500 Jahre lang ein Stadttor stand. 1828 war die Stadtmauer mit vier Toren noch vollständig erhalten. Jenseits der Langen Straße (außerhalb der alten Stadtmauer) befindet sich der ehemalige *Spitalkomplex,* dessen Gebäude großenteils erhalten sind. Die *Kapelle* (erbaut 1411) besitzt romanische Teile des Vorgängerbaues, einen kreuzrippengewölbten Chor und eine sehr gute

Ausmalung um 1500. Kapelle und Spitalgebäude dienen heute als
Kulturzentrum (Museum, Volkshochschule, Altenbegegnungsstätte,
Konzert- und Ausstellungsräume). Das Stadtmuseum bietet eine Fülle
interessanter Exponate. Bei Renovierungsarbeiten 1989 wurde das
einstige *Spitalbad* wieder entdeckt und in das Stadtmuseum einbezogen.
Dort sind Crailsheimer Fayencen, eine einzigartige Musikinstrumenten-
sammlung und die stadtgeschichtlichen Abteilungen untergebracht. Ein
Besuch ist sehr lohnend. Am östlichen Ende der Spitalstraße befindet
sich heute das Kreiskrankenhaus, gegenüber stand früher die Zehnt-
scheuer. Dieser Platz war für die bereits erwähnte Universität
vorgesehen. Durch die Ritter- und Wallgasse kommen wir zum
Schlossplatz. Das Schloss der Markgrafen ging in den Flammen des
Krieges unter; doch ist die Erinnerung an die zur Krönung nach
Frankfurt hier durchziehenden Kaiser, die im Schloss übernachteten,
immer noch lebendig. Es waren die habsburgischen römisch-deutschen
Kaiser Friedrich III., Karl V., Ferdinand I. und Maximilian II. Auf den
Dächern des alten Gebäudes nisteten bis 1945 noch Störche. Östlich des
Rathauses, über Karlsplatz und Karlstraße gelangen wir zu einem
Mauerdurchlass in der Nähe des *Diebsturmes*. Dieser Turm stammt in
seinen Untergeschossen noch aus der Zeit als das Stift St. Moritz die
Stadt an die Grafen von Oettingen verkaufte. Er kann bestiegen werden;
der Schlüssel kann während der Geschäftszeiten im Café Frank
entliehen werden. Wir können noch dem Alten Friedhof (genutzt von
1546 bis 1901) einen Besuch abstatten. Die *Gottesackerkapelle* wurde
1580 begonnen. Das Bauwerk aus der Renaissancezeit weist noch
Formen verspäteter Gotik auf. Der Rathausturm zeigt uns den Weg zum
Ausgangspunkt. Der Besucher wird bestätigen, dass die Crailsheimer
mit dem Wiederaufbau ihrer Stadt eine gewaltige und gelungene
Leistung vollbracht haben.

Ausführliche Informationen im Internet unter www.crailsheim.de

Klaus Seidel

Dinkelsbühl

Geschichtlicher Überblick. Am Kreuzpunkt zweier alter Heer- und
Handelsstraßen, – heute Schnittpunkt von Romantischer Straße und
Deutscher Ferienstraße Alpen–Ostsee, liegt im idyllischen Wörnitztal
das malerische Städtchen Dinkelsbühl.
Eine komplett erhaltene Wehranlage mit Türmen und Toren aus dem 13.
bis 16. Jh. umschließt die ehemals Freie Reichsstadt, die auch im Innern

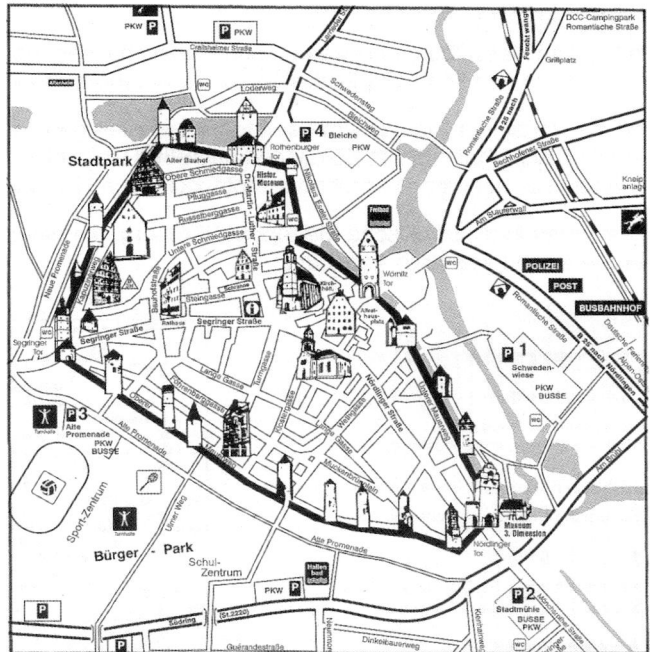

Dinkelsbühl.

ihre Ursprünglichkeit erhalten hat. Alles überragender Blickfang und Mittelpunkt der Stadt ist das gotische Münster St. Georg.

Vermutlich war bereits vor 928 die Siedlung von einer Mauer umschlossen. Erste urkundliche Erwähnung 1188 als „burgum Tinkelspuhel". Friedrich I. Barbarossa schenkt den Marktort zusammen mit anderen staufischen Hausgütern seinem Sohn Konrad von Rothenburg als Heiratsgut. Im Jahr 1251 verpfändet König Konrad IV. Dinkelsbühl an Graf Ludwig von Oettingen; – 1341 jedoch kauft sich die Stadt selbst aus der Pfandschaft der Grafen von Oettingen frei.

Im 14./15. Jh. erreicht die Stadt ihre spätmittelalterliche Ausformung und Blüte. 1323 verleiht König Ludwig der Stadt das Recht, die in ihr gefertigten sogenannten grauen Tücher selber abmessen zu dürfen und das Verkaufsrecht über einen Teil des städtischen Bodens auszuüben. Lange Zeit unentschieden in der Haltung zu den politischen Kräften der

Reformation, trat Dinkelsbühl erst 1541 endgültig der Augsburger Konfession bei.

An die Schrecken des Dreißigjährigen Krieges 1618 bis 1648 erinnert bis heute das jährlich im Juli stattfindende Volksfest der **„Kinderzeche"**, das an die Errettung vor einer Plünderung durch die Schweden (1632) anknüpft.

Nach Ende der Reichsfreiheit und dem Anschluss an Bayern (1806) rettete Ludwig I. von Bayern das Stadtbild, indem er 1826 den weiteren Abriss der Wehranlagen verbot. Auch die Weltkriege im vergangen Jahrhundert hinterließen wenig Spuren im mittelalterlichen Stadtbild.

Stadtrundgang. Diesen beginnen wir gegenüber dem Westportal des Münsters St. Georg am *Weinmarkt.* Fünf prächtige Giebelhäuser, alle um 1600 erbaut, bilden ein einmalig schönes, mittelalterliches Ensemble. Das heutige Hotel „Deutsches Haus" hat eine der schönsten Fachwerkfassaden der Spätrenaissance in Süddeutschland.

Der Segringer Straße folgen wir in westlicher Richtung. Gegenüber dem Gustav-Adolf-Haus liegt der Eingang zum *Hetzelhof* (Segringer Str. 7). Sehenswert ist der malerische Innenhof des Patrizierhauses aus dem 16. Jh. Der Segringer Straße folgen wir weiterhin, sie führt uns am *Neuen Rathaus* vorbei (an der Fassade Sgraffito zum Richtungsbrief von 1387), leicht aufwärts zur *Dreikönigskapelle* vor dem Segringer Tor. Der eingeschossige Bau mit den gotischen Kirchenfenstern wurde bereits 1378 in einer Urkunde genannt. Die Stadt Dinkelsbühl übernahm 1922 das Gebäude und ließ es in eine Gefallenengedächtniskapelle umgestalten.

Der Turm des *Segringer Tors* wurde 1648 bei der schwedischen Belagerung am Ende des Dreißigjährigen Krieges so schwer beschädigt, dass er einige Jahre später einstürzte. 1655 ließ der Rat der Stadt den Turm wieder neu aufbauen. Beim Turm biegen wir rechts in den Kapuzinerweg und erreichen nach wenigen Metern rechter Hand die *Jugendherberge* (ehemals Kornschranne), ein eindrucksvolles Fachwerkhaus von 1508.

Dem Sträßchen folgen wir weiterhin geradeaus zum *Grünen Turm,* der über dem Kapuzinerkloster aufragt und in Kriegszeiten einen weiten Blick über die Hochebene gestattete. Über die Staffeln des Russelberges führt der reizvolle Abstieg ins Schmiedeviertel der Stadt. Wir biegen gleich links in die Bauhofstraße und folgen dieser. Am Ende der Straße kommen wir auf der linken Seite an der großen Bauhofscheune (ehemals Kornschranne) vorbei und erreichen nach Queren des großen Torbogens den *Alten Bauhof.* An der linken Hofseite gelangen wir durch einen kleinen Durchlass der schützenden Stadtmauer nach außen zum *Faulturm* mit Vorwerkhäuschen. Malerischer Blick von hier über den Gaulweiher und der Stadtmauer entlang zum Rothenburger Tor.

Wir gehen wieder zurück zur Ecke Bauhofstraße/Obere Schmiedgasse und folgen dieser leicht abwärts zum *Rothenburger Tor.* Der Ausfahrt

*Dinkelsbühl. Stadtmauer
mit Bäuerlinsturm.
Aufn.: Archiv Verkehrsamt
der Stadt Dinkelsbühl*

durch das Tor folgen wir bis zum Ende des Weihers und lassen den Blick über Stadtmauer und Weiher schweifen. Die Partie mit Gaulweiher, Faulturm und Vorwerkhäuschen zählt zu den schönsten Ansichten Dinkelsbühls.

Durch das Rothenburger Tor betreten wir wieder die Stadt, folgen der Martin-Luther-Straße geradeaus und biegen nach wenigen Metern links in den Spitalhof. Die *Spitalanlage* beherbergt heute neben dem Altenheim das Historische Museum, Kunstgewölbe und Konzertsaal. Sehenswert ist die Spitalkirche zum Heiligen Geist. Der einfache Brunnen im Hof und die Färbermangel im offenen Fachwerkschuppen stammen aus der Zeit nach 1700. An der Stadtmauer folgen wir der Gasse nach rechts; – über die Hintere Priestergasse erreichen wir den Chor des Münsters St. Georg mit der Abendmahlszene an der Außenwand. Nur wenige Schritte weiter und wir stehen auf dem *Altrathausplatz* mit dem Alten Rathaus (1361), dem barocken Künßberghaus und dem *Garten am Wehrgang* (Freilichtbühne).

Der Weiterweg führt uns durch das *Wörnitztor* (Bossenquader 13. Jh.); – danach queren wir den Mühlgraben und biegen anschließend rechts in den Inselweg ein. Wir befinden uns nun auf der *Insel,* da der Mühlgraben mit der Wörnitz verbunden ist. Dem Inselweg folgen wir geradeaus und genießen von hier den herrlichen Blick auf die Kleine Bastei, den Bäuerlinsturm und die Stadtmühle. Am Ende der Insel gehen wir rechts über den Stadtmühlweg und im rechten Bogen zur Stadtmühle.

Die *Stadtmühle* beherbergt das Museum „3. Dimension", das Verfahren und Techniken zeigt, mit denen die Menschheit seit dem Mittelalter

Dinkelsbühl. Marktplatz mit Münster St. Georg.
       Aufn.: Archiv Verkehrsamt der Stadt Dinkelsbühl

versucht hat, die Tiefe des Raumes zu rekonstruieren. Durch das *Nördlinger Tor* betreten wir wieder die historische Stadt und folgen der Nördlinger Straße (ehemals Bauernviertel) Richtung Stadtmitte. Bei der St. Pauluskirche biegen wir links in die Klostergasse ein und folgen dieser, am ehemaligen Karmelitenkloster vorbei, leicht aufwärts. Kurz vor dem Deutschordensschloss kommen wir auf der linken Seite am Geburtshaus des Jugendschriftstellers Christoph von Schmid vorbei. Den Abschluss der Klostergasse bildet das barocke *Deutschordens-schloss* mit seiner sehenswerten Rokokokapelle. Die Nachfolge alten Reichsgutes antretend, siedelte sich um 1300 der Deutsche Orden auch in Dinkelsbühl an (Schloss vom Ellinger Ordensbaumeister M. Binder 1761/64 erbaut).
Der Föhrenberggasse folgen wir rechts und biegen am Ende des Schlosses rechts in die Turmgasse, – sie führt uns wieder zum Ausgangspunkt am Marktplatz und zum Münster St. Georg.
Das *Münster St. Georg* ist eine der schönsten spätgotischen Hallenkir-chen Süddeutschlands. Erbaut 1448 bis 1499 durch die Baumeister Nikolaus Eseler und Sohn. Vom 65 m hohen Turm schöner Blick auf die

Altstadt und auf das idyllische Flusstal, – zudem bekommen wir beim
Aufstieg noch einen Eindruck von der kunstvollen Steinmetzarbeit.
Schmucke Plätze, stille Winkel und noch manch Verborgenes laden ein
zum Erkunden und Verweilen in der Stadt. Sehr zu empfehlen ist, sofern
noch Zeit und Kondition vorhanden, ein Rundgang im Grünen um die
ummauerte Altstadt. Die steinernen Zeitzeugen des Mittelalters, 18
Türme, 4 Stadttore und eine voll erhaltene Stadtmauer, sie könnten uns
beim Rundgang gar manches Geschehen über Fried und Unfried in und
vor den Toren der guten alten Stadt berichten.

Information bei Touristik-Service Dinkelsbühl, Marktplatz, 91550 Dinkelsbühl,
Telefon: 09851 / 90240, Fax: 09851 / 90279
e-mail: touristik-service@dinkelsbühl.de
www.dinkelsbühl.de

Klaus Seidel

Für wertvolle Hinweise und Ergänzungen wird Herrn Dipl.-Ing. Hans
Wolf/Ellwangen herzlich gedankt.

Ellwangen

Geschichtlicher Überblick. Eingebettet in die reizvolle wald-, weiher-
und seenreiche Hügellandschaft des Virngrundes liegt im Jagsttal die
Große Kreisstadt Ellwangen. Über dem Tal und der türmereichen
Stadtsilhouette erheben sich auf zwei Hügeln das Ellwanger Schloss und
die Wallfahrtskirche Schönenberg.
Als erstes Kloster im heutigen Württemberg ist der Ort von Hariolf und
seinem Bruder Erlolf, einem Bischof von Langres in Burgund, im Jahr
764 gegründet worden. Die Gründer entstammen einem fränkischen
Adelsgeschlecht. Das **Benediktinerkloster** erscheint bereits 817 als
Reichsabtei, gehört mit rund 160 Mönchen 838 zu den größten
Abteien im fränkischen Reich. Durch seine wissenschaftliche Tätigkeit
ragt Abt Ermenrich um 850 hervor, späterer Bischof von Passau, durch
ihn ist der Slawenapostel Methodius nach seiner Verurteilung wahrscheinlich von 870 bis 873 im Kloster Ellwangen gefangen gehalten
worden.
Bald entsteht beim Kloster aus einem dortigen Dorf eine städtische
Siedlung, schon im 9. Jahrhundert ist ein Markt nachgewiesen, im Jahr
1229 wird Ellwangen in einem Sühnevertrag zwischen Abt Adalbert und
den Brüdern Konrad und Ludwig von Oettingen erstmals als **Civitas**,
also als Stadt erwähnt. Damals entwickelt sich das heutige Stadtbild,
Gassen laufen sternförmig vom Klosterareal in die Stadt hinaus, die
heutige Schmied- und Spitalstraße umrunden den Klosterbezirk. Seit

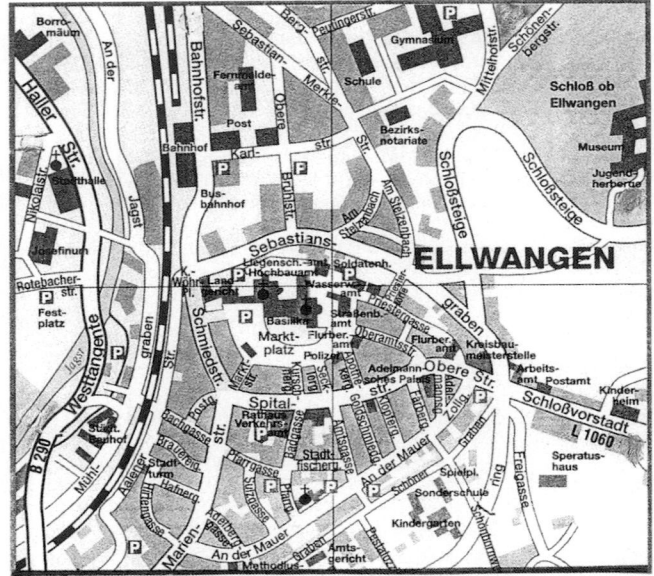

1215 erscheinen die Äbte als **Reichsfürsten**, sie wohnen jetzt auf der
neuerbauten Burg über der Stadt, die später in ein repräsentatives
Schloss umgebaut werden wird.

Im 15. Jahrhundert schwindet die Klosterzucht, die Mönche ziehen aus
den Klostergebäuden in eigene Häuser im Umkreis des heutigen
Marktplatzes, welcher Zustand der benediktinischen Regel eines
gemeinsamen Klosterlebens widerspricht. Im Jahr 1460 wird das
Kloster mit Genehmigung durch den Papst in ein **Chorherrenstift**
umgewandelt, mit einem **Fürstpropst** an der Spitze, der an die Stelle des
Abts tritt, und zwölf ritterbürtigen **Chorherren** aus dem niederen Adel,
die die Stelle der Mönche einnehmen und das Recht haben, den
Fürstpropst zu wählen. Bald nach dieser Umwandlung beginnt ein
wirtschaftlicher Wiederaufstieg, um 1468 werden der spätgotische
Kreuzgang im Norden der jetzt Stiftskirche St. Vitus genannten
Abteikirche, 1473 bis 1476 die spätgotische Wallfahrtskirche St.
Wolfgang vor den Toren der Stadt erbaut.

Stiftsprediger Dr. Johannes Kreß und Stadtpfarrer Georg Mumpach
predigten seit Lichtmess 1525 offen nach der lutherischen Lehre. Die

beiden neugläubigen Priester werden auf Betreiben des Fürstpropstes dem bischöflich-augsburgischen Gericht in Dillingen überantwortet und am 7. November 1525 in Lauingen enthauptet, der Richtstätte des Bischofs von Augsburg, welchem Bistum Ellwangen damals angehörte. In der Zeit der Gegenreformation beruft Fürstpropst Wolfgang von Hausen die ersten Jesuiten aus Dillingen nach Ellwangen. Seit 1680 wirkt der Jesuitenpater Phillip Jeningen in Ellwangen und bewegt Fürstpropst Johann Christoph Adelmann von Adelmannsfelden zum Bau der barocken **Wallfahrtskirche Schönenberg** auf einem Hügel nördlich des Schlosses, ihr Grundstein wird 1682 gelegt. Im Jahr 1724 wird mit dem Bau der Jesuitenkirche neben der Stiftskirche St. Vitus begonnen.

Durch die Säkularistion in den Jahren 1802/03 fällt der über tausend Jahre alte souveräne Staat an Württemberg. In die bisher ganz katholische Stadt kommen evangelische Soldaten und Beamte, die Jesuitenkirche wird der evangelischen Gemeinde übergeben. Von 1812 bis 1817 ist Ellwangen Sitz eines bischöflichen Generalvikariats, schließlich wird jedoch Rottenburg als Sitz des katholischen Bischofs gewählt und nicht Ellwangen. In der gleichen Zeit besteht in Ellwangen eine **katholische theologische Universität**, bis sie als katholisch-theologische Fakultät in die Universität Tübingen eingegliedert wird.

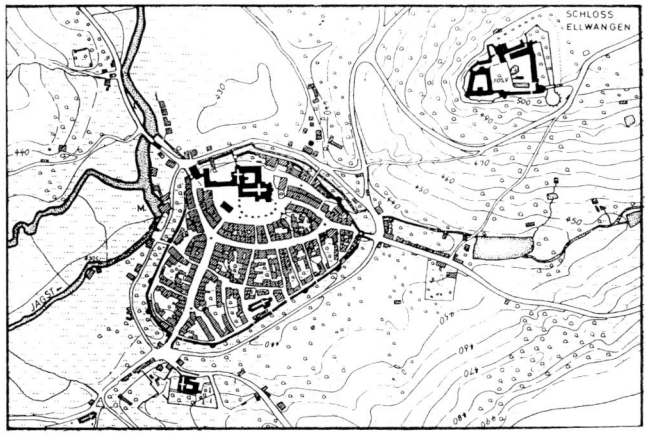

Ellwangen um 1829.

Im Jahr 1924 verliert Ellwangen den Sitz der Kreisregierung des Jagstkreises, 1938 das Oberamt.

In den Jahren 1972/73 kommen durch die Gemeindereform die früher selbstständigen Gemeinden Schrezheim, Rindelbach, Röhlingen und Pfahlheim zu Ellwangen und vergrößern die kleine Stadtmarkung auf eine der größten Gemeindeflächen im Ostalbkreis. Wie überall ziehen Griechen, Italiener, Türken und Angehörige weiterer Nationalitäten nach Ellwangen. 1982 wird in einem Stadtturm an der südlichen Stadtmauer eine von Griechen. Bulgaren, Mazedoniern und Serben vielbesuchte Gedenkstätte für den Slawenapostel Methodius eingerichtet; jeden Sommer wallfahren mehrere tausend Griechen zur Verehrung von Methodius auf den Schönenberg, in der Wallfahrtskirche wird die Messe im griechisch-orthodoxen Ritus gelesen. Im Jahr 1999 wird die seit 1802 verschlossene Tür zwischen der katholischen Stiftskirche St. Vitus (seit 1964 im Rang einer päpstlichen Basilika) und der evangelischen Stadtkirche nach fast zweihundert Jahren von den Bischöfen beider Konfessionen wieder geöffnet.

Seit Ende 1987 ist Ellwangen an die Autobahn Würzburg–Ulm angeschlossen. Das breite Band dieser Straße zerschneidet die Virngrundwälder. Jedoch entwickeln sich am Autobahnanschluss Industrie-, Gewerbe- und Einkaufsgebiete, wodurch die Stadt Ellwangen wohl den größten wirtschaftlichen Aufschwung ihrer Geschichte verzeichnet. Am historischen Stadtzentrum fließt der Verkehr auf Umgehungsstraßen vorbei. Man kann es leicht zu Fuß besuchen und sehen, wie sich die 1200 jährigen Stadtgeschichte in Baudenkmalen darstellt.

Stadtrundgang

1. Kleiner Rundgang im Stadtzentrum mit einer Dauer von etwa 2 Stunden.

2. Großer Rundgang zu den wichtigsten Sehenswürdigkeiten im Stadtzentrum, zum Schloss ob Ellwangen und zur Wallfahrtskirche auf dem Schönenberg. Für den großen Rundgang sollten zusätzlich ca. 1,5 Std. eingeplant werden. Schloss und Schönenberg können nach dem kleinen Rundgang auch mit dem Pkw angefahren werden.

Vom Parkplatz (P 1) auf dem Schießwasen oder vom Bahnhof, beide in der Nähe der Jagst, weisen uns die Türme der Stiftskirche St. Vitus und der evangelischen Stadtkirche den Weg zum Marktplatz, der sich im Süden der zwei Kirchen ausbreitet. Hier beginnen die Rundgänge.

Kleiner und großer Rundgang. Eine Reihe schöner Kastanienbäume säumt den *Marktplatz,* worauf mittwochs und samstags Marktstände aufgebaut sind. Hier sind am Montag und Mittwoch nach Dreikönig jeden Jahres die Hauptveranstaltungen des **„Kalten Markts",** seit 1353 einer der größten Pferdemärkte Württembergs. Er geht zurück auf die Verehrung der Pferdeheiligen Speusippus, Eleusippus und Meleusippus, drei Märtyrern aus Kappadokien in Kleinasien, die nach alter Tradition Pferdezüchter gewesen sind; ihre Reliquien sind in der Stiftskirche aufbewahrt.

Die dreitürmige *Stiftskirche St. Vitus* bildet mit dem Marktplatz den Mittelpunkt der Stadt. Der spätromanische Bau entstand an der Stelle von Vorgängerbauten in den Jahren 1182 bis 1233, wurde 1233 geweiht und innen 1735–1737 barockisiert. Hervorragend ist der romanische Außenbau der dreischiffigen, kreuzförmigen Basilika. Besonders von der Ost- und Nordseite gesehen beeindrucken die klaren, quaderförmigen Baukörper, die Rundungen der Apsiden am Schluss der drei Schiffe, die Dächer und die mächtigen zwei Osttürme. Durch das romanische Südportal betritt man die Kirche und geht in der Hauptachse des barockisierten Raumes dem Altar zu. Stufen führen auf die Chorempore, in der die Chorherren im nicht mehr vorhandenem Chorgestühl dem Gottesdienst auf dem barocken Hochaltar beigewohnt haben. Der heutige Hauptaltar auf der Chorempore stammt aus den 1950er Jahren und enthält in einem Schrein ein spätgotisches St. Vitus-Reliquiar. Nun betritt man das südliche Querschiff und erblickt das wertvollste Ausstattungsstück der Kirche, eine bronzene Tafel aus der Zeit um 1480 mit den Darstellungen der Klostergründer Hariolf und Erlolf, wie sie die Stiftskirche tragen, eines der ältesten Architekturmodelle der deutschen Kunst. Hier auch hängen die Bildnisse der Äbte und Pröpste seit 764, die älteren posthum, die jüngeren, darunter das Bildnis des letzten Fürstpropstes Clemens Wenzeslaus, nach dem Leben gemalt. Unter der Chorempore liegt eine dreischiffige Krypta, man lässt sich von dem romanischen Raum mit seinen Säulen beeindrucken und steigt in das nördliche Querschiff auf. Hier befindet sich das Gegenstück der südlichen Bronzetafel und zeigt Maria mit dem letzten Abt und dem ersten Fürstpropst. Links von einem mächtigen Renaissance-Altar steht das Grabmal des Abtes Johann von Holzingen, darüber ein spätgotisches Fresko mit den sechzehn Stiftsheiligen, dabei die drei Pferdeheiligen, alle Heiligen mit Märtyrerlilien. Im Hauptschiff oder im nördlichen Seitenschiff geht man zurück nach Westen und besucht (die schmale Treppe absteigen) den spätgotischen Kreuzgang und die Liebfrauenkapelle im Norden der Stiftskirche. Nachdem man in die Hauptkirche zurückgekehrt ist, betritt man die westliche romanische Vorhalle (die große Tür öffnen) mit den Grabdenkmalen der Ritter Ulrich von Ahelfingen, Albrecht und Hans von Schwabsberg, die dem Abt und dem Fürstpropst gedient haben und diese besonderen Grabstätten erhalten haben. Durch die wieder geöffnete Tür zur angebauten evangelischen Stadtkirche verlässt man den altehrwürdigen Bau. Er ist das bedeutendste Baudenkmal der Staufer in ihrem schwäbischen Stammland und der älteste Ort der Christenheit im Land, seit 1200 Jahren wird hier jeden Tag die heilige Messe gelesen.

Die prunkvolle, mit Voluten und Flankentürmen versehene Barock-
fassade der 1724 bis 1729 nach Plänen von Jakob Ahmrein errichteten
ehem. Jesuitenkirche, heute *evangelische Stadtkirche,* ist an die
Westseite der Stiftskirche angebaut. Sie zeigt den Gründer des
Jesuitenordens Ignatius von Loyola (links) und den Ordensheiligen
Franz Xaver (rechts). Bemerkenswert sind im Innern das kunstvolle
schmiedeeiserne Vorhallengitter und die farbenfrohen Fresken mit
Marienthemen von Christoph Thomas Scheffler aus Augsburg.
Das *ehemalige Jesuitenkolleg* links neben der evangelischen Stadtkirche
wurde 1720 bis 1722 erbaut. Von 1802 bis 1816 diente es als Garnison,
von 1819 bis 1963 war das Gymnasium darin untergebracht, heute
beherbergt es das Landgericht und die Staatsanwaltschaft. Gegenüber
steht das *ehemalige Stiftsrathaus* mit von Löwenköpfen getragenen
Balkonen, kunstvoll gearbeiteten Balkongittern und dem Wappen des
Königreichs Württemberg. In den Zeiten der Fürstpropstei sind hier
fürstliche und städtische Kanzleien untergebracht gewesen, dann die
aufgelöste Universität und heute ein Teil des Landgerichts. Die Südseite
des Marktplatzes wird im Halbrund begrenzt durch zahlreiche barocke
Chorherrenhäuser mit geschwungenen Giebeln, ihre Fassaden sind
teilweise mit Marienstatuen geschmückt.
Vom Marktplatz gehen wir in östlicher Richtung am Flurneuordnungs-
amt mit eckigem Turm vorbei in die Oberamtsstraße und geradeaus auf
einen Platz mit Brunnen. Hier steht das repräsentative *Palais Adelmann,*
ein bedeutendes Beispiel süddeutscher barocker Stadtpaläste. Das
Palais ist 1688 von Baumeister Heinrich Mayer für die Freiherren und
späteren Grafen Adelmann von Adelmannsfelden erbaut worden, die
seit Ende des 17. Jahrhunderts das Erbmarschallamt der Fürstpropstei
innehatten. Die Fassade ist im Stil toskanischer Renaissance drei-
geschossig mit abwechselnden flachen und bogigen Fenstergiebeln
erbaut, über einem prachtvollen Zentralportal steht eine Madonna
(1750) und oben die Giebelfigur des Erzengels Michael (1690). Im
Inneren (beim Hausmeister am Zentralportal läuten) erwarten uns ein
Treppenhaus mit Wandbildern (Atlanten), im Obergeschoss herrschaft-
liche Barockräume mit Wandteppichen und Gemälden. Das Gebäude ist
nach umfassender Renovierung seit 1991 Kulturhaus der Stadt.
Kleiner Rundgang. Der Oberen Straße folgen wir weitere 50 m und
biegen dann rechts in die Zollgasse ein. Nach wenigen Metern haben wir
den *Palaisgarten* (Tür im Sommer geöffnet) erreicht, er bewahrt den
Reiz eines Rokokogärtchens. Die Zollstraße geht in die Straße „An der
Mauer" über. Diese führt an der Stadtmauer entlang, die hier noch gut
erhalten ist. Ein Zollwärterhaus und einer der wenigen erhaltenen
Stadttürme aus dem Mittelalter sind steinerne Zeugen aus dieser Zeit.
Dem Sträßchen folgen wir geradeaus und gelangen zur *Marienkirche.*
Die gotische Kirche geht auf eine Leutekirche zurück, die vermutlich

Blick auf Ellwangen mit den Türmen der Stiftskirche St. Vitus.
Aufn.: K. Seidel

schon in der Karolingerzeit bestanden hat und lange Zeit Zentrum der
bürgerlichen Siedlung südlich des Klosterbezirks gewesen ist, bis der
katholischen Stadtgemeinde die Stiftskirche St. Vitus als Stadtkirche
zugewiesen worden ist. Die Marienkirche ist im Innern 1753 barockisiert worden, Wand und Decken zeigen Malereien im Stil des
Rokoko. Bemerkenswert ist ein prächtiger Silberaltar, der 1748 von dem
Ellwanger Künstler Ignaz Emer geschaffen worden ist. Das gegenüber-
stehende ehemalige *Pfarrhaus* ist 1717 unter Fürstpropst Franz Ludwig
von der Pfalz erbaut worden, zeigt über dem Portal sein Wappen und ist
heute Gebäude für Rechtsreferendare am Landgericht.
Wir folgen dem Sträßchen weiterhin geradeaus. Rechter Hand beginnt
die Adelbergergasse; wir gehen jedoch noch einige Meter weiter und
erreichen auf der linken Seite die kleine *Methodiuskapelle.* In diesem
ehemaligen Stadtturm ist 1982 bis 1986 zu Ehren des Slawenapostels
Methodius die schon erwähnte Gedenkstätte eingerichtet worden. Wir
gehen wenige Schritte zurück zur Adelbergergasse und folgen dieser
leicht abwärts zur Marienstraße. Beim Brunnen queren wir die Straße,
gehen rechts weiter und biegen nach einigen Metern links in die
Hafnergasse ein. Sie führt uns direkt zu einem restaurierten *Wehrturm*
der ehemaligen Stadtmauer aus dem 13. Jahrhundert; er beherbergt seit
1984 die Waffen- und Zeugkammer der Bürgergarde und ist zugleich
auch Versammlungsort der Ellwanger Gardisten.

Vom Turm gehen wir nach rechts, biegen sogleich rechts in die Brauergasse ein und kommen zur Marienstraße zurück. Hier gehen wir nach links auf den Platz, an dem die drei Hauptstraßen beim Brunnen zusammenlaufen. Im bemalten *Haus Zimmerle*, heute eine Apotheke, ist früher die Poststation von Ellwangen untergebracht gewesen. Im Postgasthof „Schwarzer Adler" übernachteten so berühmte Persönlichkeiten wie Mozart und Goethe; an den Besuch Goethes vom 3. auf den 4. November 1797 erinnert eine Szene auf der bemalten Fassade. Abgebildet sind auch zwei Postillione, die Wappen der Familie Zimmerle und der Grafen von Taxis, sowie Maria mit dem Kind und der Papst Julius I. Diesen heiliggesprochenen Papst und Namenspatron aus dem vierten Jahrhundert ließ der Privatier Julius („Jule") Zimmerle (1842–1913), damaliger Eigentümer dieses stattlichen Hauses, durch den Stuttgarter Maler Hans Kolb 1896 auf die Fassade seines Hauses malen. Im Innern befindet sich ein schöner Treppenaufgang und ein Fresko, das die Götter im Olymp darstellt.

Großer Rundgang. Beim Palais Adelmann gehen wir in östlicher Richtung weiter bis zur großen Straßenkreuzung, queren diese und folgen der Schlossvorstadt-Straße geradeaus. Nach etwa 150 m biegen wir links ab und gehen auf dem Feldweg durch eine Obstbaumallee den Schlossberg zum **Schloss ob Ellwangen** hinauf. Die 1266 erstmals erwähnte Burg wurde Ende des 12. Jahrhunderts unter Abt Kuno I. anstelle einer Michaelsbasilika als Abtwohnung und Festung erbaut und nach der Zerstörung von 1279 wieder aufgebaut. Fürstpropst Johann Christoph von Westerstetten ließ die Burg 1603 bis 1608 in ein Renaissance-Schloss umgestalten. Aus dieser Zeit stammen die achteckigen Türme und der schöne Arkadeninnenhof, in dem im Sommer die Ellwanger Heimattage veranstaltet werden. Fürstpropst Franz Ludwig von der Pfalz ließ 1720 bis 1726 ein Treppenhaus in den Innenhof vorbauen und das ganze Innere des Schlosses im Barockstil neu ausschmücken. Im württembergischen Apanageschloss wohnten 1815/16 Jérôme Bonaparte mit seiner Gemahlin Katharina von Württemberg. Jérôme ist ein Bruder Napoleons, hat mit ihm in Waterloo gekämpft und ist nach der Niederlage nach Ellwangen in die Halbgefangenschaft verbannt worden, die sein Schwiegervater König Friedrich I. von Württemberg auf der Siegerseite überwacht hat. Das Schloss beherbergt heute ein Heimatmuseum mit dem Festsaal und weiteren Räumen der Fürstpröpste, Wasseralfinger Öfen und Ofenplatten, Rokokokrippen, Schrezheimer Fayencen und Bildern des Ellwanger Malers Karl Stirner. Im Michaelsturm befindet sich die Jugendherberge. Durch einen kleinen Mauerdurchgang neben diesem Turm gelangen wir wieder nach außen und genießen den herrlichen Blick von der Anhöhe auf die Stadt Ellwangen.

Die 1683–1696 erbaute Wallfahrtskirche auf dem Schönenberg. Aufn.: K. Seidel

Nach Verlassen des Schlosses gehen wir außen am Wehrgang nach Osten, umrunden die Bastei und gehen auf dem Feldweg, der zwischen Parkplatz und Schlossgaststätte beginnt, nach Norden den Wiesenhang hinab ins Tal. Beim Abstieg hat man einen schönen Blick hinüber zum Schönenberg mit seiner Wallfahrtskirche. Im Talgrund queren wir die Autostraße und gehen zwischen den Stationskapellen den Wallfahrtsweg steil hinauf. Er führt zum wohl schönsten Barockbau Ellwangens, der von allen Seiten sichtbaren *Wallfahrtskirche auf dem Schönenberg.* Hier haben zwei Jesuitenpatres im Jahr 1638 ein Marienbild an einen Baum angebracht. Um ihn ist bald eine Kapelle mit zwei Seitenkapellen gebaut worden. Die Gnadenkapelle ist heute noch vorhanden und in den Ostchor der heutigen, großen Wallfahrtskirche eingebaut. Am Osteingang betreten wir die Kirche, hinter dem Altar der Gnadenkapelle steht der in einer Eisensäule verwahrte alte Wallfahrtsbaum, das Gnadenbild ist im barocken Altarschrein aufbewahrt. Hier beten Menschen um die Fürsprache Mariens bei Gott, Votivbilder im kleinen Raum nördlich des Altars zeigen, wie Maria dadurch geholfen hat. Die Seitenkapellen tragen schwere barocke Deckenstuckaturen, ausgeführt vom Ellwanger Stuckateur Melchior Haudt. Wir gehen nun in die Hauptkirche. Mit ihrem Bau ist im Jahr 1682 nach Plänen des Voralberger Baumeisters Michael Thumb begonnen worden, Bauleiter sind sein Bruder Christian und der Jesuitenpater Heinrich Mayer gewesen. Schon 1709 ist die Hauptkirche zur Hälfte niedergebrannt, neue Steingewölbe sind aufgesetzt und mit leichteren, zum Rokoko hinleitenden Stuckaturen ausgeschmückt worden, dazwischen farbige Deckenfresken. Die Kirchenhalle zeigt das Voralberger Münster-

schema, das in der Folgezeit viele Barockkirchen Süddeutschlands
übernehmen werden. Weit in die Halle vorgezogene Wandpfeiler
unterteilen die Seitenschiffe in Kapellen, darüber läuft eine Empore um
den Kirchenraum herum. In diese steigen wir aus dem Altarraum über
die Fürstensakristei auf und finden eine Oberammergauer Krippe, die
der in Ellwangen lebende Pfarrer und Künstler **Sieger Köder**
umgestaltet und ergänzt hat (weitere Werke in der Kapelle des
ehemaligen Kapuzinerklosters, heute Kinderdorf Marienpflege, und in
der modernen Heilig-Geist-Kirche im Neubaugebiet Richtung Crailsheim). Nachdem wir die Schönenbergkirche durch das südliche
Hauptportal verlassen haben, stehen wir vor dem 66 Meter langen
Außenbau der Kirche. Ein Querschiff ragt nur wenig über die Flucht der
Langhauswände hinaus. Im Osten sehen wir am Rund der Chorapsis den
Erzengel Michael, wahrscheinlich geschaffen vom Ellwanger Künstler
Melchior Paulus. Darunter befinden sich die Wappenmedaillons des
Kirchenbauers Johann Christoph Adelmann von Adelmannsfelden
(regierte 1674 bis 1687) und weitere sieben Fürstpröpste. Weit strahlt
die Kirche in alten Ockerfarben, dem barocken Gesetz der Steigerung
folgend in die Landschaft hinaus. Die zwei 60 Meter hohen Türme
krönen das Landschaftsbild und rufen mit ihren weitschallenden
Glocken die Gläubigen zur Wallfahrt auf diesen schönen Berg.
Wir gehen an die Westseite der Kirche vor und blicken auf die Heide, auf
der sich die Wallfahrer zum Gottesdienst am Bergaltar versammeln. Es
ist eine der seltenen Heiden auf Knollenmergel mit einer besonderen, an
die Schafbeweidung angepassten Flora. Durch das Wäldchen im Norden
gehen wir im linken Bogen an den Fuß des Schönenbergs hinab. Im
Talgrund überschreiten wir beim Beginn des Stationswegs die Straße
und gehen auf dem Fußweg der Schönenbergstraße und Schlosssteige
zurück in die Innenstadt. Bevor wir jedoch absteigen, blicken wir vom
Schönenberg in die Schichtstufenlandschaft hinaus. Man sieht die blaue
Mauer der Schwäbischen Alb vom Hohenstaufen, Rechberg und Stuifen
im Westen, der Kapfenburg im Süden bis zum Schloss Baldern im Osten,
davor dehnen sich das Albvorland und die Keuperlandschaft der weiten
Virngrundwälder aus. Uns zu Füßen liegt die alte Stadt Ellwangen, im
Hintergrund erheben sich der Hohenberg mit seiner Jakobuskirche und
in weiter Ferne der Burgberg bei Crailsheim.

Weitere Informationen können angefordert werden bei der Touristik-Information
Ellwangen, Spitalstraße 4 (Rathaus), 73479 Ellwangen, Telefon: 07961 / 84303,
Fax: 07961 / 55267

Luzia Assfalg

Gaildorf

Geschichtlicher Überblick. Inmitten des Schwäbischen Waldes und der Limpurger Berge, direkt an der Idyllischen Straße, liegt die traditionsreiche Stadt Gaildorf. Die Stadt am Kocher, erstmals 1255 urkundlich erwähnt, ist das Zentrum des Limpurger Landes und die einstige Residenz der **Schenken von Limpurg**. Das Alte Schloss, ehemals Sitz der Schenken, wurde in einem Vertrag zwischen Schenk Friedrich von Limpurg und der Stadt Hall im Jahr 1399 urkundlich in Form einer „Veste", einer Burg, erstmals erwähnt. Dieser Vertrag regelte die Holzflößerei auf dem Kocher zu den Salzsiedern der Stadt Schwäbisch Hall. In dieser Zeit wurde das Wappen von Gaildorf geschaffen, das noch heute ein Floß zeigt; – ein Beleg dafür, wie wichtig das Holzflößen zur damaligen Zeit für Gaildorf war.

Zu dieser Zeit war Gaildorf der Mittelpunkt eines großen Jagdbezirkes, der den Schenken von Limpurg, deren Sitz auf der Limpurg bei Hall war, vom Kaiser zum Lehen gegeben wurde. Die Bedeutung der Jagd für die Limpurger zeigt folgende Geschichte:

Als Schenk Albrecht von der oft tagelang dauernden Reiherbeiz nach Hause kam, erfuhr er, dass eine seiner Töchter in der Zwischenzeit verstorben war. Außerdem verendete einer seiner liebsten Jagdfalken. Er soll seine Frau mit den Worten getröstet haben: „Ach lieb Elsa, schweig und lass es sein, ist mir doch mein liebster Falk gestorben".

Der ständige Versuch der Schenken, die Freie Reichsstadt Hall einzunehmen, misslang letztendlich. Der Kaiser entschied gegen die Schenken und für die Reichsstadt. Immer wieder kam es zu handgreiflichen Auseinandersetzungen zwischen der Reichsstadt und den Schenken. Ein Teil der Linie der Schenken von Limpurg ließ sich in Gaildorf nieder, ein weiterer Teil wurde später in Obersontheim sesshaft.

Gaildorf, am 12. Juli 1404 von König Ruprecht zur Stadt erhoben, erhielt das Markt- und Befestigungsrecht. Noch im gleichen Jahr begann Schenk Friedrich III. mit dem Bau der Stadtmauer und den Ecktürmen; – sein Sohn Conrad IV. vollendete das Projekt.

Das **Erbschenkenamt**, das jeweils an das älteste männliche erbberechtigte Kind weitergegeben wurde, war ein bedeutendes Kaiserliches Hofamt. Schenk, Truchsess, Kämmerer und Marschall waren engste Berater des Kaisers, sie bildeten den Hof, d. h. die Regierung. Der Schenk reicht bei der Krönung dem Kaiser einen Becher, gefüllt mit Wein und Wasser. Der Kaiser trank daraus und war durch dieses Zeremoniell rechtmäßig in sein Amt eingeführt.

Im Jahr 1700 ehelichte Juliane Dorothea von Limpurg, die Tochter des
Schenkenpaares Wilhelm Heinrich und Elisabeth Dorothea, den Grafen
Johann Wilhelm von Wurmbrand aus der Steiermark, nach dessen
Namen im Alten Schloss der Wurmbrandsaal mit der bemerkenswerten
Renaissance-Kassettendecke benannt wurde.

Mit Ableben von Schenk Vollrat in Obersontheim erlosch 1713 der
Mannesstamm der Limpurger und somit auch die Erbfolge der
Schenken. Die letzten Schenken-Söhne hinterließen zusammen zehn
erbberechtigte Töchter. Es begann eine stetige Erbteilung der ehemaligen Reichsgrafschaft Limpurg. Aus allen Himmelsrichtungen
gaben sich nun Grafen und Fürsten in Gaildorf ein Stelldichein. Jeder
hoffte einen nicht minderen Teil des riesigen Erbes übernehmen zu
können. Vor allem der durch die Heirat verbundene Sitz im Reichstag
und die somit erlangte relative Macht im Reich waren für viele ein
wichtiger Grund, nach Gaildorf zu kommen.

Nachkommen der Schenken, wie z. B. die Pückler, die Bentheim, die
Solms, die Waldeck und die Bentinck, gaben der Stadt Gaildorf plötzlich
ein buntes Aussehen. Doch im Alten Schloss lebten sie allesamt nicht
mehr. Prunkvolle Schlösser waren nun mehr gefragt als Burgen, in denen
es sich unzeitgemäß wohnen ließ.

Die Grafen von Pückler-Limpurg erbauten sich in Gaildorf im Jahre 1778
ein stattliches Schloss. Das Schloss wurde 1868 beim Stadtbrand zum
ersten Mal und nach dem Wiederaufbau, 1945 bei Kriegsende, durch
deutschen Beschuss zusammen mit der Stadtkirche endgültig zerstört.

In den Nachkriegsjahren beherbergte das Alte Schloss Flüchtlinge sowie
ausgebombte Familien aus Gaildorf und Umgebung. Mitte der fünfziger
Jahre begannen die Renovierungen im Alten Schloss und dauern bis heute
an. Die Räumlichkeiten werden nun als Vereinsräume, Ausstellungsräume und Wohnungen genutzt. Das Alte Schloss ist Teil des Stadtlebens.

Stadtrundgang. Wir beginnen unseren historischen Rundgang beim
Alten Rathaus und *Marktplatz.* Erstes Rathaus um 1490, zwischen den
Häusern Markert und Mittl (Sparkasse), erbaut. Neben den Ratsstuben
war dort auch das Gericht untergebracht (1814 abgerissen). 1812 wurde
das heutige Alte Rathaus in Dienst gestellt und diente bis 1966 seinem
Zweck, heute befinden sich darin Geschäftsräume. Der Fachwerkbau
fügt sich hervorragend in den alten Stadtkern ein. Die Gebäude westlich
des Marktplatzes entstanden nach dem verheerenden Stadtbrand von
1868. In der nach Süden führenden Kanzleistraße sind die Gebäude des
ehemaligen Oberamtes erhalten.

Vom Marktplatz folgen wir der Karlstraße in östlicher Richtung, queren
diese nach wenigen Metern und gehen geradeaus weiter in die
Grabenstraße. Hier gelangen wir zum *Alten Speicher.* Erbaut um
1490, diente das schöne Fachwerkhaus als Kornhaus und Zehntscheuer.
In späterer Zeit wurde hier Bier gebraut, bis es zum Hofbräuhaus der

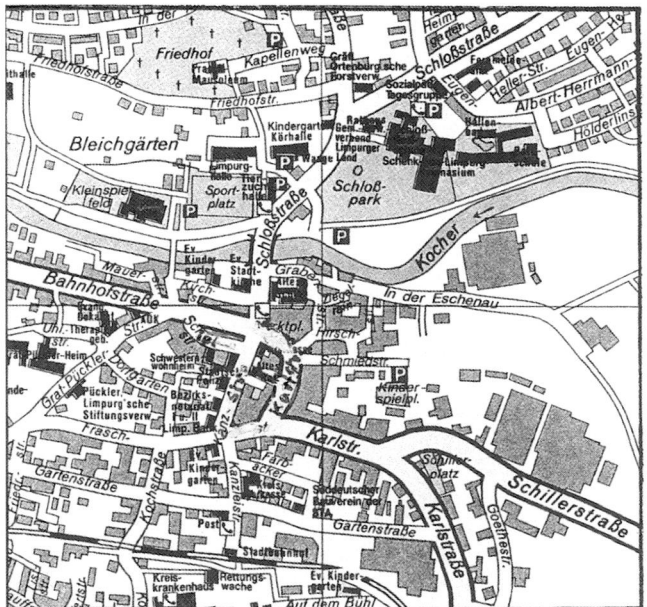

Gaildorf.

Schenken von Limpurg ernannt wurde. Ein zur Zeit noch existierendes Tunnelsystem verbindet das Haus mit den Gasthäusern „Bräuhaus, Hirsch und Löwen".

Der Grabenstraße folgen wir noch ein kurzes Stück geradeaus, sie führt dann im linken Bogen zum **Alten Schloss.** Es wurde 1399 erstmals im Vertrag Limpurg mit Hall erwähnt und in der heutigen Form als Wasserschloss 1482 umgebaut. Bis 1713 war es Residenz der Schenken von Limpurg.

Gegenüber vom Alten Schloss steht die *evangelische Stadtkirche.* 1417 als Marienkapelle erbaut und 1521 vom Gmünder Baumeister Hans Taler im spätgotischen Stil umgebaut und vergrößert. Von der ursprünglichen Kirche der Residenzstadt sind nach dem Stadtbrand von 1868 und der Zerstörung 1945 nur noch die Umfassungswände und die restaurierten Grabdenkmäler der Schenken im Chor der Kirche erhalten. Die katholische Kirchengemeinde ist erst 1894 mit dem Bau einer Kapelle in der Bahnhofstraße entstanden.

Der Schlossstraße in nördlicher Richtung folgend und nach Überqueren des Kochers gelangen wir in Kürze zum *Neuen Schloss mit Schlosspark*. Das **Neue Schloss**, heute Rathaus der Stadt, wurde 1846 von der Gräfin Amalie zu Waldeck-Pyrmont und Limpurg-Gaildorf inmitten des Herrengartens erbaut. Der Gräfin diente das ursprünglich als Villa geplante Gebäude als Witwensitz, später wurde es mehrmals baulich verändert und erweitert. Der bekannte Schenkenbecher wurde lange Zeit hier aufbewahrt, bis er als Dauerleihgabe des gräflichen Hauses an das Württembergische Landesmuseum in Obhut kam. Das seit 1947 als Altenheim genutzte Neue Schloss verkaufte Graf Wilhelm von Bentinck-Waldeck-Limpurg 1954 mit dem großen Schlosspark an die Stadt Gaildorf.

Auf dem Schlossparkgelände befand sich der Eingang zum Alaun- und Vitriolbergwerk (1763 bis 1899), in dem 1831 ein Mastodonsaurus-schädel sowie weitere Knochen entdeckt wurden. Von dieser größten Lurchart gibt es nur zwei bedeutende Fundorte auf der Welt (Kupferzell und Gaildorf).

Wir queren die Schlossstraße und gehen Richtung Eutendorf. Nach ca. 50 m biegen wir links in die Friedhofstraße und erreichen auf dieser nach etwa 300 m den Friedhof mit Frasch-Mausoleum. Erbaut 1914 von und für Hermann Frasch (1851 bis 1914), der nach Amerika auswanderte und zahlreiche Patente in der Erdöl- und Schwefelindustrie erwarb.

Am Ausgang Friedhofstraße folgen wir den Staffeln hinunter zum Hallengelände. Auf dem Weg dorthin schöner Blick zum Alten Schloss. Nach Überqueren der Kocherbrücke, geradeaus und am Alten Schloss vorbei, gelangen wir zur Straßenkreuzung beim Marktplatz. An der Ampel queren wir die Kreuzung und folgen der Bahnhofstraße nach rechts. Nach etwa 200 m biegen wir links in die Graf-Pückler-Straße ein. Dem Wegzeichen „blauer Strich" folgen wir nun zur Kernerstraße und die Anhöhe hinauf zum **Kirgel** mit Kernerturm.

Der **Kernerturm** (Aussichtsturm) auf dem „Hausberg" Gaildorfs wurde 1902 erbaut. Er trägt den Namen des berühmten Dichters und Oberamtsarztes **Justinus Kerner**, der zwischen 1815 und 1819 in Gaildorf gelebt hat. Er schrieb die Schwäbische Nationalhymne: „Preisend mit viel schönen Reden". Der Kernerturm ist in der Zeit von April bis Oktober sonntags geöffnet und bietet einen schönen Rundblick über Gaildorf und weiter zu den umliegenden Höhenzügen. Ein großzügiges Wegenetz führt vom Kernerturm zu verschiedenen Wanderzielen und wieder zurück nach Gaildorf.

Was noch einen Besuch lohnt:
Burghof mit Vogteigebäude (Schlossstraße). Der heute unscheinbar wirkende Hinterhof (Burghof genannt) war zu Beginn der Neuzeit der wirtschaftliche Mittelpunkt Gaildorfs. Hier fanden unter anderem

Altes Rathaus in Gaildorf.
Aufn.: Bürgermeisteramt
Gaildorf

Markttage statt. Die Abgaben der Bauern wurden hier aufgenommen und registriert. In alter Zeit befanden sich hier noch eine stattliche Anzahl Pferdeställe.

Stadtmauer. Erbaut zwischen 1404 und 1480 unter den Schenken Friedrich III. und Conrad IV. von Limpurg. Heute nur noch fragmentarisch erhalten. Verlauf vom Alten Schloss entlang des Kochers zur Mauerstraße, von dort hoch zur Schulstraße, weiter zur Karlstraße und abwärts bis zum Alten Schloss. Die Mauer hatte vier Ecktürme und drei Stadttore sowie einen überdachten Wehrgang.

Ehemalige Badgasse (Kirchstraße). Bis 1650 wurden in der unteren Kirchstraße zwei Badstuben betrieben. Bader und Barbiere verrichteten hier ihr Werk. Seitz Otterbach wird 1527 als Betreiber der vorderen Badstube (heute Haus Nr. 10) genannt. Das Wasser wurde mit Ledereimern aus dem Kocher geschöpft.

Weitere Informationen und Anfragen über Schloss- und Stadtführungen bei:
Stadtverwaltung Gaildorf, Schlossstraße 20, 74405 Gaildorf
Telefon: 07971 / 252-144, Fax: 07971 / 253-188

GÜNTHER STAHL

Schwäbisch Gmünd

Historischer Überblick

150–260 n. Chr.   Römisches Militärlager am Schirenhof am Rätischen
                   Limes.

860   Das Kloster St. Denis bei Paris erhebt Anspruch auf
                   „Gamundia", das der in Esslingen geborene Abt Fulrad
                   (gest. 784) bereits bei seiner Amtseinsetzung als Besitz
                   erwähnt.

bis 1100   Ausbau der Siedlung Gmünd zum Marktflecken unter den
                   Staufern.

1162   Erste urkundliche Erwähnung als Stadt. Das Untergeschoss
                   des Glockenturmes nördlich des Münsters gab Anlass zu
                   Spekulationen über einen sehr kleinen ersten Mauerring.
                   Die kleine Markung der „neuen" Stadt wurde aus den
                   Markungen Lorch und Iggingen abgetrennt.

1. Hälfte des 13. Jh.   Bau des sicher nachgewiesenen ersten Mauer-
                   ringes (Badmauer, Turniergraben, Kalter Markt).

1220–47   Bau der Johanniskirche (2. Kirche an dieser Stelle) durch
                   Kloster Lorch. Unter Friedrich II. Blütezeit der staufischen
                   Städte (u. a. Esslingen, Schwäbisch Hall, Ulm, Nürnberg,
                   Regensburg). Im **Reichssteuerregister** von 1241 steht
                   Gmünd noch vor Ulm an vorderer Stelle.

1254   Nach dem Untergang der Staufer allmähliche Unabhängig-
                   keit. Die Reichsämter (Schultheiß) werden von Bürgern aus
                   dem Rat besetzt.

ab 1315   Die Bürger bauen ihre eigene, vom Bischof unabhängige
                   Kirche, – zuerst eine Marienkirche, heute Heiligkreuzmüns-
                   ter. Sie ersetzt eine Vorgängerkirche, die zunächst stehen
                   blieb und überbaut wurde. Zunächst als Basilika begonnen,
                   dann von den **Parlern** als Hallenkirche (eine der ersten in
                   Süddeutschland) weitergebaut. Da vom Vorgängerbau zwei
                   Chorflankentürme übernommen wurden, wurde die West-
                   fassade von Anfang an ohne Turm geplant.

14. Jh.   Bau des zweiten Mauerringes, von dem heute noch sechs
                   Türme stehen. Verlegung von Rems und Thierbach. Eigen-
                   ständige Politik der nunmehr Freien Reichsstadt. Wachsende
                   Beteiligung der Zünfte am Stadtregiment. Nach und nach
                   Erwerb eines kleinen Territoriums. Kämpfe mit dem um-
                   liegenden Adel, u. a. mit den Grafen von Rechberg. Teil-
                   nahme an der Belagerung von Maienfels 1441 durch den
                   Schwäbischen Städtebund. Im Laufe der Zeit entstanden in

und in der Umgebung der Stadt sechs Klöster. Die Herstellung von Sensen (200 000 Stück im Jahr) war der wichtigste Handwerkszweig. Selbst in Paris befand sich ein Vertriebskontor. Aufkommen von Gold- und Silberschmieden.

1523–30   Die Reformation konnte sich nicht festsetzen. Auch den Bauern verschloss die Stadt (wie die meisten anderen Städte auch) im Bauernkrieg ihre Tore.

1546   Im Schmalkaldischen Krieg dreitägige Belagerung durch die Protestanten. Bei der schließlichen Übergabe bewies der Magistrat Verhandlungsgeschick: Die Brandschatzung wurde von 50 000 Gulden auf 7 000 heruntergehandelt.

1552   Kaiser Karl V. zwingt der Stadt wieder eine aristokratische Verfassung auf (sog. Hasenrat).
Verfolgung von Wiedertäufern. Hexenwahn, gegen den sich – letztlich ohne Erfolg – **Dr. Leonhard Kagler** wandte. 78 Personen wurden gefänglich eingezogen, 11 davon freigesprochen, 16 lebend verbrannt. Der Priester Melchisedek Haas wurde als Hexenmeister verurteilt.

1618–48   Im Dreißigjährigen Krieg Truppendurchzüge und Pest; – rasche Erholung und Blüte des Kunsthandwerkes, – kirchliche Geräte und Schmuck.

18. Jh.	Herrschaft der Ehrbarkeit; barocke Baublüte – zahlreiche Barockbauten des **Baumeisters Johann Michael Keller** (protestantische Kirchen in Alfdorf, Aalen und Türkheim). Durch das Säkularisierungsbestreben Kaiser Josephs II. (Einfuhrverbot für kirchliche Geräte) und die napoleonischen Kriege Rückgang des Kunstgewerbes und hohe Verschuldung der Stadt.
6. 9. 1802	Gegen 21 Uhr kam Regierungsrat Reischach aus Stuttgart in Gmünd an. Am folgenden Morgen wird dem Rat die Inbesitznahme durch Württemberg mitgeteilt. Am 9. September rückt württembergisches Militär ein. Am 25. November erfolgt die eigentliche Besitznahme. Erste Protestanten.
19. Jh.	Garnisonstadt. Taubstummen- und Blindenschule. Aus dem kath. Lehrerseminar entwickelte sich später die Pädagogische Hochschule, aus der traditionellen Zeichenschule für Goldschmiede entwickelte sich die Fachschule für Gold- und Silberschmiede, heute die Hochschule für Gestaltung. Remstalbahn und beginnende Industrialisierung.
20. Jh.	Vermehrte Einrichtung von Schulen und karitativen Einrichtungen. Nach dem Krieg Gablonzer Schmuckindustrie. Allmählicher Wandel der Gold- und Silberstadt zur „Design-City", größte Dichte (bezogen auf die Einwohnerzahl) an Design-Büros in Europa. Zweiginstitut der University of Maryland. Vergrößerung des Stadtgebietes durch zahlreiche Eingemeindungen.

Ein Gang durch die Stadt. Vom Bahnhof zum Stadtgarten. Das frühere *Gartenhaus* des Bürgermeisters Franz Achilles von Stahl ist heute die Zierde des Stadtgartens. *Fünfknöpfeturm* – der Anschluss der äußeren Stadtmauer ist noch sichtbar. Davor der Thierbach, der im 14. Jh. sein jetziges Bett erhielt. Der zweite, innere Graben wurde zugeschüttet und überbaut. *Bocksgasse* – auch einfachere Häuser haben im Erdgeschoss barocke Portale und Fenster. Der „Turniergraben" weist darauf hin, dass innerhalb der Stadt Adelige ansässig waren. Der Raum zwischen 1. und 2. Mauerring wurde zur Reichsstadtzeit nicht mehr vollständig überbaut; dies teilweise erst nach 1870; auch noch heute Gärten in der Altstadt. *Augustinerkloster* – barockisierte gotische Kirche mit gutem Stuck und Deckengemälde. *Prediger*, früher Dominikanerkloster – jetzt Museum für Stadtgeschichte und Kultur, Volkshochschule und Ausstellungsräume; Kirche einst barock umgestaltet. *Münsterplatz mit Mariensäule*, den *Pfarrhäusern*, ehemals Friedhof, *Klösterle*. *Heiligkreuzmünster* mit eindrucksvollen Strebepfeilern, Wasserspeiern und großartiger Chorpartie (Chorumgang mit Kapellenkranz). Nach dem

*Schwäbisch Gmünd. Markt-
platz und Johanniskirche.
Aufn.: Kreisarchiv Ostalbkreis (B. Hildebrand)*

Einsturz der romanischen Chortürme in der Karfreitagsnacht 1497 wurden Chor mit Umgang eingewölbt (**Aberlin Jörg, Matthäus Böblinger, Hans von Urach**).
Ott-Pauser'sche Fabrik, einzigartiges Museum zur Silberwarenproduktion im 19. Jh. und Anfang des 20. Jh. Die ehemalige Fabrik mit ihren originalen Arbeitsplätzen als Museum. *Kornhaus* – Fruchtschranne der Freien Reichsstadt. *Schwörhaus* (ehem. Königsbronner Hof – Schmalzgrube), einziger größerer Renaissancebau der Stadt, heute Musikschule. *Franziskanerkloster* – Kirche barock umgestaltet, Altar von Dominikus Zimmermann. *Marktplatz* mit stattlichen barocken Bürgerhäusern. Das Eckhaus an der Bockgasse war das Wohnhaus der Familie von Stahl. *Rathaus* – ursprünglich Palais der Familie Debler. Nach dem Brand in der Brandstatt am 16. Juli 1773, dem 27 Gebäude zum Opfer fielen, Abbruch des großartigen Fachwerkrathauses (ähnlich dem in Markgröningen) und Kauf des Palais Debler, das zum Rathaus umgebaut wurde. *Grät* – ältestes Rathaus, ursprünglich Stadtturm eines Adelsgeschlechtes oder Reichsbeamten. Das Relief der Heiligen Drei Könige verweist auf eine (durch nichts untermauerte) Legende, derzufolge die Gebeine der Heiligen Drei Könige auf ihrem Transport von Mailand nach Köln auch in Gmünd gewesen sein sollen. *Johanniskirche* – trotz mehrfacher Umbauten ist der Gesamteindruck romanisch. Im Inneren

Ausstellung originaler Steinplastiken aus der Johanniskirche und vom Münster. *Spital mit Speicher* – Aufnahme von Armen, Alten, Kranken, Pfründnern, großes Vermögen, Bank und Sparkasse von Stadt und Bürgern. Heute Behörden, Café, Altenzentrum, im Speicher sehenswerte Stadtbibliothek (Zugang durchs Südportal am Marktplatz).

Informationen bei: i-Punkt Schwäbisch Gmünd, Marktplatz 37/1 (Spital), 73525 Schwäbisch Gmünd, Telefon: 07171 / 603-4250, Fax: 07171 / 603-4299

Günther Stahl

Schwäbisch Hall

Geschichtlicher Überblick. Schwäbisch Hall war über 500 Jahre freie Reichsstadt und nur dem Deutschen Kaiser unterstellt. Von den süddeutschen Reichsstädten hatte sie nach Nürnberg und Ulm das drittgrößte Territorium. Am Ende ihrer Zeit als Reichsstadt brachte sie ins neu geschaffene Königreich Württemberg 5 000 Stadt- und 21 000 Landbewohner ein.

Grundlage der Entwicklung der Stadt und ihres Reichtums war die Salzquelle. Salz war früher ein teures Lebensmittel und wurde von Hall aus in ganz Südwestdeutschland vertrieben. Nach dem Ende der Staufer 1254 mit dem Tod Konrads IV., brachte die Stadt nach und nach alle wichtigen Ämter des Reiches an sich: Reichsschultheiß, Münzmeister, Sulmeister (Salzmeister). Seit der Stauferzeit wurden in Hall Silberpfennige geprägt. Der „**Häller**" war jahrhundertelang ein wichtiges Zahlungsmittel.

Beim Betrachten der historischen Bauwerke von Hall und Umgebung muss bedacht werden, dass Hall mit 5000 Bürgern und einer Landbevölkerung von 21000 Menschen diese gewaltigen Bauwerke – oft in nur wenigen Jahrzehnten – geschaffen hat. Es war dies nur möglich, weil das einfache Volk, die Knechte, Mägde, Dienstboten, Gesellen und Lehrlinge, zwar Nahrung, Kleidung und Wohnung erhielten, darüber hinaus aber nur eine kleine jährliche Vergütung. Trotzdem war diese Unterschicht in die Gesellschaft mit eingebunden. Die zahlreichen Feste wurden gemeinsam gefeiert und bei der Stadtverteidigung stellten die Angehörigen eines Handwerkes ihren Mann auf dem ihnen zugewiesenen Mauerabschnitt. Jeder Einzelne konnte sich als Glied einer großen und angesehenen Gemeinschaft fühlen.

Stadtrundgang. Unser Weg beginnt vor dem Bahnhof. Wir gehen auf den hohen eisernen Steg zu. An dessen Ende baut sich uns gegenüber kulissenartig wie ein Gemälde die Altstadt jenseits des Kochers auf.

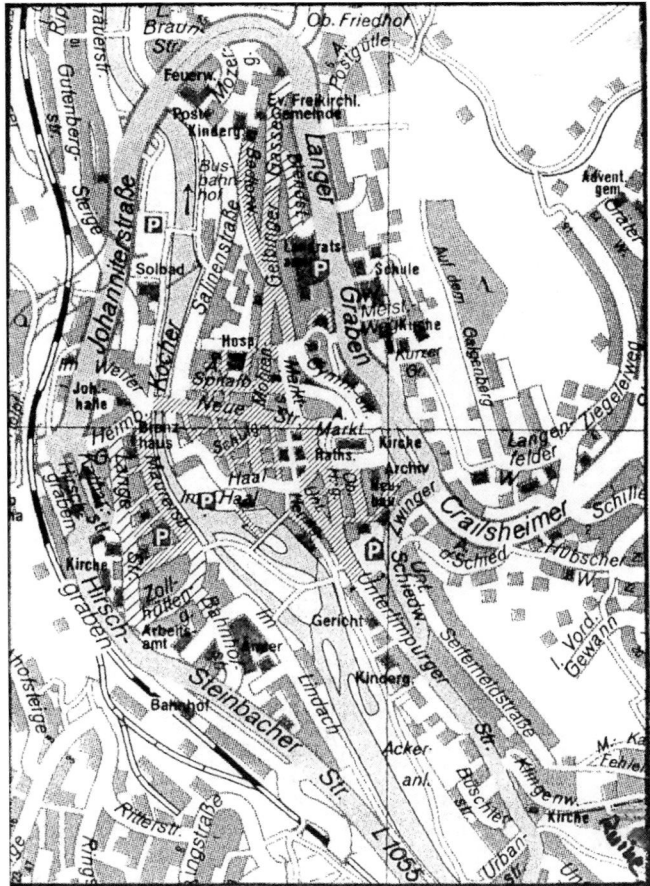

Schwäbisch Hall.

Sofort fallen zwei große Gebäude auf: Ein schmuckloses Steinhaus mit
riesigem Giebel krönt auf der Südseite das Stadtbild. Es ist der
„*Neubau*" von 1505, als Büchsenhaus und Getreidespeicher gebaut.
Rechts davon sind ein tiefer Graben, hohe Mauern zu dessen beiden

Seiten und etliche Türme oder deren Reste zu sehen. Hier grenzte das Gebiet der Schenken von Limpurg fast direkt an die Stadt. Die Reste dieser Befestigungen beeindrucken auch noch heute.

Auf der linken Seite wird das Häusermeer von den Dächern der *Michaelskirche* überragt, ein niedrigeres Dach über dem Kirchenschiff und ein sehr hohes über dem Chor, davor der vierschrötige Turm, die Untergeschosse aus romanischer Zeit, als Abschluss aber zwei Stockwerke aus der Zeit der Renaissance. Unterhalb des Turmes erkennen wir eine Dachhaube aus geschwungenen Eisenstäben, gleichsam ein Krönchen über dem Rathaus der Freien Reichsstadt. Wir bemerken auch gleich, dass viele Türme in Hall ein nach innen geschwungenes, also konkaves, Zeltdach haben, – eine für Hall typische Bauform.

Unser Steg führt in den Neubau des Arbeitsamtes und weiter in Richtung Stadt zur Bahnhofstraße. Wir gehen diese nach links abwärts und erkennen deutlich, wo einstens die Stadtmauer verlief. Bald sind wir am Kocher, rechter Hand der *Rote Turm* mit dem *Roten Steg*. Nach ein paar Schritten an der Kochermauer öffnet sich uns ein Bild, das harmonischer nicht sein könnte. Die Altstadt mit Michaelskirche und der Neubau baut sich mit Fachwerkgiebeln vor uns auf. Über die Kocherarme verbinden zwei Archenbrücken die durch den Fluss getrennten Teile der Stadt. An der jenseitigen Stadtmauer fällt ein Torturm auf, dessen breites Tor sich zum Fluss hinab senkt. Dort wurden die zum Sieden des Salzes benötigten riesigen Mengen Brennholz aus dem Fluss auf den *„Haalplatz"* gezogen. Dieses eigentliche Herz der Stadt liegt uns unmittelbar gegenüber. Etwa in seiner Mitte ist der *Haalbrunnen* zu sehen, der jedoch seit 1827 nicht mehr für die Salzgewinnung genutzt wird. Wir schauen noch flussabwärts und entdecken auf unserer Kocherseite den zierlichen Steinturm der *Johanniterkirche*. Wir gehen über den *Roten Steg* zum Unterwöhrd und dort vor dem *Steinernen Steg* ein paar Meter nach rechts. Der gestaffelte Aufbau der Fachwerkgiebel bis hinauf zum Neubau ist wieder ein Star-Motiv. Das höchste der drei Fachwerkhäuser hat einen mehrgeschossigen steinernen Unterbau. Ursprünglich war dieser Bau eine der zahlreichen Haller Adelsburgen, meist turmartige Steinhäuser. Die *Keckenburg* ist die noch am besten erhaltene dieser Adelsburgen. Sie ist heute ein Teil des Hällisch-Fränkischen Museums. Der Besuch ist äußerst lohnend.

Über den *Sulfersteg* gelangen wir auf den *Haalplatz* und gehen dort um den Salzbrunnen, der einstigen Quelle des Haller Reichtums. Tief hinter den Gitterstäben sieht man den Wasserspiegel noch aufblitzen. Beim Betrachten der Häuser um den Haalplatz fällt auf, dass diese allesamt barockes Gepräge haben. Sie wurden alle nach dem dritten großen Stadtbrand am 31. August 1728 wieder aufgebaut. Dieser zerstörte mit 400 Häusern etwa zwei Drittel der Altstadt. Die schönen und soliden „Neubauten" lassen darauf schließen, dass die Haller Bürger eine so

Blick vom Sulfersteg auf Steinernen Steg und Kocherpartie von Schwäbisch Hall, einem der schönsten Blicke auf die Fachwerkkulisse der Stadt, die überragt wird vom „Neubau", dem früheren Büchsenhaus und Getreidespeicher.   *Aufn.: K. Seidel*

gute finanzielle Grundlage hatten, dass der Wiederaufbau problemlos bewältigt werden konnte. Wir gehen nun die *Haalstraße* in Richtung Marktplatz aufwärts. An der Sparkasse betrachten wir noch die Tafel, die auf die vorgeschichtliche, keltische Salzgewinnung hinweist. Am *Hafenmarkt* ragen vor uns sehr alte hohe Gebäude auf. Von rechts münden zwei schmale Gassen, durch welche früher gerade noch ein Fuhrwerk hindurch kam. Diese Gassen – Obere und Untere Herrengasse – waren einst von adeligen Familien – eben „Herren" – bewohnt. Diese Gassen und das Stadtviertel oberhalb derselben blieben 1728 vom Feuer verschont. An manchen schönen Portalen ist zu erkennen, dass die Bewohner auch noch in der Barockzeit zu den wohlhabenden Bürgern zählten. Vorbei am Schuhbäck – hier erinnert eine Tafel an den Besuch von Dr. Faust – gelangen wir steil hinauf zum *Marktplatz.* Die uralten Gebäude linkerhand sind Überbleibsel des *Franziskanerklosters.* Sie wurden nach der Reformation umgebaut und dann weltlich genutzt. Eines davon diente der Haller Familie Widmann als Wohnsitz. Das prachtvolle Renaissanceportal erinnert an die von einem Geistlichen abstammende Familie, die den bedeutenden Chronisten **Georg Widmann**, den Dichter **Achilles Jason Widmann** und **Georg Rudolph Widmann** (1550 – vor 1594) den Verfasser eines Faustbuches hervor-

brachte, das Goethe als Vorlage für sein berühmtes Werk benutzte.
Erasmus Widmann (1572–1634) war ein in ganz Deutschland
geachteter Komponist.

Der hoch aufragende Turm der *Michaelskirche* zieht sofort unseren
Blick auf sich. Er überragt in vollkommener Harmonie Marktplatz,
Treppe und die Bürgerhäuser am Rande des Marktplatzes. Die
vorkragenden Anschlusssteine in der Mauer des Hauptschiffes zeigen,
dass beim gotischen Neubau der Kirche geplant war, den romanischen
Turm abzureißen und einen neuen, und wie man wohl dachte, viel
schöneren und stattlicheren an seiner Stelle aufzuführen. Die Baulust
kam jedoch mit der Reformation zum Erliegen.

Der *Marktplatz* gehört zu den schönsten Plätzen Deutschlands. Er ist in
sich vollkommen ausgewogen und in sich selbst ruhend. Obwohl 7 oder
8 Straßen oder Gassen in ihn münden, ist er vollkommen abgeschlossen.
Das barocke *Rathaus* – ebenfalls nach dem Stadtbrand erbaut – ist zwar
weit niedriger als die Michaelskirche; es behauptet sich aber als Bau und
als Repräsentant des Haller Rates durchaus als machtvolles, eigen-
ständiges Bauwerk. Die Gegenüberstellung von Kirche und Rathaus,
der geistigen und weltlichen Macht, wird gemildert, indem die gedachte
Achse Kirche-Rathaus leicht gebrochen ist. Am *Marktbrunnen* – auch
Fischbrunnen genannt – töten Simson, St. Michael und St. Georg
Ungeheuer, als Sinnbild der Bändigung unheilvoller Dämonen, welche
die bürgerliche Ordnung stören könnten. Hier an der *Prangersäule*
wurden früher die kleinen Übeltäter abgestraft. An der Trennmauer links
vom Gasthof „*Adler*" kam 1728 der Stadtbrand zum Stillstand; die
Gebäude oberhalb stammen noch aus gotischer oder romanischer Zeit.
Ist das Rathaus geöffnet, lohnt sich ein Blick ins Innere. Das Innere der
Michaelskirche ist zunächst vor allem ein Gotteshaus. In der Reforma-
tionszeit stand ab 1522 der damals 23-jährige **Johannes Brenz**, ein
Schüler Luthers, auf der Kanzel der Haller Hauptkirche, und 1526
wurde schon die neue von Brenz entworfene Kirchenordnung in Kraft
gesetzt. Wir gehen dann an der Südseite der Kirche entlang nach Osten.
Vom *Holzmarkt* aus sehen wir die Rückseite des hohen *Crailsheimer
Tores* und rechts davon die ebenfalls sehr hohe Stadtmauer. Noch vor
dem Tor biegen wir nach rechts in den Rosenbühl ein. Es ist auch die
Zufahrt zum „*Neubau*". Wir bewundern das gewaltige Bauwerk, das im
16. Jh. die militärische Macht der Stadt zur Schau stellte. Durch einen
interessanten architektonischen Kniff wurde bewerkstelligt, dass sich
der gewaltige Baukörper geschmeidig in das Stadtbild einfügt. Anstelle
eines Rechteckes erhielt das Büchsenhaus ein Parallelogramm als
Grundriss. An der westlichen Giebelseite gehen wir einige Treppen
hinauf und zur Straße „Am Zwinger". Hier kam das limpurgische
Gebiet bis auf wenige Meter an die Stadtmauer heran. Wir gehen zur
Westecke des „Neubaues" zurück und von dort über viele Stufen

hinunter zur Oberen Herrngasse. Etwa auf der Hälfte berühren wir die Pfarrgasse. Hier wohnte einst die Geistlichkeit, der Dekan und mehrere Pfarrer. Vor der Reformation kamen auf 5 000 Bürger mehr als 50 Kleriker. Aus dem Bauernkrieg gibt's den Ausspruch „Wir wöllens Gott im himmel clagen, dass wir die pfaffen nit dürffen zue todt schlagen".

Unser nächstes Ziel ist die *Ruine der Limpurg*. Stadtauswärts gehen wir über die moderne Brücke. Hier befand sich ein Doppeltor mit Zugbrücke. Das Tor gegen Limpurg war zum Leidwesen der Schenken 112 Jahre lang zugemauert, sie hatten in dieser Zeit keine Zoll- und Geleiteinnahmen. Trotz dieser Zerwürfnisse kamen die riesigen Holzlieferungen aus den Limpurger Wäldern für die Salzsieder in Hall nie zum Erliegen.

Die Unterlimpurger Straße führt nun geradewegs nach Süden und auf den Fachwerkaufsatz des *Unterlimpurger Kirchleins St. Urban* zu. Das Innere ist sehenswert, kann jedoch nur beim Besuch eines Gottesdienstes (sonntags um 11.00 Uhr) erlebt werden. Vor dem Fachwerkhaus des Mesners geht's dem kleinen Bächlein nach ohne Zeichen hinein in eine steile Schlucht. Bald zweigt ein Fußweg nach rechts ab, hinauf zur Burgruine. Führt der Bach genug Wasser, und können wir der Wanderung eine Stunde zugeben, lohnt sich der Weiterweg entlang des Baches. Dieser springt über viele kleine Felsstufen zu Tal. Auf der

Die „Klosterburg" Comburg.   *Aufn.: K. Seidel*

Höhe geht's dann auf der Fahrstraße zum *Hof Oberlimpurg* und weiter zur *Ruine*. Weitläufige Grundmauern, Reste eines unterirdischen Ganges, eines Kellergewölbes und eines Tores, dazu mächtige alte Bäume geben ein stimmungsvolles Bild. Besonders schön ist der Blick auf die nur 600 m entfernte Comburg, unserem nächsten Ziel. Der Abstieg an der Südseite des Bergspornes führt wieder hinab nach *Unterlimpurg*. Dort bleiben wir auf unserer Kocherseite und kommen auf dem alten Haalsteig von Unterlimpurg nach *Steinbach*.

Wir gehen gegenüber der uralten, romanischen Johanniskirche den gepflasterten Stationenweg hinauf zur „Klosterburg" **Comburg**. Hier stand zuerst die Burg der Grafen von Comburg-Rothenburg. Diese richteten hier dann ein Benediktinerkloster ein, das später in ein Ritterstift umgewandelt wurde. Die adeligen Chorherren waren den meisten Mönchsgelübden nicht mehr unterworfen. Sie führten ihren eigenen Hausstand und konnten Vermögen besitzen und weitervererben. In der Barockzeit erlebte das Stift eine Blütezeit. Die romanische Kirche wurde abgerissen und durch einen großen Neubau ersetzt. Das Innere birgt mit dem romanischen Antependium (Gehänge vor dem Altar) und dem riesigen Radleuchter zwei Kostbarkeiten. Vom romanischen Kloster sind noch der Kreuzgang und der Kapitelsaal zu sehen. Die dritte Ummauerung mit ihren in hällischer Weise eingekurvten Turmdächern wurde erst 1562 bis 75 aufgeführt.

Im Gefolge der napoleonischen Kriege verleibte sich Württemberg 1802 das Ritterstift ein. Nach den Befreiungskriegen und den Kriegen 1866 und 70 diente die Comburg als Ehrensitz für Kriegsinvaliden.

Weitere Infos bei: Touristik-Information, Am Markt 9, 74501 Schwäbisch Hall, Telefon: 0791/751-246/-216, Fax: 0791/751-397
Internet: http://www.schwaebischhall.de

Klaus Seidel

Wanderungen

Hinweise zu den Wanderungen

Die folgenden Wanderungen sind so beschrieben worden, dass sie von jedermann begangen werden können, der die topographische Karte 1:50 000 im Wesentlichen lesen kann. Diesem Wanderführer liegt eine Karte 1:100 000 bei, auf der die beschriebenen Wanderungen mit Nummernangaben eingezeichnet sind. Sie vermittelt einen Überblick, kann jedoch die TK 1:50 000 nicht ersetzen. Wir empfehlen, vor der Wanderung die Strecke auf der Karte zu verfolgen – und sich Notizen zu machen, wo möglicherweise eine kritische Stelle, z. B. eine Wegegabelung sein könnte.

Bei jeder Wanderung werden die erforderlichen Wanderkarten genannt, – und zwar die amtliche topographische Karte, Ausgabe WR (d. h. Einzeichnung der Wanderwege und Radwanderwege) – als auch die topographischen Sonderkarten, Ausgabe F, ebenfalls mit Einzeichnung der Wander- und Radwanderwege. Diese sog. Freizeit- oder Umgebungskarten haben dasselbe Kartenbild wie die amtlichen topographischen Karten, aber einen 2- bis 3-mal größeren Blattausschnitt – bei einem Preis, der nur geringfügig höher ist als bei der amtlichen TK. Alle Karten können bezogen werden von der Geschäftsstelle des Schwäbischen Albvereins, Hospitalstraße 21 B, 70174 Stuttgart, Tel.: 0711/ 22585-21, Fax: 22585-93. Hier erhalten Mitglieder eines Wandervereins, der dem Verband Deutscher Gebirgs- und Wandervereine angehört, verbilligte Mitgliederpreise. Auch bei der Verkaufsstelle des Landesvermessungsamtes, Büchsenstraße 54, 70174 Stuttgart, und dem Buchhandel können diese Karten bezogen werden.

Der besseren Übersichtlichkeit zuliebe haben wir das Gebiet dieses Führers in drei Gebiete unterteilt:

– Das Gebiet zwischen Kocher und Jagst vom Keuperstufenrand nach Süden bis zum Kocher,
– östlich der Jagst bis zur Wörnitz und nach Süden bis zum Albtrauf,
– zwischen Kocher und Rems, im Westen von der Linie Gschwend–Alfdorf–Lorch und im Osten bis zum Kocher.

Innerhalb der Gebiete wurde in groben Zügen die Reihenfolge von West nach Ost und von Nord nach Süd eingehalten. Die Streckenwanderungen und die Radwanderungen finden sich nach den Rundwanderungen bei den jeweiligen Gebieten. Um Verwechslungen zu vermeiden, haben wir alle Wanderungen durchnummeriert. Besonders sorgfältig wurde die Wegbeschreibung vorgenommen, wo auf nicht bezeichneten Wegen gegangen wird, – ebenso, wenn der Wegverlauf in Natur und Karte einmal nicht übereinstimmt. Es kann vorkommen, dass die angegebenen Markierungen nicht immer vollständig vorhanden sind, sei es, dass sie mutwillig zerstört wurden, oder dass Wege verlegt werden mussten (Straßen- und Wegebau, Flurbereinigungen).

Die Wandervorschläge stammen von Karl Beißwenger, Heinz Bergdolt, Josef Betzler, Horst Frank, Martin Gröber, Alfred Hessentahler, Otto Hock, Konrad Kurz (†), Klaus Seidel, Günther Stahl, Eberhard Stapf, Theodor Tiroke und Wolfgang Tolle. Die Rundwanderungen 28, 32, 36, 37 und 39, die Streckenwanderungen 44, 47 und 49 sowie die Radwanderungen 53, 55, 56 und 57 wurden von Günther Stahl, alle übrigen von Klaus Seidel ausgearbeitet.

Abkürzungen im Text

AP	Aussichtspunkt	LSG	Landschaftsschutzgebiet
AT	Aussichtsturm	Min	Minuten
AV-Weg	Wanderweg – markiert vom	ND	Naturdenkmal
	Schwäbischen Albvererin	NSG	Naturschutzgebiet
B	Bundesstraße	oZ	ohne Zeichen
Bf	Bahnhof	P	Parkplatz
bl	blau	r	rot
g	gelb	re	rechts
ge	geradeaus	Std	Stunde(n)
HW	Hauptwanderweg, z. B.: HW 1	TP	topographischer Punkt,
	= Hauptwanderweg Nr. 1		z. B.: TP 565
Jh	Jahrhundert	Wbh	Wasserbehälter
K	Kreisstraße	WP	Wanderparkplatz
L	Landstraße	WT	Wasserturm
li	links	Z	Weg- oder
			Markierungszeichen

Abkürzungen der Besonderheiten

A	Aussichtspunkt	P	Parkplatz (auch WP mit
B	Badegelegenheit		Rundwanderwegen)
E	relativ eben – wenig Steigungen	R	Rastplatz mit genehmigter
F	reiche Flora		Feuerstelle
G	geologisch interessant –	S	Spielplatz
	Höhlen, Aufschlüsse, usw.	T	längere Wegstrecke mit
H	größere Höhenunterschiede – auf		Asphaltbelag
	der ganzen Route mehr als 300 m	U	wenig Wald
K	geschichtlich, kunstgeschicht-	W	viel Wald
	lich interessant – Schloss, Kirche,		
	Ruine, u.ä.		

Übersicht der Wanderungen

Rundwanderungen (W)
Streckenwanderungen (SW)
Radwanderungen (RW)

	Wegstrecke	km	Besonderheiten	Seite
W 1	Eckartshausen – Burgberg – Eckartshausen	14	A,G,P,R,S,W	134
W 2	Gaildorf – Steppach – Adelbach – Einkorn – Bretzinger Halde – Kohlenstraße – Gaildorf	28	A,F,H,K,P,R, S,T	138
W 3	Gaildorf – Geologischer Lehrpfad – Krämersreutehütte – Eisbachtal – Schöner Wappenstein – Münster – Gaildorf	18	A,F,G,P,R,W	139
W 4	Obersontheim – Rappoltshofen – Oberfischach – Herlebach – Hausen – Untersontheim – Obersontheim	15	A,E,F,K,R,T,U	141
W 5	Obersontheim – Fischachtal – Kottspiel – Obersontheim	19	A,E,F,K	143
W 6	Bühlertann – Vetterhöfe – Hettensberg – Fronrot – Halden (Tannenburg) – Kottspiel – Unterfischach – Bühlertann	18	A,E,F,K,P,R, S,T,U	145
W 7	Sulzbach/Kocher – Irsbachtal – Eisbachtal – Brünst – Sulzbach/Kocher	16	A,K,R,W	148
W 8	Sulzbach/Kocher – Irsbachtal – Kohlenstraße – Teuerzer Sägmühle – Schärtlensee – Hambacher Mühle – Sulzbach/Kocher	16	A,F,P,R,S,W	150
W 9	Sulzbach/Kocher – Altenberg – Kransberg – Sulzbach	15	A,H,K,W	151
W 10	Untergröningen – Mittelhohlenbach – Höfenhölzle – Büchelberger Grat – Wildschweingehege beim Kocherhof – Rötenbachtal – Untergröningen	15	A,F,G,K,P,W	154
W 11	Pommertsweiler – Vorderbüchelberg – Büchelberger Grat – Hohenhöfen – Hinterbüchelberg – Wildenhäusle – Pommertsweiler	13	A,B,F,P,R,T,W	157
W 12	Eggenrot – Rabenhof – Orrotsee – Hohenberg – Griesweiler – Eggenrot	18	A,B,F,K,R,W	161
W 13	Ellwangen – Galgenwald – Mächlerhütte – Hinterlengenberg – Vorderlengenberg – Schrezheim –Ellwangen	16	A,F,K,W	163
W 14	Abtsgmünd – Tal der Blinden Rot – Pfaffenhölzle – Ramsenstrut – Binderhof – Abtsgmünd	16	A,F,K,P,W	168
W 15	Neuler – Espachweiler – Leinenfirst – Papiermühle – Tal der Blinden Rot – Ramsenstrut – Neuler	16	A,F,P,R,W	172

	Wegstrecke	km	Besonderheiten	Seite
W 16	Niederalfingen – Schlierbachtal – Ramsenstrut – Bronnen – Ebnat – Niederalfingen	13	A,B,F,K,T,U	174
W 17	Hüttlingen – Halmesbuck – Sulzdorf – Niederalfingen – Hüttlingen	15	A,B,F,G,K,P,R, S,U	176
W 18	Schwabsberg – Schwenningen – Espachweiler – Schleifhäusle – Saverwang – Schwabsberg	16	A,B,E,F,P,R,W	179
W 19	Rund um das Freilichtmuseum am rätischen Limes in der Gemeinde Rainau	13	A,B,E,F,K,P,R, S,T,U	182
W 20	Gerbertshofen – Schüttberg – Wäldershub – Gerbertshofen	18	A,F,P,R,S	188
W 21	Wildenstein – Lautenbach/Hammermühle – Buckenweiler – Unterdeufstetten – Waldkapelle „Matzenbacher Bild" – Wildenstein	19	A,E,F,G,K,P,R, S,W	190
W 22	Jagstzell – Schweighausen – Dankoltsweiler Sägmühle – Winterberg – Jagstzell	13	F,P,W	194
W 23	Rechenberg – Rothof – Kreßbronn – Rechenberg	13	A,F,K,W	196
W 24	Wald- und Seenwanderung bei Wört	19	E,F,P,W	199
W 25	Ellwangen – Schönenberg – Stocken – Kreßbachsee – Ellwangen	16	A,B,K,P,W	202
W 26	Pfahlheim – Halheim – Freihof – Birkenzell – Sonnenbachsee – Pfahlheim	16	A,B,E,K,U	205
W 27	Eck am Berg – Wachtturm bei Mönchsroth – Höllweiher – Wittenbach – Beerweiher – Eck am Berg	14	E,F,K,W	208
W 28	Rund um den „Tiefen Stollen" am Braunenberg bei Wasseralfingen	8	A,B,G,K,P,R,W	210
W 29	Bopfingen – Aufhausen – Oberdorf – Bopfingen	10	A,F,G,K,P,R, S, U	215
W 30	Gaildorf – Münster – Kieselberg – Freibad – Unterrot – Reutfeldhof – Röterturm – Mittelrot – Kirgel – Waldrastplatz – Gaildorf	22	A,B,F,G,H,P, R,S,W	219
W 31	Schönberg – Osterbachtal – AP Hohentannen – Rotenhar – Schlittenweg – Kreuzstein – Bergsee – Steigersbachtal – Schönberg	13	A,B,G,W	222
W 32	Birkenlohe – Frickenhofen – Teufelskanzel – Rotenhar – Hohen Nol – Hirschbach – Rappenhof – Birkenlohe	14	A,B,F,G,P,T,W	225
W 33	Laufen/Kocher – Kleiner Wimbach – Wimberg – Großer Wimbach – Laufen/Kocher	10	A,F,G,W	229
W 34	Untergröningen – Herrenfeld – Brandhof – Tyrol – Billingshalden – Waldmannshofen – Untergröningen	11	A,F,K,W	231

	Wegstrecke	km	Besonderheiten	Seite
W 35	Abtsgmünd – Leinroden – Neubronn – Hohenstadt – Wöllstein – Abtsgmünd	16	A,B,F,K,P,R, S,U	234
W 36	Kapf – Tennhöfle – Reichenbachsee – Reichenbachtal – Nardenheim – Deschenhof – Heinlesmühle – Hüttenbühlsee – Hagerwaldsee – Voggenbergmühle – Buchengehrener Sägmühle – Kapf	18	A,B,R,T,W	241
W 37	Täferrot – Hönig – Auerbachtal – Sulzbachtal – Täferrot	16	B,F,T,U,W	244
W 38	Götzenbachsee – Götzenbachtal – Eschach – Batschenhof – Holzhausen – Göggingen – Götzenbachsee	14	A,B,K,R,S,U	248
W 39	Schwäbisch Gmünd – Täferrot – Pfersbach – Wetzgau – Schwäbisch Gmünd	24	A,B,F,G,S,T, U,W	250
W 40	Forst – Schnaitberg – Schradenberg – Sandberg – Forst	10	A,U	254
SW 41	Gaildorf – Steppach – Adelbach – Einkorn – Hessental	15	A,F,K,P,R,S,T	256
SW 42	Bühlertann – Vellberg	11	A,E,G,K,U	259
SW 43	Obersontheim – Vetterhöfe – Tannenburg – Avenmühle – Bühlerzell	13	A,E,F,G,K, R,S,T	263
SW 44	Wacholderheiden in der Crailsheimer Hart	15	A,F,G,T,U	265
SW 45	Wildenstein – Lautenbach/Hammermühle – Buckenweiler – Segringen – Dinkelsbühl	11	A,E,F,K, R,S,T,U	268
SW 46	Gaildorf – Münster – Schönberg – Kreuzstein – Gschwend	14	A,B,G,W	272
SW 47	Lorch – Großdeinbach – St. Salvator – Schwäbisch Gmünd	12	A,F,K,P,T,W	273
SW 48	Heuchlingen – Hammerstadt – Hüttlingen	16	A,E,K,U	278
SW 49	Mögglingen – Auf dem Wall des ehemaligen Limes zum Braunhof – Krausenhof – Iggingen – Herlikofen – Schießtal – Schwäbisch Gmünd	16	A,B,T,U	280
SW 50	Bopfingen – Tannhausen	28	A,E,F,G,K,S,U	283
SW 51	Bopfingen – Schloss Baldern – Schloss Kapfenburg	28	A,F,G,H,K,R,S	289
RW 52	Eckartshausen – Burgberg – Ölhaus – Eckartshausen	15	A,G,P,R,S,T,W	293
RW 53	Bühler – Kammerstatt – Tannenburg – Geifertshofen – Hohenberg – Bühler	40	A,F,K,P,R,S, T,W	295
RW 54	Ellwangen – Tal der Blinden Rot – Gründelhardt – Oberspeltach – (Burgberg) – Jagstheim – Jagsttal – Ellwangen	57	A,F,K,P, T,W	298

Wegstrecke	km	Besonderheiten	Seite
RW 55 Haselbachsee – Birkenzell – Langenstein-bach – Dinkelsbühl – Wört – Konrads-bronn – Hornberg – Haselbachsee	42	A,B,F,K,P,R, T,U,W	305
RW 56 Tal der Blinden Rot – Bronnen – Leinen-first – Hohenberg – Rosenberg – Herlings-weiher – Tal der Blinden Rot – Mittelwald – Adelmannsfelden – Tal der Blinden Rot	40	A,B,K,P,R, T,W	309
RW 57 Röhlingen – Stausee Stockmühle – Jagstursprung – Walxheim – Pfahlheim – Sonnenbachsee – Stausee Häsle – Hasel-bachsee – Stausee Rötlen – Röhlingen	38	A,B,F,R,S	311
RW 58 Abtsgmünd – Heuchlingen – Horn – Sche-chingen – Hohenstadt – Obergröningen – Hinterbüchelberg – Adelmannsfelden – Tal der Blinden Rot – (Abtsgmünd, Strecke A = 45 km) – Bronnen – Niederalfingen – Abtsgmünd (Strecke B = 58 km)	45	A,B,F,K,P,R, S,T,U	314
RW 59 Durch das Welland: Aalen – Mädle – Ober-rombach – Schwalbenhof – Faulherrnhof – Dewangen – Abtsgmünd – Waiblingen – Seitsberg – Affalterried – Aalen	26	A,B,K,P,R,S, T,U	323
RW 60 Kapfenburg – Härtsfeld – Bopfingen – Sechtatal – Lauchheim – Kapfenburg	45	A,F,G,K,P,R, S,T,U	327

Auf den Spuren der Römer

In diesem Wanderführer werden 5 Rund- und Streckenwanderungen am rätischen Limes zwischen Lorch und Wilburgstetten beschrieben. Die Wanderungen führen großenteils auf dem Limes-Wanderweg HW 6, jedoch auch abseits des HW 6, zu rekonstruierten oder konservierten römischen Bauwerken oder deren Resten. Schautafeln mit Erläute-rungen der Anlagen sowie Beschreibungen der Bauwerke im Wander-führer informieren den geschichtlich interessierten Wanderfreund darüber.
Auf den Spuren der Römer befindet sich der Wanderfreund bei den Wanderungen: W 19 / W 26 / W 27 / SW 48 / SW 49.

Kochertalexpress

Der Bahnhof Untergröningen wird von der Württembergischen Eisen-bahngesellschaft bedient (Obere Kochertalbahn); – am Bahnhof Gail-

dorf-West besteht Anschluss an die Züge Richtung Stuttgart und
Schwäbisch Hall-Hessental (Heilbronn/Nürnberg).

An gewissen Tagen verkehren die historischen Dampfsonderzüge der
DBK – Historische Bahn e.V. (Kochertalexpress) zwischen Gaildorf und
Untergröningen (kostenloser Fahrradtransport im Packwagen).

Aus dem Füllhorn der beschriebenen Rund-, Strecken- und Radwanderungen im Kochertal und Umgebung ergibt sich die Möglichkeit,
in Verbindung mit einer erholsamen Bahnfahrt eigene Varianten von
Wanderungen oder Radtouren zusammenzustellen, um so den Aktions-
radius des Wandertages mühelos zu erweitern.

Auskünfte und Gruppenreservierungen bei: DBK – Historische Bahn e.V.
Am Westbahnhof; 74405 Gaildorf. Telefon: 07971/911-333, Fax: -334, und
Telefon: 07183/8700
Internet: www.dbk.-historische-bahn.de
E-Mail: Info@dbk-historische-bahn.de

Rundwanderungen (W)

W 1   **Eckartshausen – Burgberg – Eckartshausen**

Strecke: 14 km
Wanderkarten: L 6924 Schwäbisch Hall oder Blatt F 12 Schwäbisch
Hall – Crailsheim
Besonderheiten. A, G, P, R, S, W
Ausgangspunkt: Eckartshausen, P Bahnhof. Eckartshausen, Stadtteil
von Ilshofen, ist mit der Bahn gut erreichbar aus Richtung Aalen –
Ellwangen – Crailsheim und aus dem Neckargebiet über Marbach –
Gaildorf – Schwäbisch Hall, bzw. Heilbronn – Öhringen – Schwäbisch
Hall.

Eckartshausen. Der im Süden von Ausläufern der Burgbergvorhöhen auf der
Haller Ebene umgebene Stadtteil von Ilshofen ist ein überwiegend landwirtschaftlich geprägter Ort mit Gewerbe. Erstmals 1298 als Oeggershausen
erwähnt, als Kraft von Klingenfels einen Hof dem Kloster Gnadental verkaufte.

Vom Bahnhof wandern wir in Richtung Ortsmitte und biegen nach
wenigen Metern li ab, queren die Bahngleise und folgen auf der
Burgbergstraße dem AV-Weg mit Z bl Strich in südöstlicher Richtung.
Der Weg führt uns zur Ortschaft hinaus; – wir folgen weiterhin im
flachen Wiesental dem geteerten Feldweg. Bald haben wir die einzeln
stehende Eiche mit Feldhecke erreicht; – leicht zu übersehen ist die
kleine Grillstelle, welche von der Hecke etwas verdeckt wird. Kurz nach
der Eiche folgen wir dem Wegzeichen halbre, das Sträßchen führt uns
zum Burgbergwald (das Burgbergwaldsträßle führt ein kurzes Stück
über die früher bedeutende alte hällische Salzstraße).

Burgbergwald. Dieses Waldgebiet grenzt im Osten an die Markung der Stadt
Crailsheim, hat eine Größe von rund 9 qkm und ist großteils Nadelwald. Aber nicht
zu allen Zeiten hat die Fichte das Gesicht des Burgbergwaldes geprägt. Kurz vor
dem Burgberggipfel, bevor man den Wald verlässt und auf die lieblichen Wiesen
tritt, durchwandert man noch alte Mischbestände, die hauptsächlich mit Eichen,
Buchen, Ahorn, Eschen, Forchen, Tannen und Lärchen bestockt sind.

Leicht ansteigend führt uns das geteerte Forststräßchen im Wald am
Gedenkstein „Roth Ruhe" vorbei. Der Gedenkstein erinnert an den
beliebten Gastwirt und Viehhändler Ludwig Roth, bei dem sich Förster
und Straßenbauingenieure trafen. Bei einem solchen Schwätzle wurde
beschlossen, zu Ehren des Ludwig Roth (ca. 1900) eine Bank zu bauen,
welche dieser dann allerdings selbst bezahlte. Sanfter Anstieg und
leichte Kurven zeigen uns immer wieder einen abwechslungsreichen

Burgbergwald, mal vorbei an einer Schonung, danach erfreut uns ein schöner Eichenwald, ebenso ein gepflegter Buchenmischwald. Bald erreichen wir eine große Wegkreuzung, wir folgen weiterhin dem Z bl Strich, bzw. der Hinweistafel „Radwanderweg Crailsheim". Bei der nächsten Wegkreuzung, von li mündet der „Postweg" in unseren Wanderweg, führt der bl-Strich-Weg halbli in den Wald hinein. In südöstlicher Richtung, immer leicht den schönen Bergwald hinauf, erreichen wir nach ca. 1,5 km den TP 500. Wir befinden uns in diesem Abschnitt im Bereich der wasserstauenden Mergel des oberen Gipskeupers, deshalb ist nach einer Schlechtwetterperiode der Waldweg hier immer wieder sumpfig. Wer in diesem Fall den teilweise sumpfigen Waldweg scheut, der wandert einfach ab der Einmündung „Postweg" in den „Crailsheimer Radwanderweg" ge weiter und hält sich bis Erreichen des TP 500 an folgende Wegbeschreibung: Dem Radwanderweg in südlicher Richtung folgend kommen wir nach wenigen Min zur „Deiningerhütte". Der Grillplatz mit Sitzgruppe bei der Hütte bietet sich zur Wanderrast an. Wir bleiben weiterhin auf dem Radwanderweg und erreichen nach ca. 15 Min eine Rechtskurve mit versetzter Wegkreuzung. Auf der re Seite sehen wir den Anfang der „Teufelsklinge". Hier biegen wir li in den Schotterweg (re an einem Baum das Revierschild „Jägerstock"), der uns zum TP 500 führt. Der von li kommende AV-Weg mit Z bl Strich quert an dieser Stelle den Schotterweg; – wir verlassen hier den Schotterweg und folgen halbre dem Waldweg mit Z bl Strich. Nach wenigen Min stoßen wir auf den geteerten Radwanderweg, folgen diesem nach li und erreichen nach ca. 50 m eine Weggabel. Wir queren die Weggabel ge und folgen dem Waldweg mit Z bl Strich den Berg hinauf. Nach ca. 300 m, bei einer Roteiche, stoßen wir auf den von Maulach kommenden AV-Weg mit Z bl Hufeisen. Beiden Z folgend haben wir, nach Verlassen des Waldes mit seinem prächtigen Waldtraufbestehend aus stattlichen Eichen, Buchen und der freistehenden Wellingtonie (Mammutbaum), freien Blick zum **Burgbergturm**. Stolz erhebt sich der Turm auf dem schmalen Bergrücken, lieblich eingebaut in die breite Bergwiese mit ihren Obstbäumen, die der Wanderer hier oben wohl nicht vermutet. Ein schmaler Wiesenpfad führt uns auf die Kuppe; – der Turm mit seinem weiten Rundblick, die Gaststätte und der Spielplatz für die kleinen Wanderer locken zum Verweilen.

Öffnungszeiten Gaststätte und Burgbergturm: Ganzjährig So/F, sonst Schlüssel bei Pächter Fritz Stephan, Kleinteilstraße 11, Crailsheim-Onolzheim, Tel. (07951) 23629.

Etwas verdeckt in einer Baumgruppe steht die Büste von König Wilhelm II. mit folgender Inschrift: Zur Erinnerung an das 25-jährige Regie-

*Von dem 30 m hohen
Aussichtsturm des
Schwäbischen Albver-
eins auf dem Burgberg
hat man eine großartige
Aussicht in alle Him-
melsrichtungen.
Aufn.: K. Seidel*

rungsjubiläum seiner Majestät König Wilhelm II. von Württemberg
(1891–1918).

Burgberg. Nur etwa 100 m erhebt sich der Burgberg über die Hohenloher Ebene.
Bei einer Höhe von 534 m überragt er den Einkorn der Limpurger Berge um 24 m.
Sein Gipfel liegt in den „Unteren Bunten Mergeln" auf der „Lehrbergbank", so
genannt nach dem Marktflecken Lehrberg nördlich Ansbach, wo sie in
Steinbrüchen abgebaut wurde.
Der Burgberg bildet die eindrucksvollste Erhebung der weiteren Umgebung und es
gibt nördlich der Alb in Württemberg sicher nur wenige Punkte, die sich an freier,
umfassender Aussicht mit ihm messen können:
Auf das weite Hohenloher Land bis hin zum Odenwald mit dem sich deutlich
abhebenden Katzenbuckel, über große Teile der Schwäbisch-Fränkischen
Keuperwaldberge (Crailsheimer Hart, Frankenhöhe, Ellwanger und Limpurger
Berge, Waldenburger Berge, Mainhardter und Welzheimer Wald mit Frickenhofer
Höhe) zur blauen Mauer der Alb mit ihren Vor- und Randbergen von der Gegend
der Teck bis zum Ipf und zum Hesselberg als weit vorgelagertem Zeugenberg der
Frankenalb, der das Bild gegen Osten krönt. Eine prächtige Fernsicht, die
Weiträumigkeit mit Mannigfaltigkeit der Bilder vereint! Der Burgberg verdankt
sie seiner isolierten Lage: am Südrand der Hohenloher Ebene, in den anderen
Richtungen nur von niederen Keuperhügeln umgeben.

Der Burgberg wurde einst von den Kelten als „beherrschende Völkerwarte" ausgebaut, die als günstig gelegene Zuflucht und Wohnstätte diente. Durch zwei rings um die Gipfelhänge verlaufende Abgrabungen (Ringwälle) und Umwallung der Kuppe (Trockenmauer mit Holzversteifung und Palisade) entstand eine „Volksburg", die in Kriegszeiten Rückhalt und Geborgenheit bieten konnte. Im Mittelalter, ab 1442, kamen Wallfahrten auf, da einer Quelle heilendes Wasser für Augenleiden zugesprochen wurde.

Nach ausgedehnter Rast auf dem „Crailsheimer Hausberg" wandern wir auf gleicher Wegstrecke wie wir gekommen sind zurück bis zur Roteiche. Ab hier wandern wir ge weiter den Berg hinunter, dem bl Hufeisen folgend in Richtung Maulach. Nach wenigen Min erreichen wir einen geteerten Forstweg, dem wir li und dann ge folgen. Auf der li Seite vorbei an einem kleinen Weiher mit Hütte. Wir bleiben auf dem bl Hufeisenweg, zugleich auch Radwanderweg Richtung Buchklingen-seen. Der Radwanderweg biegt nach ca. 800 m li ab und führt zu den Buchklingenseen. Wir jedoch bleiben auf dem bl Hufeisenweg, der in der Karte auch weiterhin als Radweg grün eingezeichnet ist und kommen zur **„Markgrafeneiche"** (ND), einer stattlichen, ca. 350 Jahre alten Eiche mit einem Stammumfang in Brusthöhe von rund 5,50 m (vgl. Abb. S. 294). Ca. 400 m nach der „Markgrafeneiche" sehen wir li vor einer Waldlichtung eine Forsthütte stehen. Hier verlassen wir das Sträßchen, welches in einer Rechtskurve den Berg hinunter nach Maulach führt; – wir gehen auf dem Schotterweg, jetzt oZ, an der Hütte vorbei, am Waldrand entlang und gleich darauf im Wald den Hang abwärts. Nach ca. 150 m stoßen wir auf den „Wirtsgreutweg" (Wegtafeln sind jeweils am Anfang und am Ende des Weges angebracht). Wir folgen dem gut ausgebauten Forstweg nach li und stoßen bei den drei Buchklingenseen auf einen weiteren Forstweg, dem wir nach re folgen. Ruhig und durch einen breiten Schilfgürtel umgeben liegen die Waldseen nebeneinander. In den alten Laubholzbeständen findet man im Frühling Buschwindröschen und gelegentlich auch das Maiglöckchen; – etwas später blüht dann an verschiedenen Stellen die seltene Blaue Schwertlilie (Iris sibirica). Am Ende der Seen stoßen wir auf ein geteertes Sträßchen, dem wir nach li folgen. Rechter Hand kommen wir an einer Waldwiese vorbei. Dem Sträßchen folgen wir ge, bald geht es durch ein kleines Waldstück und an dessen Ende kommen wir an einem Gehöft vorbei (gehört zum Weiler Ölhaus). Gegenüber, im Wiesental, sehen wir einen teilweise verlandeten Weiher, an dessen Ende wir li in den „Postweg" einbiegen. Im idyllisch liegenden Wiesental, an einer prächtigen Eiche vorbei, wandern wir auf dem Schotterweg dem Wald zu. Im Wald, immer leicht an-steigend, stoßen wir am Ende des „Postwegs" wieder auf den von Eckartshausen kommenden bl-Strich-Weg; – dem uns bekannten Forststräßchen folgen wir re und wandern talwärts nach Eckartshausen zurück.

Hinweis: Nach der „Markgrafeneiche" stimmt die Wegmarkierung „bl
Hufeisen" in einem kurzen Abschnitt mit der Karte nicht überein. Das
Teersträßchen ist mit dem Z bl Hufeisen markiert, in der Karte verläuft
die Markierung noch auf dem Schotterweg, re neben dem Sträßchen.
Wir bleiben jedoch auf dem Teersträßchen.

W 2   Gaildorf – Steppach – Adelbach – Einkorn – Bretzinger
Halde – Kohlenstraße – Gaildorf

Strecke: 28 km
Wanderkarten: L 6924 Schwäbisch Hall oder Blatt F 13 Ellwangen –
Aalen
Besonderheiten: A, F, H, K, P, R, S, T
Ausgangspunkt: Gaildorf, Parkplatz Hallengelände

Gaildorf: siehe Stadtbeschreibung S. 111

Von Gaildorf bis zum Einkorn siehe Wegbeschreibung SW 41 S. 256.

Einkorn siehe SW 41 S. 257

Wir verlassen den Einkorn in südlicher Richtung, am Streichelgehege
vorbei und wandern oZ den Grasweg am Südhang hinab bis zur K 2599
Hessental – Herlebach. Auf der li Seite am Waldrand weist eine Tafel auf
den Steinzeitfund Nr. 3 hin. Auf der K 2599 re abwärts, nach 50 m li
(P 12).
Ab hier wandern wir auf dem Forststräßchen „Bretzinger Halde" weiter
oZ in südlicher Richtung bis hinauf zur Kohlenstraße. Hier befinden wir
uns wieder auf dem HW 3 Main-Neckar-Rhein-Weg (Wanderweg
Baden-Württemberg mit Z r Strich und grünem Baum). Der
Kohlenstraße (HW 3) folgen wir re in südlicher Richtung weiter bis
zum Kohlhäu. Hier verlassen wir den HW 3 und folgen dem AV-Weg mit
Z bl Strich südöstlich in Richtung Gaildorf; vorbei an der Dreikaiserlinde, welche im Dreikaiserjahr 1888 gepflanzt wurde (wer sich in
einem kleinen See erfrischen will, kann auf der Kohlenstraße 600 m
weiter nach Südosten gehen und kommt zum Haspelweiher. Anhand der
TK kann zum bl-Strich-Weg nach Gaildorf leicht eine Abkürzung
gefunden werden). Nach ca. 2 ½ km verlassen wir die Kohlenstraße und
biegen re ab, weiterhin dem bl-Strich-Weg folgend in Richtung
Gaildorf. Im Tal erreichen wir wieder die K 2617, gehen auf dieser li
weiter und sind in 15 Min in Gaildorf am Ausgangspunkt Hallengelände.

Neues Schloss in Gaildorf.   *Aufn.: Stadt Gaildorf*

**W 3   Gaildorf – Geologischer Lehrpfad – Krämersreutehütte –
               Eisbachtal – Schöner Wappenstein – Münster – Gaildorf**

Strecke: 18 km
Wanderkarten: L 6924 Schwäbisch Hall und L 7124 Schwäbisch Gmünd
oder Blatt F 13 Ellwangen – Aalen
Besonderheiten. A, F, G, P, R, W
Ausgangspunkt: Gaildorf, Parkplatz Hallengelände

Gaildorf: siehe Stadtbeschreibung s. S. 111

Vom Hallengelände gehen wir der L 1066 nördlich in Richtung
Crailsheim entlang. Etwa 200 m vor Ortsende biegen wir in den anfangs
parallel laufenden Oberen Hagerweg ein, welcher auch gleichzeitig als
geologischer Lehrpfad ausgewiesen ist.

*Die Kirche in Münster
war bis 1433 Mutter-
kirche von Gaildorf.
Aufn.: Stadt Gaildorf*

Nach 20 Min kommen wir zur „Eingangstafel" des geolog. Pfades, mit
Hinweisen über das Gesamtprofil des Lehrpfades (400 m). Der
geologische Lehrpfad steigt stetig an und bietet uns immer wieder
Ausblicke auf Gaildorf und in das Kochertal.
In unregelmäßigen Abständen sind immer wieder Aufschlüsse sichtbar;
zur Information sind Hinweistafeln angebracht. Der Forstweg schlängelt sich zunächst nach Süden, biegt am Kirchberg nach Norden um und
erreicht schließlich die Hochfläche der Krämersreute. Auf der ganzen
Strecke immer nach li halten. Auf dem von li kommenden Forstweg
nach re, nach 50 m die Krämersreutehütte. Vor der Hütte biegen wir li ab
und wandern auf dem Forstweg in das Eisbachtal. Im Talgrund sofort
nach re in den Talweg einbiegen. Nach ca. 2 km stoßen wir auf den AV-
Weg mit Z r Kreuz, welcher von Gaildorf nach Geifertshofen führt. Wir
folgen jedoch weiterhin dem Eisbach und gelangen nach ca. 45 Min
Gehzeit auf der re Seite an eine Hütte mit Rastplatz und Grillmöglichkeit. Wir wandern weiter talabwärts, kommen auf den AV-Weg mit Z
r Kreuz Sulzbach – Gaildorf und biegen in diesen re aufwärts ein in
Richtung Gaildorf. Der Weg führt uns vorbei an dem auf der Hochfläche
stehenden alten „Schönen Wappenstein". Ab hier sind es noch 45 Min
Gehzeit bis Münster. Vom Schönen Wappenstein an senkt sich der Weg
zuerst nur leicht und ab der deutlich ausgeprägten Hangkante steil hinab

zu einer Randbucht des Kochertales. Nach Austritt aus dem Wald schöne Sicht auf Gaildorf und die Waldenburger Berge. Vor Münster biegt der Wanderweg li ab auf eine Wiese und mündet nach 300 m in die Dorfstraße. Hier gehen wir li und kommen nach 200 m an ein Gasthaus. Hier biegen wir re ab, passieren ein Betonwerk-Gelände und erreichen auf dem AV-Weg mit Z bl Strich am Kocher entlang nach 2 km unseren Ausgangspunkt.

Münster. Auf einer Erhebung steht die, ihre Umgebung überragende, ev. Kirche zu Unserer Lieben Frau. Die Münsterer Pfarrei reicht zurück in das 8. Jh, die romanischen Fensterarkaden am Turm stammen aus dem 13. Jh, Langhaus und Chor mit gotischen Maßwerkfenstern aus dem 15. Jh. Die Kirche war bis 1433 Mutterkirche von Gaildorf und bis 1710 Totenkirche der Stadt.

W 4   Obersontheim – Rappoltshofen – Oberfischach – Herlebach – Hausen – Untersontheim – Obersontheim

Strecke: 15 km
Wanderkarten: L 6924 Schwäbisch Hall oder Blatt F 13 Ellwangen – Aalen
Besonderheiten: A,E,F,K,R,T,U
Ausgangspunkt: Obersontheim, P Rathaus

Obersontheim: siehe SW 42 S. 260

Wir wandern vom Rathausplatz durch den Schlosshof, queren die Gaildorfer Straße, gehen auf dieser in westlicher Richtung bis zum Kastanienbaum, hier biegen wir in den Ebbachweg ein und gehen ge weiter bis zur L 1060. Auf dieser ein paar Meter nach re und gleich wieder li bergauf, am Gehöft Gipsmühle vorbei; – von hier weiter Blick ins Bühlertal mit Unter- und Obersontheim, Bühlertann und zur Tannenburg. Wir wandern weiter, der Weg führt uns durch das Waldstück „Frauenklinge" (im Wald befindet sich ein Feuchtbiotop, wo sich u. a. die Trollblume heimisch fühlt), bis wir am Waldende auf den AV-Weg mit Z r Punkt stoßen. Dem r-Punkt-Weg folgen wir li den Berg hinauf. Hier überrascht uns der Ausblick ins Fischachtal mit den Weilern Rappoltshofen, Mittelfischach und dahinter den nördlichen Ausläufern der Limpurger Berge.
Nach ca. 50 m folgen wir dem r-Punkt-Weg re nach Rappoltshofen. In Ortsmitte Rappoltshofen folgen wir dem AV-Weg mit Z bl Kreuz re nach Oberfischach; – rechter Hand des Höhenrückens für diese Gegend typisches Landschaftsbild mit Hecken, Streuobstwiesen und Viehwei-

Obersontheim. Ehemaliges Schloss der Schenken von Limpurg.
Aufn.: Gemeinde Obersontheim

den. Unser Wanderweg führt uns durch das LSG „Hundsrücken". Ca. 1½ km nach Oberfischach verlassen wir den bl-Kreuz-Weg und gehen re auf dem in der TK grün eingezeichneten Radweg nach Herlebach (im weiteren Verlauf der Wanderstrecke bleiben wir bis Untersontheim auf dem Radweg, wobei wir später, nach Ortsende Hausen, ca. 500 m vom Radweg abweichen). Ca. 100 m nach Ortsbeginn von Herlebach biegen wir re ab in den Furtwiesenweg, folgen weiterhin dem Radweg und überqueren das Fischachbächlein. Nach ca. 100 m an der Weggabel re, vorbei an der ehem. Schafscheuer (heute Wohngebäude). Bei der nächsten Weggabel führt unser Wanderweg li weiter; – wer jedoch eine Rast einlegen möchte, der geht an der Weggabel re die Anhöhe hinauf und kommt nach ca. 200 m an einen Grill- und Spielplatz mit schönem Blick in das Fischachtal. Sind wir an der Weggabel wieder angekommen, folgen wir li dem Radweg (von Herlebach kommend) am Waldrand den Berg hinauf. Bei der nächsten Abzweigung re, ca. 100 m durch das Wäldchen, dann li; – ein kurzes Stück am Waldrand entlang und ge durch den Wald zum Weiler Siehdichfür und weiter zur Ortschaft Hausen. Die Erlenstraße führt uns durch den Ort. Kurz vor Ortsende biegen wir nach li in die Weidenstraße ein, ab hier mit Z r Punkt. Nach ca. 100 m biegen wir re ab in die Lindenstraße und überqueren auf der Brücke die Umgehungsstraße. Ca. 300 m nach der Brücke verlassen wir den r-Punkt-Weg und gehen nach re weiter zur K 2619 (der Weg bis zur K 2619 ist in der TK noch nicht eingezeichnet). Auf dem Fußweg li entlang der Straße bis Untersontheim.

Untersontheim (Gemeinde Obersontheim): Der Ort teilte zunächst die Geschicke von Obersontheim. Einzelne Güter gelangten über die Herren von Vellberg 1598 an die Stadt Hall. An der ev. Pfarrkirche zu Allen Heiligen mit ihrer von grünglasierten Ziegeln bedeckten steilen Turmpyramide fällt über dem Südportal ein romanisches Tympanon mit Sonnenscheibe, Kreuz und Mondsichel auf.

An der Kreuzung in der Ortsmitte nach re in Richtung Obersontheim. Nach ca. 50 m kommen wir auf den AV-Weg mit Z r Punkt. Nach weiteren 400 m überqueren wir die Bühler auf einer alten Steinbrücke und kommen zur Mettelmühle (Sägwerk). Der Wanderweg führt durch den Holzlagerplatz entlang der Bühler unterhalb eines Felshanges. Durch das Naherholungsgebiet – gegenüber dem Kindergarten die Koppenmühle – erreichen wir unseren Ausgangspunkt.

W 5   Obersontheim – Fischachtal – Kottspiel – Obersontheim

Strecke: 19 km
Wanderkarten: L 6924 Schwäbisch Hall oder Blatt F 13 Ellwangen –
Aalen
Besonderheiten: A, E, F, K
Ausgangspunkt: Obersontheim, P Rathaus

Obersontheim: siehe SW 42 S. 260

Wir wandern vom Rathausplatz durch den Schlosshof, queren die Gaildorfer Straße, gehen auf dieser in westlicher Richtung bis zum Kastanienbaum, hier biegen wir in den Ebbachweg ein und gehen ge weiter bis zur L 1060. Auf dieser ein paar Meter nach re und gleich wieder li bergauf, am Gehöft Gipsmühle vorbei; – von hier weiter Blick ins Bühlertal mit Unter- und Obersontheim, Bühlertann und zur Tannenburg. Wir wandern weiter; durch den Wald (im Wald befindet sich ein Feuchtbiotop, wo sich u. a. die Trollblume heimisch fühlt), bis wir am Ende des Waldes auf den AV-Weg mit Z r Punkt stoßen. Dem r-Punkt-Weg folgen wir li den Berg hinauf. Hier überrascht uns der Ausblick ins Fischachtal mit den Weilern Rappoltshofen, Mittelfischach und dahinter den nördlichen Ausläufer der Limpurger Berge. Dem r-Punkt-Weg folgen wir bergab in südlicher Richtung (oberhalb der Siedlung Weinberg), überqueren die L 1066 und wandern am Waldrand

*Die evang. Kirche in
Obersontheim.
Aufn.: Gemeinde Ober-
sontheim*

entlang weiter den Berg hinauf. Die Landschaft hier ist gekennzeichnet
durch Hecken, Streuobstwiesen und knorrige Bäume. Wir folgen dem
ersten asphaltierten Weg re (der r-Punkt-Weg führt ge weiter) – westlich
des TP 438 – der steil am Waldrand bergab führt. Hier schöner Ausblick
ins hügelige **Fischachtal**, das man mit dem Allgäu vergleichen könnte.
Nach ca. 400 m gehen wir li weiter in Richtung Aussiedlerhöfe und
biegen vor dem Fischachbächlein li ab. Nach ca. 800 m queren wir eine
Fahrstraße und gehen ge weiter in Richtung Bauernhof. Re sehen wir
Unterfischach. Beim einzelnen Bauernhof „Rotmühle" geht es li etwas
aufwärts und gleich wieder re. Ca. 400 m danach wandern wir li zum
Leippenberg hinauf, am Waldrand wieder re und kurz darauf durch den
Wald. Am Ende des Waldes tauchen vor uns die Kirchtürme von
Geifertshofen, Kottspiel und Bühlerzell auf. Wir wandern nun re ein
kurzes Stück den Wiesenweg entlang und biegen li in den Feldweg ein.
Nähert man sich Kottspiel, sieht man li auf dem Bergsporn die
Tannenburg.

Kottspiel (Gemeinde Bühlertann) tritt in der Geschichte als Sitz eines adeligen
Geschlechtes auf. So wurde im Jahr 1230 erstmals ein Ritter Wolfram von
Kottspiel genannt. Nördlich vom Ort, auf dem rechten Bühlerufer lag am Abhang

die Burg Kottspiel. Östlich davon liegt das Gewann „Weinberg", was wie in Bühlertann, auf einen Weinbau in früheren Zeiten schließen lässt. Die 1391 erstmals erwähnte kath. Kirche St. Leonhard, ein schlichter spätgotischer Bau mit einem 1840 aufgestockten, pyramidengedeckten Westturm. Der barocke Altar enthält eine Skulptur des Kirchenpatrons aus dem 18. Jh, flankiert von den spätgotischen Figuren der hll. Nikolaus und Ulrich. An der Südwand eine gute Holzplastik der hl. Helena aus dem 15. Jh.

Kurz vor der L 1072 macht unser Wanderweg eine scharfe Rechtskehre und wir wandern dem Fischachbächlein entlang aufwärts bis zur Einmündung bei der Kläranlage. Hier gehen wir das Sträßchen re hinauf und wandern dann li ein kurzes Stück den gleichen Weg, den wir gekommen sind; vorbei am schon bekannten Bauernhof „Rotmühle" und immer ge bis Mittelfischach. Dort überqueren wir die Straße und gehen nach dem Betonröhrenlager re hinauf. Wenn wir wieder am Wald oben angekommen sind, nehmen wir gleich den ersten Weg südlich des Gewannes „Frauenklinge", der fast ge hinab in Richtung Obersontheim führt. Am Waldrand befindet sich das ND „Birngründle" (Feuchtbiotop). Von hier aus gehen wir über Wiesen und Feldweg weiter bis zu einer alten Linde, dann unterqueren wir die L 1060, treffen vor der Firma Kärcher zur L 1066, überqueren diese und gehen entlang des Baches am Friedhof vorbei zum Ausgangspunkt.

W 6   Bühlertann – Vetterhöfe – Hettensberg – Fronrot – Halden (Tannenburg) – Kottspiel – Unterfischach – Bühlertann

Strecke: 18 km
Wanderkarten: L 6924 Schwäbisch Hall oder Blatt F 13 Ellwangen – Aalen
Besonderheiten: A, E, F, K, P, R, S, T, U
Ausgangspunkt: Bühlertann, P Kirche, Rathaus (St.-Georgs-Platz)

Bühlertann siehe SW 42 S. 259

Wir verlassen den St.-Georgs-Platz über die Pfarrstraße, gehen nach ca. 50 m li und überqueren die Bühler. Nach dem Steg gehen wir re und steigen nach wenigen Metern den schmalen Treppenweg hinauf zum Schulzentrum. Am Schulzentrum li vorbei führt die Schulstraße den Berg hinauf in Richtung Vetterhöfe. Nach dem letzten Haus geht das Sträßchen in einen Feldweg über; – von hier herrlicher Blick über Bühlertann, zur Tannenburg und in nordwestlicher Richtung bis Vellberg (Stöckenburg). Vorbei an einer alten Fichte mit Hochsitz

*Die Kapelle St. Gangolf
in Bühlertann.
Aufn.: K. Seidel*

mündet der Feldweg nach etwa 2 km (nachdem wir kurz zuvor auf den AV-Weg mit Z r Punkt gestoßen sind) in die Straße Bühlertann – Vetterhöfe. Wir folgen der Straße in östlicher Richtung. Vor Ortsbeginn Vetterhöfe geht der r-Punkt-Weg re ab, wir jedoch durchqueren den Weiler Vetterhöfe.

Vetterhöfe: 1337 „des Vettern Hof", 1407 ellwangische Schäferei, 1463 Zubehör der Tannenburg.

Am Ortsende, nach der Scheune, biegen wir re ab und folgen dem Waldweg leicht abwärts in östlicher Richtung. Ca. 700 m weiter treffen wir auf eine Waldlichtung mit Holzhütte. Nach weiteren 200 m halten wir uns li und kommen über die **Schnellklinge** (eine tief eingeschnittene Keuperschlucht) hinauf zum Spiel- und Grillplatz (P) Hettensberg, an der K 2637 Fronrot – Hinteruhlberg. Folgen wir der Straße re in südlicher Richtung, erreichen wir bald den Weiler Hettensberg. Wir durchqueren Hettensberg, kommen dabei mitten im Weiler auf der li Seite an der Kapelle und der **Wette** vorbei (Wette = Wasserlache, Tümpel, stehendes Wasser, – meist kleiner als eine Hülbe; dient u. a. als Viehtränke). Der Wanderweg führt uns am Wasserturm (AT) vorbei nach Fronrot. Wir überqueren die L 1060 Bühlertann – Ellwangen und gehen ge weiter auf der Tollbergstraße. Am Ortsende macht die Straße einen Rechtsbogen und führt durch ein Waldstück hinab zum Dillenweiher (Feuchtbiotop) und über den Blashof nach Halden.

Hier lohnt sich ein Abstecher steil hinauf zur Tannenburg (siehe RW 53, S. 296). Die Wanderung könnte hier abgekürzt werden; dem AV-Weg mit Z r Punkt folgend, am Haldener Grill- und Spielplatz vorbei, führt der Weg über den Haldenbuckel in ca. 20 min zurück nach Bühlertann. Wer die große Runde wandern möchte, folgt dem Hinweisschild „Heuhof" in südlicher Richtung. Ca. 100 m nach Ortsende Halden zweigt unser Wanderweg re ab; bald danach erreichen wir den Weiler Heuhof, welchen wir durchqueren. Nach Heuhof, beim großen Feldkreuz, führt ein Feldweg li hinab nach Kottspiel. Vor dem Ortseingang kommen wir auf der re Seite an einem Grill- und Spielplatz vorbei.

Kottspiel siehe W 5 S. 144

Wir durchqueren das Dorf; – vorbei an der Kirche St. Leonhard und wandern auf der L 1072 re über die Fischachbrücke. Gleich nach der Brücke verlassen wir die L 1072 und biegen li in den unteren Feldweg ein. Wir wandern dem Fischachbächlein entlang bis zur Einmündung bei der Kläranlage. Hier gehen wir das Sträßchen re hinauf, gleich wieder li und nach ca. 400 m wieder li hinab zum Gehöft Rotmühle. Am Bauernhof biegen wir re ab und folgen dem Weg weiterhin das Fischachtal aufwärts. Nach ca. 1,3 km erreichen wir die Kreuzung, an der es li zu den Aussiedlerhöfen geht; wir jedoch biegen re ab und wandern hinauf Richtung Höhenrücken. Von hier nochmals schöner Ausblick in das Fischachtal mit den Weilern Mittelfischach und Rappoltshofen und dahinter den nördlichen Ausläufer der Limpurger Berge. Nach einer Linkskurve biegen wir bald darauf re ab und wandern am Waldrand entlang, bis wir auf den AV-Weg mit Z r Punkt stoßen. Dem r-Punkt-Weg folgen wir re in östlicher Richtung und erreichen nach ca. 1 km den Grill- und Spielplatz „Galgenberg". Nach einem weiteren Kilometer über den Galgenbergweg und der L 1060 gelangen wir wieder, vorbei an der Gangolfskirche, zu unserem Ausgangspunkt in Bühlertann.

Hettensberg, Fronrot und Halden, die Teilorte der Gemeinde Bühlertann wurden erstmals im Jahre 1337 erwähnt. Der Name Fronrot ist wohl von dem althochdeutschen frono – öffentlich, herrschaftlich und rod = Rodung abzuleiten, was auf die Rodungsarbeiten im dortigen Waldgebiet durch das Kloster Ellwangen (Mitte des 8. Jh gegründet) zurückzuführen ist. 1782 wurde eine Kapelle gebaut, die zur Patronin die schmerzhafte Mutter Gottes hatte und die 1975 abgerissen und durch eine neue Kirche mit Gemeinschaftsraum ersetzt wurde. Der Ortsteil Halden liegt südlich der Tannenburg und ist mit dieser seit alters her verbunden. Die neu renovierte Kapelle von Halden befindet sich beim Schloss Tannenburg und ist der Schutzheiligen Maria Magdalena geweiht.

W 7   Sulzbach/Kocher – Irsbachtal – Eisbachtal – Brünst – Sulzbach/Kocher

Strecke: 16 km
Wanderkarten: L 6924 Schwäbisch Hall, L 7124 Schwäbisch Gmünd oder Blatt F 13 Ellwangen – Aalen
Besonderheiten: A, K, R, W
Ausgangspunkt: Sulzbach/Kocher. P Zweigstelle der Limpurger Bank, gegenüber dem Rathaus und unmittelbar unterhalb der Kirche

Sulzbach/Kocher siehe W 9 S. 151

Wir gehen in südlicher Richtung bis zur Kreuzung Bärenberg (Hauptstraße Richtung Kohlwald). Ca. 150 m nach der Kreuzung zweigen wir li ab in die Straße „Obere Schlosshalde". Hinter der zweiten Häuserreihe nach re und auf dem Feldweg steil hinauf zum Schloss Schmiedelfeld.

Schloss Schmiedelfeld. Das aus der Stauferzeit, der Renaissance und dem Rokoko stammende, ehemalige Residenzschloss der Schenken von Limpurg, wurde nach Abbruch einzelner Teile im Jahre 1832 durch neue Aufbauten stark verändert, die Schlosskapelle von 1594 dann 1837 profaniert. Die Ringmauer zeigt Reste eines Tores aus der Stauferzeit und eines Portals aus der Renaissance.

Unser Weg führt weiter durch den Weiler Schlossschmiedelfeld und mündet in die Kehre der K 2633, welcher wir nach li folgen. Nach ca. 200 m verlassen wir die K 2633 nach li (Norden) Richtung Jägerhaus. Beim Fernsehumsetzer, bzw. TP 474 schöne Aussicht, u. a. zum Hagbergturm und der Hohen Brach (Nordwesten), sowie zur Frickenhofer Höhe mit Hohentannen (Südwesten). Über freies Feld erreichen wir den Waldrand über dem Irsbachtal. Wir folgen dem Weg ge immer abwärts, zuletzt nach li auf eine gute Forststraße. Beim TP 380 erreichen wir den AV-Weg mit Z bl Punkt im **Irsbachtal**. Wir folgen dem bl-Punkt-Weg re, immer dem Irsbach entlang, einem noch ganz natürlichen Waldbach, der uns über kleine Felsstufen entgegenspringt und von kleinen Seitenbächen gespeist wird, bis zur Wegspinne an der

Schloss Schmiedelfeld über Sulzbach/Kocher.   *Aufn.: K. Seidel*

Kohlenstraße. Hier verlassen wir den bl-Punkt-Weg und folgen li (nach Westen) dem AV-Weg mit Z r Kreuz, vorbei an der Aigeltinger Linde, bis wir den Talgrund des **Eisbaches**, ein ebenfalls noch ganz natürlicher Waldbach, erreichen. Dem Sträßchen folgen wir oZ talwärts in südlicher Richtung. Nach ca. 2 km erreichen wir re eine Hütte mit Grillplatz. Ca. 600 m nach der Hütte überquert li eine Brücke den Eisbach. Ab hier sind es ge weiter noch 2 ½ km talwärts bis nach Sulzbach (Wanderstrecke dann nur 14 ½ km). Wir überqueren aber li den Eisbach und folgen dem Bronnenbächlesweg bergauf. Bei der Wendeplatte mit Linkskehre gehen wir den Bronnenbächlesweg ge weiter bergauf. Wenige m nach dem TP 405 folgen wir dem Weg in einer Rechtskehre. Nach einer langgezogenen Linkskehre und einem kurzen Stück ge stoßen wir auf eine Teerstraße, der wir re leicht bergab folgen. Nach 150 m, beim Wegweiser „Brünst", biegen wir li ab, folgen dem Weg leicht bergauf und erreichen bald **Brünst** beim TP 462. Von hier schöne Aussicht – südwestlich die Frickenhofer Höhe mit Hohentannen, südlich im Tal Sulzbach, der Heerberg mit Kirche und Laufen und halbli oberhalb Sulzbach auf dem Bergsporn Schloss Schmiedelfeld. Bei guter Sicht sehen wir hinter der Frickenhofer Höhe ein Stück vom Albtrauf, den Rosenstein mit Fernsehturm. Beim ersten Gehöft gehen wir den li Weg bergab und folgen beim dritten Gehöft li einem Hohlweg talwärts. Nach ca. 100 m genießen wir die Aussicht in das Irsbachtal mit der Walkmühle und dem Schützenhaus. Weiter re im Tal liegt unser Ausgangspunkt Sulzbach, das wir nach 500 m erreichen.

W 8   Sulzbach/Kocher – Irsbachtal – Kohlenstraße – Teuerzer Sägmühle – Schärtlenssee – Hambacher Mühle – Sulzbach/Kocher

Strecke: 16 km
Wanderkarten: L 6924 Schwäbisch Hall, L 7124 Schwäbisch Gmünd oder Blatt F 13 Ellwangen – Aalen
Besonderheiten: A, F, P, R, S, W
Ausgangspunkt. Sulzbach/Kocher, P an der Stephan-Keck-Halle

Sulzbach/Kocher siehe W 9 S. 151

Vom P li, auf dem Gehweg der Hauptstraße (B 19), dem AV-Weg mit Z r Kreuz folgend in Richtung Ortsmitte. Nach 600 m biegt die B 19 li ab, unser Weg führt ge (nördlich) auf der Eisbachstraße weiter. Wir erreichen nach 300 m das Gasthaus „Adler". Hier verlassen wir den mit r Kreuz bezeichneten Weg und gehen auf dem AV-Weg mit Z bl Punkt re die Straße hinauf, an der Kirche vorbei in Richtung Irsbachtal. Bei der Walkmühle bleiben wir auf dem oberen Weg und wandern am Schützenhaus vorbei in das Irsbachtal. Im **Irsbachtal** wandern wir neben dem Waldbach, der uns über kleine Felsenstufen entgegenspringt und von kleinen Seitenbächen gespeist wird, bis wir beim TP 498 zur

Das Irsbachtal bei der Walkmühle.   *Aufn.: K. Seidel*

Kohlenstraße (K 2633) kommen. Wir verlassen hier den bl-Punkt-Weg, überqueren die Kohlenstraße und folgen re dem AV-Weg mit Z r Kreuz bis zur Teuerzer Sägmühle. Bei der Mühle verlassen wir den r-Kreuz-Weg und gehen nach re auf dem Sträßchen mit Z r Punkt bis zum Schärtlenssee (ehem. Sägmühle). Beim See befindet sich ein Spiel- und Grillplatz, einen weiteren Grillplatz erreichen wir nach ca. 1 km. Am Schärtlenssee vorbei in das **Klingenbachtal**, in dem man noch eine seltene Flora antreffen kann. So fühlen sich hier u. a. Knabenkräuter, ebenso die Trollblume heimisch. Wir folgen unserem Weg im Klingenbachtal abwärts. Ca. 300 m nach dem TP 411 geht der r-Punkt-Weg ge weiter in Richtung Geifertshofen, wir jedoch wandern, ebenfalls dem r-Punkt-Weg folgend re über den Klingenbach bis zum Brunnenhaus. Am Brunnenhaus den Hohlweg re hinauf zur K 2632 bei Gantenwald. Auf der K 2632 gehen wir nach re und biegen nach 300 m li ab zur Hambacher Mühle, bei der sich ein Campingplatz befindet. Zwischen Haus und Scheune hindurch folgen wir dem Waldweg am Bach aufwärts. Nach 2 ½ km kommen wir wieder zur Kohlenstraße (K 2633) beim TP 487, überschreiten diese ge und biegen nach ca. 80 m re ab auf den AV-Weg mit Z r Kreuz. Über Hägeleshöfle, Mühlenberg, mit Aussicht auf die Frickenhofer Höhe und Hohentannen, wandern wir hinab nach Sulzbach/Kocher.

W 9   Sulzbach/Kocher – Altenberg – Kransberg – Sulzbach/ Kocher

Strecke: 15 km
Wanderkarten: L 7124 Schwäbisch Gmünd oder Blatt F 13 Ellwangen – Aalen
Besonderheiten: A, H, K, W
Ausgangspunkt: Sulzbach/Kocher, P an der Stephan-Keck-Halle

Sulzbach/Kocher. Der seit 1024 bekannte Ort gehörte stets zur Burg Schmiedelfeld, wurde 1330 hohenlohisch und kam 1445 an die Schenken von Limpurg, deren Linie Sontheim-Schmiedelfeld 1781 nahezu alle Besitzungen an Württemberg veräußerte. Die durchgreifende Renovierung der vom Einsturz bedrohten, im 11. Jh als romanische Chorturmanlage errichteten ev. Michaelskirche in den Jahren 1892–1896 kam einem fast völligen Neubau gleich. Dieser zeichnete sich durch hohe Rundbogenfenster und einen gut gegliederten Turm in zurückhaltend historisierenden Formen aus.

Vom P überqueren wir die B 19 und gehen den AV-Weg mit Z r Kreuz im Wald steil aufwärts. Jenseits des Seitentälchens thronen auf einem

Blick von Heerberg in das Kochertal bei Laufen/Kocher.

Aufn.: K. Seidel

Bergsporn die Gebäude von Schloss Schmiedelfeld, – vor Jahrhunderten eine stattliche Residenz eines Zweiges der Limpurger Reichserbschenken. Nach knapp 800 m zweigt unser Wanderweg nach re ab und führt über Staffeln hinauf zur Verebnung von Mühlenberg. Von hier haben wir Aussicht auf die Frickenhofer Höhe mit Hohentannen, Frickenhofen und Mittelbronn. Direkt vor uns liegt der langgestreckte Kransberg mit seiner in Bäumen versteckten Ruine. 500 m nach Hägeleshöfle überqueren wir die K 2634 und gelangen bald danach auf die Kohlenstraße, die 500 m über freies Feld zum Weiler Hohenberg führt. Nach Norden blicken wir in die weite Talmulde der Bühler. Rechts am Talhang ist die Tannenburg noch zu sehen. Nach Süden blicken wir über die ausgedehnten Wälder vor uns hinweg zur Frickenhofer Höhe, hinter welcher der Albtrauf mit Rosenstein und Scheuelberg sichtbar wird. Ca. 100 m nach den letzten Häusern, an der Weggabel (halblinks geht es nach Gerabronn), führt unser Z nach re, ein kurzes Stück über einen Wiesenweg, im Wald steil hinauf zum Altenberg, 565 m. Wegen des Waldes ist die Aussicht von dort auf wenige Ausblicke in den Wintermonaten zwischen Buchenstämmen hindurch in Richtung Bühlertal beschränkt. Versuche der Gemeinde Sulzbach-Laufen, dort einen neuen Aussichtsturm zu errichten, kamen über den guten Vorsatz nicht hinaus. Das frühere Aussichtsgerüst auf einer Jagdhütte ist längst verfallen. Beim Abstieg beachten wir die Abzweigung des AV-Weges mit Z r Kreuz nach li (dieser Weg führt weiter nach Adelmannsfelden und Ellwangen); unser Weg – nun mit Z r Punkt – führt ge weiter und später in einer weiten Linksausbiegung um einen kleinen Vorberg herum (in der TK ist noch der ältere Wegverlauf, re um den Vorberg herum und in den Talgrund hinab, eingezeichnet). Nach etwa 400 m zweigt unser Wanderweg auf einen Grasweg nach li ab und führt steil den Hang hinab zum Vorhardsweiler Weg. Der Name deutet auf eine Wüstung – eine längst verlassene und verfallene Siedlung. Dieser Weg führt im Talgrund des Nägelesbaches bergab. Nach 300 m führt ein anderer Wanderweg, ebenfalls mit Z r Punkt nach li aus dem Tal heraus und leicht hügelig über eine einsame Waldlandschaft nach Untergröningen. Wir aber bleiben auf unserem Talweg, der nun Abtsklingenweg heißt. Der kleine Bach hat sich hier tief eingegraben, links und rechts sehr steile, z. T. felsige Hänge mit recht ursprünglichem Pflanzen- und Baumbewuchs. Der Nägelesbach springt häufig über kleine Felsstufen. Schließlich gabelt sich am Beginn einer Waldwiese der Weg. Ohne Z geht's re abwärts nach Egelsbach, zur B 19 und entlang dieser nach Sulzbach zurück (Wanderstrecke dann nur 12 km). Wir gehen aber auf unserem AV-Weg mit Z r Punkt leicht bergauf weiter und stehen bald auf dem Straßensattel zwischen Sulzbach und Laufen, im Ortsteil **Heerberg**, mit seiner ehem. Wallfahrtskirche und heutigen ev. Kirche St. Maria.

Ev. Kirche St. Maria. Die Kirche aus dem frühen 15. Jh, erbaut von den Schenken von Limpurg-Gaildorf, besitzt einen dreiseitig geschlossenen Chor und einen, im unteren Geschoss als Kapelle ausgebauten Nordturm. Die Kirche enthielt ein „wundertätiges" Marienbild aus Alabaster, die sogenannte „Heerbergsmutter". Der Altarschrein mit dem Bildnis des Ulmer Malers Zeitblom war von **Justinus Kerner** entdeckt worden. Das Standbild wird jetzt im Kerner-Museum in Weinsberg aufbewahrt, während der Schrein die altdeutsche Sammlung des Landesmuseums in Ludwigsburg ziert und die Holzfiguren aus dem Altar die Schlosskirche in Untergröningen bereichern.

Westlich dieses Sattels erstreckt sich der Kransberg, an dessen Rand zur Kocherschleife hin früher eine Burg stand. Oberhalb der Kirche führt ein guter Weg mit Aussicht kocherauf- und kocherabwärts zur Ruine dieser Burg.

Burgruine Kransberg. Wahrscheinlich befand sich auf dem Kransberg eine vorgeschichtliche Fliehburg, später z. Zt. der Merowinger eine fränkische Königsburg und noch ein paar Jahrhunderte später eine staufische Burg, auf der Ministeriale saßen. Als Reste der spätromanischen, im Städtekrieg zerstörten Burg, stehen noch ein Stück der Schildmauer und daran anstoßend eine Mauer mit einem reich profilierten Kleebogenfries.

Unser Wanderweg führt ge oZ am noch erkennbaren Burggraben entlang. Nach wenigen Metern, bevor der Burggraben nach li seinen Radius zieht, führt uns ein Pfad in den Wald und steil abwärts in das

Die ganz von Wald umschlossene Burgruine Kransberg.

Aufn.: K. Seidel

Kochertal. Nach Verlassen des Waldes und nach ca. 50 m Wiesenweg stoßen wir auf einen Feldweg auf dem wir li folgend durch den Weiler Eisenschmiede kommen (ab hier geteertes Sträßchen) und kurz darauf die Talsohle erreichen. Parallel zum Bahngleis folgen wir dem Sträßchen li in Richtung Laufen und erreichen bald den Radweg nach Sulzbach, dem wir re über die überdachte Holzbrücke folgen. Ab hier sind es noch ca. 3 km flussabwärts im Kochertal bis nach Sulzbach.

W10   Untergröningen – Mittelhohlenbach – Höfenhölzle – Büchelberger Grat – Wildschweingehege beim Kocherhof – Rötenbachtal – Untergröningen

Strecke: 15 km
Wanderkarten: L 7124 Schwäbisch Gmünd oder Blatt F 13 Ellwangen – Aalen
Besonderheiten: A, F, G, K, P, W
Ausgangspunkt: P Bahnhof Untergröningen

Untergröningen siehe W 34 S. 231

Der Bahnhofstraße entlang gehen wir Richtung Ortsmitte zur B 19 (Haller Straße) und biegen in diese li ein. Dem AV-Weg mit den Z r Kreuz und r Punkt folgend überqueren wir in Kürze den Kocher und biegen nach der starken Linkskurve re ab. Steil führt uns der Forstweg die Alte Steige hinauf zur Anhöhe, rechter Hand vorbei an einer Felswand (ND) – eine Sandsteinformation, wie sie im Bereich des Schwäbischen Waldes immer wieder zu sehen ist – und an prachtvollen Eichen und Buchen (ND). Auf der Höhe führt uns das Teersträßchen an stattlichen Linden vorbei und gleich danach an der Weggabel li in den schönen Mischwald hinein. In Kürze erreichen wir die Verbindungs- straße Untergröningen – Wegstetten, der wir in nördlicher Richtung folgen. Bald erreichen wir die Abzweigung zum Gschwendhof, wir wandern jedoch noch ca. 100 m auf der Verbindungsstraße weiter und biegen dann re ab in den Geyerweg, weiterhin dem Z r Kreuz folgend (der r-Punkt-Weg geht ge weiter über den Altenberg Richtung Hohen- berg). Der gute Forstweg führt uns ein Stück am Waldrand entlang, immer leicht abwärts. Vor uns im Blickfeld erkennen wir den Waldhang des Büchelberger Grates. Im herrlichen Mischwald führt uns der Wanderweg sanft hinab in das Hohlenbachtal (LSG). Das Tal heißt im unteren Teil Rötenbachtal und im oberen Teil Hohlenbachtal. Kurz bevor wir den Talgrund erreichen, der Forstweg macht einen Rechts- bogen, geht unser Wanderweg als Pfad ge im Wald steil den Hang hinunter in den Talgrund. Im Tal queren wir die Fahrstraße, ebenso den Hohlenbach und folgen dem markierten Weg am Gehöft Mittel- hohlenbach vorbei, in den Wald hinein. Dem Forstweg folgen wir immer ge aufwärts, queren ein paar Waldwege bis wir auf einen gut

Das eindrucksvolle Schloss von 1564 überragt und beherrscht Unter- gröningen.   *Aufn.: K. Seidel*

ausgebauten Forstweg stoßen. Hier folgen wir li dem r-Kreuz-Weg, jetzt nur noch leicht ansteigend. Nach ca. 250 m biegt der Wanderweg re ab und führt steil hinauf zum Büchelberger Grat. Dieser Wegabschnitt ist schon längere Zeit, speziell bei Nässe, kaum begehbar. Deshalb wandern wir ge weiter, jetzt oZ. Es sind Bestrebungen im Gange, den AV-Weg hinauf zum Büchelberger Grat auf unsere weiterführende Route zu verlegen. Nach wenigen Min haben wir das Waldende und kurz danach eine Weggabel erreicht. Re geht es zu den Höfen Seelach, wir jedoch wandern ge weiter, jetzt auf einem Teersträßchen leicht abwärts, vorbei am Weiler Höfenhölzle und hinunter in das Tälchen. Im Talgrund folgen wir dem Sträßchen in einer Rechtskurve wieder hinauf zur Anhöhe. Der kleine Anstieg wird belohnt mit einem wunderschönen Ausblick nach re in das Tälchen, hinüber zur Bergwiese des Büchelberger Grates mit seinen Obstbäumen und zu den Höfen Seelach; – das „Kleinallgäu am Fuße des Büchelberger Grates". In Kürze erreichen wir eine Wegkreuzung, li geht es nach Untergröningen, ge nach Hinterbüchelberg (Einkehrmöglichkeit) und re, an einer Sitzbank vorbei, geht ein Weg mit Z r Kreuz hinauf zum Büchelberger Grat. Wir folgen diesem Feldweg, entlang einer Birkenreihe, zum Gehöft Spiegelrain (auf der TK ohne Namensbezeichnung). Von hier überrascht uns eine schöne Fernsicht zu den Ellwanger Bergen; – in nordöstlicher Richtung erkennen wir Adelmannsfelden und dahinter in nördlicher Richtung Hohenberg mit der Jakobuskirche. Der r-Kreuz-Weg führt vom Gehöft Spiegelrain hinunter nach Hinterbüchelberg, wir folgen jedoch, jetzt wieder oZ, dem Feld- und späteren Forstweg am Gehöft re hinauf durch das Wäldchen zum **Büchelberger Grat**. Auf dem Grat stoßen wir wieder auf unseren ursprünglichen r-Kreuz-Weg, dem wir in östlicher Richtung zum Wohnplatz Hohenhöfen folgen. An Hohenhöfen vorbei queren wir den Büchelberger Grat und wandern zur südlichen Gratseite. Hier belohnt uns ein kleiner Abstecher 100 m nach re mit einer herrlichen Sicht; – den Berghang hinab in das Kochertal, hinüber zum Ausläufer der Frickenhofer Höhe mit Schloss Untergröningen, Hohenstadt mit seiner Schlosskirche und im Hintergrund zur blauen Mauer der Schwäbischen Alb, – die Albkette mit Rosenstein und den Kaiserbergen. Nach der Ausschau kehren wir zu unserem r-Kreuz-Weg zurück, folgen diesem in östlicher Richtung. Nach ca. 300 m verlassen wir den r-Kreuz-Weg, er führt auf dem Grat weiter nach Vorderbüchelberg, und folgen dem Forstweg nach Süden Richtung Kocherhof. Fernab vom Alltagslärm, in der Stille des Waldes, wandern wir talwärts bis kurz vor Waldende. Der Weg steigt leicht an, die freie Landschaft ist jetzt zwischen den Bäumen zu erkennen und am Ende einer Linkskurve biegt ein Waldweg re ab, dem wir leicht ansteigend am Zaun des **Wildschweingeheges** entlang folgen. In Kürze kommen wir an einer Forsthütte vorbei, wir folgen hier dem Weg li hinunter in das

Maisenbachtälchen. Im Talgrund biegen wir li ab, weiterhin dem Gehege entlang, immer dem Bächlein folgend. Am Ende des Geheges stoßen wir auf den gut ausgebauten Forstweg „Teschentalweg". Hier können wir unseren Rucksack erleichtern und mit einem Apfel oder einem Stück Brot die „Schwarzkittel" anlocken; – mit etwas Glück kommen die „Grunzer" aus dem Unterholz an den Zaun und schmatzen uns etwas vor. In südlicher Richtung erkennen wir vor uns noch ein Stück des kleinen, zum Teil verlandeten Maisenweihers und re davon das erste Gebäude vom Weiler Maisenhäuser. Im spitzen Winkel folgen wir nun dem Teschentalweg leicht ansteigend in nördlicher Richtung. Nach ca. 50 m umgehen wir eine Schranke, wandern ge weiter und biegen ca. 300 m nach der Schranke auf der Höhe li in den Kirnhardshofweg ein. Nach ca. 200 m erreichen wir eine Wegspinne, bei der li Hand die Graf-Heinrich-Hütte steht. Vor der Wegspinne kommt von re ein Forstweg den Berghang herauf und mündet mit einem leichten Rechtsbogen in die Wegspinne. Wir folgen an der Wegspinne dem nächsten Weg ge hinab, der ge in das Rötenbachtal führt. In Kürze haben wir den Talgrund im Hinteren Rötenbach erreicht (Einkehrmöglichkeit). Im schönen Wiesental folgen wir dem in vielen Windungen mit Erlen gesäumten Bächlein nach li zum Weiler Vorderer Rötenbach. Beim ehemaligen Sägwerk zweigt ein Weg re ab, wir folgen ihm aufwärts durch das Wäldchen, vorbei an der Wochenendsiedlung auf die Rötenberger Höhe. Auf der Höhe biegen wir li in das Sträßchen ein und wandern abwärts in das Kochertal nach Untergröningen. Stolz und doch Gleichmaß und Harmonie verbreitend thront das weithin sichtbare Schloss über dem romantischen Tal, in dem der Kocher in großen Schleifen sich seinen Weg gebahnt hat. Im Talgrund folgen wir der Aalener Straße nach re, queren den Kocher, biegen an der Brauereigaststätte (Einkehrmöglichkeit) re ab und kehren zu unserem Ausgangspunkt am Bahnhof zurück.

W 11   Pommertsweiler – Vorderbüchelberg – Büchelberger Grat – Hohenhöfen – Hinterbüchelberg – Wildenhäusle – Pommertsweiler

Strecke: 13 km

Wanderkarten: L 7124 Schwäbisch Gmünd oder Blatt F 13 Ellwangen – Aalen

Besonderheiten: A, B, F, P, R, T, W

Ausgangspunkt: Pommertsweiler, Gemeinde Abtsgmünd, P bei der Turn- und Festhalle

Pommertsweiler. Die erste Erwähnung von Pommertsweiler (Bonbrehtsiler) datiert auf das Jahr 1361. Um 1400 kauften die Herren von Adelmannsfelden

Im Berrothbrunnen am Fuße des Büchelberger Grats entspringt die Bühler.
Aufn.: K. Seidel

einige Güter zu Pommertsweiler und Ramsenstrut von einem Ulrich von Schechingen. Das Dorf war in seiner Herrschaft lange Jahrhunderte geteilt. Ein Teil befand sich im Besitz des Klosters Ellwangen und wurde 1460 in die Fürstpropstei übernommen. Ein weiterer Teil gehörte zur Herrschaft Adelmannsfelden.

Vom P folgen wir der Oberen Straße nach li, – das Sträßchen führt uns in eine kleine Talsenke zur K 3244 (Lutstruter Straße). Auf dem Weg dorthin haben wir vor uns im Blickfeld den Berghang des Büchelberger Grates, – im Verlauf unserer Wanderung werden wir ihn in seiner ganzen Länge erwandern. Der Lutstruter Straße folgen wir nach li und biegen im Ort nach re in die L 1073 (Lange Straße) ein. Vor Ortsende, nach dem Gasthaus Adler, biegen wir re ab und folgen dem Teersträßchen über die freie Landschaft in den Wald hinein. Kurz vor Waldende kann re im Wald der Berrothsbrunnen (Ursprung der Bühler) aufgesucht werden; – mit Hilfe der TK ist die mit einem ND-Schild gekennzeichnete Quelle gut zu finden.

Berrothsbrunnen. Unscheinbar entspringt die Quelle aus dem Waldboden und wird als **Ursprung der Bühler** bezeichnet. Gespeist aus einer Reihe von

Wasserabflüssen des Büchelberger Grates nimmt das Bächlein, der Blinden Rot entgegengesetzt, seinen Lauf gegen Norden, jedoch kurz darauf mit etwas westlicher Richtung. Das Bächlein, mehrere Quellen zwischen Pommertsweiler und Straßdorf sowie der Lutstruter Bach durchfließen den Eisen- und Stahlweiher; erst der aus den Weihern hervortretende Bach bekommt den Namen Bühler. In vielen Windungen hat sich die junge Bühler durch das liebliche und erholsame Bühlertal ihren Weg zur Mündung in den Kocher bei Geislingen unterhalb Schwäbisch Hall gesucht.

Nach Ende des Waldes erblicken wir auf der Anhöhe des Büchelberger Grates den Weiler Vorderbüchelberg (sonntags Einkehrmöglichkeit), – das Sträßchen führt uns mit einer Serpentine den Wiesenhang hinauf zum Grat. Auf der Anhöhe folgen wir dem AV-Weg mit Z r Kreuz nach re. Vom Grat haben wir immer wieder schöne Fernsicht; – rückblickend erkennen wir die Schlösser Hohenbaldern und Kapfenburg sowie den Braunenberg mit seinem Fernsehturm, re haben wir Adelmannsfelden, im Hintergrund den Hohenberg mit seiner Jakobuskirche und die Waldlandschaft der Ellwanger Berge im Blickfeld. Nach Queren einer Wegkreuzung erreichen wir in Kürze die Weggabel mit Abzweigung re nach Straßdorf. Die Schutzhütte mit Sitzgruppe und Grillplatz zwischen der Weggabel bietet sich zur Wanderrast an. Auf dem Grat folgen wir weiterhin ge dem r-Kreuz-Weg und durchwandern nach kurzer Weg-strecke ein kleines Wäldchen. Re vom Weg führt nach dem Wäldchen, bzw. vor der Christbaumkultur ein Pfad zu der nur wenige m entfernten Hangkante. Eine Sitzbank und die herrliche Aussicht auf die weite Waldlandschaft der Ellwanger Berge locken zum Verweilen. Vor uns am Fuße des Berghanges haben wir den Weiler Straßdorf im Blickfeld und etwas halbre im Hintergrund erkennen wir Adelmannsfelden. In Kürze biegt der r-Kreuz-Weg nach re ab, er führt zum Wohnplatz Hohenhöfen, – wir wandern jedoch am südlichen Gratrand auf dem Feldweg ge weiter. Ab hier haben wir immer wieder herrliche Fernsicht, – den Berghang hinab in das Kochertal, hinüber zum Ausläufer der Frickenhofer Höhe mit Schloss Untergröningen, Hohenstadt mit seiner Schlosskirche und im Hintergrund zum Albtrauf mit Rosenstein und den Kaiserbergen Stuifen, Rechberg und Hohenstaufen. Am westlichen Ende des Büchelberger Grates folgen wir dem Feldweg nach re und wandern auf der nördlichen Gratseite in Richtung Hohenhöfen weiter. Der ganze Waldtrauf (ND) mit seinen stattlichen Buchen und Eichen ist eine Augenweide und ein Erlebnis in der Herbstfärbung. Ca. 100 m vor Hohenhöfen zeigt ein Holzschild nach li die Richtung zum Weiler Hinterbüchelberg an. Im spitzen Winkel folgen wir dem Weg dorthin abwärts, er führt uns durch das Wäldchen zum Gehöft Spiegelrain (auf der TK ohne Namensbezeichnung). Von hier überrascht uns die schöne Fernsicht zu den Ellwanger Bergen, in nordöstlicher Richtung erkennen wir wieder Adelmannsfelden und dahinter in nördlicher Richtung Hohenberg mit der Jakobuskirche. Wir folgen dem von li kommenden r-Kreuz-Weg, er führt vom Gehöft re hinunter nach Hinterbüchelberg.

Hinterbüchelberg (Gemeinde Abtsgmünd). 1531 erstmals erwähnt als Hinterbiechelberg. Grundherren mit eigener Gerichtsbarkeit waren die Herren Wöllstein (1587 an das Kapitel Ellwangen verkauft), die Herrschaft Adelmannsfelden und die Heiligenpflege Hohenstadt bzw. die Adelmann.

Nach dem Gasthaus Krone (Einkehrmöglichkeit) biegen wir an der Weggabel li ab Richtung Neumühle /Adelmannsfelden und am Ortsende vor dem Feldkreuz re und gleich vor dem Haus Nr. 6 li in den Wiesenweg, – immer dem Z r Kreuz folgend. Leicht abwärts führt uns der Wiesenpfad zwischen eingezäunten Weideflächen in eine Talmulde. Re, in ca. 150 m Entfernung, tragen vier stattliche Eichen zur Abwechslung der lieblichen Landschaft bei. In der Talmulde tritt das bis hierher verdolte Stahlbächlein an die Oberfläche. Dem Bachlauf folgen wir rechtsseitig auf dem Wiesenpfad Richtung Wald. In Kürze haben wir den Waldrand erreicht und folgen nach ca. 80 m dem Pfad in den Wald hinein. Nach wenigen m queren wir einen von re kommenden Bachlauf, der sogleich in den Stahlbach mündet. Nach kurzer Wegstrecke weitet sich der Pfad zum Waldweg. Der Weg, gesäumt mit Heidelbeerbüschen, führt ge durch schönen Mischwald. In einer kleinen Waldsenke queren wir eine Wegkreuzung, wandern unserem Z folgend ge leicht aufwärts weiter und erreichen kurz danach das Waldende. Wir stoßen auf ein Teersträßchen, der r-Kreuz-Weg geht li abwärts zur Hammerschmiede weiter, wir jedoch queren das Sträßchen und biegen gleich re ab Richtung Wildenhäusle.
Der schön gelegene Badesee bei der Hammerschmiede lädt zum Verweilen ein. Wer den See aufsuchen möchte, erreicht den weiterführenden Wanderweg beim Gehöft Altweiher wieder, indem man beim Gehöft Ziegelhütte li abbiegt, – das Sträßchen führt oberhalb des Sees dorthin.

Hammerschmiedesee siehe RW 58 S. 320

Der Wanderweg führt uns linker Hand am Weiler Wildenhof vorbei zum Weiler Wildenhäusle.

Wildenhof. Vohensteinische Meierei, die durch Heirat an Samuel Friedrich v. Gültlingen kam. Durch dessen Händelsucht kam es 1771 zu einer militärischen Exekution mit Schießerei, der sich ein Prozess beim Reichskammergericht anschloss.
Wildenhäusle. Der Weiler wurde von den Vohenstein angelegt.

Den Weiler Wildenhäusle queren wir in östlicher Richtung. Leicht abwärts wandern wir zum Gehöft Altweiher; – rechter Hand, über dem Tal mit seinen Weihern ist nun greifbar nahe Pommertsweiler zu sehen. Beim Gehöft Altweiher biegen wir re ab, queren kurz danach eine Kreuzung und wandern an den Weihern vorbei, danach leicht aufwärts den Wiesen und Feldern entlang, zu unserem Ausgangspunkt in Pommertsweiler zurück.

W 12   Eggenrot – Rabenhof – Orrotsee – Hohenberg – Griesweiler – Eggenrot

Strecke: 18 km
Wanderkarten: L 6926 Crailsheim und L 7126 Aalen oder Blatt F 13 Ellwangen – Aalen
Besonderheiten: A, B, F, K, R, W
Ausgangspunkt: P an der L 1060 von Ellwangen nach Schwäbisch Hall, ca. 500 m vor Eggenrot an der Abzweigung nach Adelmannsfelden.

Gegenüber dem P (Nordseite der L 1060) wandern wir auf dem geteerten Feldweg auf das nordöstlich gelegene Waldeck zu. Weiter dem Waldrand entlang, vorbei an dem re liegenden Weiler Braune Hardt, bis kurz vor die B 290. Ab hier folgen wir einem mit senkrechtem Rotstrich auf weißem Schild bezeichneten Weg zum Weiler Rabenhof.

Rabenhof. 1896 gegründet als Armen- und Bewahrungsanstalt mit 120 Heimplätzen. Die Heimbewohner wurden im Gutshof beschäftigt. Hinzu kam eine Abteilung für geistig Behinderte. Der Landeswohlfahrtsverband – seit 1964 Träger des Heimes – errichtete ab 1979 durch eine Generalsanierung und Neubauten 260 Heimplätze zur Betreuung seelisch behinderter Menschen mit Gemeinschafts- und Beschäftigungseinrichtungen.

Dem Weg weiter folgend in nördlicher Richtung, vorbei an der li liegenden Scheuensägmühle, erreichen wir den TP 474. Ab hier wandern wir auf dem Weg zunächst nach Westen und dann nach Norden hinab zum Damm des Orrotsees. Man kann am See auf der Süd- und Nordseite entlang gehen, Grillstellen laden auf beiden Seiten zum Baden und Verweilen ein.
Wir wandern am Damm westlich des Sees nicht auf dem AV-Weg mit Z r Kreuz weiter, sondern auf dem li abzweigenden, mit einem Hasen bezeichneten Waldweg bachaufwärts. Nach ca. 1 km erreichen wir einige kleine Weiher. Beim letzten Weiher wandern wir ge über Wiesen hinauf zur L 1060 und überqueren diese. Ab hier folgen wir dem AV-

Weithin sichtbar ist die auf einem Liasplateau gelegene St. Jakobus-Kirche bei Hohenberg, die Station am Jakobuspilgerweg war.
Aufn.: K. Seidel

Weg mit Z r Kreuz in westlicher Richtung. Mitten in der Ortschaft Hohenberg kommt von li der HW 4 mit Z r Strich; – beide Wanderwege vereint führen uns auf den gleichlautenden Berg wie die Ortschaft, – auf den Hohenberg hinauf.

St. Jakobus-Kirche bei Hohenberg. Die im 12. Jh von Ellwangen aus gegründete Propsteikirche St. Jakobus (kath.) steht markant auf dem die Landschaft der Ellwanger Berge beherrschenden Hügel über dem Ort. Sie war Station am uralten Jakobuspilgerweg nach Santiago de Compostela in Spanien. Die heutige Kirche, 1896 wesentlich erneuert, aber eng orientiert an Grund- und Aufriss der romanischen Basilika, von der die Wände des Untergeschosses und die Hauptapsis stammen. Seitenportal mit Ornamentschmuck spätes 12. Jh (Band- und Zickzackfries).
Im Innern, das den romanischen Charakter gewahrt hat, im Chor Kruzifix aus dem 16. Jh zwischen barocken Figuren der Maria und Johannes Ev.. Rechts vom Chorbogen sehr gute Barockfigur Kirchenpatron St. Jakobus mit der Pilgermuschel, links barocke Madonna. Geschnitzte Beichtstühle aus dem Rokoko. Moderne Glasfenster von **Sieger Köder**; im südlichen Seitenschiff, in überwiegend rot gehaltenen Farben, Weihnachten, Passion und Ostern, nördlich gegenüberstehend, in überwiegend blauen Farben, die jeweils alttestamentarischen Entsprechungen. Zwei neue Glasfenster vom selben Künstler an den Stirnseiten des Querschiffes; links Welterschaffung, rechts Wurzel Jesse.

Das Pfarrhaus vor der Kirche ist an der Ostseite über die gesamte Wandfläche einschließlich Giebel geschmückt mit einem eindruckvollen Fresko der Jakobuslegende, an der Ostseite mit einem in dunklen, schwarz-grauen Farben gemalten Totentanz, beide von Sieger Köder, ebenso die Glasfenster der Aussegnungshalle.

Vom Ort hinauf zur Kirche führt ein neugotischer Kreuzweg vom Ende des letzten Jahrhunderts.

Von hier oben herrlicher Rundblick nach Norden zum Burgberg, südöstlich nach Ellwangen mit Schönenberg und Schloss, dahinter zu den Albbergen Hohenbaldern, Ipf und Kapfenburg. Wir verlassen den Hohenberg wieder auf dem HW 4 und gehen in Ortsmitte auf der K 3234 (AV-Weg mit Z r Strich) nach Südwesten in Richtung Neuler. Nach ca. 400 m biegt unser HW 4-Weg li ab zum Dieselhof; ab hier wandern wir den Rotenbach entlang bis zum Weiler Griesweiler. Hier verlassen wir den Rotenbach und wandern in südlicher Richtung nach Altmannsrot und von dort wieder hinab zum Rotenbach zur Bahnmühle. Der HW 4 führt uns an der Bahnmühle re durch ein kleines Waldstück zur Südseite des Glasweihers. Am Ende des Weihers überqueren wir die L 1073; – und nach ca. 250 m verlassen wir den HW 4 und wandern li den Waldweg hinauf, bis wir auf den „Trimm-dich-Pfad" stoßen. Diesem folgen wir nach li – nach ca. 500 m haben wir dann unseren Ausgangspunkt wieder erreicht.

W 13   Ellwangen – Galgenwald – Mächlerhütte – Hinterlengen-berg – Vorderlengenberg – Schrezheim – Ellwangen

Strecke: 16 km
Wanderkarten: L 7126 Aalen oder Blatt F 13 Ellwangen – Aalen
Besonderheiten: A, F, K, W
Ausgangspunkt: Ellwangen, P Schießwasen

Ellwangen siehe Stadtbeschreibung S. 101

Wir queren beim P die Rotenbacher Straße und gehen auf der B 290 in nördlicher Richtung an der Stadthalle vorbei bis zur Abzweigung „St.-Anna-Klinik". Hier biegen wir li in den Nibelungenweg und wandern leicht ansteigend die Anhöhe hinauf. Sehr schön der Anblick der artenreichen Laubbäume an den Hängen des zu einem Hohlweg übergehenden Sträßchens. Auf der Höhe angekommen, sehen wir li die am Berghang stehenden Häuser von Rotenbach; – rückschauend haben wir einen schönen Blick auf Ellwangen mit Basilika und der

Wallfahrtskirche auf dem Schönenberg. Entlang der Birkenreihe neben
dem Sträßchen kommen wir zu einer Weggabel – hier gehen wir re
weiter zum Waldeck. Am „Kreuz der Heimat" vorbei, danach, bei der
Eiche mit Reviertafel „Hochgericht", li in den „Galgenwald" hinein und
ge dem guten Forstweg folgend erreichen wir nach ca. 150 m das
archäologische Denkmal „Galgen".

Frühneuzeitliche Gerichtstätte „Galgen". Im Sommer 1990 wurde dem
Landesdenkmalamt gemeldet, dass hier durch Windbruch (Orkan Wiebke) ein
Fundament freigelegt worden war. Wie eine Besichtigung vor Ort ergab, handelte
es sich aller Wahrscheinlichkeit nach um die Reste einer Hinrichtungstätte. Bei
Grabungen konnten drei massive Bruchsteinfundamente sowie Gräber freigelegt
werden, d. h., dass hier ehemals ein dreiseitiger Galgen stand. Nach Beendigung
der Ausgrabungen wurde der Richtplatz mit Erde bedeckt, um diese historischen
Quellen für die Zukunft zu erhalten. Es wurden hier keine Bäume mehr gepflanzt,
vielmehr erinnert ein kleiner Gedenkstein auf der freien Rasenfläche an die Toten.
Die katholische Kirchengemeinde plant hier eine Gedenkstätte für die Opfer der
Ellwanger Hexenverfolgung zu errichten.

Nur wenige Meter nach der Gerichtstätte erreichen wir eine Wegkreuzung (in der TK noch nicht eingezeichnet), hier gehen wir li abwärts
bis zum Waldrand. Am Waldrand gehen wir dem Forstweg halbre bis
zum Teersträßchen. Wir queren das Sträßchen und gehen am Waldrand
weiter talwärts Richtung Ölmühle im Rotenbachtal. Ab dem Sträßchen
im Tal folgen wir dem HW 4 mit Z r Strich bachaufwärts. Wir gehen re
der Ölmühle auf einem schattigen Waldweg entlang des Rotenbachtales.
Das **Rotenbachtal** ist ein Keupertal, das seinen völlig natürlichen
Charakter bewahrt hat und wegen seiner letzten größeren Schilf-,
Röhricht- und Riedbestände als LSG ausgewiesen wurde. Der Waldweg
wird an manchen Stellen zum Pfad, der etwas erhöht über dem Talgrund
am Waldhang entlang führt. Immer wieder haben wir zwischen den
Bäumen freien Blick auf das unberührte schöne Rotenbachtal. Kurz
bevor wir die L 1073 erreichen, sehen wir re die Geländeeinschnitte
ehemaliger Steinbrüche. In die L 1073 biegen wir li ein und queren auf
Höhe Einfahrt Glasweiher die Straße. Beim Weiher gehen wir die
Staffeln hinauf zum Damm, oben li und am Ufer entlang dem r-Strich-
Weg folgend. Am Einlauf des Rotenbaches in den Weiher geht der r-
Strich-Weg ge weiter, wir jedoch gehen li im Wald den Forstweg
aufwärts. Auf der Höhe führt der Weg aus dem Wald heraus und weiter
zur L 1073. Wir queren die Straße und gehen auf dieser nach re weiter in
nordwestlicher Richtung. Nach ca. 80 m biegen wir li in den Feldweg
ein, der uns zum Waldrand führt. Wir folgen dem guten Forstweg re in
den Wald hinein. Kurz darauf erreichen wir eine Weggabel, der gute
Forstweg geht im li Bogen weiter, wir jedoch gehen re, den etwas
schmäleren Forstweg weiter. Bald kommen wir aus dem Wald heraus,

*Der Espachweiher bei
Espachweiler.
Aufn.: Kreisarchiv Ostalb-
kreis (B. Hildebrand)*

gehen ge am Waldrand weiter (rechter Hand Acker, bzw. Wiese) und kommen nach ca. 200 m wieder in den Wald. Hier weiter ge, leicht ansteigend, erreichen wir nach ca. 200 m die „Mächlerhütte". Die Hütte mit Sitzgruppe, der Brunnen und die Stille im Wald locken zum Verweilen. Auf dem Forstweg vor der Hütte gehen wir li weiter in südlicher Richtung; – wir stoßen nach wenigen Min auf einen weiteren Forstweg, dem wir nur wenige m nach re folgend zu einer Wegspinne kommen. In der Mitte der Wegspinne, auf einer kleinen Dreiecksinsel, steht ein noch kleiner, sehr schöner Mammutbaum (Wellingtonie). Bei der Wegspinne gehen wir li im Revierteil „Nordhang" auf gutem Forstweg den Bergwald hinauf und auf der Höhe immer ge weiter. Auf dem Höhenweg haben wir immer wieder schönen Fernblick auf das Ellwanger Umland. Kurz vor Waldende biegt der Forstweg li ab und geht den Berg hinunter, wir jedoch gehen ge weiter und kommen nach ca. 50 m aus dem Wald heraus. Vor uns sehen wir den Weiler Hinterlengenberg mit seinem Wasserturm, den wir in wenigen Min auf dem Wiesenweg erreichen.

Hinterlengenberg. Der Wohnplatz Hinterlengenberg liegt 3 km westlich von Schrezheim und ist mit seiner Höhe von 540 m die höchste Erhebung im Ellwanger

Umland. Der Weiler wird als „Lengenberg" urkundlich im Jahre 1136 erstmals genannt. 1337 besass das Kloster Ellwangen in Lengenberg einen Hof und sieben Güter.

Hinterlengenberg queren wir auf dem Teersträßchen in südöstlicher Richtung. Nach ca. 300 m biegt das Teersträßchen re ab, wir aber gehen ge auf dem Feldweg weiter zum Waldrand. Am Waldrand stoßen wir auf den AV-Weg mit Z r Kreuz, der von Ellwangen nach Adelmannsfelden führt. Wir überqueren diesen Weg und gehen auf einem hier beginnenden r-Kreuz-Weg ge in den Wald hinein weiter. Vom schönen Mischwald aus werden wir immer wieder mit einer herrlichen Aussicht auf das Ellwanger Umland belohnt. Am Ende des Waldes folgen wir dem r-Kreuz-Weg nach re am Waldrand entlang, vorbei an zwei Forsthütten und stoßen bald danach auf einen Schotterweg. Der r-Kreuz-Weg geht hier re weiter, wir jedoch folgen dem Weg nach li; – vor uns sehen wir das Gehöft Vorderlengenberg, welches wir auch gleich erreichen.

Vorderlengenberg liegt am Südvorsprung des Lengenberges und wird gewöhnlich Lenzenhof genannt. Der Name soll von seinem ehemaligen Besitzer „Lenz" abgeleitet worden sein. Das ehem. Hofgut war zuletzt, bis 1979, Forstrevierstelle und ist heute in Privatbesitz. Neben dem Gebäude steht ein prächtiger Mammutbaum (ND).

Wir gehen weiter in Richtung Osten, bis nach dem Wald die Sicht frei wird auf die Höhen der Schwäbischen Alb. Von li erkennen wir Schloss Baldern, die Kapfenburg mit der Ortschaft Hülen, den Braunenberg mit Sendeturm. Bei klarer Sicht sehen wir weiter westlich die Kaiserberge. Auf der Anhöhe gegenüber das Dorf Schwenningen mit seiner Wallfahrtskapelle „Heilig Blut", westlich die Ortschaft Neuler, unten im Tal die Häuser von Espachweiler mit dem Espachweiher. Wir folgen dem Teersträßchen abwärts, das uns vorbei an den Wasserbehältern in das Tal führt. Kurz vor der K 3333 kommen wir an der zwischen zwei Birken stehenden Wegkapelle, auch nach dem Gewann Rotfeld „Rotkäppele" genannt, vorbei. Auf der K 3333 gehen wir ca. 50 m nach li, queren die Straße und folgen dem geteerten Feldweg ge weiter. Der Weg macht einen langgezogenen Linksbogen. Re unten im Sizenbachtal schlängelt sich der Sizenbach, dessen Ufer mit Schwarzerlen und Weiden bewachsen sind, in vielen Windungen durch das liebliche Wiesental. Das von Wald eingesäumte Tal wurde wegen seiner Urwüchsigkeit und Schönheit als LSG ausgewiesen. Wir gelangen zu einer Weggabel, hier gehen wir halbre zum Waldrand und an diesem li auf dem Schotterweg weiter. Eine kurze Strecke führt der Weg durch das Wäldchen, in diesem stoßen wir auf einen Forstweg, der uns nach li aus dem Waldstück und danach auf einem Teersträßchen ge weiter zum Weiler Schleifhäusle führt.

Missionshaus und Kloster „Josefstal". Re unten im Josefstal sehen wir das ehemalige Mühlengebäude stehen. Das Gebäude wurde zum Missionshaus umgebaut – 1921 zogen die Missionare des Ordens der „Söhne des Heiligen Herzen Jesu" auf und errichteten für Missions-Zöglinge ein Erziehungsheim mit mustergültiger Landwirtschaft. Das Missionshaus erfreute sich an dem Zustrom vieler Zöglinge, was zuletzt zu einer hoffnungslosen Überfüllung führte, sodass man sich 1970 entschloss, auf dem nahen Hügel ein neues Missionshaus, das Kloster „Josefstal" zu bauen (rückschauend ist das Kloster zu sehen).
Schleifhäusle. Der Weiler wird im dritten Zinsbuch (1453–1460) mit zwei Schleifmühlen zu Sterzbach, zum Burgamt Ellwangen gehörend, erwähnt. Im Jahre 1407 wird bereits ein Weiher am Sterzbach aufgeführt. Der durch Schleifhäusle führende Sizenbach oder „Naundel", wie er auch genannt wird, war die Veranlassung zur Gründung des Weilers. Wegen seines Gefälles und seiner geschützten Lage, wurde der Bach wirtschaftlich genutzt. Entlang des Baches wurden Hütten errichtet, diese mit Wasserrädern versehen, die einen Schleifstein antrieben. Damit waren Schleifereien eingerichtet. So mögen mehrere Schleif-häuslein entlang der Naundel gestanden sein. Ellwanger Handwerker, Schlosser und Schmiede, insbesondere Waffenschmiede, haben in den Schleifhäuslein ihre fertig geschmiedeten Arbeiten von den Schleifern schleifen lassen. Aus den Schleifhütten entstanden kleine Häuslein mit Kochstelle, Wohnhäuser. Die fabrikmäßige Herstellung von Werkzeugen hat auch hier, wie überall, das Schleifhandwerk zurückgedrängt. In den Schleifhütten standen die Schleifsteine still. Den in dem zum Jagsttal vom obersten Sizenbachtal entstandenen Weiler nannte man Schleifhäusle. Zu Beginn des 20. Jh standen, am sogenannten Schleifweiher, noch eine Mahlmühle, eine Gips- und Haberstampfmühle, sowie eine Sägmühle.

Der Glasurweg am Beginn vom Weiler Schleifhäusle führt uns leicht abwärts zur L 1075. Auf dieser biegen wir li ein und gehen dem Z r Strich folgend nach Schrezheim.

Schrezheim. Auf einem Stubensandsteinsporn über der Jagst ist der Ort heute fast mit Ellwangen baulich zusammengewachsen. Schrezheim lag im Machtbereich des Klosters Ellwangen und wird im Jahre 1337 erstmals urkundlich genannt. Der verträumte Landort erwachte 1752 zu neuem Leben, als **Johann Baptist Bux** eine **Fayencemanufaktur** eröffnete. Durch diese Fayencefabrik ist Schrezheim weit über die Landesgrenze hinaus bekannt geworden. Die Fayencefabrik brannte im Jahre 1872 nieder und wurde nicht wieder aufgebaut. Nachdem im Jahre 1873 eine eisenhaltige Mineralquelle entdeckt wurde, ist ein für die damalige Zeit mustergültiges Mineralbad eingerichtet worden. Die Quelle ist versiegt, das Mineralbad-Schrezheim gehört seit 1887 der Vergangenheit an.

Wir queren die Bahnlinie, gehen auf der Jagststraße ge weiter, queren die K 3333 und gelangen zum Kleinod des Dorfes, zur Antoniuskapelle.

St.-Antonius-Kapelle (kath.). Die Kapelle, gestiftet von einem Ziegeleibesitzer, 1729 geweiht, hatte die Funktion einer Familienkapelle der Familien Ziegler und Bux, die 1752 eine Fayencefabrik gegründet hatten. Die Besonderheit der als Bauwerk einfachen Kapelle sind die drei Barockaltäre mit guten Altarblättern von 1729. Der größte Schatz der Kapelle ist der Fayencealtar auf der Mensa des li Seitenaltars, eine besonders reizvolle Spielart der Kunst des Rokokos in unserem Raum. Er stammt von 1773/74, ursprünglich bestimmt als Tabernakelvorsatz für den Hochaltar. Über dem Tabernakel Aufbau mit baldachinartiger Nische, in ihr farbig gefasste Holzskulptur der Muttergottes. Altaraufbau mit Putten und reichem Rokokozierat, Rocaillen und anderen Barockformen. Die feine Bemalung entspricht der Fayencekunst, insbesondere die farbig gefassten Blumenbuketts und Gehänge. Das Altarblatt stammt von Scheffler, die Deckenfresken mit Szenen der Legende des hl. Antonius von Padua von Josef Wintergerst.

Der Weiterweg mit Z r Strich führt uns zum Damm der Jagst, hier queren wir zuerst li die Bahnunterführung und dann re die Jagstbrücke. Wir kommen am Sportplatz vorbei, biegen beim ersten Gebäude li ab, queren das Jagsttal und biegen vor dem Steg über die Jagst re ab (der r-Strich-Weg geht über den Steg) und folgen dem Radwanderweg „Jagsttalweg". Auf einem Holzsteg queren wir die Jagst, danach re und nach wenigen Min haben wir unseren Ausgangspunkt wieder erreicht.

W 14   Abtsgmünd – Tal der Blinden Rot – Pfaffenhölzle – Ramsenstrut – Binderhof – Abtsgmünd

Strecke: 16 km
Wanderkarten: L 7124 Schwäbisch Gmünd und L 7126 Aalen oder Blatt F 13 Ellwangen – Aalen
Besonderheiten: A, F, K, P, W
Ausgangspunkt: Abtsgmünd, P Kochertalmetropolie (Sport- und Festhalle)

Abtsgmünd siehe W 35 S. 234

Vom P gehen wir vor zur Hauptstraße, queren diese und gehen li weiter, über die Kocherbrücke zur B 19. Nach Queren der B 19 folgen wir dem AV-Weg mit Z r Kreuz ge zwischen den Häusern durch und sogleich am Berghang re dem Pfad durch ein kleines Wäldchen die Anhöhe hinauf. Bei aufgeweichtem Boden bietet sich folgende Wegvariante an: Wir queren die B 19, gehen nach li und biegen nach 10 m re ab in das

Blick auf Abtsgmünd.   *Aufn.: R. Scharpfenecker*

Sträßchen „Herdle", folgen diesem nach ca. 50 m re aufwärts; – es führt uns ge und kurz danach im re Bogen am Waldrand die Anhöhe hinauf. Wir stoßen dann bei der nächsten Weggabel wieder auf unseren r-Kreuz-Weg.

Nachdem wir auf dem Pfad die Anhöhe erreicht haben, gehen wir vor dem Umsetzmasten auf dem Wiesenweg weiter und folgen diesem noch ein kurzes Stück in nördlicher Richtung, bis er seitlich in eine Weggabel mündet. Der r-Kreuz-Weg teilt sich hier in zwei Richtungen; – der eine Weg geht ge weiter Richtung Ellwangen, wir jedoch folgen dem r-Kreuz-Weg nach li Richtung Untergröningen. Linker Hand kommen wir an einer Andachtsstation und kurz danach an einer weiteren vorbei. Von hier haben wir rückblickend eine schöne Fernsicht zum Albtrauf, vom Braunenberg zum Rosenstein, jeweils mit Fernsehturm. Auf unserem Weiterweg erblicken wir dann li auf der Anhöhe über dem Kochertal Schloss Hohenstadt mit seiner Wallfahrtskirche. Auf dem geteerten Feldweg wandern wir zwischen Wiesen Richtung Wald. Zu Beginn des Waldes folgen wir dem r-Kreuz-Weg halbli leicht abwärts ein kurzes Stück am Waldrand an stattlichen Eichen und Buchen und linker Hand am Weidezaun entlang. Am Ende des Zaunes führt der Weg halbli den Waldhang hinab; – wir jedoch folgen halbre dem Pfad steil den Waldhang hinab in das Tal der Blinden Rot. Der Weiterweg führt uns im Tal auf dem Wiesenweg ge zur Blinden Rot, welche wir auf einem romantischen Holzsteg überqueren. Nach wenigen m haben wir das „Rottalsträßchen" erreicht, dem wir nach re, jetzt oZ, talaufwärts folgen.

Tal der Blinden Rot (NSG). Das Tal ist noch sehr naturbelassen und der Bach ist von Ufergehölzen gesäumt. Eine Großzahl von Tieren und Pflanzen sind hier heimisch. Bemerkenswert sind zum Beispiel am Bachlauf Eisvogel, Wasseramsel, Gebirgsstelze, Gebänderte Prachtlibelle; am Waldrand Grünspecht; im Altholz Schwarzspecht; auf Waldwegen Kleiner Schillerfalter, Trauermantel; an Tümpeln Wasserschwertlilien; in Feuchtwiesen Trollblumen, Kleines- und Breitblättriges Knabenkraut.

Nach ca. 1,5 km erreichen wir einen Geräteschuppen mit Wegabzweigung nach re. Li am Hang sprudelt eine Quelle aus dem Berg und sorgt für erfrischende Abkühlung. Wir wandern im Talgrund ge weiter, kommen an der Ölmühle (heute Sägwerk) und danach am ev. Jugendheim vorbei. In der Stille des Tales; – sicherlich eines der schönsten Flusstäler in Ostwürttemberg, fernab jeglichen Alltaglärms, hat die Blinde Rot ihren Weg durch viele Windungen und teilweise Schluchten vom Ursprung beim Hirschhof, Nähe Vorderuhlberg im Landkreis Schwäbisch Hall, bis in das Kochertal gefunden, wo sie vom Kocher beim Weiler Scheufele aufgenommen wird. Der oft rötlich schimmernde Keuper, die zum Teil dichten Wälder und Büsche, sowie manch enge Talaue durch welche das Bächlein dahinfließt und es somit „blind" machen, gaben der Rot wohl ihren Namen. Ca. 800 m nach dem Jugendheim queren wir den Bachlauf und wandern auf der re Uferseite (orographisch li Uferseite) weiterhin talaufwärts. Etwa 800 m nach der Brücke mündet ein Forstweg von li in unseren Weg und nach ca. 50 m gelangen wir zu einem Wegdreieck. Hier verlassen wir das Tal und folgen im spitzen Winkel re dem Forstweg mit Z bl Strich aufwärts. Nach ca. 300 m weist uns ein AV-Wegzeiger den Weiterweg Richtung Hüttlingen. Dem bl-Strich-Weg folgen wir im Hochwald und kommen in Kürze, nach Verlassen des Waldes, am Wohnplatz Pfaffenhölzle vorbei. Steil aufwärts, noch ein Stück am Waldrand entlang, wandern wir jetzt auf einem Teersträßchen zur Anhöhe hinauf. Auf der Anhöhe haben wir linker Hand den Wasserturm von Neuler im Blickfeld, in östlicher Richtung zeigt sich Schloss Baldern, sowie der Albtrauf mit Braunenberg und Rosenstein. Wir biegen nach re in die K 3232 ein und folgen dieser zum Weiler Ramsenstrut.

Ramsenstrut (Gemeinde Neuler) liegt am Rande der Liashochfläche westlich über dem Schlierbachtal. Die erste Erwähnung von Ramsenstrut (Raemesenstruot

*Baumgruppe mit Feld-
kreuz am Hirtenweiher.
Aufn.: K. Seidel*

– struot = Gebüsch) um 1240. Ortsadel um 1250, ellwangische Ministerialen. Später waren die Adelmann, Pfahlheim, Kottspiel und andere von Ellwangen mit hiesigen Gütern belehnt, die teilweise ans Kloster verkauft wurden. Im 18. Jh gehörte die hohe Obrigkeit Ellwangen, während am Grundbesitz auch die Herrschaft Adelmannsfelden Anteil hatte. 1361 stiftete Abt Kuno von Ellwangen eine Kaplanei in die Nikolauskapelle; diese wurde 1963 abgebrochen und durch die Bruder-Klaus-Kapelle ersetzt.

Am Dorfweiher vorbei stoßen wir dann mitten im Weiler auf den AV-Weg mit Z r Kreuz, dem wir nach re in die Jägerstraße folgen. Vorbei an zwei stattlichen Linden, unter deren Schatten sich auf der Sitzbank gut ausruhen lässt, gelangen wir sogleich in die freie Landschaft. Von hier bis zum Abstieg in das Krummbachtal genießen wir je nach Standort immer wieder herrliche Rundblicke, li von Schloss Baldern zum Albtrauf mit Schloss Kapfenburg, Braunenberg, Rosenstein, Stuifen, Rechberg und Hohenstaufen. Nach kurzer Wegstrecke gelangen wir zu einer Weggabel. Wir folgen auf der Hochebene dem r-Kreuz-Weg nach li zum Waldrand und weiter nach Süden Richtung Bronnen. Nach wenigen Min erreichen wir den Hirtenweiher (ND) mit Baumgruppe und Feldkreuz. Ge vor uns erkennen wir den Weiler Bronnen. Am Weiher biegen wir re ab, wir folgen dem r-Kreuz-Weg Richtung Binderhof. Vor uns sehen wir über dem Kochertal die Ortschaft Dewangen mit ihrem Wasserturm und noch einmal im Hintergrund, bevor uns im Tal die Fernsicht genommen wird, die blaue Mauer der Schwäbischen Alb – immer wieder ein wunderschöner Anblick. Sehr schön ist auch der Blick li hinab in das Krummbachtal mit den herrlichen Obstbaumwiesen am Berghang. Der Krummbach entspringt aus dem Hirtenweiher, er wird auf seinem kurzen Lauf noch von ein paar kleinen Quellen gespeist und mündet in den Kocher. An den Höfen Binderhof wandern wir vorbei und gelangen sogleich zur L 1075, in die wir nach re einbiegen. Nach kurzer Wegstrecke (leider ohne Gehweg – daher Vorsicht) erreichen wir den Wald und auf einer kleinen Anhöhe re im Wald den WP. Nach dem P gehen wir auf dem Hefteweg ge weiter; – den Waldhang Buchhalde umwandern wir in einem großen Linksbogen bis zu einer Wegspinne. Hier folgen wir dem Forstweg nach re, er geht nach ca. 100 m im re Bogen abwärts in das Rottal; – wir jedoch gehen auf dem r-Kreuz-Weg ge weiter, er führt uns nach ca. 150 m aus dem Wald hinaus und geht in einen Hohlweg über. Linker Hand kommen wir an einer gepflegten Obstbaumwiese mit Bienenstand vorbei und erreichen anschließend eine freie Stelle am Berghang mit Sicht in das Kochertal und auf Abtsgmünd. Noch wenige m und wir sind wieder an der Weggabel angelangt, die wir kurz nach Beginn unserer Wanderung passiert haben. Je nach Bodenverhältnissen wandern wir unserem Z folgend den Pfad hinab in das Kochertal, oder wir gehen das Sträßchen ge weiter abwärts; – beide Wege führen uns zum Ausgangspunkt in Abtsgmünd zurück.

Wanderheim der Ortsgruppe Abtsgmünd am Laubbach-Stausee siehe RW 58 S. 322

Busverbindung Aalen – Abtsgmünd

W 15   Neuler – Espachweiler – Leinenfirst – Papiermühle – Tal der Blinden Rot – Ramsenstrut – Neuler

Strecke: 16 km
Wanderkarten: L 7126 Aalen oder Blatt F 13 Ellwangen – Aalen
Besonderheiten: A, F, P, R, W
Ausgangspunkt: Neuler, P in Ortsmitte

Neuler. Erste urkundliche Erwähnung 1120, jedoch vermutlich Siedlung schon im 7. Jh. Neuler kam, ebenso wie die Dörfer, die heute seine Ortsteile bilden, schon früh an das Kloster und die spätere Fürstpropstei Ellwangen.
Pfarrkirche St. Benedikt (kath.). Der 1746 errichtete Bau ist eine große Saalkirche mit eingezogenem Chor. Die Deckenbilder mit Szenen aus dem Leben

*Talwiese im Tal der Blin-
den Rot (NSG) mit Breit-
blättrigem Knabenkraut
und Trollblumen.
Aufn.: H. Fürst*

des hl. Benedikt von Johann Michael Zink, um 1730. Beachtlich die Kanzel aus
dem Frühbarock mit Figuren von Christus und den Evangelisten. Die Altäre schon
klassizistisch streng, im Hauptaltar eine barocke Kreuzigungsgruppe, an den
Seitenaltären Bilder der Beweinung sowie Martyrium des hl. Sebastian.
Qualitätvolle barocke Heiligenfiguren an den Langhauswänden und an den
Seitenaltären (rechts guter hl. Wendelin), bemerkenswert vor allem links die
Schutzmantelmadonna.

Auf der L 1075 wandern wir von Neuler in Richtung Schwenningen. Ca.
600 m nach Ortsende, bei dem Feldkreuz, verlassen wir die L 1075 nach
li und kommen sogleich zum TP 525, einem schönen Aussichtspunkt.
Besonders schön der Blick in nordöstlicher Richtung nach Ellwangen
mit Schloss und der Wallfahrtskirche auf dem Schönenberg, sowie in
östlicher und südlicher Richtung herrlicher Rundblick von Hohenbaldern bis zu den Kaiserbergen.
Am TP wandern wir li weiter zur alten Straße nach Espachweiler und
folgen dieser dann re. Linker Hand steht eine mächtige Eiche (ND) und
nur 10 Schritte weiter erinnert uns ein Steinkreuz (Sühnekreuz) an eine
begangene Greueltat. Wir folgen dem Weg abwärts, vorbei an einer
Kapelle – überqueren die K 3333, gehen weiter durch den Weiler
Adlersteige und haben sogleich Espachweiler erreicht.

Espachweiler (**Ölhäusle**, Gemeinde Neuler). Der große Espachweiher (Bild s. S.
75, 165) ist im Jahre 1344 vom Klosterstift zu Ellwangen als Fischweiher angelegt
worden. Der Weiler selbst ist eine Spätgründung. Er fällt in die Fürstpropsteizeit,
ist demnach nicht vor 1460 entstanden. Auf dem Damm des Weihers entstand eine
Ölmühle und unter demselben wurden einige Häuser erbaut, diese Ansiedlung
nannte man Ölhäusle. Im Jahre 1733 wird Ölhäusle mit drei zum Ammanamt

Ellwangen gehörenden Söldnern aufgeführt. Der Name Ölhäusle wurde dann nach dem dort fließenden „Espach" (den Bach gibt es heute nicht mehr) in Espachweiler umbenannt.

Die Straße führt uns über den Damm des Espachweihers. Am Ende des Weihers biegen wir li ab und folgen dem Sträßchen, das uns am nördlichen Ufer entlang zum Sägweiher führt.

Sägweiher (Besemer Sägmühle). Die einst am Sägweiher gelegene Sägmühle war der Rest einer ehemaligen Alemannensiedlung. Zwischen Grießweiher (1 km westlich vom Sägweiher) und dem Frankenbachtal lag der Weiler Bösingen. Von hier aus entstand im 12. Jh wohl auch der neue Ort Neuler. 1407 wird Bösingen noch genannt. Die Besemer Sägmühle bestand bis 1873. Unterhalb des Dammes ein Sumpfgelände mit Schilf und Röhricht. Beim P am See befindet sich ein gut ausgebauter Grillplatz.

Dem Frankenbach folgen wir talaufwärts bis zur Schutzhütte. Bei der Schutzhütte stoßen wir auf den AV-Weg mit Z r Kreuz (Ellwangen – Adelmannsfelden). *Achtung:* Bei der Schutzhütte bleiben wir auf dem r-Kreuz-Weg. Dieser Weg führt durch schönen Wald und auf weiten Wiesenhängen hinauf nach Leinenfirst. Auf der K 3234 wandern wir li in den Weiler Leinenfirst. Noch im Weiler zweigt unser r-Kreuz-Weg re ab. Kurz vor dem Waldrand zurückschauend ein schöner Blick nach Osten. Der Weg führt über den Haldenhof; – mit schönem Blick auf Adelmannsfelden mit Schloss, hinab zur ehemaligen Papiermühle im NSG „Tal der Blinden Rot". Hier auf dem AV-Weg mit Z bl Strich li talabwärts, vorbei an der Burghardsmühle. Der bl-Strich-Weg führt von der Mühle nach ca. 500 m vom Tal hinauf über das Pfaffenhölzle nach Ramsenstrut. In Ortsmitte stoßen wir auf den r-Kreuz-Weg Ellwangen – Abtsgmünd. Diesem Weg folgen wir li hinab in das Schlierbachtal, durchqueren das Tal und folgen dem r-Kreuz-Weg hinauf nach Neuler zum Ausgangspunkt.

W 16   Niederalfingen – Schlierbachtal – Ramsenstrut – Bronnen – Ebnat – Niederalfingen

Strecke: 13 km
Wanderkarten: L 7126 Aalen oder Blatt F 13 Ellwangen – Aalen
Besonderheiten: A, B, F, K, T, U
Ausgangspunkt: P Waldfreibad Niederalfingen

Dem AV-Weg mit Z bl Strich talaufwärts folgend kommen wir am idyllisch liegendem Waldfreibad vorbei und wandern in das waldreiche Schlierbachtal hinein. Leise rauscht der Schlierbach im Erlengrund uns entgegen. In der Stille des Tales, vorbei an freien und sanften Wiesenflächen, ist vom Alltagslärm nichts mehr zu spüren. Auf einer Brücke überqueren wir den Schlierbach und gehen beim Gedenkstein re; – immer dem bl-Strich-Weg folgend. Beim TP 419 wechselt der Wanderweg wieder auf die andere Bachseite. Kurz nachdem wir die Kläranlage passiert haben, wird das Schlierbachtal durch die L 1075 Abtsgmünd – Neuler unterbrochen. Auf dieser Straße gehen wir ca. 200 m re aufwärts Richtung Neuler und kurz vor Ortsbeginn folgen wir dem bl-Strich-Weg li hinunter in das Schlierbachtal. Im Tal wandern wir auf dem von Neuler kommenden AV-Weg mit Z r Kreuz li die Anhöhe hinauf nach Ramsenstrut. Wir durchqueren den Weiler in westlicher Richtung, immer dem r-Kreuz-Weg folgend auf Feld- und Wiesenweg. Kurz vor dem Weiler Bronnen, an einem Weiher mit Feldkreuz, verlassen wir den markierten Wanderweg und wandern oZ ge weiter in südlicher Richtung nach Bronnen. Schon von Ramsenstrut bis kurz vor Niederalfingen haben wir immer wieder einen schönen Blick zum Albtrauf; von Hohenbaldern, Kapfenburg, Braunenberg, Rosenstein bis zu den Dreikaiserbergen.

Ägidiuskapelle in Bronnen. Die steil über dem Hang auf einem Sandsteinfelsen gebaute Ägidiuskapelle (kath.), noch aus der Romanik stammend, überrascht im tonnengewölbten Chor (ehem. Chorturm) mit ausgedehntem Freskenzyklus. Die Bilder aus dem 14. Jh, 1886 restauriert, entsprechen im ikonographischen Programm den Wandmalereien der Romanik.

Tritt man aus der Kapelle, überrascht uns der herrliche Blick hinab in das sattgrüne Krummbachtal, dahinter hoch über dem Kochertal sehen wir Hohenstadt mit Schloss und Wallfahrtskirche und im Hintergrund können wir die blaue Mauer der Schwäbischen Alb mit dem klassisch umrissenen Stuifen erkennen.
In Ortsmitte Bronnen gehen wir auf der L 1075 li in Richtung Neuler bis Ortsende. Nun biegen wir re ab, folgen dem Hinweisschild „Oberer Kohlwasen" und wandern auf dem wenig befahrenen Sträßchen in Richtung Ebnat. Vor dem Weiler Ebnat biegen wir li ab, durchqueren Ebnat, überqueren die K 3232 und wandern ge mit leichtem Gefälle in Richtung Niederalfingen. Bald haben wir die Marienburg in Niederalfingen erreicht und gehen re an der Burg steil den Berg hinunter, an dem Vogteigebäude vorbei und kurz danach sind wir wieder im Schlierbachtal. Hier wandern wir li talaufwärts und haben bald den P vom Freibad erreicht.

Burg Niederalfingen (Marienburg). Die Burg seit 1551 im Besitz der Fugger, seit 1575 vom Augsburger Baumeister Veit Mießer in historisierendem Stil als mittelalterliche Burg mit Buckelquadern, gewaltigen Mauern und Bergfried erbaut. Obwohl die Burg den Charakter einer klassischen mittelalterlichen

Burg Niederalfingen.   *Aufn.: K. Seidel*

Wehrburg zeigt, war sie nicht zur Verteidigung bestimmt, sondern ist Zeugnis einer
frühen Burgenromantik der Renaissance. Ein Teil der Gebäude wurde nach 1840
abgebrochen. Seit Ende der 1920er Jahre im Besitz der katholischen studierenden
Jugend (Bund Neudeutschland), dient sie der Jugenderholung.
Vogteigebäude (Heimatmuseum). Unterhalb der Burg stattliches, schönes
Fachwerkhaus, errichtet 1539 als Amtshaus der Vögte der Hürnheimer Landesherren, später der Fugger. In den zum Teil historischen Räumen nach
geglückter Renovierung heute Heimatmuseum: Funde aus Vor- und Früh-
geschichte, Möbel und landwirtschaftliche Geräte, sowie Sammlung von
Werkzeugen der Waldarbeiter und Wannenmacher. Außerdem ostdeutsche
Heimatstube mit Trachten der Wischauer Sprachinsel.

Öffnungszeiten: März – Oktober 1. und 3. Sonntag im Monat von 10–12 und 14–
17 Uhr sowie nach Vereinbarung, Tel 0 73 61 / 7 69 54 (Andreas Fürst).

W 17   Hüttlingen – Halmesbuck – Sulzdorf – Niederalfingen – Hüttlingen

Strecke: 15 km
Wanderkarten: L 7126 Aalen oder Blatt F 13 Ellwangen – Aalen
Besonderheiten: A, B, F, G, K. P, R, S, U
Ausgangspunkt: Hüttlingen, P Limeshalle – an der Straße nach Sulzdorf

Hüttlingen. Der am Kocherknie südlich des römischen Limes gelegene Ort durch
Reihengräberfunde als alamannische Siedlung erwiesen. 1024 erste urkundliche
Erwähnung als Grenzort des Ellwanger Virngrundwaldes. Hüttlingen gehörte zur

Burg Niederalfingen, deren Besitzer die Herren von Seckendorf, seit 1368 die Herren von Hürnheim waren, die die Burg von den Grafen von Württemberg als Pfand erhalten hatten. 1551 wurden Burg und Ort an die Augsburger Handelsfamilie der Fugger veräußert. 1806 kam Hüttlingen an Württemberg.

Durch den Hof der Limeshalle folgen wir dem Fußweg nordöstlich hinauf zur Jahnstraße. Auf dieser gehen wir re weiter, bis wir auf die Lengenfelder Straße stoßen. Auf dieser kurz li leicht aufwärts, biegen wir jedoch nach ca. 50 m re in die Turnstraße ein. Nach ca. 150 m führt ein Staffelweg hinunter auf die Goldshöfer Straße (K 3320). Dem Gehweg der K 3320 folgen wir li leicht aufwärts und biegen nach ca. 400 m, vor der Umspannstation, li in den Feldweg ein. Diesem Weg folgen wir bis zum Hochspannungsmasten. Hier wandern wir auf dem von re kommenden HW 4 li weiter. Nach ca. 800 m, kurz bevor wir auf den HW 6 Limeswanderweg stoßen, passieren wir auf der li Seite ein ND (2 Linden) und auf der re Seite eine kleine Andachtskapelle. Auf dem r-Strich-Weg (HW 4 und HW 6) wandern wir re weiter und erreichen nach ca. 1 km einen schön angelegten Spiel- und Grillplatz.

Limes. Vom Spielplatz aus in nördlicher Richtung sind am Waldrand entlang noch deutliche Spuren des rätischen Limes erkennbar. Der HW 6 geht auf dem „Restlimes" weiter. Ein Abstecher zum ca. 1300 m entfernt stehenden Römischen Wachtturm mit einer Rekonstruktion eines kurzen Stückes Grenzmauer lohnt sich.

Vom Spielplatz aus folgen wir li dem HW 4, der uns kurz darauf in den Wald führt. Auf dem Bächholzweg im Mischwald queren wir den kleinen Strütbach und nach einer li-re-li-Biegung folgen wir dem r-Strich-Weg in nördlicher Richtung. Ca. 250 m nach Waldaustritt verlassen wir den HW 4 und gehen li den geteerten Weg abwärts; – am Bächweiher vorbei in Richtung Oberlengenfeld. Vor Oberlengenfeld biegen wir re ab zum Waldabschnitt „Baumgarten" und wandern ge durch, immer in westlicher Richtung bis zum Waldrand (im Wald nicht nach re abbiegen). Am Waldrand sofort li entlang, dann am Waldeck den Weg in den Waldabschnitt „Süßer Wasen" hinein und am Waldrand re auf den Feldweg. Nach ca. 600 m führt uns der Weg li hinauf zum schönen **AP „Halmesbuck"**, auf 519 m Höhe. Das ND, die Birken-Baumgruppe und in der Mitte die Eiche mit einer Rundsitzgruppe um ihrem mächtigen Stamm, bietet sich an, eine Wanderrast einzulegen, um den herrlichen Rundblick von Baldern zum Albtrauf mit Braunenberg, Rosenstein und den Kaiserbergen zu genießen. Der Feldweg entlang den Hecken führt uns in südlicher Richtung hinunter zum Weiler Sulzdorf. Wir durchqueren den Weiler und biegen am Ortsende beim Aussiedler-hof re in den Feldweg ein; – hier weist uns ein Holzschild den Weg nach Niederalfingen. Wir folgen dem Weg talwärts, kommen im Wald am

Limesanlage bei Hüttlingen.

Aufn.: Kreisarchiv Ostalbkreis (B. Hildebrand)

Fülgenbach mit einem kleinen Wasserfall (Stubensandstein) vorbei und haben bald den P beim Waldfreibad im Talgrund erreicht. Nach ca. 300 m, in Ortsmitte Niederalfingen, kommen wir auf der re Straßenseite an einem kleinen Spielplatz vorbei; – auf der li Seite weist ein Holzschild uns den Weg zur Lourdesgrotte, dem wir folgen. Nach ca. 80 m überqueren wir den verdolten Schlierbach und biegen re ab zum Waldrand. Von hier nur ein paar Meter und wir stehen vor dem Gefallenen-Ehrenmal. Vor dem Ehrenmal führen ein paar Staffeln hinunter zur Lourdeskapelle. Wir folgen dem Fußpfad, der sich in dem kleinen Mischwald steil den Berg hinauf windet und in einen geteerten Weg mündet. Auf diesem gehen wir li weiter den Berg hinauf. Von hier immer wieder schöner Blick auf das Waldfreibad, hinüber zur Vogtei und zur majestätisch auf dem Berg thronenden Marienburg.

Burg Niederalfingen und **Vogtei** siehe W 16 S. 175, 176

Nach ca. 200 m folgen wir dem Feldweg re den Berg hinauf. Vom Hangweg aus schöner Blick in das Kochertal. Nach ca. 700 m bringt uns der Teerweg re hinab zur Limesanlage mit rekonstruierter Mauer und Palisade, Kopie eines am Ort gefundenen Pinienzapfens sowie Pflastermosaik als Karte der Provinz Rätien.

Ein lohnender Abstecher: Wenn wir die B 19 (unterhalb der Limes-anlage) überqueren, sind wir beim Garten-Center Schmid. Die Anlage kann täglich besichtigt werden, Wegweiser führen uns durch die Anlage; die Pflanzennamen sind angeschrieben.

Oberhalb der Limesanlage führt uns das Sträßchen durch die Siedlung zum Ausgangspunkt bei der Limeshalle.

W 18   Schwabsberg – Schwenningen – Espachweiler – Schleif-häusle – Saverwang – Schwabsberg

Strecke: 16 km
Wanderkarten: L 7126 Aalen oder Blatt F 13 Ellwangen – Aalen
Besonderheiten: A, B, E, F, P, R, W
Ausgangspunkt: Schwabsberg, Gemeinde Rainau, P bei den Sport-plätzen. Anfahrt über den Limes-P (li neben der K 3320 zwischen Buch und Schwabsberg), dem Hinweisschild „Sportplatz" folgend am Waldrand entlang.

Schwabsberg. Die Pfarrkirche St. Martin (kath.) 1733 von Arnold F. Prahl erbaut. Die Innenausstattung vornehm klassizistisch (Kanzel, Chorgestühl, Orgel). Besonderer Schmuck sind die spätgotischen holzgeschnitzten Figuren der Heiligen Nikolaus und Sebastian an der Südwand. Altarblatt des barocken Hauptaltars mit dem Kirchenpatron. Vor dem linken Seitenaltar barocke Strahlenkranzmadonna auf der Mondsichel.

Wir gehen von den Sportplätzen in westlicher Richtung, dem Limes-Wanderweg Nr. 32 folgend, ge durch jungen Misch- und später Hochwald, bis wir im Wald auf den HW 4 (Edelhauweg) stoßen. Dem HW 4 mit Z r Strich und der Nr. 32 folgen wir nach re. Nach Verlassen des Waldes und ein kurzes Stück auf dem Feldweg mündet dieser in ein Teersträßchen, dem wir weiter ge folgen. Linker Hand vor uns sehen wir den Weiler Schwenningen. Beim TP 506 stoßen wir auf die L 1075; – von hier sehr schöner Blick zum Schloss Ellwangen und im Hintergrund zur Wallfahrtskirche auf dem Schönenberg. Auf der L 1075 gehen wir li nach Schwenningen.

Schwenningen. Der Weiler entlang der Straße nach Neuler am Rande der Liashochfläche gehört zur Gemeinde Neuler. Die Wallfahrtskapelle zum Heiligen Blut (kath.) gehört wegen ihrer Einheitlichkeit in Architektur und Ausstattung und den hervorragenden Einzelstücken zu den künstlerischen Besonderheiten im Kreis. Die uralte Wallfahrt, dem Schutz der Pferde gewidmet, wird heute noch mit dem sog. Blutritt begangen.

Schwabsberg mit Jagst.
Aufn.: Kreisarchiv Ostalbkreis (B. Hildebrand)

Wir queren den Weiler und biegen nach dem Feldkreuz am Ortsende re
ab. Nach wenigen Schritten biegen wir li in den Hülbachweg. Der
Schotterweg führt uns zum Waldrand und sogleich in den Wald hinein.
Dem Forstweg folgen wir talwärts, er führt uns dann am Ende des
Waldes in einem Rechtsbogen wieder aus dem Wald heraus und hoch zur
K 3333. Wir queren die Straße und biegen re in die Adlersteige ein
(Adlersteige ist Ortsteil der Gemeinde Neuler und zugleich Straßen-
name). Nach ca. 50 m biegen wir li in den Feldweg ein und folgen
diesem in eine Talsenke. Leicht ansteigend und ge weiter führt der Weg
uns rechter Hand am Waldrand entlang zu einem Teersträßchen. Diesem
folgen wir nach re, ab hier mit dem Z r Kreuz, zum nur noch wenigen
Metern entfernten **Grießweiher**. Der schön und ruhig gelegene
Natursee ist ein Badesee; – auch ohne Sanitäranlagen und Umklei-
dekabinen lädt er mit seinem Grillplatz zum Verweilen ein. Dem r-
Kreuz-Weg folgen wir über den Weiherdamm, danach re durch den
Wald Richtung Sägweiher.

Sägweiher (Besemer Sägmühle) siehe W 15 S. 174

Vor dem Sägweiher, in einer scharfen Linkskehre, verlassen wir den r-
Kreuz-Weg und biegen in der Kehre re in den Waldpfad ein; – er führt

uns in östlicher Richtung zum Espachweiher und am Südufer entlang nach Espachweiler.

Espachweiler siehe W 15 S. 173

Auf der Falkenstraße gehen wir li abwärts zur K 3333 und queren diese. Eine mächtige Linde am Seeufer überragt den Weiler. Vor dem Gasthaus biegen wir re in den Bussardweg. Beim Haus Nr. 12 biegen wir re ab und folgen dem Weg nach der Holzhütte ebenfalls nach re. Auf einem Steg queren wir den Bachlauf und gehen im Wald auf dem Waldweg in östlicher Richtung weiter. Li unten das vom Wald eingesäumte Sizenbachtal, welches wegen seiner Urwüchsigkeit und Schönheit als LSG ausgewiesen wurde. Der Bach, der sich in vielen Windungen durch das Wiesental schlängelt, ist an seinen Ufern mit Schwarzerlen und Weidenbäumen bewachsen. In seinem Oberlauf heißt der Bach „Stürzbach", dann „Sizenbach". Der Waldweg geht nach einer kurzen Wegstrecke in einen Forstweg über. Linker Hand im Wiesental kommen wir an der Kläranlage vorbei. Im weiteren Wegverlauf umgehen wir einen kleinen Taleinschnitt im Bogen, danach mündet der von re den Berghang herab kommende HW 4 in unseren Weg, dem wir weiterhin ge folgen. Kurz danach biegt der HW 4 li ab in einen Waldpfad. Wir folgen dem Pfad abwärts, nach Waldende auf dem Forstweg re, leicht ansteigend und dann li die Anhöhe hinauf zum Kloster.

Missionshaus und **Kloster „Josefstal"** sowie **Schleifhäusle** siehe W 13 S. 167

Am Kloster vorbei folgen wir dem HW 4 hinunter ins Tal. Nach der Feldscheune biegen wir li ab, queren den Sizenbach und gehen re den Weg am Bach entlang. Vorbei am alten Kloster (Combonihaus), dann re über die Brücke zur L 1075. Auf dieser gehen wir li weiter, verlassen nach ca. 100 m den HW 4 und biegen re in den Schotterweg ein und folgen der Hinweistafel „Zum Erholungsgebiet und Stausee Rainau-Buch". Durch die Bahnunterführung gelangen wir in die Jagsttalaue. Nach der Unterführung wandern wir talaufwärts der Jagst entlang nach Saverwang. Vor Saverwang gehen wir re durch die Bahnunterführung und dann li die Straße „Mühlhalde" hoch.

Saverwang (Gemeinde Rainau). Die Namensdeutung von Saverwang = saure Wang, saueres Feld, des saueren Grases wegen, das die Wiesen liefern, die an der unbändigen Jagst liegen. Urkundlich wird Saverwang 1339 als zum Kloster Ellwangen gehörend erwähnt.

Bei der Kapelle gehen wir re die Lindenstraße hoch und biegen ca. 20 m nach der Wirtschaft li ab. Wir folgen dem Sträßchen ins Tal

hinunter und biegen bei der zweiten Bahnunterführung re ab. Vorbei
an der Feldscheune folgen wir dem Teersträßchen ge, biegen nach ca.
200 m li ab und nach ca. 70 m re aufwärts zum Waldrand. Immer am
Waldrand entlang in südlicher Richtung erreichen wir nach Ende des
Waldabschnittes ein Teersträßchen. Talwärts, auf einer Stubensand-
steinterrasse über der Jagst am Rande der Goldshöfer Terrassenplatten
gelegen, sehen wir die Ortschaft Schwabsberg. Dem Teersträßchen
folgen wir re die Anhöhe hinauf zu den Sportplätzen. Bevor wir den
Ausgangspunkt ansteuern, erfreuen wir uns noch mit einem Blick
in die Ferne nach Ellwangen, Schloss Hohenbaldern und zum Albtrauf.

Hinweis: Schnell und leicht erreichbar ist vom Limes-P auf der K 3320
in südlicher Richtung und nach ca. 500 m li, das Erholungsgebiet
„Rainau-Buch" mit Freilichtmuseum am rätischen Limes. Siehe W 19
S. 182

W 19   Rund um das Freilichtmuseum am rätischen Limes in der Gemeinde Rainau

Strecke: 13 km
Wanderkarten: L 7126 Aalen oder Blatt F 13 Ellwangen – Aalen
Besonderheiten: A, B, E, F, K, P, R, S, T, U
Ausgangspunkt: P am Limes beim Wald „Mahdholz". Der P ist zu
erreichen auf der K 3320 Schwabsberg – Buch – Hüttlingen (zwischen
Schwabsberg und Buch), oder auf der B 290, Abfahrt „Naherholungs-
gebiet Rainau-Buch", in westlicher Richtung weiter zur K 3320, in diese
re einbiegen, nach 500 m erreichen wir li am Waldrand den P.

Rainau. Durch das Gebiet der Gemarkung Rainau verläuft der römische Limes,
gesichert durch ein Kastell in Buch. Die Gemeinde ist 1975 durch den
Zusammenschluss von Dalkingen, Schwabsberg und Buch entstanden. **Dalkingen**
und **Schwabsberg** haben eine gemeinsame Geschichte als Besitzungen der Herren
von Schwabsberg, Truchsessen des Stiftes Ellwangen. Schwabsberg 1147 erstmals
urkundlich erwähnt, Dalkingen 1339. Seit dem 15. Jh werden beide Gemeinden
vom Kloster bzw. Stift Ellwangen verwaltet. In Dalkingen seit dem 14. Jh
außerdem Besitz des Spitals von Dinkelsbühl, das das Patronat über die St.-
Nikolaus-Kirche ausübte. Der Ortsteil **Buch** bis 1287 oettingisch, danach beim
Kloster Ellwangen.
Das **Freilichtmuseum** am rätischen Limes in der Gemeinde Rainau weist alle
bekannten Befestigungsarten und Türme (Schwabsberg-Mahdholz), ein Kastell
(Buch), ein Bad und Reste der Zivilsiedlung (am Stausee), sowie ein Limestor
(Dalkingen) auf. Die einzelnen Bereichsabschnitte und Anlagen sind auf großen

Tafeln genauestens beschrieben und mit den entsprechenden Hinweisen versehen. Die bei den Ausgrabungsarbeiten gefundenen, qualitativ sehr wertvollen Bodenfunde befinden sich heute im **Limesmuseum** Aalen, dessen Besuch äußerst lohnend ist.

Öffnungszeiten Limesmuseum Aalen (neben der Stadthalle): Dienstag bis Sonntag 10 bis 12 Uhr und 13 bis 17 Uhr, Feiertag geöffnet. Info Telefon 0 73 61 / 96 18 19.

Wir queren die K 3320 und gehen jenseits der Straße am Limesstein auf dem Feldweg ge weiter. Unten im Tal sehen wir einen kleinen Teil des Bucher Stausees, jagstaufwärts erkennen wir Jagsthausen, sowie die mächtige Autobahnbrücke, die das Jagsttal überspannt. Im Hintergrund, unübersehbar die Kapfenburg auf dem Bergsporn am Albtrauf. In südlicher Richtung haben wir den Braunenberg mit seinem Fernsehturm im Blickfeld. Nach kurzer Wegstrecke stoßen wir auf den HW 6 Limes-Wanderweg Main – Rems – Wörnitz (Z r Strich mit stilisiertem Limesturm), dem wir nach li folgen. Vorbei an einer prächtigen Eiche mit Feldkreuz wandern wir nach re abwärts in das Jagsttal. Vor dem Talgrund gehen wir durch die Bahnunterführung und erreichen sogleich die Wegkreuzung vor dem Damm der B 290. Die Sitzbank mit einem Bildstock neben der Kreuzung bietet sich dem Spaziergänger aus Schwabsberg (linker Hand im Blickfeld) zur Rast an. Der HW 6 geht am Damm in nördlicher Richtung weiter zum Limestor bei Dalkingen, wir jedoch folgen bei trockenen Bodenverhältnissen dem Weg nach re und gehen unter der Straßenbrücke durch. Der Weg macht einen Linksbogen, führt danach parallel zur B 290 in nördlicher Richtung weiter und an der aufgestauten Jagst, dem „Rückhaltebecken Schwabsberg" vorbei. Noch vor dem Rückhaltebecken mündet die von Dalkingen kommende Röhlinger Sechta in die Jagst. Wir folgen dem Weg im re Bogen aufwärts zur Anhöhe. Reizvoll ist die Aussicht von hier oben; schauen wir zurück, so haben wir über dem Jagsttal Schwabsberg im Blickfeld, im Hintergrund erkennen wir die Jakobuskirche auf dem Hohenberg, vor uns im stillen, lieblichen Tal der Röhlinger Sechta fällt der Blick auf Dalkingen und ge im Hintergrund ist Schloss Hohenbaldern und halbre die Kapfenburg zu erkennen. Kurz nachdem der Teerweg abwärts weitergeht, biegen wir li in den Feldweg ein, folgen diesem, biegen nach ca. 250 m re und nach weiteren 250 m li ab. Leicht aufwärts erreichen wir die Anhöhe und sehen vor uns das Limestor; – der Feldweg mündet hier wieder in den HW 6 Limes-Wanderweg.

Limestor bei Dalkingen. In den Jahren 1973/74 konnte hier das heute konservierte Torgebäude freigelegt werden, das am gesamten Limes – vom Rhein bis zur Donau – bisher ohne Parallelen ist. Das Tor mit repräsentativer

Das Limestor bei Dalkingen.   *Aufn.: K. Seidel*

Ausgestaltung der Südseite mit Rautenmuster wird gedeutet als Triumphbogen, errichtet, als Kaiser Caracalla 213 n. Chr. vermutlich von hier aus seinen Feldzug gegen die Alamannen antrat.

Dem HW 6 folgen wir nach Osten Richtung Dalkingen. An einer Weggabel biegen wir re ab und folgen dem Teersträßchen hinab nach Dalkingen. Ein kurzes Stück wandern wir rechter Hand der Röhlinger Sechta entlang bis zur K 3319 (Ellwanger Straße), in die wir re, Richtung Westhausen, einbiegen.

Dalkingen. Die neugotische Pfarrkirche St. Nikolaus (kath.) wurde anstelle eines spätgotischen Vorgängerbaus von 1514 erbaut, von dem der Turm im unteren Teil stammt. Außen am Turm an der Südwestecke spätgotische Statue des hl. Nikolaus. Von der Innenausstattung ist besonders hervorzuheben eine vorzügliche Madonna mit Jesuskind, eine Taube haltend, um 1500, li vom Chorbogen. Barocke Kreuzigungsgruppe am li Längsschiff, neugotische Glasfenster.

Der HW 6 biegt nach wenigen m li ab in die Sechtastraße, wir jedoch bleiben auf der K 3319 und biegen nach kurzer Wegstrecke re ab in die Laubengasse. Nach ca. 200 m biegen wir li ab und folgen dem Sträßchen, linker Hand der Hecke entlang, leicht abwärts in die freie Landschaft. Im Talgrund erreichen wir beim Pumpwerk eine Dreifach-Weggabel; – wir halten uns li, kommen dann nach ca. 50 m zu einer

Zweifach-Weggabel, bei der wir dem geteerten Feldweg re die Anhöhe hinauf folgen (die Weggabeln sind auf der TK nicht richtig zu erkennen). Sehr angenehm empfinden wir die Stille auf der Anhöhe, kein Verkehrslärm ist weit und breit zu hören, nur das Tirilieren der Vögel begleitet uns des Weges. Reizvoll ist auch der Blick von der Anhöhe nach li zur Kapfenburg und rückwärts zum Schloss Baldern, jetzt zum Greifen nahe herangerückt. Wir erreichen eine Sitzgruppe mit Feldkreuz unter einem betagten Birnenbaum, – sie bietet sich zur Wanderrast an. Vor dem Waldrand queren wir eine Wegkreuzung und gehen im Wäldchen „Rain" abwärts zum Bucher Stausee. Im Wäldchen finden sich ausgedehnte Schutthügel römischer Bauten, die vermutlich zivilen Charakter hatten und möglicherweise Reste eines römischen Gutshofes (villa rustica) sind. Die Mauerreste sind nicht freigelegt. In unmittelbarer Nähe im Bereich des jetzigen Stausees konnten 1978 Reste eines römischen Ziegelbrennofens gefunden werden. In Kürze haben wir den Uferweg am Stausee erreicht.

Bucher Stausee. In der prächtigen, ca. 30 Hektar großen Erholungslandschaft liegt stimmungsvoll der 27 Hektar große Stausee. Entsprechend der Nutzungsmöglichkeiten gliedert sich das Erholungsgebiet in vier wichtige Bereiche: den Boots- und Spielbereich, den archäologischen Bereich, den Bade- und Spielbereich und den Naturbereich.
Zahlreiche gepflegte Einrichtungen, wie Kiosk mit Terrasse (geöffnet von Mai bis Mitte Okt., ab 12 Uhr), Bootsverleih, Angelplätze, Badeeinrichtungen, Liegewiesen, Spielplatz, Bolzplatz, Grillstellen, Aussichtspunkt und Ruhebänke laden zum Verweilen ein.
Dem Uferweg folgen wir li und wandern am See entlang bis zum Damm; – er trennt Haupt- und Vorbecken voneinander. Das Vorbecken (NSG) ist als Feuchtgebiet gestaltet. Es ist Lebensraum vieler Tier- und Pflanzenarten. Hierzu gehören z. B.: Schilfrohr, Teichbinse, Wasserschwertlilie, Breitblättriger Rohrkolben; Grasfrosch, Gelbbauchunke, Bergmolch, Wasserfrosch, Flussregenpfeifer, Teichrohrsänger, Sumpfrohrsänger, Wasserralle, Flussuferläufer, Blessralle.

Der Weiterweg führt uns über den Damm zum jenseitigen Ufer. Wir folgen re dem Schotterweg am Ufer entlang bis zum Kastellbad.

Kastellbad. In den Jahren 1975/76 konnte hier das etwa 44 m lange Kastellbad untersucht werden. Bei dieser Ausgrabung wurden insgesamt drei Bauphasen ermittelt, von denen die zweite – flächenmäßig die größte – heute restauriert ist. Info-Tafeln erläutern die Bedeutung der einzelnen Räume.
Kastelldorf. Südlich und südöstlich erstreckt sich das Kastelldorf, die zivile Ansiedlung. Hier lebten Händler, Handwerker, Gastwirte und die Angehörigen der Soldaten. In den Jahren 1976 bis 1979 fanden hier im Bereich der neuen Trasse der B 290 größere archäologische Ausgrabungen statt, die ergaben, dass rechtwinklig zu einer vom Südtor zum Kastellbad verlaufenden Straße ausgedehnte Holzbauten

mit Brunnen, Keller und Gruben bestanden. Überaus umfangreiches Fundmaterial, wie Münzen, Keramik, Glas- und Metallgefäße, aber auch Schmuck und Gerätschaften geben einen guten Einblick in das Leben des Dorfes.

Besonders zu erwähnen sind drei Zisternen, auf deren Sohle sich jeweils Schatzfunde fanden, die während des 3. Jh in den Auseinandersetzungen zwischen Rom und den Germanen, insbesondere mit den Alamanen, hier versteckt worden sind. Unter den Funden sind ein vollständig erhaltener römischer Infanteriehelm, eine hölzerne Figur, ein Kettenhemd aus Eisenringen, sowie zahlreiche Bronzegefäße aus campanischen und einheimischen Werkstätten zu erwähnen. Daneben fanden sich aber auch zahlreiche Eisengeräte, eine vollständige eiserne Schnellwaage, sowie zwei Bronzefigürchen. Es handelt sich hierbei um die größten römischen Schatzfunde des 3. Jh, die wir bisher aus Südwestdeutschland kennen.

Nach ein paar Schritten haben wir den Seitenarm des Stausees erreicht, in welchen der Ahlbach mündet. Wer den Kiosk aufsuchen möchte, überquert auf der rustikalen Eichenbrücke den Seitenarm; – er ist in wenigen Min von hier zu erreichen. Unser Weiterweg unterquert die Brücke der B 290 und führt uns sogleich li den Feldweg aufwärts. Auf der Anhöhe stoßen wir auf einen geteerten Feldweg, dem wir nach re zum Kastell folgen.

Kastell. Von dem etwa 2,1 ha großen Kastell einer Kohorte mit 500 Mann Stärke (Infanterie) konnte im Jahre 1972 das Südtor, die sogenannte Porta principalis dextra, ausgegraben und restauriert werden. Östlich des Tores, das zwei Durchfahrten besitzt, liegt ein rechteckiger Zwischenturm. Zur Umwehrung des Kastells gehören zwei im Jahre 1972 nachgewiesene Spitzgräben. Von den Innenbauten ist durch frühere Grabungen das Stabsgebäude (principia) und ein Getreidespeicher (horreum) bekannt.

Am Ende des Kastells verlassen wir den Teerweg und gehen re den Feldweg abwärts. Im Talgrund biegen wir in den vom Stausee kommenden Weg li ein, queren die Bahnunterführung und folgen dem Weg am Ahlbach entlang in die Ortschaft Buch.

Buch. Die Marienkapelle (kath.) ist eine Chorturmkirche gotischen Ursprungs, heutiger Bau von 1699, der Turm im Erdgeschoss mit Chorraum ist älter. Sehr gute Innenausstattung: im Chor der barocke Hauptaltar mit hervorragender spätgotischer Pieta im Mittelteil, flankiert von den spätgotischen Figuren der hll. Johannes Ev. und Stephanus. An den Wänden sehr gute spätgotische Madonna sowie kleinere barocke Heiligenfiguren. Seitenaltäre mit guten Altarblättern.

Kurz nach Ortsbeginn biegen wir re in die Wettestraße ein, danach li in die Dorfstraße, queren die Aalener Straße und gehen ge auf der Strütstraße weiter. In Kürze queren wir den Strütbach, wir kommen danach an einem Bolzplatz vorbei und wandern auf der Autostraße

Das Kastellbad am Bucher Stausee.   *Aufn.: K. Seidel*

Richtung Hüttlingen weiter. Ca. 1 km nach Ortsende stoßen wir auf die
Verbindungsstraße Hüttlingen – Schwenningen; – herrlich öffnet sich
der Blick von hier zum Albtrauf mit dem Rosenstein. Re, am P vor dem
Wald, locken ein Spielplatz mit Grillstelle zum Verweilen. Wir folgen
nun beim Limesstein am Waldrand dem HW 6 in nördlicher Richtung.

Limesverlauf. Noch heute lässt sich entlang des Wanderweges deutlich der
Verlauf der Limesmauer als Schuttwall erkennen. Hier im alten Waldbestand
haben sich seine Reste bis auf die heutige Zeit erhalten. Der Wald bietet im
Gegensatz zum landwirtschaftlich genutzten Gebiet den Bodendenkmalen aus
vergangenen Zeiten Schutz.

Teils am Waldrand, teils im Wald erreichen wir in Kürze das
Strütbachtälchen, queren auf einem Holzsteg den Bach und nach
der Talwiese auf einem weiteren Holzsteg einen Graben; – danach folgen
wir dem Wanderweg ein kurzes Stück aufwärts wieder in den Wald
hinein. Nach wenigen Min haben wir dann am Waldrand den hölzernen
Limesturm erreicht.

Limesturm. Obwohl Details der Rekonstruktion des hier errichteten hölzernen
Limesturms mit dazugehörender Palisade umstritten sind, gibt sie einen guten
Eindruck vom Aussehen der ältesten Befestigung am rätischen Limes.

Limesmauer mit quadratischem Wachtturm. Beim P „Mahdholz" an der K 3320 konnten im Jahre 1969 Teile der rätischen Mauer mit quadratischem Wachtturm freigelegt und konserviert werden. Der Turm besitzt eine ältere Vorgängeranlage, die noch vor dem Bau der durchgehenden Limesmauer errichtet worden ist. Unmittelbar neben dem hölzernen Limesturm ist die Limesmauer in voller Höhe rekonstruiert und gibt dem Besucher einen hervorragenden Eindruck vom Aussehen dieser Grenzwehr des römischen Weltreiches.

In Kürze haben wir nun von hier auf dem HW 6 unseren Ausgangspunkt am P beim Limes erreicht. Sofern es die Zeit zulässt, ist der Besuch des Naherholungsgebietes mit all seinen Einrichtungen, ebenso des Limesmuseums in Aalen sehr lohnenswert.

W 20   Gerbertshofen – Schüttberg – Wäldershub – Gerbertshofen

Strecke: 18 km
Wanderkarte: L 6926 Crailsheim
Besonderheiten: A, F, P, R, S
Ausgangspunkt: Gerbertshofen, Ortsmitte (7 km östlich von Stimpfach/Jagst)

Gerbertshofen liegt im Tal des Reiglersbachs. 1024 und 1152 als Grenzort des ellwangischen Bannforstes genannt, gehörte aber zum Maulachgau.

Wir gehen von der Ortsmitte auf der K 2645 in Richtung Schüttberg; – über die Brücke des Reiglersbaches, danach li und gleich darauf re zwischen den Häusern durch, hinauf den Feldweg durch einen Hohlweg nach Nestleinsberg. Beim Aufstieg lockt die malerische Sicht in die Hügel um das Tal des Reiglersbaches zum Verweilen. Von Nestleinsberg weiter auf der K 2645 in nördlicher Richtung. Vor Schüttberg – an einer langgezogenen Linkskurve – ge weiter am Waldrand entlang nach Schüttberg. Wer einen Grillplatz aufsuchen möchte, geht auf der K 2645 ca. 200 m weiter, und nach dem Aufenthalt dann der K 2645 entlang nach Schüttberg.

Schüttberg. 1357 Schipperg, ursprünglich nur ein hohenlohischer Hof, wurde 1357 an die Lickertshausen verpfändet, später den Geyer von Goldbach vererbt. Diese nahmen im 16. Jh besitzlose Fremde auf, so dass ein Weiler entstand, der wegen Bodenmangels eine Armensiedlung blieb wie ähnliche ritterschaftliche Siedlungen.

Von Schüttberg aus geht unser Weg nach Norden weiter in Richtung Wegses. Im Wald gehen wir den ersten Weg nach re zum TP 485 und von hier am Waldrand entlang nach Wegses. Auch von hier aus erfreut der Blick in das waldumsäumte Talrund des obersten Reiglersbachtales. Von Wegses gehen wir in nördlicher Richtung zur L 2218, auf dieser ein kurzes Stück nach re bis zum Weiler Neuhaus (Ausflugsgaststätte – ein Ende des 18. Jh an der Straße nach Dinkelsbühl erbautes Wirtshaus, herrliche Aussicht auf die Ellwanger Berge und Schwäbische Alb). Unser Weg geht in nordöstlicher Richtung weiter, vorbei am WT, wo wir bald darauf den E 8 (Europäischer Fernwanderweg 8), mit Z r Strich, beim Grill- und Spielplatz erreichen. Am WT verläuft die L 2218 auf der **Europäischen Wasserscheide** Nordsee – Schwarzes Meer. Auf dem E 8 wandern wir nun in südlicher Richtung immer am Waldrand entlang, durch Mistlau, um das Hochholz herum bis zur Abzweigung östlich der Sixenmühle. Wir folgen dem E 8 in südlicher Richtung, queren das Tälchen und gehen am Waldrand und ein kurzes Stück durch den Wald den Berg hinauf in Richtung Großenhub. Am Ende des Waldes verlassen wir den E 8 und gehen li den Feldweg oZ am Waldrand weiter. Nach ca. 300 m folgen wir dem Feldweg im rechten Bogen, danach ca. 1 km in südlicher Richtung bis Ortsbeginn Wäldershub.

Wäldershub, auch früher Weldrichshub, Wellershub oder Wöllershub genannt. 1465 erhielt Lazarus Berlin von Dinkelsbühl einen Hof zu „Waldrichshub". Diese Patrizierfamilien (Marx, Berlin) haben um die Mitte des 16. Jh in Wäldershub ein Schloss erbaut. Teile des Schlosses sind heute noch sichtbar.

Auf der Straße gehen wir li in den Ort und biegen im Ort nach re in die L 1070 ein. Ca. 500 m nach Wäldershub biegen wir wieder re ab und gehen auf dem E 8 – hier mit Z bl Strich – zur Völkermühle (wohl nach den Völker von Crailsheim benannt, um 1800 Mahl- und Sägmühle). Auf dem E 8 gehen wir weiter in westlicher Richtung und biegen nach ca. 1,5 km re ab und folgen dem AV-Weg mit Z r Strich (gleichzeitig wieder E 8). Am Waldende, kurz vor dem Zankhof, verlassen wir den r-Strich-Weg und gehen nach li am Waldrand entlang. Bei der Hinweistafel „Wasserschutzgebiet" gehen wir li den Weg abwärts zu unserem Ausgangspunkt Gerbertshofen.

**W 21   Wildenstein – Lautenbach/Hammermühle – Buckenwei-
          ler – Unterdeufstetten – Waldkapelle „Matzenbacher
          Bild" – Wildenstein**

Strecke: 19 km
Wanderkarten: L 6926 Crailsheim oder Blatt F 13 Ellwangen – Aalen
Besonderheiten: A, E, F, G, K, P, R, S, W
Ausgangspunkt: Fichtenau-Wildenstein, Ortsmitte

Wildenstein siehe SW 45 S. 268

*Die Wegbeschreibung von Wildenstein bis Buckenweiler siehe SW 45
S. 268 ff*
In Buckenweiler verlassen wir nach Queren der K 2646 den E 8 und
gehen ge in den Weideweg; wir folgen hier dem bezeichneten Radweg
Nr. 14 der Gemeinde Fichtenau. Der Weideweg mündet in die K 2647,
welche wir queren und dem nur wenige Schritte nach li versetzten Weg
am Waldrand entlang folgen. Nach ca. 400 m biegen wir re in den Wald
hinein (in der TK ist der Forstweg bis Waldende auf der Anhöhe
teilweise noch nicht eingezeichnet). Im rechten Bogen wandern wir im
Wald leicht bergauf, folgen danach dem Forstweg mit seiner beid-
seitigen Kiefernreihe in westlicher Richtung. Beim TP 513 geht der
Forstweg in einer leichten Rechtskurve den Berg hinunter zur K 2647;
wir biegen hier li ab und verlassen auf dem Waldweg in südlicher
Richtung den Wald. Nach Waldende sind auf der Anhöhe schon die
ersten Dächer von Schönbronn zu sehen. Auf dem Wiesenweg gehen wir
ein kurzes Stück am Waldrand entlang, danach folgen wir dem
Teersträßchen hinunter in die Talsenke und weiter zur Anhöhe hinauf.
Auf der Anhöhe biegen wir re in den Feldweg ein und gehen in
westlicher Richtung zur Hangkante. Hier biegt der Feldweg li ab, wir
gehen jedoch ge weiter, auf dem Wiesenweg an einer Sitzgruppe vorbei,
den Hang hinunter Richtung Funkmasten und nach Unterdeufstetten.
Vor uns im Rotachtal haben wir Unterdeufstetten und halbre davon
Oberdeufstetten im Blickfeld. Dahinter auf der Höhe erkennen wir
Wildenstein und re davon Lautenbach.

Unterdeufstetten (Gemeinde Fichtenau), zu dem auch Oberdeufstetten gehört,
wird als Tuifstein im Lehenbuch des Kloster Ellwangen 1365 erstmals urkundlich
erwähnt. Es war bis 1542 im Besitz der Buchmüller von Pfahlheim, dann kam es an
die Drechsler von Dinkelsbühl, die zu den bedeutenden Geschlechtern der freien
Reichsstadt zählten. Das Schloss Unterdeufstetten wurde zwischen 1599 und 1602
von Peter Drechsler II. errichtet. 1761 kam das Rittergut an Christoph von Pfeil,
1804 an Preußen, 1806 an die Krone Bayerns und schließlich 1810 wiederum nach
Württemberg.

In Unterdeufstetten biegen wir im Talgrund li in die Dinkelsbühler Straße, queren die Rotach und gehen kurz danach der Marktstraße entlang durch den Ort in Richtung Matzenbach. Nach Ortsende, wir sehen vor uns die ersten Häuser von Matzenbach, biegen wir beim Ortsschild li in den Feldweg. Ab hier folgen wir dem Wanderweg Nr. 15 der Gemeinde Fichtenau bis nach Matzenbach. Der Weg führt uns vom Ortsschild leicht abwärts in die Talsenke. Nach Queren eines Bachlaufes beginnt sogleich der Wald, in dem wir nun eine längere Wegstrecke auf guten Forstwegen zurücklegen werden, – abwechselnd in den Landkreisen Schwäbisch Hall und Ostalbkreis. Nach einer kurzen Wegstrecke im Wald gelangen wir zu einer Weggabel; – hier erinnert ein Gedenkstein an die Verdienste von Forstdirektor Walter Renninger. Halbli folgen wir weiter dem Weg Nr. 15 und erreichen nach ca. 1 km ein Teersträßchen (Verbindungsstraße Matzenbach – Breitenbach), dem wir ca. 100 m nach li folgen und dann re in den Forstweg einbiegen. Nach ca. 700 Meter mündet der Forstweg wieder in ein Teersträßchen, dem wir nach re folgen. Kurz danach verlassen wir den Hochwald, kommen linker Hand an einer Laubwald-Aufforstung vorbei und biegen nach der Aufforstung li ab in einen Feldweg.

Achtung: In der TK ist der Feldweg noch nicht eingezeichnet, er beginnt in der Karte erst nach ca. 250 m westlich vom Teersträßchen. Im Talgrund li unten liegt still und verträumt der Straßenweiher am Waldrand, ein wahres Eldorado für die Wassertiere. Nach der Feldscheune biegen wir in das von Matzenbach kommende Teersträßchen li ein. Der schön gelegene Grill- und Spielplatz beim P vor dem Wald bietet sich zur Wanderrast an. Frisch gestärkt folgen wir unserem Wanderweg in den Wald hinein. Nach einer kurzen Wegstrecke im Wald kommen wir, am re Wegrand stehend, an sieben Holzbildstöcken vorbei, – sie weisen uns den Weg zur Wallfahrtsstätte „Matzenbacher Bild".

Marienwallfahrtsort „Matzenbacher Bild". Eine einsame Waldlichtung mit einer Wegkreuzung. Ruhe und Stille atmet sie aus. Unter den hohen Fichten birgt sich eine Kapelle, ein Marienwallfahrtsort, das „Matzenbacher Bild". Die Bedeutung dieser Gnadenstätte im Wald geht weit über die Pfarrgemeinde Matzenbach hinaus. Davon zeugt nicht nur das von Tausenden besuchte jährliche Wallfahrtsfest, das „Bildfest" – es wird traditionell am zweiten Septembersonntag, kurz vor dem Siebenschmerzenfest begangen – sondern auch der ständige Besuch. Viele Gemeinden wallfahren hierher. Lichterprozessionen und Abendmessen versammeln Beter vor dem Bild Marias. Besonders die Maiandachten an den Maisonntagen ziehen die Menschen an. Aus dem Jahre 1761 wird es wohl stammen, das holzgeschnitzte Bild, das den Mittelpunkt der Wallfahrtsstätte bildet und ihr auch den Namen gegeben hat. Denn diese Kapelle wird einfach das „Bild" oder das „Matzenbacher Bild" genannt. Die Pieta erinnert an das tiefste Leid der Gottesmutter Maria; sie trägt trauernd den toten Jesus nach der Kreuzabnahme auf

Die Wallfahrtskapelle „Matzenbacher Bild".   *Aufn.: K. Seidel*

ihrem Schoß. Das Gnadenbild steht in seiner heutigen Fassung vor einer ins Freie hinausführenden Glasscheibe.

Nach der Kapelle biegen wir an der Wegkreuzung re ab und folgen weiterhin der Nr. 15. Nach ca. 1,7 km stoßen wir auf einen weiteren Forstweg, dem wir nach re folgen; – er führt uns aus dem Wald zum Ratzenweiher und li hinauf zur L 1068. Wir folgen der Straße ca. 100 Meter nach li und biegen re in einen Schotterweg ab, der leicht und später steil den Berg hinauf führt. Auf halber Höhe erreichen wir li am Hang eine kleine Sandgrube, – ein Biotop mit Info-Tafel.

Biotop Sandgrube. Im Fichtenauer Untergrund gibt es viel Sand. Noch vor wenigen Jahrzehnten wurde der zum Bauen benötigte Sand in Fichtenau gewonnen. Offene Sandgruben gehörten zum normalen Landschaftsbild. Inzwischen sind fast alle ehemaligen Sandgruben verfüllt oder aufgeforstet. Damit ging auch ein für Pflanzen und Tiere wertvoller Lebensraum verloren. 1996 hat die Gemeinde Fichtenau in einem landesweiten Naturschutzwettbewerb den ersten Preis gewonnen. Das Preisgeld wurde verwendet für die Anlage von zwei Sandgruben: hier und in Wäldershub Diese Sandgrube bietet Lebensraum für seltene Pflanzen und Tiere. Beobachten Sie im Frühjahr und Sommer einmal die wenige Millimeter großen Löcher in der Steilwand: Hier legen Wildbienen ihre Nisthöhlen an. Sehen Sie sich von Juli bis September den Rand der Sandgrube an: Hier blüht in leuchtendem Rot die Heidenelke. Ein kleines Stück der grünen Insel – Fichtenau.

Nach der Sandgrube haben wir in wenigen Min die Anhöhe erreicht. Schön ist der Blick von hier hinab ins Tal mit dem Ratzenweiher und in östlicher Richtung hinüber zu der vor uns liegenden Ortschaft Matzenbach. Wer einen Abstecher dorthin machen möchte, der geht dem Weg Nr. 15 folgend re weiter und erreicht auf dem Hahnenbergweg die Ortsmitte. Den weiterführenden Wanderweg erreicht man über die Wildensteiner- und Krettenbacher Straße in Richtung Krettenbach gehend am Waldrand wieder.

Matzenbach (Gemeinde Fichtenau) bedeutet „Bach eines Matzo". Der Ort liegt auf einer kleinen Hochfläche, die rings von schützenden Tannen- und Buchenwäldern umgeben ist. Dieser Ortsteil wird erstmals urkundlich erwähnt in einer Urkunde König Heinrichs II. aus dem Jahre 1024 als einer der Grenzorte des Bannforstes der Abtei Ellwangen. Um 1500 war Matzenbach dann freies Eigentum des Michael Völkers, ab dem Jahre 1524 blieb Matzenbach im Besitz des Geschlechtes Senft von Sulburg. Man sieht es der Matzenbacher Markung an, dass sie aus dem Wald „herausgeschnitten" wurde, eine Rodesiedlung, wie auch die anderen Ortsteile. Vor über 200 Jahren brannte das Schlossgebäude ab. Heute ist nur noch der Läuteturm vorhanden. Auf einer Relieftafel am Läuteturm wird die Schlossanlage dargestellt. Durch Matzenbach verläuft in nordsüdlicher Richtung die **europäische Wasserscheide**.

Auf der Anhöhe gehen wir nicht re Richtung Matzenbach, wir verlassen hier den Weg Nr. 15 und folgen dem Weg li Richtung Wald. Vorbei an

Naturdenkmal „Biotop Sandgrube" bei Fichtenau.   *Aufn.: K. Seidel*

einem schönen Feldkreuz, biegen wir nach dem Wbh re ab und wandern am Waldrand entlang (der Weg ist in der TK noch nicht eingezeichnet) bis zur Autostraße, welche von Matzenbach nach Krettenbach führt. Auf dieser gehen wir ein paar Schritte nach li in den Wald, verlassen die ins Tal führende Teerstraße wieder und gehen ge den Forstweg weiter, der die Waldabschnitte „Ob. und Unt. Diebsteig" teilt. Auf dem Forstweg gehen wir immer ge, queren eine Wegkreuzung und weiter ge auf einem Waldweg den Berg hinunter zum Tannenweiher. Idyllisch liegt der Weiher mit seinem Schilfgürtel am Waldrand – ein Kleinod für die Tier- und Pflanzenwelt. Über dem Schilfgürtel sind auf der Anhöhe die ersten Häuser von Wildenstein zu erkennen. Ab hier bis Wildenstein folgen wir nun dem Wanderweg Nr. 13 der Gemeinde Fichtenau. Wir queren den Weiherdamm und gehen den Waldpfad aufwärts. Im Wald biegt der Weg li ab und kurz danach führt er nach einer Rechtskurve aus dem Wald heraus zur K 2644. In diese biegen wir re ein und gehen ein kurzes Stück talwärts Richtung Wildenstein. Vor dem Weiher im Talgrund biegen wir li in den Wiesenweg ein und folgen dem Weg Nr. 13 am Waldrand entlang (teilweise ist der Weg in der TK noch nicht eingezeichnet). Vorbei geht es an den malerisch gelegenen Loh- und Badfeldweihern; – kurz nach dem letzten Weiher biegt der Wanderweg re ab und führt uns am Ortsbeginn Wildenstein über die Badstraße hinauf zur L 1070. In diese biegen wir re ein und kehren zu unserem Ausgangspunkt zurück.

W 22   Jagstzell – Schweighausen – Dankoltsweiler Sägmühle – Winterberg – Jagstzell

Strecke: 13 km
Wanderkarten: L 6926 Crailsheim oder Blatt F 13 Ellwangen – Aalen
Besonderheiten: F, P, W
Ausgangspunkt: Jagstzell, P Bahnhof

Jagstzell, eine der Gemeinden, deren Namen das Dorf historisch lokalisiert: Eine Zelle an der Jagst! Ihr Entstehen im hier engen Jagsttal verdankt die Gemeinde der von Ellwangen aus um 1170 erfolgten Gründung eines Frauenklosters. Jagstzell gehört naturräumlich zu den weiten Wäldern des „Virngrundes", diese erfahren durch das Jagsttal mit den Seitentälern eine abwechslungsreiche Unterbrechung. Für den Wanderer und Naturfreund erschließen sich hier geradezu ideale Refugien in einsamen Fichten- und Tannen- aber auch Mischwäldern, an idyllisch gelegenen Seen und auf satten Wiesen. Die dem hl. Vitus geweihte romanische Kirche wurde Ende des 15. Jh durch einen spätgotischen Bau ersetzt und im 18. Jh barockisiert.

Bild der abgegangenen Dankoltsweiler Sägmühle an der Wand eines Bauernhauses.   Aufn.: K. Seidel

Vom Bahnhof gehen wir ein kurzes Stück südlich Richtung Bahnunterführung und vor der Unterführung re ab in Richtung Rosenberg. Wir kommen in die Christgasse und gehen der Bahnlinie entlang in Richtung Bühlhof. Der malerische Blick in das Jagsttal und die am Wegesrand stehende Bühlkapelle (Privatbesitz) locken immer wieder zum Verweilen. Nach dem Bühlhof führt uns der Weg in zwei Kehren (bei der zweiten Kehre überqueren wir das Rappenbächle) hinab in das Jagsttal zur Rennecker Mühle. Hier treffen wir auf den AV-Weg mit Z r Kreuz, dem wir nach li folgen. Wir queren die Bahnlinie in Schweighausen und gehen auf der B 290 li weiter. Ca. 50 m nach der Jagstbrücke, bei der Abzweigung Rechberg – Fichtenau (K 3228), folgen wir dem r-Kreuz-Weg durch den Wald, der uns re den steilen „Höllenrutschweg" den Berg hinauf führt. Auf der Höhe, ca. 100 m nach dem Pumpwerk, folgen wir dem markierten Weg re in den „Strütweg". Beim TP 478, am Feldkreuz, biegen wir li ab Richtung Wald. Vor Erreichen des Waldes lohnt sich rückblickend die schöne Aussicht zum Hohenberg mit seiner Jakobuskirche. Der r-Kreuz-Weg führt uns durch ein Waldstück den Berg hinab zur Dankoltsweiler Sägmühle. Bei der Mühle treffen wir auf den r-Kreuz-Weg nach Rechenberg, dem wir in nordöstlicher Richtung folgen. Durch das hübsche Seitentälchen führt der r-Kreuz-Weg bis zum TP 465 und von dort hinauf zum P nordöstlich von Dankoltsweiler. Hier verlassen wir den markierten Wanderweg und folgen dem Sträßchen Richtung WT und Dankoltsweiler. Nach ca. 400 m biegen wir re ab; – der Weg führt uns hinab in die Katzenklinge. Die Katzenklinge gehen wir nach li vor zum Rotbachtal. Hier gehen wir auf der K 3229 talaufwärts, nach 400 m li über den Rotbach und ge den Bach entlang hinauf zur K 3322. Auf der Höhe wieder freie Sicht jagstabwärts und auf die Wälder des Virngrundes. Auf der K 3322 gehen wir li weiter und nach ca. 500 m biegen wir re in den Feldweg ein, dem wir zum Weiler Winterberg folgen. Von hier noch ein kurzes Stück auf dem Fußweg und wir haben unseren Ausgangspunkt in Jagstzell wieder erreicht.

W 23   Rechenberg – Rothof – Kreßbronn – Rechenberg

Strecke: 13 km
Wanderkarten: L 6926 Crailsheim oder Blatt F 13 Ellwangen – Aalen
Besonderheiten: A, F, K, W
Ausgangspunkt: Rechenberg (Gemeinde Stimpfach), P im Ort

Rechenberg. Die romantische Lage über einem kleinen Stausee inmitten dunkler Wälder lockt viele Maler und Fotografen an. Von 1229 bis 1405 ist Ortsadel belegt. Danach wechselten die adligen Besitzer mehrfach, 1532 kam die Herrschaft an die aus der Pfalz stammenden Steinhäuser von Neidenfels und nach ihrem Aussterben 1608 schließlich an die Berlichingen. Das dem Jugendherbergsverband gehörende **Schloss** entstammt zwei Bauzeiten: Ein kleines gotisches Fenster im alten Bau weist auf eine Bauzeit vor 1500. Der Fachwerkaufsatz stammt aus dem 16. Jh. Der neue Bau mit Torbau und Achtecktürmchen wurde 1571 errichtet. In der Nähe steht die ev. Pfarrkirche von 1619. Sie enthält innen eine reich verzierte Kanzelwand und eine Ausmalung durch den Ellwanger Johann Nieberlein. Die interessante Komposition des Deckengemäldes enthält in korrespondierender Weise die Huldigung der vier Erdteile vor dem Gekreuzigten und die eherne Schlange. Die Bilder mit biblischen Szenen an den Emporenbrüstungen sind als Bilderbibel zu verstehen. Die Orgel kam von Maulbronn nach hier.

Dem von nördlicher Richtung kommenden bl-Kreuz-Weg folgen wir zum Schloss und weiter, re die Staffeln hinunter zum idyllisch gelegenen Weiher. Hier endet der bl-Kreuz-Weg und geht als r-Kreuz-Weg nach li weiter, über den Damm Richtung Ellwangen, dann nochmals nach li und ein Stück am Ufer entlang. Vom Ufer aus ist der Blick hinauf zum Schloss äußerst malerisch. Wir folgen dem r-Kreuz-Weg re in den Wald und den Berg hinauf (Riegersheimer Halde). Nach ca. 1 km stoßen wir auf einen Forstweg (Riegersheimer Weg), dem wir nach re folgen. Der Wanderweg führt uns nun ge durch schönen Mischwald und im leichten

Linksbogen hinab zur Kernhütte. Die gepflegte Sitzgruppe mit einem Holzbrunnen neben der Hütte, sowie die wohltuende Stille im Wald, laden zum Verweilen ein. Nach der Hütte queren wir den Grundbach, verlassen danach den r-Kreuz-Weg (dieser geht weiter Richtung Ellwangen den Berg hinauf) und folgen re dem Forstweg, leicht abwärts, dem Grundbach entlang. Bei der Weggabel kurz vor Waldende biegen wir re ab, queren den Bach und folgen nach Verlassen des Waldes ge dem Feldweg. Vor uns, auf der Anhöhe über dem Rotbachtal, erkennen wir die Höfe Rothof und nach wenigen Min auch den Weiler Rot im Rotbachtal. Der Weg führt uns über freies Feld; – li unten im Talgrund fließt gemächlich der mäandrierende, beidseitig mit Erlen gesäumte Grundbach dahin. Leicht abwärts führt uns der Weg, entlang einem schönen Hain mit Erlen, Buchen und Eichen bewachsen, zum Weiler Rot. Wir folgen dem Sträßchen durch den Weiler und überqueren am Ende von Rot den Rotbach. Hier mündet der Grundbach in den Rotbach; – re neben der Brücke sehen wir noch das große Wasserrad der ehem. Mühle. Nach der Brücke biegen wir li in die K 3322 ein, verlassen das Rotbachtal jedoch nach ca. 150 m wieder und gehen re die Anhöhe hinauf zu den Höfen Rothof. Dem Sträßchen folgen wir durch Rothof in westlicher Richtung zum Wald. Ein hölzernes Wegschild am Anfang des Waldes mit dem eingravierten Hinweis „Totenweg" hält uns natürlich nicht ab, doch den Forstweg ge weiter zu gehen. Bald erreichen wir im Wald eine Wegkreuzung; hier sehen wir auf der re Seite, an einem Baum

Das ehemalige Schloss in Rechenberg.   *Aufn.: K. Seidel*

angebracht, ein Marterl (in kath. Gegenden Erinnerungsmal, oft auch
Kruzifix für Verunglückte). Jetzt wird uns auch die nicht gerade
angenehm klingende Wegbenennung bewusst. Wie erfreulich wirkt
doch da bei der nächsten Wegkreuzung der Anblick der Rotwaldhütte
auf uns. Die Hütte mit Sitzgruppe bietet sich zur Wanderrast an. Wir
bleiben weiterhin auf dem Forstweg, der uns nach wenigen Min wieder
aus dem Wald herausführt. Bei der Weggabel am Waldrand biegen
wir nach re ab und wandern in nördlicher Richtung weiter. Von Hörbühl
kommend, auf der li Seite sehen wir den Weiler, mündet ein
Teersträßchen in unseren Weg und kurz darauf stoßen wir bei einem
Feldkreuz auf die ebenfalls von Hörbühl kommende Autostraße.
Am Waldrand ge und dann halbre weiter, erreichen wir die L 1068,
welche wir queren. Wir folgen nun dem Teersträßchen ein kurzes
Stück am Waldrand entlang. Vor dem Wald biegt das Teersträßchen
re ab, wir jedoch wandern auf dem „Bahnholzsträßle" ge weiter in
den Wald hinein. Nach ca. 800 m biegt von re der AV-Weg mit Z bl Kreuz
in unseren Forstweg. Wir wandern weiterhin ge, nach Norden, weiter –
jetzt leicht ansteigend, dem bl Kreuz folgend. Bald darauf erreichen
wir linker Hand ein größeres eingezäuntes Waldstück, – einen Bann-
wald.

Bannwälder sind Totalreservate, in denen jegliche forstliche Nutzung unterbleibt.
In ihnen wird wissenschaftlich untersucht, wie sich die Waldlebensgemeinschaft
ohne den willentlichen Einfluss des Menschen entwickelt. Damit bieten
Bannwälder die einmalige Gelegenheit, die natürliche Dynamik der verschiedenen Waldtypen besser zu verstehen. Der Erkenntnisgewinn hat praktischen Nutzen
und soll bei der Weiterentwicklung von Waldbauverfahren naturnaher Wald-
wirtschaft dienen. Bannwälder sind damit wichtige lokale und regionale
Weiserflächen für den Waldbau und in ihnen wird intensiv wissenschaftlich
geforscht. Gleichzeitig dienen Bannwälder der Sicherung der ungestörten
natürlichen Entwicklung einer Waldgesellschaft mit ihren Tier- und Pflanzenarten
zum „Urwald von morgen". Weil in Bannwäldern kein Holz entnommen wird,
bleibt jeder Baum, auch wenn er abstirbt, an seinem Platz. Insbesondere durch
„natürliche Katastrophen" wie Massenvermehrungen von Insekten, Sturm- und
Schneebruch, reichert sich hier rasch „Totholz" an. Dieser Effekt ist naturschüt-
zerisch bedeutsam, denn vermoderndes Holz ist die Existenzgrundlage einer sehr
spezifischen und artenreichen Lebensgemeinschaft.

Am Ende des Bannwaldes verlassen wir den bl-Kreuz-Weg und biegen
bei der Wegkreuzung re ab in das „Forstplattensträßle" (Wegtafeln sind
jeweils nur am Anfang und Ende des Weges angebracht), dem wir ge
folgen. Nach Überqueren einer Teerstraße haben wir bald das Ende des
Waldes erreicht. Inmitten einer Wiesenlandschaft sehen wir nun den
Weiler Kreßbronn vor uns. Entlang einer Obstbaumwiese führt der Weg
uns dort hin. Wir queren den verträumt daliegenden Weiler, der am Ende

u. a. mit einem herrlichen, noch jungen Mammutbaum eine schöne Eingrünung erhalten hat. Nach wenigen Metern verlassen wir das Teersträßchen und biegen re ab. Dem Schotterweg folgen wir Richtung Wald. Linker Hand kommen wir an einem kleinen Weiher vorbei (in der TK nicht eingezeichnet) und an der Weggabel vor dem Wald folgen wir dem Weg halbli in den Wald. Nach wenigen Schritten im Wald stoßen wir auf den von Norden kommenden AV-Weg mit Z r-Kreuz (in der TK noch als r-Strich eingezeichnet), dem wir ein kurzes Stück nach re und dann li in südlicher Richtung folgen. Der bezeichnete Wanderweg führt uns nun ge durch den Wald. Am Ende des Waldes stoßen wir auf ein Teersträßchen, dem wir hinab in das Rotbachtal, nach Hammerschmiede (Connenweiler) folgen. Im Talgrund münden wir in die L 1068, der wir in Richtung Rechenberg folgen. Nach Überqueren des Klingenbächle folgen wir weiter dem r-Kreuz-Weg ge (in der TK ist noch die alte Wegmarkierung durch Hammerschmiede eingezeichnet). Nach einem leichten Anstieg, kurz nach Ende des Ortsschildes, biegen wir li in den Feldweg. Von hier nun einen herrlichen Blick in das Rotbachtal mit dem schön gelegenen Schlossweiher, bevor wir den Wiesenhang abwärts zum Weiher gehen. Am Ufer entlang, dann die Staffeln hoch zum Schloss und wir haben unseren Ausgangspunkt wieder erreicht.

W 24   Wald- und Seenwanderung bei Wört

Strecke: 19 km
Wanderkarten: L 6926 Crailsheim oder Blatt F 13 Ellwangen – Aalen
Besonderheiten: E, F, P, W
Ausgangspunkt: Aumühle (an der L 2220 Ellwangen – Dinkelsbühl), westlich von Wört.

Wört. Im Tal der Rotach im Virngrund sind schon im 10. Jh mehrere Burgställe gesichert, unter ihnen der Burgstall (Burstel) in Wört, heute Schlössle genannt. Nach diesem Burgstall, einer Wasserburg, auch der Name des Ortes: Wört (Werde, Werder) bedeutet Insel. 1024 erstmals urkundlich erwähnt, die Burg gemeinsames Lehen von Ellwangen und Oettingen. Seit 1810 bei Württemberg. *Pfarrkirche St. Nikolaus (kath.).* Von einer romanischen Vorgängerkirche zeugt noch der Turm, an den sich über einem Zwischenbau das höhere Hauptschiff, erbaut 1725, 1876 verlängert, anschließt. Nach geglückter Renovierung 1979 wirkt die Kirche in ihrer beachtlichen Höhe und Helligkeit wieder als Barockkirche. Nordwestlich vom Ort, früher ganz vom Wasser umgeben, das *„Schlössle"*, 1626 erbaut.

Die im Ortsteil **Bösenlustnau** 1905 im reinen Jugendstil erbaute ev. Pfarrkirche mit ihrem schlanken Turm, bildet ein Wahrzeichen der Gegend.

Das 1626 erbaute „Schlössle" in Wört.   *Aufn.: K. Seidel*

Von der Aumühle wandern wir in östlicher Richtung zur Häringsmühle. Hier ge im Wald auf Fuß-, Wald- und Feldweg nach Bösenlustnau. Auf der Autostraße gehen wir nach re und bei der Gärtnerei und Kirche li an der Fa. AMP vorbei und am südlichen Waldrand entlang. Von hier lohnt sich ein Blick in das schöne Rotachtal. Am Waldrand geht unser Weg re weiter zur K 3222. Auf dieser wandern wir li weiter und nach ca. 600 m, nach überqueren des Bachs, biegen wir re in den geteerten Feldweg ein, dem wir in südlicher Richtung folgen. Sofort nach Einmündung auf die Fahrstraße zur Königsroter Mühle biegen wir li ab. Der Weg führt im NSG zwischen Birken- und Oberholzweiher ge hindurch zum Waldrand und über Grobenhof nach Grünstädt. Hier überqueren wir die Rotach, sowie die L 2385 und wandern ge den Feldweg zum Wald. Wir folgen dem Waldweg, am Lohweiher vorbei bis zum südlichen Waldrand.

Hinweis: Vom Waldrand aus ist ein Abstecher möglich zum **Wild- und Vogelpark „Pfauengarten"** in Gaxhardt und zu einer stillgelegten **Sandgrube mit Brutstätte der Uferschwalbe** (ND). Wenn man vom Waldrand aus direkt nach Osten geht und die K 3212 überquert, sieht man jenseits in den Feldern einen kleinen Sandhügel, und dort ist die einzige Uferschwalbenkolonie der Gegend. Bitte nicht zu nahe herangehen und keinesfalls den Hügel betreten, da sonst die Bruthöhlen nachbrechen können.

Unser Weg führt uns am Waldrand südwestlich entlang in Richtung Schnepfenmühle. Nach ca. 1 km biegen wir re ab zum Schafweiher. An dessen Ende folgen wir dem Waldweg re und nach ca. 200 m li zum Kreuthof. Von hier gehen wir re weiter und biegen kurz darauf li ab zum Merzenhof. Vor den Häusern biegen wir re ab in den Waldweg, den nächsten Weg li und nach ca. 130 m wieder re zur Brombachmühle (in der TK nicht eingezeichnet). Hier gehen wir den Weg gegenüber der Mühle re weiter zum Holzweiher.

Rhododendronwald. Das Walddreieck westlich des Weihers ist der „Rhododendronwald" – ein Name, den es natürlich offiziell nicht gibt, der dem reizvollen Brombachwald aber wohl ansteht, in einem Gebiet, in dem schon lange vor ihm Exoten heimisch geworden sind: Mammutbäume, Arven und Küstentannen, Weymutskiefern und Lebensbäume, Kiefern und auch Platanen. Rund 40 exotische Baumarten wurden 1860 im Wald zwischen Ellenberg und dem Häsle gepflanzt; noch heute sind etliche Arten erhalten. Der Wanderer wird verzaubert sein über die kleinen, mittleren und übermannshohen Sträucher, die von Ende April bis Juni im Unterholz zwischen Fichtenstämmen und Laubbäumen blühen und mit ihren unterschiedlichen Farbspielen von reinem Rosa, kräftigem Lila und dunklem Violett einen Märchenwald durchleuchten. Auch die den Rhododendron verwandten Azaleen beteiligen sich heute an dieser Verzauberung.

Der Wanderweg führt uns auf Waldwegen nach Westen zur L 1070. Nach einem kurzen Stück auf der L 1070 in südlicher Richtung kommen wir vor dem Straßenweiher an einen P. Vom P wandern wir südwestlich weiter in Richtung Mittelmeizen. Am Waldrand biegen wir re ab und folgen dem zweiten Weg li zum NSG mit seinen vier Weihern (Letten-, Kleintief-, Großtief- und Kolbenweiher). Nach den Waldhütten gehen wir re über den Weiherdamm bis zum Schotterweg. Hier biegen wir li ab, überqueren zwei Waldwege (zweite Überquerung ca. 750 m nach Beginn des Schotterweges) und gehen ein kurzes Stück ge, dann nach leichter Rechtskurve ge weiter, überqueren einen weiteren Weg und wandern ge hinab in das Tal. Im Tal biegen wir li ab und kommen nach ca. 200 m zum „Schönen Brunnen" – eine 1895 angelegte Brunnenanlage. Dort queren wir den Konradsbronner Bach über einen Steg (in der TK nicht eingezeichnet) und wandern ge nach Konradsbronn. Auf der Straße ein kurzes Stück nach li, dann re am Waldrand entlang in eine Talmulde. Nach dem ersten Weiher überqueren wir den Damm und gehen östlich am Waldrand entlang bis zur Straße. Auf dieser ca. 200 m nach li und auf dem nächsten Waldweg wieder nach li. Nach ca. 300 m biegen wir re ab und wandern in leichtem Gefälle hinab zur Aumühle.

W 25   Ellwangen – Schönenberg – Eigenzell – Stocken – Kreßbachsee – Ellwangen

Strecke: 16 km
Wanderkarten: L 6926 Crailsheim und L 7126 Aalen oder Blatt F 13
Ellwangen – Aalen
Besonderheiten: A, B, K, P, W
Ausgangspunkt: Ellwangen, P Schießwasen

Vom P weisen uns die Türme der Stiftskirche St. Vitus (Basilika) und der Jesuitenkirche (ev. Stadtkirche) den Weg zum Marktplatz; – an verschiedenen Stellen kann man dorthin die Jagst überqueren. Die Besichtigung der beiden Kirchen lohnt sich immer.

Stiftskirche St. Vitus, Jesuitenkirche siehe Stadtbeschreibung Ellwangen S. 105, 106

Vom Marktplatz gehen wir in östlicher Richtung, an der Volksbank vorbei durch die Oberamtsgasse und ge weiter in die Obere Straße (uns gegenüber das Palais Adelmann) bis zur Kreuzung. Diese queren wir und gehen auf der Schlossvorstadt-Straße ge weiter. Nach etwa 150 m biegen wir li ab und gehen auf einem Wiesenweg durch eine Obstbaumallee die Anhöhe hinauf zum Schloss ob Ellwangen.

Schloss ob Ellwangen siehe Stadtbeschreibung Ellwangen S. 108

Durch den Torbogen gelangen wir in die Schlossanlage und gehen an der Schlossmauer entlang, bis wir durch einen kleinen Durchgang nach außen gelangen. Von hier haben wir einen herrlichen Blick auf Ellwangen. Beim Rückweg lohnt sich ein Blick in den schönen Arkadenhof. Nach Verlassen des Schlosses führt uns der Weg li zwischen P und Schlossgaststätte sanft den Wiesenhang hinab in den Talgrund. Von hier sehr schöner Blick hinüber zum Schönenberg mit seiner Wallfahrtskirche. Im Talgrund queren wir die Autostraße und gehen steil hinauf den Wallfahrtsweg mit Stationskapellen zur Schönenbergkirche.

Wallfahrtskirche Schönenberg siehe Stadtbeschreibung Ellwangen S. 109

Wir gehen li um die Kirche (die Besichtigung der Kirche ist sehr zu empfehlen) und haben von der Westseite wieder einen schönen Blick auf Ellwangen, sowie einen herrlichen Fernblick zum Albtrauf mit Rosenstein und den Kaiserbergen. Am Haus „Schönenberg" geht unser Weg li vorbei. Hinter dem Friedhof gehen wir am Waldrand der Hangkante

Ellwangen. Das Schloss der Fürstpröpste.   *Aufn.: K. Seidel*

entlang nach Eigenzell. Vor Eigenzell, besonders jedoch nach der Ortschaft, haben wir immer wieder einen herrlichen Fernblick zum Albtrauf, auf das Waldgebiet des Virngrunds und der Ellwanger Berge. Beherrschend der Hohenberg mit der Jakobuskirche, ebenso die Wallfahrtskirche auf dem Schönenberg.

Eigenzell. Der Ort ist eine frühe Gründung durch Ellwanger Mönche, die ihre Zelle bei einer Eiche, bzw. einem Eichenhain hatten. Die Sebastianskapelle ist im Kern noch gotisch und hat ein polygones eingewölbtes Chörlein. In ihr befindet sich noch ein eisenbeschlagener Pestsarg aus dem 30-jährigen Krieg, in dem die Toten aus dem Ort getragen wurden.

Wir durchqueren den Ort auf der Hornbergstraße und gehen nach der Sebastianskapelle halblinks auf der Hohenbergstraße weiter. Nach dem Gasthaus gehen wir re den Feldweg weiter zum Wald. Beim Wbh (re am Waldrand) führt uns der Weg abwärts; – rechter Hand an einer Baumschule vorbei und schon können wir die ersten Häuser von Stocken sehen. Mitten im verträumten Weiler – man könnte meinen hier ist die Zeit stehengeblieben, keine Hektik, kein Lärm umgibt uns – gehen wir auf der K 3227 li weiter bis zur Gaststätte und biegen re ab in den Feldweg, dem wir abwärts in das Fischbachtal folgen. Im Fischbachtal, ein liebliches Waldtal aufgelockert durch kleine Wiesenstücke, folgen wir dem AV-Weg mit Z r Kreuz li in Richtung Dankoltsweiler Sägmühle bis zur K 3228. Vom Weg aus sehen wir auf der anderen Seite des Baches die Stockensägmühle und etwas unterhalb die Treppelmühle.

Stockensägmühle. Die ehemalige Sägmühle wurde vor einigen Jahren von der ev. Kirchengemeinde Ellwangen erworben und zu einem Ferienheim umgebaut.

Kurz vor dem Fischbachsee (ein Abstecher zum Badesee ist möglich) tangieren wir die K 3228, der r-Kreuz-Weg führt uns auf einem Forstweg weiter in südlicher Richtung den Berg hinauf und zur K 3228. Auf dieser gehen wir weiter in südlicher Richtung und biegen nach ca. 500 m, an einem Bildstock, li ab in den „Reitweg".

Bildstock mit abgebildeter Hand im Handwald. Die Sage erzählt von einer Frau, die mit einem Korb Zwiebeln auf dem Weg zum Markt nach Ellwangen war. Sie kam nicht mehr heim und wurde auch nicht gefunden. Im nächsten Jahr wuchsen hier im Wald Zwiebeln. Als man an der Stelle aufgrub wurde nur eine Hand gefunden.

Bald erreichen wir auf dem Forstweg eine Kreuzung, vor der, auf der re Seite an einem Baum angebracht, ein Marterl (Erinnerungsmal, oft auch Kruzifix für Verunglückte in kath. Gegenden) zu sehen ist. Wir queren den Forstweg, kommen an einem Denkmal vorbei und folgen dem r-Kreuz-Weg bis zum Kreßbachsee (Badesee). Der markierte Weg führt uns über den Damm zur Autostraße. Auf dieser li und kurz darauf re am Waldrand den Feldweg hinauf zur ehemaligen Rinderburg.

Rinderburg. Die Rinderburg beim Schafhof, nördlich der Stadt Ellwangen, stellt die größte Burgstall-Anlage des Ellwanger Gebietes dar und ist in ihren Erdwerken recht gut erhalten. Sie liegt über dem Jagsttal auf einem nach Norden, Westen und Süden leicht ansteigenden Hügel. Ein dreifacher Graben und doppelter Wall, die auf der Ost- und Südseite teilweise eingeebnet sind, umschließen eine quadratische Innenfläche. Der Durchmesser der abgerundeten quadratischen Gesamtanlage misst etwa 135 m, die innere Burgfläche hat eine Länge von etwa 35 m. In der Mitte war ein Brunnen. Die Geschichte dieser imposanten Anlage ist gänzlich in Dunkel gehüllt und wirft daher viele ungeklärte Fragen auf.

Folgen wir dem r-Kreuz-Weg weiter, so sind wir in ca. 20 Min in Ellwangen an unserem Ausgangspunkt angelangt.
Besteht noch Interesse an Kunstgeschichte, so wählen wir folgende Variante: Von der Rinderburg gehen wir auf dem r-Kreuz-Weg ca. 100 m zurück und biegen dann li in den Wiesen- und kurz darauf Forstweg ein, der oZ hinab in das Jagsttal führt. Von hier schöne Sicht auf die Ellwanger Berge und halbrechts zum Hohenberg mit seiner Jakobus-kirche. Durch einen kleinen Mischwald und wir haben die Bahnlinie Ellwangen – Crailsheim erreicht. Nach Überqueren des Bahnüber-ganges gehen wir re und kommen nach ca. 200 m zur Eichkapelle bei Rindelbach.

Eichkapelle. Kapelle St. Maria in der Eich – „Eichkapelle". An der früheren Markungsgrenze zwischen Rindelbach und Ellwangen gelegene, 1498 erbaute Kapelle, heutiger Bau in den Formen des Barocks; ist die älteste und schönste Wallfahrtskapelle im Ellwanger Raum. Im Inneren Barockaltäre mit Altarblättern von Edmund Widmann; linker Seitenaltar mit hl. Ottilia, rechts „Martyrium der hl. Apollonia". Altarblatt des Hauptaltars „Mariä Himmelfahrt" von 1860. Bedeutendstes Kunstwerk der Kapelle ist das Gnadenbild, eine Pieta, am linken Seitenaltar, eine ergreifende Darstellung um 1490: Maria in ungewöhnlicher Haltung den toten Sohn beweinend. Das schmiedeeiserne Gitter stammt aus dem 18. Jh.

Der Weiterweg führt uns zurück zum Bahnübergang, den wir jedoch nicht queren; – wir gehen ge weiter auf dem Fußweg in Richtung Stadtmitte. Linker Hand über den Bahngleisen sehen wir die Fa. Varta. Vor der Umspannstation biegen wir re ab zur Autostraße. Auf dem Gehweg der Straße gehen wir li der Jagst entlang und haben bald unseren Ausgangspunkt erreicht.

Hinweis: Es sind Bestrebungen im Gange, den Bahnübergang bei der Eichkapelle zu schließen. In diesem Fall geht der Weg von der Rinderburg kommend vor den Bahngleisen re in Richtung Rindelbach zur neuen Bahnunterführung und auf der anderen Seite der Bahnlinie auf der neuen Straßentrasse in östlicher Richtung zur Eichkapelle. Von der Eichkapelle geht es dann weiter in östlicher Richtung bis zum Fußweg und von hier wie schon beschrieben weiter zu unserem Ausgangspunkt. Diese Variante ist ca. 850 m weiter.

W 26   Pfahlheim – Halheim – Freihof – Birkenzell – Sonnenbachsee – Pfahlheim

Strecke: 16 km
Wanderkarten: L 7126 Aalen oder Blatt F 13 Ellwangen – Aalen, bzw. UK L 21 Nördlingen – Ries
Besonderheiten: A, B, E, K, U
Ausgangspunkt: Pfahlheim, P bei der Kastellhalle

Pfahlheim. Der Ortsname (Pfahl = Grenzwall) weist darauf hin, daß der Ort am römischen Limes liegt. In der Nähe auch Spuren keltischer Besiedlung sowie frühe alamanische Besiedlung durch reiche Gräberfunde aus dem 7. Jh nachgewiesen. Der Ortsadel der Ritter von Pfahlheim schon seit dem frühen 13. Jh in ellwangischen Diensten.
Pfarrkirche St. Nikolaus (kath.): Von der gotischen Vorgängerkirche noch der Turm und der Chor erhalten, der übrige Bau 1891 von J. Cades. Im Innern einzelne

gotische Skulpturen: hll. Patrizius und Sebastian an den Seitenwänden, rechter Seitenaltar mit Gruppe von 10 holzgeschnitzten Heiligen, in der Mitte die Madonna mit Kind, um 1510.

Auf dem Weg zum P ist am Anfang der Kastellstraße auf der re Straßenseite eine große Informationstafel angebracht, auf welcher der Verlauf des Limes und die Ausgrabungen des Numeruskastells aufgezeichnet und beschrieben sind.
Vom P aus gehen wir auf der wenig befahrenen K 3214 – zugleich HW 6 Limes-WW Main – Rems – Wörnitz (Z r Strich mit stilisiertem Limesturm) nordöstlich in Richtung Halheim.
Leicht ansteigend führt uns der Weg auf die Anhöhe und an dem li stehenden Wbh vorbei nach Halheim. Mitten im Weiler führt der HW 6 li hinab ins Tal und bringt uns im re Bogen hinauf zur Anhöhe zu dem li liegenden römischen Kastell.

Kastell Halheim. Das Kastell liegt auf einer leichten Erhebung südlich des Sonnenbaches und etwa 35 m südlich des raetischen Limes, der hier zwischen Wachtposten 12/101 und 12/107 einen auffälligen Winkel nach Norden bildet. Heute ist an der Stelle des Kastells ein Acker. Buschwerk, das auf dem Schutzwall der Kastellmauer wächst, kennzeichnet die Anlage und bildet somit ein eindrucksvolles Geländedenkmal.
Die Umfassungsmauer des Kastells war 1,2 m stark und mit einem Graben umgeben. Die annähernd quadratische Anlage von 80 mal 82 Metern besaß ein Nord- und ein Südtor, jedes von zwei Türmen flankiert; Türme standen auch an allen vier Ecken sowie Zwischentürme an der West- und der Ostmauer. Damit entsprach das Kastell den üblichen Unterkünften für einen Numerus. Es bestand von etwa 125 bis 260 nach Christus. Der Bereich des einstigen Nordtors ist durch Baumbestand markiert. Südlich des Kastells deuten Mauerreste auf eine kleine Zivilsiedlung hin.

Kurz nach dem Kastell erreichen wir die K 3215. Auf dieser gehen wir ca. 100 m nach li, wo wir beidseitig an Feuchtbiotopen vorbeikommen und biegen vor dem Limesstein re in den Wiesenweg. Im spitzen Winkel folgen wir dem Wiesen- bzw. Feldweg in östlicher Richtung. Der HW 6 ist ab dem nördlich liegenden Waldstück bis zum Freihof nicht mehr begehbar, es sind jedoch Bestrebungen im Gange, den HW 6 bis zum Freihof auf unsere weiterführende Route zu verlegen. Wir behalten deshalb die östliche Richtung bei und biegen auf Höhe des kleinen Waldstückes li ab (ca. 1 km nach überqueren der K 3215). Am nördlichen Waldeck biegen wir re ab und folgen dem Feldweg in östlicher Richtung zu den Höfen Weiler an der Eck. Vor dem ersten Gebäude folgen wir dem Feldweg in nordwestlicher Richtung und erreichen nach ca. 500 m eine Weggabel. Hier biegen wir re ab und wandern Richtung L 1070.

Blick vom HW 6 zum Hesselberg.
              Aufn.: Kreisarchiv Ostalbkreis (B. Hildebrand)

Auf der Böchung der L 1070 kommen wir linker Hand an einem Feldkreuz vorbei; – von hier erkennen wir in südlicher Richtung Schloss Baldern. Auf der wenig befahrenen L 1070 biegen wir li ab und erreichen nach ca. 200 m an der Straßenkreuzung wieder den HW 6. Neben der Kreuzung lädt eine Sitzgruppe zur Rast ein. Von der Höhe prächtiger Blick auf Stödtlen, Wört, Mönchsroth und auf das weite Waldland mit seinen verstreut liegenden Orten und Höfen. In nordöstlicher Richtung erhebt sich der Hesselberg mit dem Fernmeldeturm auf seinem langgestreckten Kamm. Ein alter „Vierwegweiser" zeigt uns die Richtung zum Gehöft Freihof, welches wir auf dem geteerten Fahrweg in wenigen Min erreichen.

Freihof. Der 1337 erstmal als Hof Kaltenbrunnen oder Rotensol genannte Freihof war ein altes Freigut. Vom 16. bis 18. Jh stand er bald in oettingischem, bald in ellwangischem oder brandenburgischem Schirm. 1697 wurde die Hälfte des Gutes in ein Fallehen des Spitals Ellwangen umgewandelt. Seither nahm der Inhaber eine interessante Doppelstellung ein. Nach längerem Streit, auch mit Einsatz von Militär, zwischen Ellwangen und Oettingen anerkannte 1746 das Reichskammergericht die Freiheit des Hofes. 1772 erwarb das Spital Ellwangen den Hof mit allen Rechten; 1837 wurde er wieder an Private veräußert.

Wir queren das Gehöft und wandern auf einem guten Feldweg nach Birkenzell. Auf dem Weg dorthin immer wieder schöner Fernblick, jetzt auch zum Albtrauf mit den Kaiserbergen.

Birkenzell. Marienkapelle (kath.) – Chorturmkirche, Chor kreuzgewölbt mit rundem Chorbogen. Sehr qualitätsvolle barocke Deckenmalerei „Mariä Himmelfahrt". An der südlichen Wand zwei sehr gute Ölbilder „Mariä Verkündigung" und „Mariä Heimsuchung". An der Nordwand großes barockes Kruzifix. Der Hauptaltar mit Figur des hl. Sebastian. Beachtliche Figuren an der Orgelbrüstung, überwiegend barock, so Erzengel Michael. Das alte frühbarocke Gestühl mit reichgeschnitzten und verzierten Wangen.

Am Ortseingang biegen wir re in die Lange Straße und nach der Kapelle li in die Haldengasse. Der geteerte Weg führt uns wieder hinaus auf das freie Feld. Ca. 700 m nach Ortsende endet der Teerweg an einer dreifachen Weggabelung (zwei Wege enden in den Wiesen). Unser Weiterweg führt uns halbli, leicht abwärts zum Waldrand. Direkt vor uns schöner Blick hinüber zum Schloss Baldern; – re unten erkennen wir den Sonnenbachsee und im Hintergrund sind wieder die Kaiserberge zu sehen. Wir folgen dem Weg talwärts, teils am Waldrand entlang, teils durch ein kurzes Waldstück und stoßen in wenigen Min im Sonnenbachtal beim TP 494 auf die Verbindungsstraße Beersbach – Halheim. Auf der Fahrstraße gehen wir li, überqueren den Sonnenbach und biegen nach der Brücke re in den Waldweg ein. Nach Verlassen des Waldes erreichen wir die K 3217; – sie verläuft hier auf dem Damm des Sonnenbachsees. Wir folgen ihr ein kurzes Stück nach re und biegen dann li ab zum Campingplatz. Hier besteht die Möglichkeit, kurz vor Erreichen unseres Ausgangspunktes, ein erfrischendes Bad zu nehmen. Der Weiterweg führt uns am See entlang. Nach dem See, li und re an kleinen Weihern vorbei, führt uns die Straße in einem großen Linksbogen zum Ortsrand von Pfahlheim. Auf der Höhe des Freibades (kurz nach dem Ortsschild) biegen wir li in die Erikastraße und gleich darauf re in die Straße „Am Limes".
Beim Friedhof stoßen wir auf die Kastellstraße, der wir li und gleich darauf re folgen und kurz danach unseren Ausgangspunkt erreichen.

W27   Eck am Berg – Wachtturm bei Mönchsroth – Höllweiher – Wittenbach – Beerweiher – Eck am Berg

Strecke: 14 km
Wanderkarten: L 6928 Wassertrüdingen und L 7128 Nördlingen oder UK L 21 Nördlingen – Ries (Bayerisches Landesvermessungsamt München).
Besonderheiten: E, F, K, W
Ausgangspunkt: Eck am Berg, ca. 200 m Richtung Oberbronnen, li bei der großen Scheuer. Eck am Berg liegt an der Straße von Tannhausen nach Mönchsroth (Dinkelsbühl).

Römischer Wachtturm bei Mönchsroth.   *Aufn.: K. Seidel*

Einem abwechslungsreichen Waldrand entlang gelangen wir zur Bayerischen Landesgrenze und zum Limeswanderweg.

Vom P aus gehen wir auf dem Wiesenweg zum Waldrand und dort re, leicht aufwärts im Wald, bis zum geteerten Feldweg. Der Feldweg geht li am Rand des Waldes „Ehrich" entlang in Re- und Li-Biegungen. Nach Eintritt in den Wald stoßen wir nach ca. 300 m auf den HW 6 Limes-WW Main – Rems – Wörnitz, dem wir nach re folgen. Kurz nach einer Schranke sehen wir li eine Sandgrube und re einen Weiher. Hier im Wald blüht im Sommer in reichem Maße der Fingerhut in allen Farben, von weiß bis dunkelrot. Ca. 500 m nach dem Weiher lohnt sich ein Abstecher nach li zu dem konservierten Wachtturm bei Mönchsroth. Der Weg dorthin führt von der Wegkreuzung leicht bergab zum Waldrand und li zum Römerturm.

Wachtturm bei Mönchsroth. Der Steinturm wurde zwischen den bekannten Standorten der Türme WP 13/1 und 13/3 am vermuteten Platz des WP 13/2 rekonstruiert. Der Limesverlauf ist in diesem Bereich durch Grabungen genau nachgewiesen. Das Aussehen des begehbaren Turmstumpfes richtet sich nach Befunden benachbarter Wachttürme. Auf eine vollständige Rekonstruktion wurde verzichtet, da die archäologischen Erkenntnisse sehr unterschiedliche Formen erlauben. Das Turmfragment mit anschließenden Limesmauerstücken vermittelt ein Bild aus der Zeit der verfallenden römischen Grenzbefestigungen. Die Anlage ist mit einer Schautafel versehen.

Auf gleichem Weg gehen wir zum Limeswanderweg zurück und folgen diesem nach li; – der HW 6 führt uns ge zu den Höllweihern. Der Wanderweg führt über den Damm zwischen den Ob. und Unt. Höllweiher und weiter über einen Holzsteg. Beim ersten Waldweg biegen wir nach li ab und vor den Sportplätzen am Waldrand nochmals nach li. Wir kommen zur Gastwirtschaft „Höllmühle" (nicht immer geöffnet). Nach ca. 60 m biegen wir li in den Wald ein und gehen in einiger Entfernung vom See in Richtung Süden. Wir queren unseren Limeswanderweg und gehen entlang in einiger Entfernung des Ob. Höllweihers zum Dorf Wittenbach. Bei der Straßenkreuzung im Dorf gehen wir in Richtung Beermühle. Nach ca. 400 m biegen wir li und nach etwa 150 m re ab, vorbei am **Wildschweingehege**. Kurz danach führt unser Weg wieder nach re bergauf zur Beermühle (Gastwirtschaft ist nur sonntags geöffnet). Wir gehen durch den Hof nach Norden und gelangen auf die geteerte Autostraße nach Unterbronnen. Wir folgen dieser Straße nach li, biegen jedoch nach ca. 400 m wieder li ab in einen Feldweg und kommen an mehreren Weihern vorbei. Wir kommen wieder zur geteerten Straße, gehen auf dieser li in Richtung Unterbronnen, biegen jedoch nach ca. 300 m re ab. Auf der re Seite sehen wir mehrere kleine Weiher. Dem Weg folgen wir ge und kommen an den Waldrand. Hier folgen wir dem Weg nach li; – immer am Waldrand entlang und erreichen bald den Weg, auf dem wir anfangs der Wanderung gegangen sind – er führt uns wieder zum Ausgangspunkt zurück.

W 28   Rund um den „Tiefen Stollen" am Braunenberg bei Wasseralfingen

Strecke: Ab „Tiefer Stollen" 8 km, ab Bahnhof Aalen 14 km, ab Bahnhof Wasseralfingen 11 km
Wanderkarten: L 7126 Aalen oder Blatt F 13 Ellwangen – Aalen
Besonderheiten: A, B, G, K, P, R, W
Ausgangspunkt: P Sportplätze Viktoria Wasseralfingen beim „Tiefen Stollen" oder Bahnhof Aalen, anfangs mit Z bl Dreieck und nach Verlassen des Hirschbachtales mit Z bl Raute, bzw. Bahnhof Wasseralfingen mit Z bl Gabel; – jeweils mit Hinweisschild „Besucherbergwerk Tiefer Stollen".

Was hat der braune oder rote Sandstein mit den vielen Farben zwischen Aalen und Heidenheim zu tun? Die Braun- bzw. Rotfärbung des Sandsteinbodens auf der östlichen Alb ist auf Eisenerzbänke im Boden zurückzuführen. Zwischen den meist aus Tonen und Sandsteinen bestehenden Bodenschichten sind einzelne besonders eisenerzhaltige Sandsteinschichten eingelagert, die vor etwa 210 Mio.

Jahren während der Braunjurazeit entstanden sind. Diese Erzvorkommen und – in erster Linie – die Bohnerzvorkommen auf dem Albuch und Härtsfeld führten schon im 1. Jahrtausend v. Chr. zur Erzverarbeitung im Großraum Aalen. Die Propstei Ellwangen und später das Herzogtum Württemberg betrieben schon vor Jahrhunderten die Erzverarbeitung, aus der dann im 18. und 19. Jahrhundert eine Eisen- und Stahlindustrie hervorging. In Aalen sind die beiden Kettenfabriken RUD und Erlau, in Wasseralfingen die Schwäbischen Hüttenwerke und Alfing-Keßler-Werke bekannt und in Heidenheim schließlich Voith mit seinen Turbinen und Druckmaschinen.

Diesen braunen Sandstein finden wir an vielen Kirchen, so am Ulmer Münster, an Schlössern und Burgen, an der Ruine Rechberg und am Bergfried von Staufeneck. Seit die Menschen im letzten Jahrtausend vor Christi Geburt lernten, wie aus Erz Eisen und Stahl zu gewinnen ist, ist Erz ein begehrter Rohstoff. Die Kunst der Eisengewinnung, Stahlerzeugung und schließlich auch das Handwerk der Schmiede waren die technologische Spitzenleistung der Menschen in der Nutzung der Natur.

Schon die Kelten, dann auch die Römer und nachfolgend die Alamannen entdeckten auf den in langen Jahrtausenden ausgelaugten Verwitterungsböden der Schwäbischen Alb erbsengroße dunkelbraune Bohnen, die einen sehr hohen Eisengehalt haben. Dieses Bohnerz wurde gesammelt und in sogenannten Rennöfen geschmolzen und anschließend zu Stahl geschmiedet. Die notwendige Schmelztemperatur konnte nur durch ein Holzkohlenfeuer erreicht werden. Zunächst wurde das mit 72% äußerst eisenhaltige Bohnerz aus vielen Bodenvertiefungen auf dem Albuch und Härtsfeld gesammelt. Als die württembergischen Herzöge Heidenheim erwarben, betrieben auch sie die Eisengewinnung in Ober- und Unterkochen. In Abtsgmünd und Wasseralfingen waren die Fürstpröpste von Ellwangen die Grundherren. Auch die eisenhaltigen „Sandbänke" im **Braunen Jura Beta (Eisensandstein)** wurden bald entdeckt, und zuerst im Tagebau, ab dem 18. Jh auch in Stollen abgebaut.

In Wasseralfingen wurde 1671 der erste Hochofen in Betrieb genommen; 1798 wurde am **Braunenberg** in sechs Stollen nach Erz gegraben. Als die freien Reichsstädte, die Fürstpropstei Ellwangen und die reichsritterschaftlichen Gebiete 1802/03 württembergisch wurden, nahm die Eisengewinnung einen großen Aufschwung. Dies führte dazu, daß auf der Alb hunderte von Kohlenmeilern brannten, die Wälder fast abgeholzt wurden und die Meiler sich immer weiter vom Ort der Eisenwerke entfernten. Erst als 1865 die Remstalbahn gebaut wurde, konnten die Hochöfen mit Steinkohle versorgt werden und die Köhlerei ging schnell zurück, die Wälder wurden durch die württembergische Forstverwaltung wieder aufgeforstet. Heute erinnern nur noch zahlreiche Namen wie Kohlenplatte, Brandhau, Brünstholz an dieses früher bedeutsame Handwerk.

Der Bergbau bei Aalen und Wasseralfingen erlebte infolge des Eisenbahnbaues und des großen Bedarfes an Eisen und Stahl im 19. Jh einen gewaltigen Aufschwung. Die königlich-württembergischen Eisenwerke in Wasseralfingen – heute **„Schwäbische Hüttenwerke Wasseralfingen"** – waren unter ihrem Direktor **Faber du Faur** in ganz Europa berühmt. Dasselbe galt für den Bergbau

Einfahrt in das Besucherbergwerk „Tiefer Stollen" am Braunenberg.
Aufn.: K. Seidel

und die zugehörige Technik. Erst nach dem Zweiten Weltkrieg wurde der Bergbau eingestellt. Das schwedische Erz war für die Verhüttung besser geeignet. Stahl wurde jetzt nur noch in den Hütten des Ruhrgebietes und anderer großer Schwerindustriegebiete gewonnen. Geblieben sind aber die verarbeitenden Betriebe, die auch heute noch internationalen Ruf genießen.

Einen ersten Eindruck vom früheren Bergbau vermittelt uns der **Bergbaupfad am Braunenberg**. Unsere Wanderung führt über diesen Pfad, anschließend dann hinauf auf den Braunenberg. Die Wegweiser „Bergbaupfad" lassen den Weg ab den Bahnhöfen Aalen und Wasseralfingen leicht finden. Das Besucherbergwerk liegt neben einer scharfen Straßenkehre in einem Bergwinkel. Reichlich Parkplätze finden wir auf dem ebenen Platz mit den Sportplätzen der Viktoria (und zugehöriger Gaststätte). Dieser große ebene Platz ist durch Aufschüttung des Abraumes aus dem Berg entstanden. Dasselbe beobachten wir später vor allen Eingängen in die früheren Stollen am Bergbaupfad.

Wir stehen nun also hier vor dem **Besucherbergwerk** und sehen die Schienen für die Hunte (Loren oder Förderwagen), die in den **„Tiefen Stollen"** hineinführen. Bis 1876 wurden die Erze mit Pferdefuhrwerken zum Hochofen in den Hüttenwerken befördert. Im genannten Jahr wurde hier die erste Grubenbahn dieser Art in Deutschland eingerichtet. Das Gefälle mit 7,8% wurde von einer Schweizer Lokomotive mit Zahnstange bewältigt.

Die nächste Station des Bergbaupfades liegt 17 m über dem Tiefen Stollen; – ein steiler Erdweg führt uns re des Stolleneingangs dort hinauf.

Erhalten ist das Portal zum Stollen Tagstrecke 1. Er war der ergiebigste und am längsten betriebene Stollen. Das schmucke Vereinsheim des Postsportvereins wurde 1907 als Unterkunftshaus zum Umkleiden und zum Aufenthalt vor und nach der Schicht erbaut.

Wir bleiben nun auf dem ebenen Bergbaupfad, auf welchem zeitweise von anderen Stollenausgängen das Erz in Lorenzügen zur Verladung vor der Tagstrecke 1 geführt wurde. Nach wenigen Metern fallen auf der Hangkante längere Gruben auf, dies sind die ersten Stellen, an welchen am Braunenberg über Tage nach erzhaltigem Gestein geschürft wurde.

Eindrucksvoll ist dann das **Erzhäusle**, heute der beliebte Waldgasthof **„Erzgrube".** Das Grubenhaus diente bis 1911 als Unterkunftshaus der Bergleute. Im Saalbau versammelten sich die Bergleute vor der Einfahrt in die Grube zum Gebet. Der Saal gehört heute zur Wirtschaft, atmet aber noch immer eine besondere Atmosphäre. Im Obergeschoss war die Wohnung eines Bergmannes, der das Grubeneigentum zu hüten hatte und mit einer Glocke das Zeichen bei Anfang und Schluss einer Schicht sowie für die Brotstunde gab.

Auf einer idyllischen Waldlichtung mit der Schillerlinde wurde ein Grillplatz angelegt, am Berg ist der restaurierte Eingang zum Wilhelmsstollen zu sehen. An einer Wegbiegung steht eine Tafel mit Angaben zum Eisensandstein, der hier hangwärts gut aufgeschlossen ist. Wir kommen zu den Überresten der Seilschwebebahn. Vom Braunenberg wurden aus einem Steinbruch in den Quaderkalken der Weißjura-Delta-Schichten Kalksteine für den Hochofenprozess gewonnen und mit derselben Seilschwebebahn in die Hüttenwerke befördert. Der auf unserer Wanderung letzte Stollen, das „Süße Löchle" wurde erst 1924 erschlossen, von 1925 bis 1934 stillgelegt und von 1934 bis 1939 wieder betrieben. Auf unserem Weg betrachten wir die zahlreichen Maulwurfshügel, deren rote Farbe auf den hohen Eisengehalt der Erde hindeutet. An einer nach re aufwärts führenden Kehre gehen wir in der Kehre einen Erdweg nach li hinunter in eine Rinne und sofort im Wald wieder aufwärts. Vorbei an Wochenendgrundstücken kommen wir zu einem Querweg, der uns nach re bergauf zur Jakobushütte (bewirtschaftet, Mo u. Mi Ruhetag, T 07361/72533) führt. Wir gehen an dieser entlang und leicht abwärts zur steil nach Attenhofen hinabführenden Straße.

Nur wenige Min abwärts auf der Straße nach Attenhofen befindet sich noch ein weiterer Wetterstollen. Er wurde 1920 vom Berg nach außen zu gebaut, um die Luftzuführung für das ganze Stollensystem des Bergwerkes zu verbessern. Der

„Attenhofer Stollen" hatte Verbindung zum 1840/41 angelegten „Tiefen Stollen",
so dass man von hier aus durch den ganzen Berg bis zum Fördermund des „Tiefen
Stollens" gehen konnte. In der Nähe des Stollens, nur ein paar Schritte weiter
abwärts, befindet sich re am Hang, ca. 15 m im Wald, der Woellwarthstein. Seine
Inschrift weist in die Frühzeit der Erzsuche am Braunenberg: „*DVRCH GOTTES
GNADT HAT HANS SIGMUND VON WÖLWART ANNO 1608 DIS EISENERZ
GEFV(N)DEN GOT GEB GNAD H. J. S. AMEN*". Der Weiler **Attenhofen** gehörte
ursprünglich zur Herrschaft Ahelfingen und kam 1389 durch Heirat in den Besitz
der Freiherren von Woellwarth. Diese zeigten schon früh Interesse an
Eisengewinnung und -verarbeitung. Zu Beginn des 16. Jh entstanden die
woellwarthischen Schmelzwerke bei Leinroden und Essingen. Auf der Suche
nach Eisenerzen war **Hans Sigmund von Woellwarth** 1608 bei Attenhofen auf
das obere Hauptflöz gestoßen. Das Gedenken an dieses Ereignis bewahrt dieser
Stein.

Unser Weiterweg führt in leichter Steigung Richtung Fürsitz (von hier
bis zum Wohnplatz Fürsitz Z bl Raute). Kurz vor Fürsitz sollten wir eine
Wanderrast einlegen und die herrliche Fernsicht von hier oben weit ins
Land hinein genießen: Li haben wir den Albtrauf mit Rosenstein im
Blickfeld, nach re schauend Hohenstadt mit Wallfahrtskirche und
Schloss, Schloss Untergröningen, Büchelberger Grat und im Hinter-
grund den Altenberg, vor uns über dem Kochertal Burg Niederalfingen,
am Hang rechter Hand der Straße Richtung Sulzdorf die neue Siedlung
von Hüttlingen, im Hintergrund erkennen wir Hohenberg mit der
Jakobuskirche, Ellwangen mit Schloss und der Wallfahrtskirche auf dem
Schönenberg und ganz re Neunheim mit seinem großen Gewerbegebiet.
Beim Fürsitz (woellwarthisches Försterhaus aus dem 18. Jh) nehmen
wir den re, oZ, ansteigenden Weg hinauf auf den Braunenberg. Im Wald
fallen bald große, breite, dunkelgrüne Nadelbäume auf. Es sind alte
Eiben, deren Holz im Mittelalter sehr viel zum Bau von Armbrüsten
gebraucht wurde. Der Baum wurde als Folge davon fast ausgerottet.
Zwei alte Steinbrüche im Weißen Jura Beta (Wohlgeschichtete Kalke)
liegen im Waldesdunkel etwas verborgen re am Weg. In einer
langgezogenen Rechtskurve biegt unser Weg, dem Bergrücken folgend,
nach Süden um. Nur wenige Schritte nach einer weiteren Rechtskurve
kommen wir an eine Weggabel. An der engen Linkskurve gehen wir ge
weiter, dem Hinweisschild „Naturfreundehaus" (ein großes N mit einem
Pfeil darüber) folgend; vorbei an einem Findling, der den Waldabschnitt
„Heidebeerschlag" anzeigt. Nach Ende einer Rechtskurve biegen wir li
in einen Erdweg ein, weiterhin dem „N" folgend. Der Erdweg mündet in
einen Forstweg, dem wir nach re, jetzt mit dem Z bl Gabel folgen. Nach
ca. 30 m biegen wir li ab in einen Waldpfad, – das Z bl Gabel begleitet
uns nun bis zu unserem Ausgangspunkt. Über den Kamm „Braunen-
bäumle" gelangen wir zum Berghang; – hier sollten wir dem Schild
„Aussichtspunkt" folgen. Direkt über dem ausgedehnten Steinbruch

haben wir einen weiten Blick über ganz Aalen, nach Süden hinein ins Kochertal und nach Westen bis zum Rosenstein, Rechberg und sogar Hohenstaufen und li direkt vor uns zum Fernsehturm auf dem Braunenberg. Wir gehen zurück zur Abzweigung und folgen dem schmalen Fußpfad, der in Kehren den steilen Hang hinabführt. Fast schon am Waldrand gehen wir kurz nach re – und dann zwischen Wald und Wiese zum geteerten Feldweg, der zum Fürsitz führt. Auf diesem geht es etwa 200 m nach li zum P am Fuße des Braunenberges – und dann re, die letzten Meter hinab zum „Erzhäusle" (Einkehrmöglichkeit). Vor diesem führt ein Erdpfad hinunter zum „Tiefen Stollen" und zum P an den Viktoria-Sportplätzen.

Das Besucherbergwerk „Tiefer Stollen" kann in einer eineinhalbstündigen Führung (Einfahrt mit der Grubenbahn) besichtigt und der frühere Bergbau nacherlebt werden.
Öffnungszeiten: Saison April bis Oktober, Einfahrten täglich (Montag Ruhetag) 9 bis 12 Uhr und 13 bis 16 Uhr, – letzte Einfahrt 16 Uhr. Anmeldung (für Gruppen empfohlen) Telefon 07361 / 970249, Telefax 07361 / 970259
Äußerst lohnend ist auch der Besuch des Museums in Wasseralfingen, Stefansplatz 5 (Stadtgeschichte – Kunst – Technik).
Öffnungszeiten: Dienstag bis Sonntag 10 bis 12 Uhr und 14 bis 17 Uhr.
Tel.: 07361 / 979143

W 29   Bopfingen – Aufhausen – Oberdorf – Bopfingen

Strecke: 10 km (für Familie geeignet)
Wanderkarten: L 7126 Aalen und L 7128 Nördlingen oder Blatt F 13 Ellwangen – Aalen, bzw. UK L 21 Nördlingen – Ries
Besonderheiten: A, F, G, K, P, R, S, U
Ausgangspunkt: Bopfingen, P Bahnhof

Bopfingen siehe SW 50 S. 283

Vom P gehen wir auf dem HW 1 mit Z r Dreieck in westlicher Richtung durch den Fußgängertunnel. Nach dem Tunnel gehen wir ca. 50 m auf dem Fußweg zur Mörikestraße. Auf dieser gehen wir ca. 70 m, dann folgen wir dem r Dreiecksweg im re Bogen in die „Alte Neresheimer Straße" hinab Richtung Bahnübergang. Vor dem Übergang folgen wir li dem Sandbergweg, der uns steil hinauf zum Waldrand führt. Von hier schöner Blick auf die Ruine Flochberg, die Altstadt von Bopfingen, auf den Ipf und Karkstein.

*Ruine Flochberg bei
Bopfingen.
Aufn.: K. Seidel*

Die imposante **Ruine Flochberg** dokumentiert noch die Bedeutung der
ehemaligen Burg. Sie wurde von den Staufern zur Sicherung der Reichsstraße
erbaut, welche die wichtigsten süddeutschen Messeorte Nördlingen und Straßburg
miteinander verband. Zweimal wurde sie zerstört, zuletzt 1648 von den Schweden.

Der Weiterweg führt uns re auf einem bequemen Waldpfad leicht
ansteigend in den Wald. Bald gelangen wir auf einen guten Forstweg.
Hier, ca. 50 m vor der Weggabel, verlassen wir den HW 1 und gehen li
den „Daniel-Schwarz-Rundwanderweg" hinauf zum Sandberg. In der
letzten großen Schlinge liegt der Hexenstein beim TP 651. Nach der
Schlinge wandern wir wieder auf dem HW 1 in westlicher Richtung
weiter bis zur Wegspinne „Egleplatz". Kurz vor der Wegspinne sind auf
der re Seite einige Dolinen vom Wanderweg aus sichtbar. Unbedingt zu
empfehlen ist der Waldspielplatz mit Grillstation und Hütte, sowie
malerischer Aussicht ca. 100 m südlich.

Aussicht nach Süden zum ehemaligen Lagerplatz der Schweden 1634, vor der
verhängnisvollen Schlacht bei Nördlingen. Vor uns der Weiler Hohenberg, östlich
davon Schlossberg und die Ruine Flochberg, Trochtelfingen, Pflaumloch und
weiter Blick in die Rieslandschaft hinein nach Nördlingen mit dem 90 m hohen

„Daniel-Turm" der Georgskirche. Bei guter Fernsicht ist im fernsten südlichen Horizont die Alpenkette zu sehen.

Vom „Egelplatz" führt unser Weiterweg mit Z r Dreieck in westlicher Richtung zur Ruine Schenkenstein.

Burgruine Schenkenstein. Von der ehemaligen Burg auf schmalem Bergvorsprung über dem Egertal stehen noch der Bergfried und einige Mauerreste. Drei quer über den schmalen Bergrücken geführte Gräben schützten die offenbar kleine Burganlage gegenüber dem ebenen Zugang. 1525 wurde sie von den aufständischen Bauern zerstört. Die Bedeutung der Burg ergibt sich aus der Lage an der Straße Aalen – Nördlingen und an der Hauptstraße zum Härtsfeld und an die Donau. Nach dieser Burg nannten sich wohl schon seit 1197, sicher seit 1273 bis Ende des 16. Jh die Schenken von Schenkenstein, ursprünglich Schenken von Ehringen genannt, oettingische Ministerialen, die in vielen Orten des Rieses und des Härtsfeldes Besitz hatten.
Vom Gelände der Burgruine schöner Ausblick auf die Alb, Aufhausen und das NSG Tonnenberg mit seiner Wacholderheide und dahinter, auf einer Weißjurascholle, Schloss Baldern.

Wir gehen auf dem markierten Forstweg weiter, an der Wegkreuzung re und vorbei am **Judenfriedhof** (um 1560 wurden in Aufhausen Juden

Burgruine Schenkenstein
bei Aufhausen.
Aufn.: K. Seidel

angesiedelt – schöne Grabsteine aus dem 17. bis 19. Jh sind noch
erhalten). Weiter durch das Bahntunnel bis zur Michelfelder Straße.

Egerursprung. Wer den Egerursprung aufsuchen möchte (Hin- und Rückweg ca.
2,5 km), der folgt auf der Michelfelder Straße nach li weiterhin dem HW 1; –
vorbei am Sägewerk und durch das Bahntunnel. Unterhalb des Tiersteins (NSG)
entspringt im klaren Quelltopf die Eger. Der lauschige Platz bietet sich zur Rast an.
Die Schüttung der Egerquelle beträgt ca. 40 l/sek., Länge des Laufes 32 km. Die
Eger fließt nach Nördlingen und mündet bei Heroldingen in die Wörnitz.

Der Michelfelder Straße folgen wir re oZ bis zur Pfarrkirche St.
Nikolaus am Berghang. Hier queren wir die Straße und folgen dem
Mühlenwanderweg (braune Tafel mit weißer Schrift) re, der Eger
entlang. Wir überqueren die B 29 und gehen weiter den Mühlenwanderweg entlang, vorbei an einem kleinen Wehr und über die Egerbrücke. An
der Tonnenbergstraße gehen wir li die Staffeln steil den Tonnenberg
(einer der Bopfinger Heideberge) hinauf.

Bopfinger Heideberge. Diese Berge, zwischen der europäischen Wasserscheide
bei Lauchheim und dem Nördlinger Ries gelegen, sind kahl und unbewaldet. Nur
einzelne Wacholderbüsche wachsen an den mit Felsen durchsetzten Steilhängen
und auf den mageren Rasen der Bergkuppen. Die Bopfinger Heideberge gehören
zu den artenreichsten Biotopen in Mitteleuropa. Eine uralte Kulturlandschaft, die
man vergaß, zu erschließen, zu kultivieren und aufzuforsten; und das ist gut so.

Wer die Hochebene des Tonnenberges auf bequemem Weg erreichen
möchte, der geht die Tonnenbergstraße ge weiter. Leicht steigend, kurz
vor der Hochebene li abbiegend, stoßen wir auf der Ebene auf den von li
kommenden Weg, dem wir nach re folgen.
Den Käsbühl (NSG) umwandern wir in nördlicher Richtung. Die Kuppe
bietet eine herrliche Aussicht. Der Teerweg führt vorbei am Karkstein
mit seinem Felsenkranz (Riesauswurf) und auf der Karksteinstraße
hinab nach Oberdorf.

Oberdorf am Ipf. Die Römer errichteten unter Kaiser Domitian am Ende des 1. Jh
n. Chr. das Kastell Opie und belegten es mit einer Auxiliarkohorte von etwa 500
Legionären. Das Kastell lag nördlich der Christ-König-Kirche, die sich über dem
Südgraben erhebt. In der Nachbarschaft des bereits Anfang des 2. Jh aufgegebenen
Kastells entstand eine Zivilsiedlung (vicus) mit Handwerkern und Händlern.
Ev. Pfarrkirche (ehemals St. Georg), 1317 erstmals genannt, nach mehreren
Umbauten 1975 völlig neu gestaltet. Gotischer Chor mit Netzgewölbe. An der
Nordwand Fresko der Schutzmantelmadonna aus dem 16. Jh sowie spätgotisches
Kruzifix um 1500. Beim Eingang Opferkasten aus der ehem. Synagoge. Bis 1855
befand sich in der Kirche ein Altar von Schäufelin.
Südlich der ev. Pfarrkirche die **ehem. Synagoge**, ein Bauwerk von 1745 mit noch
erhaltenen hebräischen Inschriften über den beiden Westtoren. Der nach 1945

zweckentfremdete Bau entging bei der Kristallnacht 1938 durch den Einsatz Oberdorfer Bürger der Zerstörung. Der 1989 gegründete Trägerverein kaufte das Gebäude und führte in beispielloser Eigeninitiative umfangreiche Baumaßnahmen durch. Das Bauwerk dient heute als Veranstaltungsraum und dokumentiert die Geschichte der Juden in Ostwürttemberg.

Vorbei am **Judenfriedhof** (Grabsteine aus dem 19. und 20. Jh noch erhalten) und weiter bis zur Kreuzung Ellwanger Straße / Lehstraße, welche wir queren, dann die Lehstraße hinab Richtung Kirche. Wir queren die Ipfstraße und folgen der „Lange Straße". Ca. 70 m nach der Kirche sehen wir auf der li Seite die ehem. Synagoge. Weiter auf der „Lange Straße" nach Süden über zwei Brücken, dann am Egerkanal entlang nach Bopfingen. An der Friedhofskirche überqueren wir die B 29 zur Stadtmitte. Am Rathaus und der Kirche vorbei und südlich leicht aufwärts, erreichen wir wieder unseren Ausgangspunkt, den P am Bahnhof.

W 30   Gaildorf – Münster – Kieselberg – Freibad – Unterrot – Reutfeldhof – Röterturm – Mittelrot – Kirgel – Waldrastplatz – Gaildorf

Strecke: 22 km
Gesamtsteigung: 424 m
Wanderkarten: L 6924 Schwäbisch Hall und L 7124 Schwäbisch Gmünd oder Blatt F 13 Ellwangen – Aalen
Besonderheiten: A, B, F, G, H, P, R, S, W
Ausgangspunkt: Gaildorf, Wandertafel am Marktplatz, ehem. Schule

Gaildorf siehe Stadtbeschreibung S. 111, **Münster** siehe W 3. S. 141

Die gesamte Strecke ist mit der örtlichen Markierung – eine schwarze 4 auf weißem Grund – sehr gut bezeichnet.
Vom Marktplatz auf der Straße nach Crailsheim nach Norden und vor der Kocherbrücke am Alten Schloss (man kann auch durch den Renaissance-Schlosshof gehen) entlang durch die Eschenau zur B 19, über den Kocher und nach Münster. Nach li in den Ort hinein, an der Querstraße nach re und ge bis zur nächsten Kreuzung. Hier auf dem AV-Weg mit Z r Kreuz in leichtem Anstieg zum Bröckinger Bach, dann diesem entlang zur Gläserwaldhütte. Der Rückblick auf Gaildorf und der naturnahe Bach mit seiner Uferbewachsung machen diesen Talwinkel zu einem besonderen Plätzchen. Der nun steilere Anstieg auf einem Fußweg führt re an einem kleinen See vorbei. Unser Fußweg zweigt dann nach li ab

und führt schließlich steil hinauf zur Hangkante. Dort treffen wir auf eine Forststraße, der wir scharf nach re abbiegend folgen. Ab hier oZ r Kreuz, jedoch mit der Ziffer 4. Schon nach 80 m verlässt unsere 4er-Markierung diese Forststraße auf einem Fußpfad nach re; er führt durch mehrere Sandsteinklingen und dann in einer Biegung nach li aufwärts. Wir queren nun dasselbe Sträßchen, das wir schon an der Hangkante gegangen sind, kommen zum Sträßchen vom Schönen Wappenstein nach Kieselberg und gehen auf diesem bis zum aussichtsreichen Waldrand, – dort eine Sitzgruppe. Über Kieselberg sehen wir Mittelrot und Fichtenberg liegen, dahinter die Schanze. Nun geht's auf einem Wiesenpfad dem Waldrand entlang nach Süden. Dort führt ein Pfad direkt oberhalb der Hangkante, die meist von Felsen gebildet wird, nach Westen (in der Karte nicht eingezeichnet). Immer wieder Ausblicke zur Frickenhofer Höhe, ins Kocher- und Rottal. Der Fußweg mündet in das Sträßchen nach Kieselberg. Auf diesem 50 m nach Westen und dann wieder auf einem Pfad und auf Stufen steil abwärts zum gleichen Sträßchen. Auch hier wieder schöne Aussicht, nun über Gaildorf das Kochertal abwärts bis Westheim und in der Ferne Michelfeld mit der Talkerbe der Bibers. Das Sträßchen führt am Freibad vorbei (dort wieder eine Wandertafel) hinab zur B 19. Auf dieser 30 m nach li in Richtung Aalen, dann nach re über die Holzbrücke und ge nach Unterrot.

Unterrot (Stadt Gaildorf). 1140 erstmals als Rode urkundlich erwähnt. Ursprünglich Reichsgut, kam der Ort an die Weinsberg und die Hacken von Wöllstein. Im 14. Jh erwarb Limpurg Güter von den Wöllstein und anderen Niederadels- und Bürgerfamilien. Bis 1806 gehörte nahezu der ganze Ort zur Herrschaft Limpurg-Gaildorf-Wurmbrand. 1805/06 Anfall an Württemberg, bis 1938 zum Oberamt Gaildorf, danach bis 1972 zum Landkreis Backnang.

Zur Vermeidung der B 298 gehen wir dort zuerst li, die erste Straße wieder re und zur B 298. Dort aufwärts und vorbei am Rathaus (dort eine Wandertafel) und fast schon am Ortsende die Reutfeldstraße nach Westen. Der folgende Wegverlauf bis zum Eichelbach ist in der TK 50 nicht eingezeichnet, aber mit der Ziffer 4 gut bezeichnet. Kurz vor dem Reutfeldhof auf einem Feldweg nach re auf das Waldeck zu. Nach ca. 80 m li in den Wald hinein und gleich wieder re auf einen querenden Waldweg. Von diesem nach ca. 200 m re ab und über Stufen zu einem Brückchen über den kleinen Bach. Jenseits treffen wir wieder auf ein Sträßchen, dieses re und an der Weggabelung wieder re, vorbei an Wiesen, re zur Brücke über den Eichelbach. Wir folgen nun li dem Forstweg, der immer dem Eichelbach entlang langsam an Höhe gewinnt und weiter hinten im Tal mit zwei Kehren die Höhe des Turmberges erreicht. Hier treffen wir auf den AV-Weg mit Z bl Strich. Dieser führt nach re zum Röterturm.

Röterturm. Er ist der Stumpf des Bergfrieds der um 1100 bezeugten, im 14. Jh zerstörten Burg Rötenberg – und heute noch 23 m hoch mit 2,75 m dicken Mauern.

Wir gehen um den Turm herum und steigen auf dessen Nordseite auf einem Zickzackpfad hinunter ins Tal. Dort führt uns das Sträßchen nach Mittelrot.

Mittelrot. Ein kleiner Abstecher nach Westen führt uns zur kleinen Kirche St. Georg. Die romanische Pforte trägt im Bogenfeld ein Kreuzrelief; im Chor steht auf einer steinernen Mensa ein Flügelaltar von 1499 mit guten Holzplastiken (St. Georg, Maria und Stefanus). Auch das Gestühl stammt noch aus dieser Zeit.

Wir gehen auf der L 1066 Murrhardt – Gaildorf nach Osten aus dem Ort, nach ca. 500 m nach li in Richtung eines Aussiedlerhofes. Schon nach 100 m biegen wir wieder mit unserer „4" nach re ab und bleiben auf diesem geteerten Weg bis zum Waldrand. Dort steht an einem Wegdreieck die Graf-von-Bentinck-Gedenk-Linde (1880–1958). Hier re, nahezu eben und nach einer langgezogenen Rechtskurve li steil bergauf zum Fernsehumsetzer. An diesem re vorbei und auf dem Höhenrücken des Kirgel immer ge bis von li eine Schotterstraße kommt. Hier gehen wir re zum **Kernerturm** (458 m; s. S. 114). Von ihm weiter

Der Kernerturm bei Gaildorf.
Aufn.: Stadt Gaildorf

Blick über Gaildorf und das Kochertal bis Schwäbisch Hall. Durch den Wald hinunter, vorbei am Rast- und Spielplatz mit Feuerstelle und Schutzhütte, dann re steil abwärts der Stadt zu, über das Bahngleis und an der nächsten Straße re, dann ge bis zur Wegteilung, hier li und nach ca. 60 m wieder li in die Graf-Pückler-Straße und ge zum Stadtzentrum und Marktplatz.

Das Studium der Karte ergibt Abkürzungsmöglichkeiten:
– Von Münster aus nur die Route hinauf nach Kieselberg und zum Freibad;
– Von Unterrot aus die Route zum Röterturm und am Waldrand zurück,
– oder noch zusätzlich von Mittelrot den AV-Weg mit Z bl Strich zum Kernerturm und über den Fernsehumsetzer und die Siedlung Arwatal wieder nach Unterrot.

W 31   Schönberg – Osterbachtal – AP Hohentannen – Rotenhar – Schlittenweg – Kreuzstein – Bergsee – Steigersbachtal – Schönberg

Strecke: 13 km
Wanderkarten: L 7124 Schwäbisch Gmünd oder Blatt F 13 Ellwangen – Aalen, bzw. Blatt F 28 Naturpark Schwäbisch-Fränkischer Wald
Besonderheiten: A, B, G, W
Ausgangspunkt: Schönberg, 4 km südl. von Gaildorf, am Zusammen- fluss des Steigers- und Osterbaches

Wir folgen dem von Gaildorf kommenden AV-Weg mit Z bl Strich, der kurz nach dem Ortsschild li abbiegt. Nach überqueren der Brücken des Steigers- und Osterbaches re auf dem Osterbachsträßchen, an einer Wochenendhaussiedlung vorbei, dem Wald zu. Der Wanderweg verläuft nun ca. 1 km direkt neben einem noch ganz natürlichen Waldbach, der uns über kleine Felsstufen entgegenspringt. An einer Weggabel li über die Brücke und weiterhin auf dem AV-Weg mit Z bl Strich. Nach ca. 100 m bei der Wegteilung re bergauf erreichen wir bald eine ausgedehnte Verebnung, die von einer besonders harten Stubensand- steinschicht gebildet wird. Dem AV-Weg mit Z bl Strich folgend kommen wir vor einer Wegspinne li an einer Holzhütte vorbei. Wir überqueren ge die Wegspinne (in der Karte ist noch der ältere Wegverlauf etwas östlich davon eingezeichnet), danach geht es leicht aufwärts. Bald biegt der Wanderweg li ab, dann re und ge bis er in die Fahrstraße Sulzbach/Kocher – Rotenhar mündet.
Auf der Straße re, vorbei am Weiler Steinhöfle, danach li in den Wald. Nach ca. 350 m an der Wegkreuzung (hier verlassen wir den AV-Weg mit

*Osterbachtal bei
Schönberg.
Aufn.: Stadt Gaildorf*

Z bl Strich) aufwärts oZ zum AP Hohentannen (565 m). Kurz vor dem
AP stoßen wir auf den AV-Weg mit Z r Kreuz. Vom AP ungewöhnlich
weiter und schöner Rundblick wie sonst kaum im ganzen Schwäbisch-
Fränkischen Wald. Vor uns im Westen erkennen wir den Hagberg mit
seinem Aussichtsturm, dahinter schweift der Blick vom Welzheimer
zum Mainhardter Wald mit dem höchsten Punkt, der Hohen Brach –
dann zu den Limpurger Bergen mit dem Einkorn nördlich und dem
Altenberg östlich – den Ellwanger Bergen mit Büchelberger Grat und
dem Hohenberg, sowie zur Schwäbischen Alb mit den drei Kaiserbergen.
Wir gehen auf dem AV-Weg mit Z r Kreuz re abwärts und bevor das
Sträßchen li abbiegt geht der Wanderweg ge über ein kurzes Stück Wiese
in den Wald, wo wir im Waldesdunkel auf ein phantastisches
Sandsteingebilde, die Teufelskanzel, stoßen. Wasser und Frost schufen
diese Felsenkanzel. Dem Wanderweg folgend kommen wir wieder auf
das Sträßchen und gehen re nach Rotenhar, durch den Ort in Richtung
Gschwend.

Kurz vor dem Forsthaus Hohenohl re in den Wald hinein (das Z r Kreuz würde auf die Kuppe des Hohen Nol führen; dort jedoch keinerlei Aussicht), ab hier oZ, auf dem Schlittenweg (siehe Anhang) zum Kreuzstein. Li ein Steinkreuz (Sühnekreuz) aus dem 16. /Anfang 17. Jh. Noch sichtbar am Kreuz: Beidseitig große Pflugschar mit kleinem Schaft. Auf der Vorderseite über der Pflugschar im Kopf ein Kreuz in parallelen Konturen. Volkstümliche Überlieferung: Das Kreuz soll in die Hungerjahre zurückreichen, wo sich zwei Männer beim Streit um ein Laibchen Brot erstochen haben.

Wir gehen auf diesem Weg nach re (nicht scharf re das Tännichsträßle) und kommen leicht abwärts zu einer Wegspinne. Hier kommt von li der AV-Weg mit Z bl Punkt von Gschwend. Diesen Wanderweg gehen wir re und nach ca. 50 m li nach Norden hinab zum Bergsee, einem idyllisch gelegenen aufgestauten See. Über den Damm, dann re vorbei an der Schutzhütte. Der Weg führt am Hang durch den Wald abwärts zum Steigersbach und Hungerweg, der li von Wildgarten herab kommt. Wegen der Steilheit der Klingen ist hier eine Waldbewirtschaftung nicht möglich, was ein urwaldähnliches Waldbild zur Folge hat. Re über den Bach und immer ge dem Sträßchen folgend talwärts. Nach ca. 1.5 km re die Reste der Reippersberger Sägemühle (ehem. Sägemühle der Reippersberger Bauern. Mauerreste noch sichtbar). Weiter auf dem Sträßchen, vorbei an einer Wiese, der Weg wechselt auf die andere Bachseite, vorbei an einer weiteren Wiese. Der Weg steigt an und führt an einem Tontaubenschießstand vorbei in den Wald. Nach ca. 80 m scharf li ab, hinunter ins Tal, über den Steigersbach und re auf dem Feldweg nach Schönberg.

Anhang: **Schlittenweg.** Im 18. Jh konnte der Brennholzbedarf im Raum Stuttgart und Ludwigsburg nicht mehr gedeckt werden. Die stadtnahen Wälder waren extrem ausgelichtet, nachdem der Heizbedarf für die herzogliche Hofhaltung, nicht zuletzt wegen der neu gebauten Schlösser, enorm angestiegen war. Somit wurde das waldreiche Keuperbergland zur Holzbedarfsdeckung herangezogen. Da es keine geeigneten überörtlichen Straßen gab, war man auf den Wasserweg angewiesen. Die Wieslauf wurde durch das Aufstauen des Ebnisees 1745/46 als Schwellsee floßbar gemacht. Im Zusammenhang mit der Brennholzflößerei in der Wieslauf wurde einst ein 26 km langer Schlittenweg von Nestelberg bei Sulzbach/Kocher zum Ebnisee angelegt, der 1789 von Pfarrer Prescher (Gschwend) erstmals erwähnt wird. Auf diesem Weg wurden ausschließlich im Winter jedes Jahr mehrere hundert Klafter Scheiterholz transportiert (1 Klafter = 3,66 Raummeter). Auf der gesamten Länge dauerte der Holztransport nur etwa 5 Std. Vom Abladeplatz aus (530 m ü.M.) wurde das angefahrene Holz auf einen ca. 400 m langen „Riese" zum 60 m tiefer liegenden

Lager- und Stapelplatz zwischen der Gausmannsweiler Sägmühle und dem Ebnisee „gerutscht", um dann zur geeigneten Zeit mit dem Stauwasser des Ebnisees in der Wieslauf zur Rems und zu den Holzlandeplätzen in Waiblingen und Neckarrems geflößt zu werden. Der Ebnisee diente als Schwellsee; so konnte in der wasserarmen Wieslauf etwa 6 Tage lang geflößt werden, wenn der Schieber gezogen war. Die Schlitten wurden von einem Pferd oder zwei Ochsen gezogen. Unterwegs gab es mehrere Stationen, auf denen volle gegen leere Schlitten getauscht werden konnten. Auch Vorspann mit zusätzlichen Tieren war möglich, um Steilstrecken zu überwinden. Der gesamte Schlittenweg war bis 1844 (66 Jahre lang) in Funktion; danach – bis zum Ende der Flößerei in der Wieslauf 1858 – war nur noch der westliche Teil ab Kaisersbach in Betrieb. Die Flößerei wurde entbehrlich, nachdem das Straßennetz verbessert worden war und die Eisenbahn zum Ferntransport der Kohle eingesetzt werden konnte, die das Holz als Energieträger nach und nach verdrängte. Die Strecke des Schlittenweges nützte das Gefälle im Gelände aus und vermied große Steigungen.

W32   Birkenlohe – Frickenhofen – Teufelskanzel – Rotenhar – Hohen Nol – Hirschbach – Rappenhof – Birkenlohe

Strecke: 14 km
Wanderkarten: L 7124 Schwäbisch Gmünd oder Blatt F 13 Ellwangen – Aalen, bzw. Blatt F 28 Naturpark Schwäbisch-Fränkischer Wald
Besonderheiten: A, B, F, G, P, T, W
Ausgangspunkt: Birkenlohe. Von der B 298 Schwäbisch Gmünd – Gaildorf in Spraitbach oder Gschwend nach Osten abbiegen und auf der K 3253 bis Birkenlohe fahren. P im Ort.

Birkenlohe (Gemeinde Ruppertshofen). 1360 Birkenlauch (von loh = Gehölz). Heinrich von Rechberg zu Heuchlingen, dem der Ort damals gehörte, verkaufte 1360 dem Kloster Gotteszell hiesige Zehntrechte, die er später teilweise wieder erwarb. 1586 kaufte Limpurg von den Rechberg den gesamten Ort mit 18 Gütern. 1601 wurde eine Sägmühle erbaut.

Diese Wanderung führt zweimal durch Wiesen, die nach Regen auch sumpfig sein können. Das Landschaftsbild mit großen und kleinen Waldstücken, Wiesen, einzeln stehenden Bäumen, vielen Hügeln und Bachläufen, ist äußerst abwechslungsreich.
In Birkenlohe gehen wir den AV-Weg mit Z bl Punkt nach Norden. Gleich der Beginn erfordert Aufmerksamkeit: Zwischen und hinter Bauernhäusern geht's steil in einen Wiesengrund und jenseits zur Fahrstraße nach der Wolfsmühle, Linsenhof, Rappenhof, Gschwend.

Nach der Wolfsmühle führt diese Straße über einen Bach (hier fließen Obere Rot und Joosenbach zusammen), gleich danach weist der bl-Punkt-Weg nach re auf einen Wiesenpfad (anders als auf der TK). Nach 700 m steht am Waldrand eine herrliche alte Linde. Der Wald li und re des Weges ist Bauernwald und sehr vielfältig. Besonders schön ein lichter Erlenhain im Talgrund. Hier geht unser Weg re in den Wald. Rechter Hand ein kleiner Weiher mit Springbrunnen. Eine Abzweigung nach re beachten wir nicht. Das Z führt ge an einem größeren Weiher vorbei und dann leicht ansteigend zu einer zerzausten, alleinstehenden alten Fichte. Vorbei an einem Sportplatz und einer Kläranlage führt das Sträßchen hinauf nach Frickenhofen.

Frickenhofen (Ev. Pfarrkirche (ehemals St. Nikolaus). 1743 erbaut anstelle einer gotischen Vorgängerkirche, die 1634 abgebrannt war. An der Kirche neben dem Eingang Gedenktafel an den 1525 enthaupteten Pfarrer Wolfgang Kirschenesser, im Bauernkrieg Kanzler und Schreiber des „Hellen Limpurgischen Haufens". Es ist nicht eindeutig geklärt, ob der Pfarrer Kirschenesser oder Kirschenbeißer hieß, es spricht jedoch einiges dafür, daß der Name Kirschenbeißer richtig ist. Im Innern an der Ostseite die Kanzel, davor Altartisch, über diesem spätgotisches Kruzifix. An der Brüstung der Westempore barocker Bilderstreifen mit Szenen der Leidensgeschichte. Pfarrhaus neben der Kirche aus dem 17. Jh mit hohem Fachwerkgiebel.

Bei den ersten Häusern biegen wir li in den Kirschenbeißerweg. Die Autostraße im Dorf wird überquert. Sehr bald sind wir am Waldrand und haben schon etwas Ausblick in die fast unendlich scheinenden Wälder südlich und nördlich des Kochertales. Hier endet der bl-Punkt-Weg. Ge, steil abwärts führt der AV-Weg mit Z bl Strich nach Unterrot und Gaildorf; von re kommt der AV-Weg mit Z r Kreuz von Untergröningen. Wir gehen mit diesem Z oben am Rand des Steilabfalles nach li (Nordwesten). Die Ausblicke ins Kochertal werden immer freier. Im Osten tauchen bald Altenberg und Büchelberger Grat auf und in etwas weiterer Ferne auch der Hohenberg bei Rosenberg. Der Feldweg führt zu einem großen P. Wir können (sehr vorsichtig!) die Straße überschreiten und die Aussicht über den weit gedehnten Welzheimer Wald zu den Albbergen vom Rosenstein über Kaltes Feld, Stuifen, Rechberg bis zum Hohenstaufen genießen. Etliche Bänke laden zu ausgiebiger Rast ein. Unser Feldweg führt weiter nach Norden auf den schmalen Bergsporn der Hohentannen. Am Ende kommen wir zu einem ausgeprägten nach drei Seiten steil abfallenden Bergkopf mit großartiger Sicht nach Süden, Westen (hier breitet sich Gschwend und dahinter der Hagberg aus), und nach Norden mit dem Mainhardter Wald (nicht zu übersehen der Sendemast auf der Hohen Brach) und den Waldenburger Bergen. Zwischen diesen und den östlich davon sich erstreckenden Limpurger Bergen sieht man ein Stück des Rosengartens, dem südlichsten Zipfel

*Die Teufelskanzel bei
Gschwend.
Aufn.: K. Seidel*

der Haller Ebene, liegen. Der Einkorn versteckt sich hinter den Limpurber Vorbergen. Unser Feldweg führt nach Nordosten hinab. In der großen Kehre folgen wir dem Wegweiser am Waldrand „Teufels-kanzel". Nach wenigen m im Wald führen steile Stufen hinab zu bizarren Felsbildungen. Hier haben Wasser und Frost in langen Jahrtausenden aus den unterschiedlich harten Schichten des Stubensandsteines eigentümliche Felsgebilde herauspräpariert. Der Fußweg führt wieder auf unseren Feldweg und hinab nach Rotenhar. Dort fällt das große Gebäude des Gasthauses „Schnitzelfabrik" auf. Der Weiterweg führt – ohne Gehweg – durch die kleine Ortschaft Rotenhar. Nach dem Ortsschild gehen wir auf dem Fußweg re der Straße und etliche m noch im Wald. An einer Bank zweigt nach re ein Waldweg ab – und von diesem sofort wieder der bezeichnete Weg nach li. Bei Nässe ist dieser Weg sehr schmierig. Er führt in leichtem Anstieg hinauf zum Hohen Nol, mit 565 m genauso hoch wie Hohentannen, aber 20 m niedriger als der Hagberg. Der Gipfel bietet keine Aussicht, jedoch eine Ruhebank. Der Abstieg quert bald einen guten Forstweg. Hier muß der Weiterweg nach li zuerst gesucht werden. Der Pfad führt nun durch einen alten Schlag, häufig von Brennnesseln und Himbeeren fast zugewachsen. An

der L 1080 gehen wir den Feldweg nördlich der Straße, bis wir zur
Abzweigung der K 3250 kommen. Haben wir Badewetter, wären es nur
400 m bis zum Gschwender Badesee.

Beim nun folgenden Rückweg muß genau auf das Z r Punkt geachtet
werden; ebenso muss auch die Karte zu Rate gezogen werden. Zunächst
geht es auf der Straße zum Rappenhof (K 3250) etwa 400 m bis vor die
Häuser der Gschwender Mühle. Hier nach li auf einen Feldweg, der in
einen kaum wahrnehmbaren Wiesenpfad ausläuft. Der nächste Ziel-
punkt ist eine Bachüberquerung zwischen zwei alten Erlen (hier auch Z r
Punkt) hindurch. Jenseits des Baches auf grasbewachsenem Feldweg –
leicht zu finden – hinauf zum Gehöft Hirschbach. Dort stehen zwei sehr
alte Bäume, eine Linde und eine Esche, die beide als ND geschützt sind.
Im Rückblick erkennen wir über dem ausgedehnten Gschwend die
etwas asiatisch anmutende Form des Hagbergturmes. Er wurde in der
Zeit des Jugendstils erstmals erbaut – und dann 1979 in der alten
Bauweise neu errichtet. Ge weiter und abwärts kommen wir wieder an
einen Bachlauf und auf der anderen Seite mit Z r Punkt auf einem
begrasten Waldweg auf die Höhe 514. Oben angekommen, bemerkt der
aufmerksame Wanderer, dass Karte und Wegführung nicht überein-
stimmen. Wir halten uns jedoch an den r Punkt, der nach re weist. Wir
bleiben nun auf sehr guten Forstwegen, haben vom Waldrand aus einen
hübschen Blick auf die Höfe Hohenreusch. Der Wald li und re hat
reiches Unterholz und immer wieder Heidelbeersträucher. Unser Weg
überquert den Fahrweg zum Joosenhof. Bald danach biegt der
Wanderweg nach li ab; wir bleiben jedoch auf der Fahrstraße, die uns
mit häufig wechselnden Ausblicken auf die liebliche Wald- und
Hügellandschaft wieder zur Wolfsmühle bringt. Aufgepasst werden
muss an einer vierfachen Wegkreuzung im Wald. Wir gehen die
meistbefahrene Straße (das andere sind einfache Forstwege) nach re. Ein
Abstecher von kaum 200 m führt zum Rappenhof.

Rappenhof. Der Rappenhof ist ein Feriendorf mit Unterkunftsmöglichkeiten für
Familien und Gruppen. Jeden Sonntag gibt's dort zwischen 15.00 und 15.30 Uhr
Kaffee und Kuchen.

Dem bl-Punkt-Weg in südlicher Richtung folgend haben wir dann bald
unseren Ausgangspunkt erreicht.

W 33   Laufen/Kocher – Kleiner Wimbach – Wimberg – Großer Wimbach – Laufen/Kocher

Strecke: 10 km
Wanderkarten: L 7124 Schwäbisch Gmünd oder Blatt F 13 Ellwangen – Aalen
Besonderheiten: A, F, G, W
Ausgangspunkt: Laufen/Kocher, P beim Gemeindezentrum

Laufen/Kocher. Laufen, 817 erstmals urkundlich bezeugt, war später Zugehör der Burg Kransberg, von der noch ansehnliche Mauerreste erhalten sind. Burg und Dorf gingen 1357 von den Grafen von Oettingen an die Schenken von Limpurg über. Dazu kamen im 15. Jh Besitzungen des Klosters Murrhardt. 1781 fiel Laufen teilweise, 1806 ganz an Württemberg.

Vom P gehen wir zurück zur Aalener Straße (B 19) und folgen re dem AV-Weg mit Z r Punkt. Am Ortsausgang biegen wir re ab und gehen über die Kocherbrücke; – vorbei am Sägewerk und folgen dem r-Punkt-Weg li auf der Straße in Richtung Rübgarten. An der Kurve, oberhalb des Wimbachhofes, gehen wir nach re in den Wimbachweg. Bald geht es in einer tief eingeschnittenen Schlucht dem Kleinen Wimbach entlang, immer dem r-Punkt-Weg folgend in Richtung Gehöft Schöllhof. Vor dem Schöllhof biegt der Weg re und gleich danach li ab; – kurz danach mündet er in die Fahrstraße Mittelbronn – Wimberg. Hier verlassen wir den r-Punkt-Weg und wandern oZ re nach Wimberg. In Wimberg ge in nördlicher Richtung (nach dem ersten Haus halbli) den Berg hinauf. Auf der Höhe angekommen, gehen wir bei der Baumgruppe li und dann ge bis zum Wald. Am Waldrand steht eine große abgestorbene Kiefer mit einem Abteilungsschild „Großer Wald". Der Wanderweg führt uns ge durch den Wald den Berg hinunter bis zum Querweg, in den wir li einbiegen. Auf dem Waldweg leicht steigend immer ge, vorbei an dem beidseitig beschrifteten Hinweisschild „Heiligenwald" und „Wildsbach", welchen wir hier überqueren. Ab hier wieder leicht ansteigend kommen wir kurz darauf am Hinweisschild „Benzwaldweg" vorbei und haben nach wenigen Min die „Heiligenwaldquelle" erreicht, neben der eine große abgestürzte Felsplatte liegt. Auf der rechten Wegseite plätschert der noch ruhig fließende Große Wimbach talwärts. Kurz bevor wir zur nächsten Kreuzung kommen, überqueren wir den Wimbach und gehen dann an der Kreuzung re den „Metzlenswaldweg" weiter, biegen jedoch nach ca. 20 m am Hinweisschild **„NSG Schlucht des Großen Wimbachs"** re ab. Wir folgen dem ab hier mit einer Schwalbe ausgeschilderten Waldweg talwärts, immer in Sichtweite des Großen Wimbaches. Im satten Grün des großflächig schön bemoosten Waldbodens fühlt sich u. a. der Bärlapp heimisch. Überhaupt bietet die

weithin naturbelassene Schlucht zahlreichen Pflanzenarten eine Heim-
statt. Auf mageren, sauren Standorten, so auf den Sandsteinbänken mit
nur flacher Bodenauflage finden wir Bergplatterbse, Wiesenwachtel-
weizen, Heilziest, Heidelbeere und Heidekraut. Auf den frischen, kaum
ausgelaugten Mergeln mit reichem Nährstoffangebot wachsen Leber-
blümchen, Waldgeißbart, Gelber Eisenhut, Gelappter Schildfarn,
Bachbunge, Wasserschwertlilie, Einbeere, Seidelbast und das zierliche
Hexenkraut. Im tonreichen mittleren Stubensandstein fließt der
Wimbach im oberen Verlauf gemächlich durch ein recht sanftes
Tälchen, weiter talwärts hat er jedoch größere Höhen zu überwinden.
Mehrere harte Sandsteinschichten bieten ihm Trotz; in kleinen Fällen
stürzt er sich über sie hinab. Nach ca. 1 km auf dem „Schwalbenweg"
weist an einer Kreuzung re an einem Baum das NSG-Schild auf das
Schutzgebiet hin. Viele moosbewachsene, herabgerutschte oder herab-
gestürzte Sandsteinblöcke und -brocken lagern an den Hängen der
Schlucht und im Bachbett. Am eindrucksvollsten ist der Felsklotz
unweit des oberen Wasserfalles, den die Wurzeln einer ca. 200-jährigen
Fichte wie mächtige Arme umklammern, als ob sie ihn erdrücken
wollten. Zwei Wasserfälle im Kieselsandstein bilden die „Herzstücke"
des NSG. Eine etwa 30 cm starke Bank ziemlich grobkörnigen
Sandsteines liefert die gesimsartig vorspringende, von weichen,
mergeligen Schichten unterlagerte „Deckplatte" des oberen, etwa zwei
Meter hohen Falles. An dessen Fuß hat der Bach sein Bett zu einem
breiten und tiefen „Gumpen" ausgekolkt. Ein großes Stück der
„Deckplatte" liegt abgebrochen im „Gumpen" des Wasserfalles; –
ausgelöst durch die Erosionstätigkeit des Baches. Wasserfall, Bachbett
und unterste Hangteile der Schlucht formen einen kleinen, trotz seiner
bescheidenen Maße recht eindrucksvollen, in ständigem Wandel
befindlichen Kessel. Der untere Fall ist etwas höher – gut drei Meter –
aber in Kaskaden gegliedert. Wieder dient eine harte Sandsteinbank als
Deckschicht, unter welcher lockere Mergel zurückspringen. Darunter
treten als Sockel auf anderthalb Metern feste Mergel zu Tage. Sie sind
sehr schön auch am Ausgang der Martinsklinge zu sehen, die mit einer
mehrere Meter hohen Stufe in die Wimbachschlucht mündet. Unter
einer Sandsteinbank, wohl der untersten des Kieselsandsteins, entspringt dort eine Quelle. Wir wandern im NSG weiter talwärts. Immer
wieder sehen wir Hangrutschungen, ausgelöst durch Erosionen, und
eine ganze Reihe mehrere Meter hoher frischer Abrisse in den roten,
zum Teil auch grünlichen Schichten der Unteren Bunten Mergel. Bald
haben wir das Gehöft Schneckenbusch erreicht. Ab hier geht es auf dem
geteerten Sträßchen weiterhin talwärts; – nach ca. 30 Min sind wir
wieder an unserem Ausgangspunkt.
Wer auf dem Rückweg das Betriebsgelände des Sägewerks im Weiler
Windmühle umwandern und eine schöne Fernsicht genießen möchte

(Wanderzeit ca. 30 Min länger), jedoch einen steilen Anstieg und
eventuell einen schmutzigen Waldweg nicht scheut, der wandert beim
Gehöft Schneckenbusch in nordwestlicher Richtung auf dem geteerten
Sträßchen steil den Berg hinauf. Auf der Höhe liegt der Weiler Krasberg,
den wir in Richtung Knollenberg durchqueren. Ein herrlicher Blick in
südlicher Richtung zur „Blauen Mauer" des Albtraufs mit Rosenstein
und Braunenberg entschädigt den Aufstieg. Ca. 300 m nach Krasberg
biegt das Sträßchen re ab nach Knollenberg, wir jedoch gehen ge ein
kurzes Stück durch die mit hohem Gras bewachsene Klinge. Nach ein
paar Metern haben wir den Wald erreicht, wandern im Wald halbre
talwärts und beim nächsten Querweg li. Nach wenigen Min liegt der
Wald hinter uns; – von hier ein schöner Blick in das Kochertal und auf
den gegenüberliegenden Bergsporn Kransberg (nicht sichtbar im Wald
die Ruine Kransberg). Der Wiesenweg führt uns in das Kochertal und
auf der überdachten Holzbrücke über den Kocher. Flussaufwärts haben
wir bald unseren Ausgangspunkt wieder erreicht.

W 34   Untergröningen – Herrenfeld – Brandhof – Tyrol – Billingshalden – Waldmannshofen – Untergröningen

Strecke: 11 km
Wanderkarten: L 7124 Schwäbisch Gmünd oder Blatt F 13 Ellwangen –
Aalen
Besonderheiten: A, F, K, W
Ausgangspunkt: P Bahnhof Untergröningen

Untergröningen. Im 12. Jh Sitz von Edelfreien, seit dem 15. Jh im Besitz
verschiedener limpurgischer Linien, von 1777 bis 1804 im Besitz der Fürsten zu
Hohenlohe, danach bei Württemberg. Unter den Limpurgern reformiert, wurden
unter Fürstin Friederike von Hohenlohe-Bartenstein seit 1777 Katholiken auf der
Höhe angesiedelt, die Schlosskapelle katholisch. Damit wurde Untergröningen
ein paritätisches Pfarrdorf.
Das eindrucksvolle **Schloss** von 1564 überragt und beherrscht den an einem
Kocherknie gelegenen Ort. Ursprünglich ein Viereck mit Innenhof, nach Abbruch
des Westflügels im 18. Jh Hauptgebäude mit zwei Flügeln mit Volutengiebeln.
Im Hauptbau des Schlosses, 1777 nach der Rekatholisierung umgebaut, die
dreischiffige *Schlosskapelle und Pfarrkirche St. Michael* (kath.) mit Wandpfeilern, Emporen und weiß stuckierter Kassettendecke. Der Hochaltar in feinem
Rokoko mit Ölbild „St. Michael", zwischen den Säulen li und re die Hlg. Petrus
und Paulus. Am li Seitenaltar die Figuren der Muttergottes auf der Mondsichel,
flankiert von Katharina und Barbara. Es handelt sich um die geschnitzten
Schreinfiguren eines Altars von Bartholomäus Zeitblom von 1497 aus der Kirche
des Nachbarortes Heerberg bei Laufen. Die außergewöhnlich qualitätsvollen
Figuren sind seit 1892 in Untergröningen.

Blick auf Untergröningen mit dem Schloss.
Aufn.: Kreisarchiv Ostalbkreis (B. Hildebrand)

Sehenswert ist auch die monumentale, 1996 fertiggestellte, *Ikone* in der ev. Pfarrkirche. Das mit $3 \times 2,5$ m übergroße Lebenswerk der Spraitbacher Künstlerin **Eva Wulf** zeigt Christus und die vier Evangelisten. Der erhöhte Christus beauftragt Matthäus, Markus, Lukas und Johannes, seine Frohbotschaft zu verkünden.

Von der Ortsmitte bis zum Wohnplatz Tyrol folgen wir der Wegbezeichnung Nr. 6 (bl Ziffer auf weißem Grund, Untergröninger Rundwanderweg).
Der Bahnhofstraße entlang gehen wir Richtung Ortsmitte zur B 19 und biegen in diese re ein. An der Brauereigaststätte Lamm vorbei und gleich darauf, nach dem Rathaus, gehen wir li die Hohlgasse leicht abwärts. Die Hohlgasse mündet in die Mühlgasse, der wir nach re, dem Kocher flussaufwärts, folgen. Am Ende der Ortschaft gelangen wir zur Untergröninger Mühle, eine ehem. Getreidemühle; – Mühlkanal und Wehranlage sind noch vorhanden. Stolz thront re über dem steilen Berghang das Wahrzeichen der Gegend, das Schloss über dem Kochertal. Die Hofanlage der Mühle queren wir, der Wanderweg – er geht später in einen Pfad über, führt uns durch ein kleines Wäldchen, immer am Kocher entlang. Über einen Holzsteg queren wir einen Bachlauf und wandern nach Ende des Waldes in der Talaue auf dem Wiesenweg zum Gehöft Herrenfeld. Das Gehöft, schön eingegrünt mit

einer Baumgruppe aus Kastanien, Linden und Birken, queren wir und biegen nach 50 m li ab in den Feldweg. Nach wenigen Metern folgen wir dem Feldweg nach re, er führt am Waldrand entlang hinauf zu den Höfen Brandhof. Rückblickend haben wir eine herrliche Sicht hinab in das Kochertal mit Untergröningen und hinüber zum Schloss. Auf der Anhöhe wandern wir linker Hand an den Höfen vorbei und folgen dem Teersträßchen zwischen Pferdekoppeln zum Wald. Nach ca. 50 m im Wald verlassen wir das Teersträßchen, biegen re in den Waldweg und nach nur 15 m li in einen beginnenden Hohlweg ein. Da der Hohlweg teilweise schlecht begehbar ist, suchen wir uns oberhalb der Böschung einen Pfad zwischen den Bäumen hindurch. Leicht ansteigend folgen wir dem markierten Wanderweg durch den Wald in südwestlicher Richtung. Kurz nach Ende des Waldes kommen wir zum Wohnplatz Tyrol. Der markierte Weg geht am Haus halbre abwärts Richtung Untergröningen, wir bleiben jedoch auf der Höhe und gehen ge weiter dem Wiesenweg folgend in westlicher Richtung. Mit prächtigem Blick hinab in das Kochertal, nach Untergröningen mit seinem Schloss und im Hintergrund auf die Waldhöhen des Altenbergs und Büchelberger Grats, wandern wir ge weiter in das Wohngebiet. Nach Queren der L 1158 gehen wir auf Staffeln hinunter zur Lindenstraße und folgen dieser leicht abwärts. Vor der L 1158, rechter Hand ein kleiner Spielplatz, biegen wir li in ein kleines Teersträßchen und folgen diesem abwärts. Nach ca. 200 m, an der Weggabel, folgen wir dem Sträßchen nicht ge, sondern biegen an dem Spitzwinkel scharf li ab und gehen im Wald den Hang hinunter. Im Talgrund queren wir den Argenbach und wandern hinauf zum Weiler Billingshalden (Schweizerhof).

Billingshalden. 1436 erwarb Limpurg ein Gut zu Bühlingshalden. War bis 1779 limpurgisches Kammergut. 1741 stand hier ein Herrenhaus. 1612 ist eine Ringmauer bezeugt.

Zwischen den Gebäuden des Weilers gehen wir durch und biegen danach re in den Feldweg, dem wir leicht abwärts folgen. Die herrliche Landschaft hier, das wellige Land, der lebhafte Wechsel von offener besonnter Fläche und schattigem Wald, lassen das Gefühl aufkommen, dieses Fleckchen Erde könnte ein kleines Stück Allgäu sein. Nach kurzer Wegstrecke erreichen wir eine Dreifach-Weggabel. Wir folgen dem mittleren Weg „Billingshaldeweg“ hinunter in ein Tälchen, queren einen Bachlauf und erreichen leicht ansteigend auf einem Teersträßchen eine Anhöhe. Vor uns im Blickfeld erkennen wir Waldmannshofen. Ruhig und verträumt liegt der Weiler in einem kleinen Wiesentälchen, man könnte meinen, die hektische Zeit wäre hier stehen geblieben. Den Weiler queren wir und folgen dem Sträßchen Richtung Kemnaten, das zum Wald mäßig ansteigt. Bevor es in den Wald geht, genießen wir noch

den schönen Fernblick zur Albkette, davor der Turm der Wallfahrtskirche von Hohenstadt und der bewaldete Berghang der Frickenhofer
Höhe. Ca. 150 m nach Beginn des Waldes biegen wir beim TP 465 re in
den „Sumpfhaldenweg" ein und wandern auf diesem immer leicht
abwärts weiter. Ca. 70 m vor einer großen Wegkreuzung mit freiem Platz
im Wald mündet von re der „Öchsenhofweg" (Untergröninger Rundwanderweg Nr. 8) in unseren Weg. Bei der Wegkreuzung biegen wir re
ab in den „Öchsenwaldweg", jetzt dem Z r Kreuz und der Nr. 9 folgend.
Immer leicht abwärts in der Stille des Hochwaldes erreichen wir nach
einem Rechtsbogen eine Waldschlucht. Der „Öchsenwaldweg" geht ge
weiter über die Schlucht; – wir jedoch gehen vor der Schlucht li auf dem
„Kreuzwaldweg" weiter, immer der Markierung folgend. Nach kurzer
Wegstrecke geht der Waldweg in einen Pfad über, er führt uns auf
Staffeln in Serpentinen den Steilhang hinunter in den Grund der
Waldschlucht. Auf einem Holzsteg queren wir ein Bächlein, das sich
seinen Weg aus der Schlucht zum nahen Kocher sucht und wandern auf
dem Pfad talwärts. Kurz danach, das Bächlein fließt ge in den Kocher,
folgen wir dem Waldpfad Richtung Untergröningen, das wir jetzt,
zwischen den Bäumen durch, sehen können. Der Waldpfad mündet
oberhalb des Kochers in den Geh- und Radweg (Kochertal-Radweg).
Wir folgen dem Weg weiterhin flussaufwärts, er mündet am Ende des
Waldes in die Waldmannshofer Straße. Nach der Ortstafel geht die
Waldmannshofer Straße re leicht aufwärts zur L 1158, wir bleiben
jedoch im Tal und gehen ge weiter zum Bahnhofsvorplatz und unserem
Ausgangspunkt zurück.

W 35   Abtsgmünd – Leinroden – Neubronn – Hohenstadt – Wöllstein – Abtsgmünd

Strecke: 16 km
Wanderkarten: L 7124 Schwäbisch Gmünd und L 7126 Aalen oder Blatt
F 13 Ellwangen – Aalen
Besonderheiten: A, B, F, K, P, R, S, U
Ausgangspunkt: Abtsgmünd, P Kochertalmetropolie (Sport- und Fest-
halle)

Abtsgmünd. Aus dem 1251 erstmals erwähnten Namen geht nicht nur die
geographische Lage an der Einmündung der Lein und der Rot in den Kocher,
sondern auch die Zugehörigkeit zum Kloster Ellwangen hervor. In Abtsgmünd
wurde 1611 der erste ellwangische Hochofen errichtet, erweitert 1667 durch eine
Hammerschmiede am re Kocherufer und 1699 durch ein Hammerwerk in der
Neuschmiede. Die Bedeutung Abtsgmünds als Eisenschmiede der Fürstpropstei
ging seit dem 17. Jh auf Wasseralfingen über; – entscheidend hierfür waren die

*Das Rechbergkreuz in
Abtsgmünd.
Aufn.: K. Seidel*

Erzfunde im Raum Wasseralfingen, sowie die zur Verfügung stehende Wasserkraft
des Kochers und die reichhaltigen Holzvorräte der umliegenden Wälder.
Pfarrkirche St. Michael (kath.), errichtet 1885 an der Stelle einer älteren Kirche.
Der Turm ist im unteren Teil noch spätromanisch, mit dem Chor einer ehem.
Chorturmkirche, gotischen Gewölben und romanischen Säulen mit Figuren-
schmuck. An der Stirnseite des südlichen Seitenschiffs große barocke Kreuzi-
gungsgruppe, vermutlich italienischer Herkunft.
Rechberg-Kreuz. Das Sühnekreuz konnte 1994 restauriert und mit einem neuen
Steinsockel versehen, an der Ostseite des Kirchplatzes wirkungsvoll aufgestellt
werden. Das Steinkreuz gilt in zuständigen Kreisen als das zweitälteste der in
Baden-Württemberg noch vorhandenen Sühnekreuze und als eines der schönsten.
Es trägt die Jahreszahl 1331, eine gotische Inschrift und das Wappen der
Rechberger Grafen, wie es auch auf den Grabplatten dieses Adelsgeschlechts in
der Donzdorfer Kirche zu sehen ist. Die Info-Tafel neben dem Kreuz weist auf
einen Zweikampf hin.
Zehntscheuer. 1719 erbaut, 1996 bis 1998 Sanierungs- und Umbaumaßnahmen.
Im Kulturdenkmal ist heute ein Bürgersaal und die Ortsbücherei untergebracht.

Vom P gehen wir vor zur Hauptstraße und biegen in diese re ein. Nach
wenigen Metern wechseln wir auf die andere Straßenseite und biegen an

der Kreuzung li ab zum Schul- und Sportzentrum. Im rechten Bogen folgen wir der Gaildorfer Straße, vorbei an der Realschule und dem Hallenbad, bis zur Kirche. Vor der Kirche biegen wir li ab in die Wasenstraße und gehen im re Bogen der Kirchhofmauer entlang in die Kirchstraße. Auf dieser ge weiter, linker Hand an der Zehntscheuer vorbei, bis zur Lein.

An der Lein biegen wir re in die Gerberstraße, dann weiter auf dem Uferweg bis zur Hauptstraße. Wir queren die Straße und gehen auf dem Ob. Uferweg weiterhin der Lein entlang. Vorbei am Altenzentrum, danach biegen wir bei der zweiten Abzweigung re in den Abtweg und gleich danach li in die Kolpingstraße. Sie führt uns im rechten Bogen hinauf zum Hohenrainweg. Auf diesem Sträßchen gehen wir li, oberhalb der Lein, bis wir auf die Weiheräckerstraße stoßen, in die wir li und gleich danach re in den Geh- und Radweg neben der L 1075 einbiegen. Vorbei an zwei prächtigen Linden (ND), unter denen ein Kruzifix auf einem Steinsockel und ein Gedenkstein stehen, und weiter Richtung Leinroden. Vor uns im Blickfeld taucht auch schon der Weiler mit seiner Dorfkirche auf.

Leintal. Ein Schmuckstück ist der Leintalabschnitt Leinzell – Abtsgmünd; das „Tal der kleinen Schlösser, Burgen und Ruinen", welches heute noch mit seinem mäandrierenden Fluss sehr viel Ursprünglichkeit bewahrt hat.

Ca. 300 m nach den Linden queren wir die L 1075 und gehen zwischen Wiesen und Feldern dem Feldweg entlang Richtung Kirche (bei aufgeweichtem Boden folgen wir weiterhin dem Gehweg nach Leinroden und biegen mitten im Weiler li ab in die Untere Gasse, sie führt ebenfalls zur Kirche hin). Der Feldweg biegt vor dem Weiler re ab, wir jedoch gehen vor oder nach der Hecke li auf dem Wiesenweg hinüber zur Kirche. Ein idyllisches Fleckchen Heimat finden wir hier an der Lein vor. Hinter der Kirchhofmauer neben der Lein ein lauschiges Plätzchen mit Feuerstelle, – vor dem Eingang zur Kirche geht eine Furt durch die Lein, – am Ende der Unteren Gasse eine Sitzgruppe mit Brunnen und Grillstelle, – das Ferientagheim neben der Kirche, – der hölzerne Steg über die Lein und die Turmhügelburg am Waldrand, fügen sich harmonisch in das Landschaftsbild ein.

Leinroden (Gemeinde Abtsgmünd). Die an der Lein im ummauerten Friedhof gelegene ev. Kirche, 1604 unter Hans Sigmund von Woellwarth erbaut, mit qualitätsvollen Bildern des Barock sowie beachtlichen Grabdenkmälern im Chorraum, insbesondere das des Konrad Bernhard von Woellwarth als Ritter vor dem Kruzifix kniend. An der äußeren Westwand lebensgroßes, außergewöhnlich eindrucksvolles Kruzifix aus Sandstein, 1604.
Turmhügelburg. Rund 80 m jenseits der Lein steht auf einem künstlich aufgeschütteten Hügel vor dem Berghang einer der am besten erhaltenen

*Die staufische Turm-
hügelburg in Leinroden.
Aufn.: K. Seidel*

steinernen Wohntürme Süddeutschlands aus der zweiten Hälfte des 12. Jh. Es
handelt sich um den Bergfried der staufischen Turmhügelburg Roden. Eindrucksvolle Buckelquader bis in 18 m Höhe bezeugen den Bau aus der Stauferzeit.
Auf der Nordseite in 8 m Höhe der heute vergitterte ehem. Eingang. Ein Ulrich von
Roden wird 1147 als Burgherr erwähnt, später geht die Turmburg, die sich heute,
außer der verschwundenen Mauer, so darstellt wie zur Erbauungszeit, an die
Herren von Pfahlheim und nach 1400 an die Woellwarths über. Heute Privatbesitz.

Auf der Unteren Gasse gehen wir wieder zurück zur L 1075, folgen
dieser nach re Richtung Abtsgmünd und biegen ca. 150 m nach Ortsende
Leinroden li in den geteerten Feldweg ein. Dem Feldweg im
Weiherbachtälchen folgen wir leicht aufwärts. Das Teersträßchen geht
in einen Forstweg über, er führt ein kurzes Stück am Waldrand entlang
und dann in den Wald hinein. Nach wenigen Metern erreichen wir im
Wald einen freien, ebenen Platz mit Weggabel. Wir folgen dem re Weg,
jetzt wieder aufwärts und erreichen nach ca. 200 m eine Wegkreuzung.
Hier biegen wir li ab und folgen dem Forstweg, jetzt etwas steiler, zur
Anhöhe hinauf. Auf der Anhöhe geht der Forstweg in ein Teersträßchen
über, dem wir ge folgen. Auf der re Seite haben wir das Gewerbegebiet

Dettenried im Blickfeld und linksseitig öffnet sich immer mehr der
Blick durch die Hecken hinab zur Hangwiese mit dem Leinroder Bach.
In Kürze stoßen wir auf ein Quersträßchen, – von hier schöner Blick
hinüber zum Albtrauf mit dem Rosenstein und seinem Fernsehturm.
Halbli vor uns erkennen wir Neubronn; – wer den Weiler aufsuchen
möchte, folgt dem Sträßchen nach li und erreicht anschließend, in
nördlicher Richtung der Kapellenstraße folgend, den weiterführenden
Wanderweg (vor dem Gasthaus Kellerhaus beim Wbh li abbiegen).

Neubronn (Gemeinde Abtsgmünd). Der Name Neubronn erinnert an den dortigen
Wasserreichtum. Der Ort wird erstmals 1266 genannt. In diesem Jahr übergab der
Abt von Ellwangen dem Kloster Gotteszell bei Schwäbisch Gmünd zwei Höfe zu
Neubronn, die zuvor Lehen der Grafen von Helfenstein waren. Das im
Renaissance-Stil erbaute Schloss entstammt im Ursprung einer Turmhügelburg
aus dem 13. Jh. Die ev. Pfarrkirche im Ursprung 15. Jh, im 19. Jh erneuert. Im
Innern mehrere Adelmannsche Grabmäler und -tafeln.

In das Quersträßchen biegen wir re ein und erreichen nach ca. 150 m eine
Wegkreuzung. Hier biegen wir li ab, wandern leicht aufwärts, queren die
K 3263 und verweilen beim Wbh mit seiner Sitzgruppe einen
Augenblick, um von der Anhöhe aus den prachtvollen Panoramablick
zu genießen. Endlos zieht sich die blaue Mauer der Schwäbischen Alb
dahin, von der Kapfenburg über den Braunenberg, dem Langertgebiet
mit dem „Albäumle"; Volkmarsberg mit Aussichtsturm, Rosenstein,
Scheuelberg, Bernhardus, Kaltes Feld, Hornberg bis zu den Dreikaiserbergen und in nördlicher Richtung zum Büchelberger Grat. Auf
dem Sträßchen wandern wir ge weiter; – vor uns sehen wir auch schon
den WT, dahinter den Turm der Wallfahrtskirche und das Schloss von
Hohenstadt. Wir folgen dem Sträßchen nach li zur Verbindungsstraße
Neubronn – Hohenstadt, gehen auf dieser re weiter und biegen gleich
danach an der Weggabel li ab Richtung Steinreute. Nach ca. 500 m
biegen wir beim Bauernhof li ab und folgen dem Hinweisschild
„Steinreute". Steil geht es nun ein kurzes Stück abwärts, an den Höfen
vorbei und am Berghang in nordwestlicher Richtung weiter. In lieblicher
Stille und Abgeschiedenheit wandern wir auf dem Sträßchen oberhalb
des Spatzenbachtals zwischen den Wiesenhängen entlang. Das Sträßchen zieht sich re den Hang hinauf; – wir biegen auf der Anhöhe nach li
wieder in die Straße, welche wir bei dem Bauernhof verlassen haben.
Nach ca. 100 m kommen wir zu einem Wegdreieck, gehen an diesem re
weiter und biegen gleich danach li ab in einen Wiesenweg. Zwischen
den Feldern führt uns der Weg zu einem Teersträßchen, dem wir nach re
folgen; – jetzt mit dem Z r Punkt. Hohenstadt mit Wallfahrtskirche und
Schloss liegt nun zum Greifen nahe vor uns. Der r-Punkt-Weg führt uns
in den Ort und in die Amtsgasse mit all den in dieser Gasse vorhandenen
historischen und kulturellen Sehenswürdigkeiten.

Hohenstadt (Gemeinde Abtsgmünd). Schloss und Kirche erheben sich markant über dem Kochertal. Ursprünglich oettingisches Lehen, fällt die Burg 1376 an das Haus Woellwarth, 1407 und endgültig 1530 an das Haus Adelmann von Adelmannsfelden, dessen Stammsitz Hohenstadt bis heute geblieben ist. Nach Einführung der Reformation 1579 wurde der Ort 1636 rekatholisiert.

Pfarrkirche Mariä Opferung (kath.), erbaut 1707–1711 anstelle einer Vorgänger-kirche von dem Vorarlberger Meister Michael Thumb, der auch die Kirche auf dem Schönenberg erbaut hatte. Stattlicher barocker Kirchenbau mit Turm re vom Chor. Das Innere ist ein hoher, tonnengewölbter Raum mit Wandpfeilern, ohne die für das Vorarlberger Schema typischen seitlichen Emporen. Sehr reiche, üppige Stukkaturen an Decken und Gurtbögen. Hochaltar in der eingezogenen Chorapsis aus elegantem Stuckmarmor mit Altarblatt von Christoph Thomas Scheffler. Bemerkenswerte Epitaphien und Grabplatten, darunter li die des Deutschmeisters Johann Adelmann von Adelmannsfelden, lebensgroß, in Pilgertracht und des Fürstpropstes Johann Christoph Adelmann von Adelmannsfelden. Kreuzweg-stationen, 15 Ölbilder von Johann Baptist Enderle, 1781. Gut geschnitztes Gestühl und Beichtstühle aus der Erbauungszeit. Unter dem Chor die Gruft, Begräbnis-stätte der Familie Adelmann. Kirchenschatz: Silbergeräte aus dem 17. und 18. Jh, Augsburg, sowie Sammlung wertvoller Messgewänder. Außen über dem Westeingang die Figur des irischen hl. Patrizius, dem die Wallfahrt nach Hohenstadt gewidmet ist.

Schloss. Der heutige Bau 1595 errichtet an der Stelle der mittelalterlichen Burg mit zwei Ecktürmen nach Süden. Starke Veränderungen um 1770, Erhöhung um ein Stockwerk und Bau des großartigen Treppenhauses mit Deckenfresko zu Ehren des Erbauers. Das Schloss in Privatbesitz, der Öffentlichkeit nicht zugänglich. Der *Schlossgarten*, die schönste barocke Gartenanlage im Ostalbkreis, von Graf Anselm 1756 als französischer Garten mit verschnittenen Buchenhecken angelegt, gilt als der älteste Heckenpark Europas. Später um einen sog. Englischen Garten erweitert. Am Ende des in den Jahren 1985–1987 gründlich wiederher-gestellten Parks steht die Orangerie mit reizvollen Deckenfresken mit Rokoko-motiven in der Kuppel des Hauptraumes. Der Park ist für die Öffentlichkeit zugänglich: Mittwoch, Samstag und Sonntag jeweils von 9 Uhr bis Einbruch der Dunkelheit sowie nach Vereinbarung.

Am „Fruchtkasten" und Schlossgarten vorbei, folgen wir am Ende der Amtsgasse dem Z r Punkt. Wir verlassen Hohenstadt durch den Torbogen der Schlossmauer und folgen dem Schotterweg abwärts Richtung Kochertal. Die K 3327 queren wir und gehen auf dem schmalen Teersträßchen talwärts Richtung Fischhaus. Schöner Blick von hier in das romantische Kochertal und auf Wöllstein sowie zum Büchelberger Grat. Im Talgrund verlassen wir den r-Punkt-Weg, wir biegen beim Fischhaus vor der Kocherbrücke re ab, wandern flussauf-wärts dem Kocher entlang zum Bernhardshof und folgen dem Geh- und Radweg ge weiter Richtung Wöllstein. Vor Ortsbeginn Wöllstein stoßen wir auf den Kapellenweg, dem wir nach re und nach ca. 150 m bei der Wegspinne nach li folgen. Stolz erhebt sich über dem Kochertal die geschichtsträchtige Kapelle St. Jakob.

Wöllstein (Gemeinde Abtsgmünd). Li vom Kocher, am Berghang, Reste der ehem. Burg der Hacken von Wöllstein, die seit 1374, nach Unterbrechung endgültig seit 1585 zu Ellwangen gehört. Nach Schäden im Dreißigjährigen Krieg um 1700 abgetragen. Von der Burg nur noch die kath. Kapelle St. Jakob erhalten, eingebaut in einen Teil der Umfassungsmauern der Burg mit Buckelquadern. Im renovierten Innern neuromanischer Altar mit guten spätgotischen Figuren: Maria, Jakobus, Johannes der Täufer, Maria Magdalena.

Auf unserem Weiterweg kommen wir linker Hand an einem Feucht-biotop vorbei und erreichen kurz danach ein weiteres Wegdreieck. Wir halten uns re, folgen dem Sträßchen, das mäßig ansteigend uns aus dem Weiler führt. Kurz danach gehen wir bei der Weggabel re weiter Richtung Wald. Wir durchwandern nun das Waldstück „Wöllsteiner Holz" und genießen fernab von Lärm und Verkehr die erholsame Stille des Waldes. Wir bleiben immer auf dem breiten Forstweg, kommen ca. 800 m nach Waldanfang zu einem Wegdreieck, gehen an diesem re weiter und erreichen ab hier nach ca. 1 km am Ende des Waldes die L 1080. In die L 1080 biegen wir li ein und wandern talwärts nach Abtsgmünd. Die Ortschaft haben wir ja schon im Blickfeld vor uns, ebenso im Hintergrund die Burg Niederalfingen. Am Ortsrand von Abtsgmünd folgen wir dem Hinweisschild „Wohngebiet Knöckle" nach re und biegen nach wenigen Metern an der Kreuzung li ab. Das Sträßchen führt uns aus dem Wohngebiet wieder hinaus, wir folgen dem Schotterweg nach den letzten Häusern re zu einer Anhöhe (LSG) hinauf zur Lourdes-Kapelle. Die Kapelle entstand 1885 auf der Olgahöhe, dem sogenannten Knöckle. Auf der Ostseite der Kapelle gehen wir den Stationenweg abwärts zur Hangkante und genießen nochmals den herrlichen Blick von der Anhöhe in das Kocher- und Leintal. Letzteres trifft von Südwesten und Süden her als breites Tal in Abtsgmünd auf das Kochertal; – die Lein, mit einem Grüngürtel von Bäumen und Sträuchern eingesäumt, durchfließt in sanften Bögen die Ortschaft und mündet am nördlichen Ortsrand in den Kocher. Re auf der Anhöhe sind die ersten Häuser von Dewangen zu erkennen. Dem Stationenweg folgen wir abwärts, gehen dann ge weiter auf der Burrlesgasse hinab Richtung Kirche und zu unserem Ausgangspunkt zurück.

Wanderheim der Ortsgruppe Abtsgmünd des Schwäbischen Albvereins am Laubbach-Stausee siehe RW 58 S. 322

Busverbindung Aalen – Abtsgmünd

W 36   **Kapf – Tennhöfle – Reichenbachsee – Reichenbachtal –
Nardenheim – Deschenhof – Heinlesmühle – Hüttenbühlsee – Hagerwaldsee – Voggenbergmühle – Buchenge-
rener Sägmühle – Kapf**

Strecke: 18 km
Wanderkarten: L 7124 Schwäbisch Gmünd oder Blatt F 28 Naturpark
Schwäbisch-Fränkischer Wald
Besonderheiten: A, B, R, T, W
Ausgangspunkt: Ca. 500 m vor Kapf. Auf der Straße von Alfdorf in
Richtung Gschwend (L 1153) bis hinab ins Leintal, dann auf dem
Sträßchen zum Pfahlenhof schattig parken.
Hinweis: Diese Wanderung kann nicht nach langanhaltenden Regen-
fällen gemacht werden. Die Rückhaltebecken des Reichenbach- und
Hüttenbühlsees überfluten dann die Wanderwege im Talgrund.

Kapf (Gemeinde Alfdorf). Die in dem früher limpurgischen Ort erhaltenen
Bauernhäuser stammen alle aus einer Neubesiedlung um 1800 und sind als
Wohnstallhäuser mit zugehöriger Scheuer gebaut.

Auf der L 1153 bis zum Beginn des Weilers Kapf. An der Bushaltestelle
„Kapfenhofweg" nach re in den gleichnamigen Weg einbiegen. Dieser
führt zum Tennhöfleweg, dem Hauptweg des Weilers. Drei schöne
Fachwerkhäuser auf solidem Steinsockel an der Wegeinbiegung. Der
Tennhöfleweg führt durch eine anmutige Wald- und Hügellandschaft,
vorbei an drei Fischweihern, hinab ins Leintal und nach einem kleinen
Schlenker zum Tennhöfle. Bei gefrorenem Boden oder im Winterhalb-
jahr bis hierher auch im Talgrund der Lein, immer am nördlichen
Hangfuß entlang, – größtenteils weglos, doch nicht zu verfehlen. Der
Wegbogen beim Tennhöfle muss ausgegangen werden; eine Abkürzung
konnte der Erkunder nicht finden! Dann durch sehr schönen Wald zum
Rückhaltebecken „Reichenbachsee". Hier gute Bade- und im Gasthaus
„Beutenmühle" Einkehrmöglichkeit. Der kleine See kann am West- und
am Ostufer umgangen werden. Der Weiterweg führt orographisch re
über Feuchtwiesen, dann auf die andere Seite und im Wald auf
schmalem Erdweg immer linksseitig des Baches. Der dämmrige Wald
mit seiner Bodenflora mutet recht urtümlich an. Bald schimmern auch
die Gebäude der ehemaligen Ölmühle durch die Zweige. Das Anwesen
ist jetzt ein alternativer Reiterhof und macht einen gepflegten Eindruck.
Man sieht, dass sich Kinder hier wie im Paradies fühlen. An der Ölmühle
li vorbei. Im Wald kommen wir bald zu drei Brücken, die wir alle
überschreiten. Wir erkennen, dass hier einst der Mühlkanal mit
zugehörigen Wehren eingerichtet war. Bald sehen wir rechter Hand
einen schmalen Steg, der nur aus drei Balken besteht. Hier könnte etwa

Die Heinlesmühle (Gemeinde Alfdorf) ist eine große Mühle mit zwei Wasserrädern und einem wunderschönen Fachwerkgebäude.

Aufn.: Gemeinde Alfdorf

ein abenteuerlustiger Vater mit seinen Kindern (nur bei trockenem Untergrund) den Weiterweg nur auf Pfadspuren im Talgrund suchen. Wir aber folgen unserem AV-Weg mit Z bl Strich. Sofort nach einer kleinen Brücke spendet ein Brunnen frisches Wasser. Ein kräftiges Plätschern und Pfadspuren entlang eines kleinen Seitenbächleins führen uns nach wenigen Metern zu einem hübschen kleinen Wasserfall. Deutlich ist zu erkennen, wie härtere, dünne Gesteinsschichten weicheren Sandstein überlagern. Der weiche Sandstein wird vom tropfenden Wasser abgeschwemmt, während die härtere Deckplatte längere Zeit widersteht, bis diese dann eines Tages auch abbricht. Beim Weiterweg bis Nardenheim achten wir immer auf den bl-Strich-Weg. So biegt unser Weg nach ca. 50 m Steigung scharf nach re ab. Er trifft auf einen Forstweg. Unsere Bezeichnung quert diesen Weg. Die Kurven des Forstweges werden gewissermaßen auf einem Pfad entlang der Bogen-sehne abgekürzt. Achtung: Auf manchen Wanderkarten verläuft der Weg wie beschrieben, auf anderen jedoch durchwegs auf dem Forstweg. Beim zweiten Abschneider fehlt das Wegzeichen, der Weg ist jedoch deutlich zu erkennen. Der Wald auf dieser Strecke ist sehr vielfältig und mit dichtem Unterholz bestanden. Die naturnahen Pfade sind deshalb vorzuziehen. Schließlich bleiben wir – bei den Revieren Hafental und Felgenwald – auf dem Forstweg, der nach re abzweigt. Dieser führt bald auf einer Brücke über den Bach. Der bl Strich wird nun durch ein bl Kreuz ergänzt. Beide Wegzeichen finden sich in unregelmäßigen Abständen. Schließlich zweigt unser Weg nach Nardenheim nach li von der guten Forststraße ab. Diese Abzweigung ist gut beschildert – und kann kaum übersehen werden. Unser Pfad wird nun sehr schmal, oft kaum erkenntlich. Er schwenkt durch einen älteren Schlag etwas nach re und führt bald entlang eines eingezäunten Jungwaldes und später auf gutem Forstweg in leichtem Anstieg hinauf nach Nardenheim. Der Ort liegt aussichtsreich auf einer Liasplatte. Er gehörte seit der Zeit der Staufer zu den freien Bauern des Welzheimer Waldes. Diese hatten auch ihre eigene Gerichtsbarkeit. Das Hochgericht befand sich westlich von Nardenheim (siehe Karte). Das alte Gerichtsschwert ist in den Wirren am Ende des Zweiten Weltkrieges leider verschwunden. In Nardenheim gehen wir die geteerte Straße sofort li und dann sehr aussichtsreich (Blick zur Alb – vom Braunenberg über Rosenstein bis zum Hohenstaufen) vor bis zur L 1153. Wir gehen diese etwa 500 m nach Süden, bis nach re ein guter Feldweg abzweigt. Im Wald senkt sich dieser Weg steil halbrechts hinab. Am Waldaustritt haben wir einen schönen Blick auf das Sandland. In nächster Nähe der Deschenhof (ein Reiterhof), darüber Hellershof mit seiner Kirche und re oben am Berg Cronhütte. Unser Weg abwärts führt am Deschenhof vorbei zur Heinlesmühle, einer renovierten großen Mühle, die noch ihre zwei Wasserräder besitzt. Von den Wappensteinen im Erdgeschoss schließen wir, dass die Besitzer angesehene Leute waren. Unser Weg führt ab hier auf dem Wanderweg Baden-Württemberg – dem HW 3 Main-Neckar-Rhein-Weg – und zwar bis zur Buchengehrener Sägmühle.

Der **HW 3** ist mit 540 km der längste der Hauptwanderwege des Schwäbischen Albvereins. Er führt von Wertheim am Main bis Lörrach, kurz vor Baasel.

Die Täler der Schwarzen und Finsteren Rot (nach deren Zusammenfluss dann einfach „Rot") sind durch ihren Wechsel von Wald, Wiesen und Ufergebüsch außerordentlich lieblich und abwechslungsreich. Es lohnt sich, öfters mal eine Pause zu machen. Wir kommen bald zur Hummelgautsche, der ehemaligen Vaihinger Sägmühle – und dann auch bald zum Hüttenbühlsee, der zwischen hohen Fichten einen etwas schwermütigen Eindruck macht. Vom Staudamm aus sind wir bald auf der K 1892, die wir wenige m nach re gehen. Dann weist ein Wegzeiger zum Campingplatz Hagerwaldsee. Zum Campingplatz gehört eine gute Wirtschaft und dahinter erstreckt sich der Hagerwaldsee, der größte unserer drei Stauseen. Wir finden unseren Weiterweg am Südwestende des Staudammes. Der Weg bleibt nun immer an der re Seite des Tales – und gibt immer wieder Ausblicke frei in die grüne Kulissenlandschaft des Tales. Wir lernten das Reichenbachtal als ein dunkelgrün-

dämmriges Waldtal kennen. Das Rottal ist dagegen wie durchflutet von
hellem Grün in allen Schattierungen. Im Talgrund finden sich
gelegentlich Feuchtwiesen, die im späten Frühjahr mit rotvioletten
Blütenstände des Breitblättrigen Knabenkrauts geschmückt sind.
Dazwischen blühen Trollblumen und gegen Mitte des Sommers zeigen
sich die weißen Büschel des Breitblättrigen Wollgrases. Dem
aufmerksamen Beobachter scheint es merkwürdig, dass die beiden
Quellflüsse der Rot ein gutes Stück im Tal parallel verlaufen, bis sie sich
endlich vereinigen. Am Blockhaus der Klarahütte ist ein schöner
Grillplatz angelegt und dabei eine Handpumpe für frisches Quellwasser.
Nach knapp einem km passieren wir die Voggenbergmühle. Hier zweigt
unser Wanderweg nach dem Wohngebäude und nach der Scheuer,
jedoch vor dem Stall nach li ab. Er führt nun immer entlang des
Mühlkanals, der früher die Buchengehrener Sägmühle mit Treibwasser
versorgte. Dort überqueren wir die K 1891 und gehen auf dem
Pfahlenhofweg weiter. Wir sind nun im etwas breiteren Tal der Lein.
Fluss und Talgrund sind noch weitgehend naturbelassen. Wir können
darauf warten, dass sich ein Graureiher mit langsamem Schlag in die
Luft erhebt oder dass in der Dämmerung Rehe an den Waldrändern äsen.
Ein Blick auf die Karte zeigt uns, dass wir noch vor dem Pfahlenhof die
Ausmündung des Gellbachtales queren. Von der kleinen Brücke aus
sehen wir unter uns einen kleinen Bach, der kaum einen halben Meter
breit ist. Es ist fast nicht zu glauben, dass dieses Bächlein im Laufe der
Jahrhunderttausende das gesamte Gellbachtal ausgeräumt hat. Nach
weniger als einem km sind wir wieder am Ausgangspunkt.

W 37   Täferrot – Hönig – Auerbachtal – Sulzbachtal – Täferrot

Strecke: 16 km
Wanderkarten: L 7124 Schwäbisch Gmünd oder Blatt F 13 Ellwangen –
Aalen
Besonderheiten: B, F, T, U, W
Ausgangspunkt: Täferrot, Ortsmitte oder beim Friedhof

Täferrot. Das im Leintal gelegene Dorf gehörte ursprünglich zu den
Freibauerndörfern. Als St.-Afrenrot (hl. Afra) 1298 erstmals urkundlich erwähnt,
seit 1331 im Besitz des Klosters Lorch, das in Täferrot ein Klosteramt einführte.
Nachdem Lorch württembergisch geworden war, Einführung der Reformation.
Die malerisch im ummauerten Kirchhof liegende ev. Pfarrkirche (ehemals St.
Afra) ist ein typisches Beispiel einer romanischen Chorturmkirche. 1491 gotische
Erweiterung mit Bau des polygonalen Chors mit Strebepfeilern und Maßwerk-
fenstern sowie neuen Portalen. Der Pfarrhof neben der Kirche, ein stattliches
Fachwerkgebäude (1768), bildet zusammen mit Scheune und Kirche ein ma-
lerisches Ensemble.

Die malerisch im ummauerten Kirchhof liegende evang. Kirche in Täferrot ist ein typisches Beispiel einer romanischen Chorturmkirche. Aufn.: Kreisarchiv Ostalbkreis (B. Hildebrand)

Im Ort Bushaltestelle der Linie 62, Schwäbisch Gmünd-Ruppertshofen. Wir gehen von der Ortsmitte auf dem AV-Weg mit Z bl Kreuz in Richtung Ruppertshofen zum Rehnenmühlensee. Wir gelangen auf einem guten Forstweg inmitten eines abwechslungsreichen Hochwaldes zum Stausee. Hier sei ein kleiner Umweg empfohlen: Bei Eintritt in den Wald können wir sofort einen verwachsenen Waldweg nach halbe gehen. So kommen wir für einige hundert Meter näher an die Rot heran. Der schlingenreiche Bachlauf und der Bewuchs des Talgrundes sind noch sehr natürlich. Auf diesem alten Weg fühlen wir uns weit mehr in der Natur als auf dem guten Forstweg. Auch auf dem Weiterweg sollten wir uns gelegentlich Zeit lassen, um zum Bach abzusteigen. Am Forstweg beobachten wir einen 10 m breiten ziemlich jungen Erdrutsch, der von der Hangkante Brocken des Angulatensandsteines mit nach unten transportiert hat. Nach einer Stunde schimmern uns die Dächer der ehem. Rehnenmühle aus dem Wald entgegen; dahinter ist auch gleich der Damm des Sees zu sehen. Auf die (nur wenig befahrene) Autostraße achten! Auf der Westseite des Sees führt ein breiter Forstweg entlang. Das Ufer erlaubt hier an mehreren Stellen zu baden. Der Ostseite entlang führt nur ein schmaler Pfad, mit einigen wenigen Badegelegenheiten. Nach dem See wechseln wir von der seither orographisch rechten Seite des Baches auf die linke. Das Plätschern des

Baches sagt uns, dass er oberhalb des Sees ein größeres Gefälle hat.
Unterhalb floss er so träge, daß die Strömung kaum zu sehen und schon
gar nicht zu hören war. Nach einem Durchlass (wir wechseln wieder auf
die andere Seite des Baches) verlässt der gute Forstweg das Tal. Nach ca.
50 m zweigt nach re ein schmälerer Weg ab. Auffallend ist das hier sehr
stark vorherrschende Indische Springkraut, das die heimische Flora an
vielen Stellen zurückdrängt. Manche Naturfreunde meinen, man sollte
die heimische Flora vor solchen Neophyten (= neu eingewanderte
Pflanzen) schützen; doch einmal ist dies kaum durchführbar und zum
anderen ist Fremdenfeindlichkeit auch bei Pflanzen wenig sinnvoll.
Schließlich biegt dieser Weg nach li aufwärts und trifft auf einen quer
verlaufenden schmalen Weg. Diesen gehen wir ein kurzes Stück nach re,
bis sich auch dieser Weg wieder gabelt. Wir gehen nun nach li aufwärts,
sehr bald kommen wir an eine Waldwiese und zu einem einsamen, an
Werktagen unbewohnten Haus. Noch vor diesem Haus führt ein
Waldweg eben nach re in den Wald. Wo dieser Weg nach li biegt,
gehen wir ge hinab in ein Seitentälchen, auf der anderen Seite wieder
etwas aufwärts und dann nochmals hinab in ein weiteres Seitentälchen,
an dessen Ende ein Fischweiher aufgestaut wurde. Von re schauen die
sehr sauber renovierten Bauernhäuser von Schilpenbühl herüber. Aus
der Ferne sind schon die Geräusche des großen Sägewerks „Ulrichs-
mühle" zu hören. Bis Hönig geht es nun auf einer wenig befahrenen
Teerstraße. Den kleinen Ort durchqueren wir ge nach Althönig; der
Wegweiser weist nach Mittelbronn. Noch vor dem bald sichtbaren
Steinbruch gehen wir den geteerten Feldweg nach re. Ein Blick in den
Steinbruch zeigt uns schön die „Überschichtungen" im Stubensandstein. Man kann sich gut vorstellen, dass hier in einem stets wechselnden
großen Flussdelta Sand in unterschiedlichen Richtungen abgelagert
wurde. Unser Weg führt nun in einen sehr schönen abwechslungsreichen
Hochwald mit viel Moos am Boden. Die erste Abzweigung nach re führt
zu einer Fußgängerbrücke. Der Auerbach ist dort so hübsch, dass wir
diesen kleinen Abstecher mitnehmen sollten. Wo unser Forstweg eine
langgezogene Linkskurve macht, gehen wir auf einem grasbewachse-
nen, alten Weg ge weiter; bald sind wir wieder auf dem besseren
Forstweg. Hier gehen wir ca. 400 m weiter, bis an zwei hohen Fichten
und dazwischen einer Tanne rechtwinklig nach re ein Grasweg
abzweigt. Dieser führt zu einer Furt, die wegen des hier nur noch sehr
spärlichen Bächleins diesen Namen kaum mehr verdient. Jenseits führt
ein oft recht ausgefahrener Forstweg hinauf auf die Frickenhofer Höhe.
Sollten wir diesen Weg nicht finden, gehen wir irgend einen anderen
Weg nach Osten hinauf. Auf der Höhe angelangt, gehen wir *nicht* auf das
über den Äckern auftauchende Waldstück zu, sondern halten uns
südöstlich. Wir kommen dann zum Weiler Steinenbach. An dessen Ende
müssen wir 300 m auf der ziemlich befahrenen Autostraße nach Süden

gehen. Wir nehmen dann den ersten Feldweg nach li und dann wieder den ersten nach re, direkt nach Süden. Vor uns liegt Tonolzbronn mit seinem gemütlichen Kirchendach und dem Ruppertshofer Wasserturm dahinter. In der Ferne ist die Kette der Albberge vom Rosenstein bis zum Hohenstaufen zu sehen.

Tonolzbronn (Gemeinde Ruppertshofen). Die 1357 erstmals erwähnte ev. Kirche (ehemals St. Stephanus) ist das besonders rein erhaltene Beispiel einer Chorturmkirche. Das Portal an der Südseite mit Hohlkehlen und überschneidenden Stäben aus der Spätgotik, Maßwerkfenster an der Südseite. Im Inneren klassizistische Empore ohne Schmuck, winkelförmig eingebaut. Chorbogen vom Ende des 15. Jh, im Chor unterhalb des Turmes schönes spätgotisches Sterngewölbe, Schlussstein mit hl. Stephanus. Über dem Altar spätgotisches Kruzifix.

Tonolzbronn und Ruppertshofen umgehen wir auf Feldwegen östlich. Wir queren zuerst die K 3246 und bald danach die K 3253. Hier müssen wir auf dem Weg gehen, der nur wenig von der Hangkante zum Tal des Sulzbaches entfernt ist. An seinem Beginn steht eine Feldscheuer (auf der TK eingezeichnet). Wir müssen – um einen Umweg zu vermeiden – den zweiten Feldweg nach li gehen, der sich bald ins Sulzbachtal hinabsenkt. Der Weg wird zum reinen Wiesenweg. Am jenseitigen Talhang schaut der Hof Koppenkreut zwischen den Bäumen hindurch. Unser Wanderweg verläuft am Waldrand und trifft schließlich auf die Kehre des guten Forstweges, der von Tierhaupten aus das Sulzbachtal erschließt. Auch das Sulzbachtal hat einen sehr urtümlichen Wald und das Bächlein hat sich trotz seiner Kleinheit ein viel gewundenes und tief eingeschnittenes Bett gegraben. Es lohnt sich deshalb, vom Forstweg aus gelegentlich zum Bach hinab zu gehen. Der Sulzbach mündet in das sehr viel breitere Leintal, das mit seinen Wiesen und Gehölzen einen sehr ruhigen Eindruck macht. Leider müssen wir den Kilometer bis Täferrot nun entlang der Autostraße gehen. Täferrot ist ein sehr idyllischer Ort. Die Kirche mit ihrem behäbigen Turm und ihrem altertümlichen Innenraum ist sehenswert. Aber auch einige alte Häuser des Ortes strahlen Gediegenheit aus.

**W 38   Götzenbachsee – Götzenbachtal – Eschach – Batschenhof
              – Holzhausen – Göggingen – Götzenbachsee**

Strecke: 14 km
Wanderkarten: L 7124 Schwäbisch Gmünd oder Blatt F 13 Ellwangen –
Aalen
Besonderheiten: A, B, K, R, S, U
Ausgangspunkt: P am Götzenbachsee (Zufahrt über Göggingen)

Göggingen. Auf einem Ausläufer der Frickenhofer Höhe liegt, mit schöner
Aussicht, die Gemeinde Göggingen (488 m). 1265 als Geggingen erwähnt, gehört
die Gemeinde zur ältesten Siedlungsschicht, sicher ehem. staufischer Besitz,
danach Besitz mehrerer Herrschaften mit niederer Gerichtsbarkeit, hohe
Gerichtsbarkeit bei Württemberg. In der Dorfmitte die *St.-Nikolaus-Kirche*
(kath.), eine kleine Chorturmkirche, äußerlich in den reinen Formen der
Erbauungszeit des 13. Jh. Chorturm mit Pyramidendach und Schießscharten.
An der Südwand spätgotisches zweiteiliges Maßwerkfenster mit Fischblasen.
1971 vorzügliche Neugestaltung des Innenraumes. *Johanneskirche* (ev.), 1898 als
neugotischer Bau von Dolmetsch errichtet. Gutes Beispiel historisierender
Architektur, die Innenausstattung einheitlich noch aus der Erbauungszeit.

Vor dem P steht ein Hinweisstein auf den Stausee. Vom P aus gehen wir
ge zur Gastwirtschaft vor und sehen auf der gegenüberliegenden
Straßenseite einen Heckengarten: „Der Irrgarten – ein vergnüglicher
Spaziergang für Jung und Alt". Es macht bestimmt Spaß, am Anfang
unserer Wanderung, in diesem Garten sich zu verlaufen. Der Weiterweg
führt uns an der Gastwirtschaft vorbei und wenige m danach stehen wir
vor einer Hinweistafel mit Informationen über den Stausee. Wir gehen
ge weiter, den Schotterweg hinab zum Götzenbachsee, wandern in
nördlicher Richtung am See entlang, der sich harmonisch in das
waldgesäumte Tal hineindehnt. Eine kleine Brücke führt uns über den
Büttenbach, eine zweite Brücke dann über den Götzenbach und re in den
Wald hinein. Bald mündet der von li kommende AV-Weg mit Z bl Punkt
ein und begleitet uns nun talaufwärts. Der Waldweg führt weiter etwa
1,5 km dem Hang entlang bis zu einer Wegkreuzung. Hier folgen wir
dem bl-Punkt-Weg nach re, er führt uns abwärts in den Talgrund. Wir
überqueren die Götzenbachbrücke, gehen weiter auf dem Eschbachweg,
kommen an der einsam gelegenen Götzenmühle vorbei und wandern in
leichtem Anstieg nach Eschach.

Eschach, ab der zweiten Hälfte des 14. Jh in Urkunden erwähnt, gehörte
verschiedenen Herrschaften an. Die *ev. Pfarrkirche (ehemals St. Johannes d. T.)*
aus dem 12. Jh, ursprünglich romanische Chorturmkirche, im 15. Jh spätgotisch
umgebaut, Sterngewölbe, an der Nordseite der im Untergeschoss tonnengewölbte
romanische Turm; das Erdgeschoss diente bis etwa 1493 als Altarraum, im Chor

Der Götzenbach-Stausee bei Göggingen.   *Aufn.: K. Seidel*

reichverziertes Sakramenthaus; Hochaltar mit Schnitzfiguren; Altartafeln, gemalt
von Bartholomäus Zeitblom, als hervorragendes Werk altschwäbischer Malerei in
der Stuttgarter Staatsgalerie.

Wir gehen am Ende des Eschbachweges die Treppen aufwärts, queren
die Autostraße und gelangen über den Rathausplatz zur sehenswerten
Johanneskirche, sie steht wehrhaft ummauert mitten im Dorf auf einer
kleinen Anhöhe. Vor der Kirche folgen wir dem bl-Punkt-Weg li die
Steintreppen hinauf, gehen weiter nach Norden und stoßen auf die
Obergasse. Wir folgen dieser nach re und bald darauf nochmals nach re.
Kurz danach erreichen wir die Batschenhofer Straße. Auf dieser Straße
folgen wir dem bl-Punkt-Weg nach li bis zum Ende des Dorfes. Nach der
Gemeindehalle verlassen wir den bl-Punkt-Weg und gehen den
Wiesenweg nach li ge nach Norden. Kurz vor Ende des Weges führt
ein weiterer Wiesenweg re zur geteerten Straße, auf diesem gelangen
wir zum Batschenhof. Direkt vor dem Batschenhof stoßen wir wieder
auf den bl-Punkt-Weg; – diesem folgen wir nach re und stoßen noch vor
dem Wäldchen auf den, von Untergröningen kommenden, r-Punkt-Weg.
Dem r-Punkt-Weg folgen wir nach re Richtung Süden, queren bei
Holzhausen die L 1080 und erreichen über den Baumgartenweg kurz
darauf die K 3259. Auf dieser Straße biegen wir li ein und gehen ein
kurzes Stück in Richtung Schechingen. Ca. 400 m nach Ortsende
Holzhausen folgen wir dem r-Punkt-Weg nach re in einen Feldweg, der
bald danach am Waldrand entlang auf das südlich im Vordergrund

sichtbare Göggingen führt. Von hier sehr schöne Fernsicht zum Albpanorama, li vom Volkmarsberg mit Aussichtsturm über den Rosenstein zu den Kaiserbergen. Vor Göggingen, an einer Weggabel, verlassen wir den r-Punkt-Weg und gehen oZ halbre nach Göggingen weiter. Wir kommen in die Industriestraße und weiter zur L 1157. Auf dieser gehen wir wenige m ortseinwärts und biegen re ein in die Untere Straße Richtung Götzenbachsee; sie führt zu unserem Ausgangspunkt zurück.

W 39   **Schwäbisch Gmünd – Täferrot – Pfersbach – Wetzgau – Schwäbisch Gmünd**

Strecke: 24 km
Wanderkarten: L 7124 Schwäbisch Gmünd oder Blatt F 13 Ellwangen – Aalen
Besonderheiten: A, B, F, G, S, T, U, W
Ausgangspunkt: Schwäbisch Gmünd, Bahnhof

Schwäbisch Gmünd siehe Stadtbeschreibung S. 116

Unser Weg beginnt am Bahnsteig 1. An dessen östlichem Ende biegt nach re ein Fußweg ab, führt nördlich des Parkhauses weiter und unterquert dann durch einen sehr niedrigen Fußgängerdurchlass die Bahngleise. Das Gefühl, 80 cm über seinem Kopf einen Schnellzug durchrasen zu hören, kann sonst nirgends so leicht erlebt werden wie hier. Auf der Lindenfirststraße gehen wir nach Osten. Linker Hand der Kaffeeberg mit in den Hang gebauten Villen. Zwei davon haben Schrägaufzüge in der Art einer Drahtseilbahn. Eine Gartenloggia im Stil der italienischen Renaissance steht auf einer hohen Mauer. Bald führt nach re eine Fußgängerüberführung über die Bahngleise. Ein kurzer Abstecher auf diese Überführung lohnt sich; von hier oben haben wir einen schönen Blick auf die Gmünder Altstadt. Von unserer Straße aus sind nur die Spitzen von vier alten Stadttürmen zu sehen; der nächstgelegene mit buntem Ziegeldach ist der Schmidtorturm. An der vielbefahrenen B 298 benutzen wir die Fußgängerampel; auf der gegenüberliegenden Straßenseite gehen wir re weiter und biegen nach ein paar m li in die Becherlehenstraße ein. Ab hier ist die Bezeichnung mit dem Limesturm (HW 6 = Limeswanderweg) sehr gut. Wir steigen bald entlang der Pumpenfabrik Ritz den steilen Berg zum Klosterhof hinauf. Sehr interessant ist ein schon lange stillgelegter Steinbruch im Stubensandstein und li vom Weg etliche tief eingerissene Gräben und Klingen. Auch der Wald beeindruckt durch seine Vielfalt an Bäumen

Blick auf die „Blaue Mauer" der Schwäbischen Alb mit Stuifen (links),
Rechberg (Mitte) und Hohenstaufen (rechts).
            Aufn.: Kreisarchiv Ostalbkreis (B. Hildebrand)

aller Altersstufen, darunter viele sehr alte Eichen. Auf der Höhe stehen
wir am Südende der Mutlanger Heide, berühmt geworden durch die
Stationierung von US-Mittelstreckenraketen und die Proteste dagegen.
Direkt am Eck des Plateaus, unterhalb des Sendemastes haben wir einen
schönen Blick auf Gmünd, über dem Stuifen und Rechberg thronen. Im
weiteren Wegverlauf ist die Aussicht auf die Albberge fast durchweg
durch eine schöne, alte Hecke verstellt. Das Wegzeichen führt uns
zuverlässig hinab in das Tälchen des Pfaffenbaches. Auf der Autostraße,
die entlang des Werksgeländes der ZF führt, biegt der Limesweg nun
nach re ab. Wir folgen nun dem AV-Weg mit Z bl Kreuz, der nach li
weiterführt, – immer dem Werksgelände entlang. Bald nach dem
Ortsendeschild zweigt der bl-Kreuz-Weg nach re ab. Über einen P der
ZF hinweg haben wir nochmals einen schönen Rückblick auf den
Rechberg. Der leider oft sehr verwachsene Pfad (in kurzen Hosen
kommt man hier nicht durch) zweigt einige Male nach re und li ab; ist
aber bei guter Aufmerksamkeit dank der guten Bezeichnung leicht zu
finden. Bald stehen wir auf einer großen, einsamen Waldwiese. Hier
können morgens und abend Rehe beim Äsen beobachtet werden,
obwohl die Bauwerke der ZF noch durch den Wald schimmern. Wir
gehen schon lange in sehr naturbelassenem Wald, hören aber immer

noch den Verkehrslärm aus dem Gmünder Talkessel. Ein kurzes Stück
führt der Fußweg durch jüngere Fichtenstämme; der Waldboden scheint
hier tot zu sein. Hier muss besonders sorgfältig auf die Bezeichnung
geachtet werden. Ganz hinten im Pfaffentälchen führt unser Fußweg
steil hinauf zu einer Viehweide. Im Rückblick sehen wir auch bald
wieder Rechberg und Stuifen. Entlang und zwischen Weidezäunen
hindurch kommen wir auf der Hochfläche auf die L 1156, der wir ein
kurzes Stück nach Norden entlang gehen. Wir überqueren die Abzweigung nach Brainkofen und folgen weiterhin dem bl-Kreuz-Weg in
nördlicher Richtung, jetzt ein kurzes Stück neben der K 3328. Von hier
erfreut uns eine schöne Fernsicht, – vom Braunenberg im Osten über den
Rosenstein, das Kalte Feld bis zum Hohenstaufen, hinter dem bei guter
Sicht auch die Teck noch auszumachen ist. Der Wanderweg führt uns
nach Täferrot (**Täferrot** siehe W 37 S. 244); im Ort gehen wir dann
gleich die erste Straße nach li zum Täferroter Stausee. Diesen erreichen
wir auch nach etwa ¼ Stunde. Die nächsten 5 km wandern wir abseits
jeden Verkehrs und Lärmes durch sehr schönen alten Nadelwald mit
eingesprengten Laubbäumen. Es fällt auf, dass an manchen Stellen mehr
Tannen als Fichten stehen. Manche Tannen haben einen christbaum-
artigen jungen Gipfelaufbau; man möchte hoffen, dies wäre ein Zeichen
dafür, dass diese Bäume das drohende Waldsterben zumindest vorläufig
überstanden haben. Freilich sind auch viele Fichten mit starken
Symptomen des Waldsterbens zu sehen. Die **Lein** fließt meist etwa
100 m li von uns sehr gemächlich dahin; ihr Lauf ist noch völlig
naturbelassen. Es lohnt sich, gelegentlich zu diesem altertümlichen
Fluss hinabzusteigen. Er hat nämlich noch dieselbe uralte Fließrichtung
zur Donau hin; dabei entwässert er mindestens seit einigen Jahrmillio-
nen schon über den Kocher zum Rhein. Auch zwei ausgedehnte
Feuchtgebiete mit offenen Wasserflächen und zahlreichen Brutkästen
für allerhand Wasservögel erregen unsere Neugier. Sicherlich könnte
ein Vogelkundiger hierzu sehr viel erklären. Schon lange bevor wir an
der Amandusmühle auf die B 298 stoßen, hören wir wieder den
Verkehrslärm, verstärkt durch die Steige aus dem Leintal hinauf nach
Mutlangen. Wir benützen die B 298 nur, um auf der Brücke die Lein zu
überqueren. Wenige m danach gehen wir einen geteerten Forstweg
parallel zur Bundesstraße. Wir benützen den ersten guten Forstweg, der
nach re abzweigt, und dann wieder den nächsten, der nach li abzweigt.
Auf der Höhe angekommen, führt uns ein geteerter Feldweg nach
Süden; an den Dorfrand von Pfersbach. In der Ferne grüßen wieder
Rosenstein, Stuifen, Rechberg und Hohenstaufen. Wir gehen wenige m
entlang der L 1155 nach Osten, um dann entlang der Obstgärten nach
Süden abzubiegen. Wir stehen nun am Waldrand und an der Steilstufe
des Schwarzen Juras, hier vom Angulatensandstein gebildet. Diese
Stufe ist fast senkrecht und in der Tiefe liegen zahlreiche braune

Felsbrocken, die hier vor nicht langer Zeit ausgebrochen sind. Wir gehen auf die Spitze des Hochplateaus zu; ein Hochsitz in einem Apfelbaum kann zur Orientierung dienen. Sehr eindrucksvoll ist hier der anstehende Angulatensandstein. An einer Stelle ist sogar eine ganz kleine Verwerfung (um wenige cm versetzte Schichten) zu sehen. Wenn der Weg sich gabelt, gehen wir auf dem besseren Weg halbrechts, dann wieder li. Wir kommen jedoch auf alle Fälle hinab ins Tal (einem Seitental des Waldauer Baches) auf eine Teerstraße. Am Haupttal biegen wir auf einen ungeteerten Feldweg – und gehen nun, bald im Wald, bald am Waldrand, talabwärts. Dieses Tal hat einen weiten Talgrund, der von Wiesen und dem Gehölz am Bach geprägt wird. Das Ganze macht einen sehr ruhigen und idyllischen Eindruck. Dazu begegnet man hier kaum einem Menschen, schon eher einem Graureiher. Wenn wir rechter Hand eine buckelige Obstwiese passiert haben und unser Weg wieder in den Wald hineinführt, können wir – bei niedrigem Wasserstand des Waldauer Baches – eine Furt anpeilen (zu sehen ist der Feldweg jenseits dieser Furt). Der Umweg über Haselbach muss bei höherem Wasserstand gegangen werden, ebenso, wenn die Anziehungskraft der dortigen Landgaststätte zu groß ist. Jenseits des Baches führt ein guter Forstweg hinauf nach Waldau. Die Bezeichnung mit r Kreuz ist nun überall gut sichtbar angebracht. Vor der Höhe sehen wir li einen vom Hochplateau abgesetzten langgestreckten Hügel. Hier stand früher die **Burg Waldau**. Übrig geblieben ist von der Burg lediglich der Hügel (der später offenbar als Steinbruch gedient hat), sowie der immer noch sehr tiefe Graben vor dem Hochplateau und der Burg gehörige Weiler Waldau, von dem aus in alten Zeiten die Burg mit allem Nötigen versorgt wurde. Der Weiterweg nach Wetzgau führt zu einer Seniorenwohnanlage, an der wir nach li vorbei gehen. Die Straße führt nach Wetzgau hinein zur K 3268. Auf dieser behalten wir unsere Richtung bei – bis zu einer Tankstelle; ab hier folgen wir dem Wegweiser zum Schönblick. Wir bleiben nun immer an dieser Straße, bis nach etwa 1500 m ein Schild „Aussichtspunkt Lindenfirst" nach re weist. Leider kann dieses Schild hinter einer Buchshecke ziemlich versteckt sein. Wir dürfen unsere Straße jedenfalls nicht mehr weitergehen, wenn sich diese stark nach Südosten hin absenkt. Wenige hundert m vor dieser Abzweigung findet sich ein sehr gepflegter Kinderspielplatz, jedoch ohne Grillstelle. Der AP Lindenfirst überrascht durch seine Lage hoch über der Altstadt von Schwäbisch Gmünd. Stuifen, Rechberg und Hohenstaufen thronen majestätisch über der Stadt. Die Bedeutung der Geologie für die Landschaft ist deutlich an den vielen horizontalen Linien abzulesen; diese bedeuten jedesmal eine Schichtstufe, deren Decke von einer besonders harten Schicht gebildet wird. Der Abstieg gestaltet sich leicht: Zunächst folgen wir dem Limeszeichen; wenn der Fußweg 200 m nach Norden eben verlaufen ist, zweigt nach einer Bank ein schmaler, geteerter Fußweg nach li ab und hinunter ins Taubental. Die Talstraße führt uns vor zur Bahnlinie, die wir zusammen mit der Straße unterqueren. Ein paar Treppenstufen führen nach re hinauf zum Bahnhof.

W 40   Forst – Schnaitberg – Schradenberg – Sandberg – Forst

Strecke: 10 km
Wanderkarten: L 7126 Aalen oder Blatt F 13 Ellwangen – Aalen
Besonderheiten: A, U
Ausgangspunkt: Forst, Gemeinde Essingen (aus Richtung Stuttgart an der Ampel li Richtung Dewangen), P am Beginn des Ortes.

Vom P gehen wir ca. 500 m auf der L 1080 nach Süden und biegen dann nach li ab zur Brücke über den Sauerbach. Das Sträßchen führt durch schönen Laubwald hinauf nach Schnaitberg.

Schnaitberg (snaite = Durchhieb im Wald). Auf der abgegangenen Burg saßen 1258 bis 1480 nachweisbare Adelige, Ministerialen der Grafen von Dillingen, die 1258 vom letzten Dillinger seinem Hochstift Augsburg geschenkt wurden. Sie waren Stammes- und Wappengenossen der von Roden. Von ihnen kam die Burg mit Grundbesitz in Essingen wohl vor 1473 an die von Horkheim, die den Sitz auf dem abgegangenen Burgstall 1534 an Aalen verkauften.

In Schnaitberg führt uns der Wanderweg sofort re durch ein Tor wieder bergab. Von dieser Stelle haben wir eine umfassende Aussicht von Aalen über Essingen, den Rosenstein, Heubach bis nach Schwäbisch Gmünd und den Kaiserbergen. Im Tal queren wir den Sauerbach. Von den Bahngleisen geht es auf einem Schotterweg (in der TK nicht eingezeichnet) nach li. Wir queren die Zufahrt zum Sofienhof und folgen der Sauberbachstraße nach li bergauf. Nach ca. 200 m biegen wir nach li in die Schradenbergstraße. Hier beginnt ein **Vogellehrpfad** mit verschiedenen Hinweistafeln. Der Vogellehrpfad führt uns zunächst nach li und dann in einer langgezogenen Rechtskurve um die Kuppe des Schradenberges herum bis wir wieder zur Schradenbergstraße gelangen. Auf dieser gehen wir nach li zum Pompelhof. Von hier bietet sich ein weiter Blick nach Osten über die Stadt Aalen zum Panorama des Härtsfeldes und nach Westen zum Schnaitberg. Der Weiterweg führt uns nach re am Waldrand entlang; – wir umrunden die Höhe 526 in einer langgezogenen Linkskurve mit weiterhin schönem Ausblick nach Osten. Der Weg führt uns immer ge durch den Spitalwald. Wir gelangen zu dessen westlichem Waldrand. Vor uns liegt der Weiler Sandberg auf

Ein markanter Berg des Wellandes ist der 552 m hohe Kolbenberg bei Forst.   Aufn.: Kreisarchiv Ostalbkreis (B. Hildebrand)

dem gleichnamigen Hügel. Von hier gehen wir nach re und gelangen zu dem Sträßchen von Oberrombach nach Sandberg. Vom Wbh re der Straße haben wir wieder einen weiten Blick nach Norden und Osten, von der Schlosskirche Hohenstadt über Hohenberg und Schönenberg bis zum Braunenberg. Im Weiler Sandberg lohnt sich ein Besuch der kleinen Kapelle der „Dreimal wunderbaren Mutter". Wir gehen durch den Weiler ge in den Wald (gelbes Schild mit Nr. 5) immer dem Forstweg folgend. Nach etwa 200 m geht ein kleiner Weg nach li bergab und wir gelangen auf eine Wiese und auf den Sattel bei dem TP 497. Von hier nochmals schöner Blick nach Süden. Vom Sattel aus geht es noch etwa 100 m nach Süden leicht bergauf, danach biegen wir re ab. Entlang einer langen Pappelreihe gelangen wir wieder in den Wald. Kurz darauf stoßen wir auf die Straße nach Schnaitberg. Wir biegen re ab und haben in Kürze danach unseren Ausgangspunkt erreicht.

Streckenwanderungen (SW)

SW 41   Gaildorf – Steppach – Adelbach – Einkorn – Hessental

Strecke: 15 km
Wanderkarten: L 6924 Schwäbisch Hall oder Blatt F 13 Ellwangen –
Aalen
Besonderheiten: A, F, K, P, R, S, T
Ausgangspunkt: Gaildorf, Parkplatz Hallengelände

Gaildorf siehe Stadtbeschreibung S. 111

Wir wandern, dem AV-Weg mit Z bl Strich folgend, entlang der K 2617
nördlich in Richtung Eutendorf. Nach ca. 1 km verlassen wir den
Wanderweg und folgen dem AV-Weg mit Z bl Kreuz in Richtung
Steppach. Etwa 50 m vor dem Gehöft Steppach biegen wir re ab,
weiterhin dem bl-Kreuz-Weg folgend in Richtung Adelbach. Von der
Höhe beim TP 361 weite Aussicht auf die Waldenburger Berge, in den
Rosengarten und kocheraufwärts. Beim ND „Vier Linden" überqueren
wir die K 2617 Ottendorf – Eutendorf und erreichen nach 1 km den
Weiler Adelbach. Nach dem letzten Gehöft biegt der Wanderweg li ab
und verläuft neben dem noch ganz natürlichen und schönen Bächlein
„Adelbach" weiter in Richtung Einkorn. Unser Forstweg behält seine
Richtung bei, steigt jedoch langsam den westlichen Talhang hinauf,
biegt nach Waldaustritt nach li auf den Sattel beim TP 394 zu. Dort
genau nach Karte zuerst nach re, dann wieder nach li. Oberhalb von
Hirschfelden treffen wir auf den HW 3, Main-Neckar-Rhein-Weg
(Wanderweg Baden-Württemberg mit Z r Strich und grünem Baum).
Diesen Weg gehen wir in nördlicher Richtung weiter. Nach Waldaustritt,
beim Rast- und Grillplatz Jakobsruhe, schöner Blick auf Michelbach an
der Bilz. Die Bilz ist kein Fluss, sondern eine Geländeerhebung, welche
wir erreichen, wenn wir vom Standort aus 10 Min nach Westen – li –
gehen. Von hier weite Sicht über die Haller Ebene; rechter Hand
begrenzt der Einkorn die Fernsicht.
Der HW 3 führt auf die Anhöhe „Kohlhäu" und li hinab zum
Straßensattel Michelbach – Herlebach und zum Denkmal von Friedrich
Karl Engel (er pflanzte hier die ersten Lärchenbäume). An dieser Stelle
beginnt auch der AV-Weg mit Z bl Kreuz Herlebach – Oberfischach. Wir
wandern auf der **Kohlenstraße** (s. S. 60; HW 3) weiter. Nach 700 m
finden wir auf der re Straßenseite eine Hinweistafel über den Steinzeitfund Nr. 4 von 1940.
Wieder auf der Höhe der Limpurger Berge können wir – entweder auf
der Kohlenstraße (HW 3) zum Einkorn wandern – oder etwas

*Der Aussichtsturm auf
dem Einkorn mit der
stattlichen Ruine der
1814 vom Blitzschlag
getroffenen Wallfahrts-
kirche des Ritterstifts
Comburg.
Aufn.: TG Neckar-Ho-
henlohe-Schwäb. Wald*

abwechslungsreicher – auf dem Bretzinger Halde-Sträßchen – dafür
auch 20 Min länger. Wenn wir auf dem HW 3 bleiben, erreichen wir bald
die K 2599 Hessental – Herlebach. Hier biegen wir li ab und erreichen
auf dem HW 3 nach 1 km den Einkorn. Vom Einkorn führt der HW 3 in
nordwestlicher Richtung abwärts nach Hessental. Gehzeit Einkorn –
Hessental (Bahnhof) ca. 20 Min.

Einkehrmöglichkeiten: Auf dem Einkorn und in Hessental.
Bahnverbindung: Gaildorf – Hessental

Einkorn. Die stattliche Kirchenruine auf dem Einkorn war bis zu einem
Blitzschlag im Jahre 1814 Wallfahrtskirche des Ritterstiftes Comburg. Sie wurde
vom gleichen Würzburger Architekten Josef Greising erbaut, der auch den
barocken Umbau der mächtigen Comburger Kirche geleitet hatte. Der Turm blieb
stehen und dient seither als AT. Neben der Ruine befindet sich eine Gaststätte.
Interessant ist auch der, beim Kinderspielplatz an der „Alten Einkornsteige"
beginnende, geschichtliche Lehrpfad „Steinzeitweg". Info-Tafeln geben Hinweise über Funde auf dem Einkorn aus der Steinzeit.
Aussicht vom AT Einkorn. Diese Aussicht ist so umfassend und für die
südwestdeutsche Schichtstufenlandschaft so typisch, dass sie hier ausführlich

beschrieben werden soll. Von der Hohenloher und Haller Ebene mit Höhen um 380 bis 420 m steigt das Gelände in einer Stufe zu den Keuperbergen des Schwäbisch-Fränkischen Waldes bis zu 500 m Höhe an (der Einkorn mit 510 m Höhe liegt auf dem nördlichsten Ausläufer der Limpurger Berge); – diese weitläufigen Wälder werden aus dem Stubensandstein gebildet. Inselartig haben auf diesem Stubensandstein einige Kuppen aus Knollenmergel mit Überdeckung von unterstem Schwarzen Jura der Abtragung noch widerstanden, – so u.a. Hohe Brach, Hagberg, Frickenhofer Höhe und Hohenberg – um 560 m. Die höchste Schichtstufe bildet, nun in weiter Ferne, die hohe Stufe der Schwäbischen Alb, die sich bis zu 780 m erhebt. Im Einzelnen:

Nach Süden, Michelbach an der Bilz zu Füßen, darüber die kleine Erhebung Bilz. Auch die Bahnlinie Stuttgart – Gaildorf – Crailsheim ist dort zu sehen. Westheim mit seiner großen Kirche; ab dort hat sich der Kocher in den oberen Muschelkalk eingegraben. Der Kocher blinkt aus der Flussschlinge bei Gschlachtenbretzingen herauf. Auch Tullau und der nahe Eisenbahnviadukt sind zu sehen. Über den Waldbergen der Limpurger Berge schließen, nun südlich des Kocher-, bzw. Rottales Altenberg (bei Kirchenkirnberg), Hagberg mit seinem chinesisch anmutenden AT und die langgestreckte Frickenhofer Höhe als oberste Stufe der Keuperschichten die Waldberge ab.

Nach Westen. Zwischen Einkorn und den etwa 6 bis 9 km entfernten Waldenburger Bergen liegt die fruchtbare Talbucht des Rosengartens. Vermutlich konnten sich unsere Vorfahren nichts Schöneres vorstellen als fruchtbare Felder und Gärten, denen sie dann diesen schönen Namen gaben. Auf den Waldenburger Bergen im Westen zeigen sich einige Weiler: Von Süden nach Norden Hohenhardtsweiler, Frankenberg, Sittenhardt, Witzmannsweiler und Neunkirchen. Dieser Höhenzug – meist um 490 bis 520 m hoch – wird nur vom Sattel hinüber ins Rottal nach Wielandsweiler unterbrochen. Re von diesem ist der Starkholzbacher Weiher auszumachen. Bei Michelfeld tritt die Bibers aus den Waldenburger Bergen aus. Der Taleinschnitt ist deutlich auszumachen, ebenso die Auffahrtsrampe der B 14 hinauf auf die Waldenburger Berge. Hinter diesen Bergen taucht die Hohe Brach auf (mit großem mehrstockigem Sendeturm), mit 586 m die höchste Erhebung des Schwäbisch-Fränkischen Waldes. Die namengebende Burgstadt Waldenburg am nördlichsten Zipfel dieses Waldes wird durch den Streiflesberg verdeckt.

Nach Nordwesten und Norden. In der Talkerbe des Kochers fällt die dreitürmige Klosterkirche der Comburg auf: die ganze Anlage von einem turmbewehrten Mauerring umgeben. Darüber ist ein Teil von Schwäbisch Hall zu sehen: Bahnhofsbucht, im Talgrund Henkersbrücke und Haal mit Sulfersteg und -tor. Die bewaldete Bergzunge der Ruine Limpurg verdeckt den größten Teil der Haller Altstadt. Unter der Limpurg fällt der spitze Turm der Urbanskirche auf. Talabwärts ist der Kocher vor dem Gelbinger Neuberg zu sehen. Über dieser Szenerie, doch etwas ferner, spannt sich wie ein Faden dünn die Autobahnbrücke der A 6 bei Geislingen über das Kochertal, – mit 183 m Höhe das zweithöchste Brückenbauwerk Europas. Dahinter ist im Tal noch Braunsbach zu sehen und, über dem Taleinschnitt der Jagst, re davon das türmereiche Schlossstädtchen Langenburg. Mit dem Fernglas können vielleicht noch einige Schlösser ausgemacht werden: Tierberg, Stetten, Morstein.

Nach Nordosten. Auch hier schweift der Blick weit hinaus bis über Bühler und Jagst hinweg. Ins tief eingefurchte Bühlertal mündet die Schmerachklinge, die sich von Ilshofen bis zur Mündung bei Oberscheffach steil in die Ebene eingetieft hat. Dahinter, etwas re davon, ist noch Kirchberg mit seinem hohen Wehrturm und dem Schloss zu erkennen.

Nach Osten und Südosten. Hier erhebt sich über dem ausgedehnten Wäldermeer der Limpurger Berge und der nördlichen Ausläufer des Virngrundes der Burgberg mit seinem hoch aufragenden AT. Überragt werden diese Wälder im Südosten vom Hohenberg bei Ellwangen mit seiner Jakobskirche, rechts davon der langgezogene schmale Büchelberger Grat (er zeigt sich von seiner Schmalseite) und knapp re davon der Altenberg bei Laufen/Kocher. In weiter Ferne schließt das Panorama mit dem Albtrauf vom Braunenberg über Rosenstein zu den drei Kaiserbergen Stuifen, Rechberg und Hohenstaufen. Sehr ferne ist vielleicht noch der spitze Gipfelaufbau der Teck zu sehen. Vor diesem fernen Albtrauf liegt weiter die Frickenhofer Höhe, mit der wir unseren Rundblick ja begonnen hatten.

SW 42   Bühlertann – Vellberg

Strecke: 11 km
Wanderkarten: L 6924 Schwäbisch Hall oder Blatt F 13 Ellwangen – Aalen
Besonderheiten: A, E, G, K, U
Ausgangspunkt: Bühlertann, St.-Georgs-Platz

Bühlertann. Der ehemals befestigte Ort schirmte jahrhundertelang, zusammen mit der südöstlich auf einer markanten Bergzunge liegenden Tannenburg, das Territorium der Fürstpropstei Ellwangen gegen Westen ab. Bereits 1347 mit Marktrecht und Hochgericht ausgestattet, war Bühlertann von 1431 bis 1803 Sitz eines ellwangischen Amtmanns. Mit der Säkularisierung der Fürstpropstei fiel der Ort 1803 an Württemberg. An der Ostseite des von bemerkenswerten Fachwerkhäusern umgebenen St.-Georgs-Platzes steht die kath. *Pfarrkirche St. Georg.* Der Saalbau mit großen Rundbogenfenstern wurde 1861/63 neu errichtet, wobei der Turm eines älteren Kirchenbaus, dessen achteckige Obergeschosse spätgotische Formen aufweisen, bündig in die Westfassade des Neubaus einbezogen wurde. Der Innenraum wurde 1962/64 umgestaltet; beachtenswert sind einige spätgotische Holzfiguren, eine Pieta an der li Stirnwand des Langhauses sowie eine von einem hl. Bischof und St. Nikolaus flankierte hl. Ottilie an dessen Südwand. Die in die ehem. Ortsbefestigung einbezogene Friedhofskapelle St. Gangolf, zu deren Ausstattung einige spätgotische Skulpturen zählen, bildet mit ihrem seitlich gestellten, durch ein Krüppelwalmdach abgeschlossenen Turm einen markanten Blickpunkt am Westrand des Dorfes.

Wir verlassen den St.-Georgs-Platz über die Pfarrstraße, gehen nach ca. 50 m li und überqueren die Bühler. Nach dem Steg gehen wir li den Lohmühlenweg entlang der Bühler. Ca. 100 m vor der Kläranlage biegen

wir re ab in Richtung Siedlung (Weg ist in der TK nicht eingezeichnet),
am Spielplatz vorbei, in der Siedlung die erste Straße li und weiter bis
zur Schillerstraße, welche uns in die freie Landschaft führt. Dem
Feldweg folgend, am Vereinsheim der Hundefreunde vorbei und li auf
dem AV-Weg mit Z r Punkt am Gehöft Neuhof (auf der TK ohne
Namensbezeichnung) vorbei in Richtung Obersontheim. Am Ortseingang Obersontheim – an einer Wegspinne – stehen re zwei prächtige
Eichen, unter deren Schutz je ein Steinkreuz steht (siehe SW 43). In
Obersontheim li über die Bühlerbrücke, danach re auf der Hauptstraße
mit dem Z r Punkt folgend bis Höhe Rathaus.

Obersontheim. Um den Marktplatz abseits der Hauptstraße gruppieren sich
Schloss, Rathaus, ev. Pfarrkirche, das neue Gemeindehaus und das neue Pfarrhaus.
In der Mitte des Platzes steht eine Linde, an deren Stelle bis zu ihrem Abbruch
1578 eine Kapelle St. Cyriakus stand. Das Patronat war bis 1578 stift-ellwangisch,
danach übernahmen es die Schenken von Limpurg, die nach dem Verkauf ihrer
Stammburg an Hall ihre Residenz nach hier verlegt hatten und 1563 Marktrecht
und Hochgerichtsbarkeit erwarben. Das *Schloss*, eine Zweiflügelanlage mit einem
Querbau, mächtigen Mauertürmen, Graben, Brücken und Tor, wurde 1541 bis
1543 begonnen. Im Nordwestflügel (1592) befindet sich im Erdgeschoss ein
großer Saal mit geschnitzten Renaissancesäulen und einer flachen Felderdecke,
im Südostflügel drei Zimmer mit stuckierten Decken. In einem der Räume
Bemalung in den Feldern. 1903 ging die Schlossanlage in den Besitz der
Seminarstiftung Stuttgart über; heute Sitz eines Alten- und Pflegeheims. Die
Schenken ließen auch die ev. Pfarrkirche erbauen, Langhaus und Chor 1585/86,
die Sakristei 1618. Das einschiffige Langhaus mit den Emporen und der östliche
Turmchor zeigen Formen der Renaissancegotik. Bei der Renovierung wurden die
Süd- und Schlossempore abgebrochen. Das als Kanzleigebäude 1596 erstellte
Rathaus ist ein Fachwerkbau mit zwei runden Ecktürmen an der Straßenseite. Im
alten Schulhaus wurde **Christian Friedrich Daniel Schubart** geboren.

Wenige Meter nach dem Rathaus folgen wir dem r-Punkt-Weg re über
den geschwungenen Holzsteg auf die andere Seite der Bühler. Nach dem
Steg flussabwärts durch das Naherholungsgebiet – li die Koppenmühle,
Wehr und Hochwasserentlastungsmulde – zur Mettelmühle (Sägwerk).
Bei der Mettelmühle li über die Bühler, danach re, entlang der K 2621
nach Untersontheim (gegenüber der Bühlerbrücke ein bis 1945
betriebener Steinbruch). In Untersontheim dem r-Punkt-Weg folgend
kommen wir auf der li Seite an einem renaturierten Feuerlöschteich
vorbei, hier gehen wir re die Burgmehlstraße bergauf nach Ummenhofen
(auf der Höhe wurde der r-Punkt-Weg verlegt; die neue Wegbezeichnung ist in der TK noch nicht eingezeichnet). Auf der Höhe folgen wir
der Burgmehlstraße halbli. Nach ca. 200 m stoßen wir auf den von
Hausen kommenden r-Punkt-Weg und folgen diesem nach re; – vorbei
am WT von Ummenhofen und biegen danach li in die vom Bühlertal

hochkommende Autostraße. Vor uns ist die Kirche und der Turm des großen Stadttores von Vellberg sichtbar und re in der Ferne über dem Wald erkennen wir den Weiler Steinehaig. Wir folgen dem r-Punkt-Weg in nördlicher Richtung und biegen nach ca. 200 m re ab; der r-Punkt-Weg führt uns nun über freies Feld in Richtung Vellberg. Re unten sind gut sichtbar zwei große Muschelkalksteinbrüche zu erkennen. Der r-Punkt-Weg führt steil hinab zum Tälchen des Steinbaches, überquert diesen auf einem Fußgängersteg. Sofort danach gehen wir auf kaum sichtbaren Trittspuren (nun ohne Z) durch eine Wiese talabwärts, bald dann auf einem Fußpfad entlang des munteren Baches weiter. Der Steinbach fließt immer wieder über kleine Felsstufen durch das „Taubenloch" und man kann die Schlucht hier als Miniklamm bezeichnen. Im **NSG „Bühlertal"** angekommen, überqueren wir den Steinbach, sowie die Bühler. Li der Bühler die mächtige Felswand mit Baumbewuchs. Wir wandern den Wiesenweg entlang; vorbei an einer Wehranlage und überqueren kurz danach den Wehrkanal – der Wiesenweg führt nun zwischen der Bühler und dem Wehrkanal in Richtung Eschenau. Vor der Sägmühle überqueren wir den Überlauf des Wehrkanals. Auf der re Seite sehen wir die Wehrfälle, welche mit einem Vogel (aus alten Sägeblättern des Sägwerkes zusammengebaut) verziert ist. Der Wanderweg führt uns vorbei an der Sägmühle nach Eschenau. Man könnte meinen, die Zeit wäre hier im Bühlertal stehengeblieben. Nach der Sägmühle sehen wir auf der re Seite einen Felshang, an welchem noch oft im April Eiszapfen hängen. Mitten im Weiler stoßen wir auf die Ortsstraße, in die wir li einbiegen; diese jedoch vor der Brücke wieder verlassen und re in das Sträßchen abbiegen. Unser Wanderweg verläuft wieder talabwärts neben der Bühler und ge zur Anhöhe hinauf nach Dürrsching (Stadtteil von Vellberg). Auf der Höhe angekommen lohnt sich ein Blick zurück; – unten im Tal der Weiler Eschenau, in der Ferne die Tannenburg und der WT von Ummenhofen; – vor uns die majestätische Stöckenburg, li die Bastei und Schloss von Vellberg, im Talgrund das Freibad.

Vellberg, das ist ein reizvolles, altes Städtchen – konservierte Romantik und lebendig gebliebene Geschichte. Vellberg – das ist ein Kleinod im Schatzkästlein Hohenlohe. Steil über einer Talschlinge der Bühler bietet das altertümliche Vellberg mit seinen Mauern, Türmen und Bastionen das Bild eines wehrhaften mittelalterlichen Städtchens, das mit seinem Schloss und etlichen Fachwerkhäusern noch besondere Schmuckstücke aufweist.
Bau einer steinbewehrten Höhenburg auf dem Vellberger Bergsporn; Ansiedlung von Handwerkern; 1466 Baubeginn der Befestigungsanlage; 1481 Burgfrieden der sechs Ganerben von Vellberg; um 1500 Verleihung des Hohen Blutgerichts, des Marktrechts und der städtischen Rechte; 1523 Erstürmung der Feste durch den Schwäbischen Bund und Teilabbruch des Schlosses des Wilhelm von Vellberg; 1543 bis 1546 Bau des neuen Schlosses im Renaissancestil mit unregelmäßigen

Vellberg über dem Bühlertal.   *Aufn.: K. Seidel*

Staffelgiebelaufbauten durch Ritter Wolf von Vellberg (Schlosskapelle und
Rittersaal mit Wandmalereien aus dem 16. Jh); 1592 Konrad, der letzte Herr von
Vellberg, stirbt, die Erben verkaufen 1595 die Feste mit allen Ländereien an die
Reichsstadt Hall. Verwaltung des Amtes Vellberg durch einen hällischen
Amtsvogt bis 1802/03, danach kommt Vellberg mit Hall an Württemberg und
wird selbständig.
Stöckenburg. Gründung im 5. Jh als fränkischer Königshof; die damalige
Basilika war Urpfarr- und Missionskirche des Mulach-Gaus; 741 Schenkung des
Frankenkönigs Karlmann an das Bistum Würzburg; 823 Bestätigungsurkunde
durch Ludwig den Frommen.

Der Wanderweg führt uns nach re den Berg hinunter in Richtung
Talheim. Kurz nach dem Ortsschild „Talheim" erneut ein herrlicher
Blick zum Schloss und zur Bastei. Vor der Schule wandern wir li den
geteerten Fußweg hinunter zur Bühler, gehen re, den Mühlweg zur
L 1040 und überqueren die Straße (nicht li über die Brücke). Ab hier
folgen wir in der Talstraße, der Bühler entlang, dem AV-Weg mit Z r
Kreuz. Vorbei an einer Felswand kommen wir nach nicht einmal 100
Metern zum Fußgängersteg über die Bühler. Vor uns die mächtige
Anlage der Stadt Vellberg mit der hohen Stadtmauer. Auf dem Gehweg
der L 1040 gehen wir ein kurzes Stück re, überqueren beim Verkehrs-
spiegel die Straße und gehen der Markierung folgend den Treppenweg
hinauf. Bis um die Jahrhundertwende war dies der einzige Zugang zur

Stadt aus dem Bühlertal herauf. Oben angekommen hat sich die Mühe gelohnt – der malerische Marktplatz in dem Burgstädtchen mit alten Fachwerkhäusern, Brunnen, Schloss und ein herrlicher Blick von der Bastei, laden zum Verweilen ein.

Busverbindung: Vellberg – Bühlertann

SW 43   Obersontheim – Vetterhöfe – Tannenburg – Avenmühle – Bühlerzell

Strecke: 13 km
Wanderkarten: L 6924 Schwäbisch Hall oder Blatt F 13 Ellwangen – Aalen
Besonderheiten: A, E, F, G, K, R, S, T
Ausgangspunkt: Obersontheim, P Rathaus

Obersontheim siehe SW 42 S. 260

Vom Rathaus aus gehen wir abwärts zur Hauptstraße (AV-Weg mit Z r Punkt). Wir folgen der Hauptstraße re in östlicher Richtung, gehen über die Brücke und biegen re ab in die Färbersteige. Am Ortsende kommen wir zu einer Wegspinne, an der zwei stattliche Eichen stehen. Im Schutz jeder Eiche steht je ein Steinkreuz am Wegesrand. Das Steinkreuz li der Straße in Richtung Hörlewasen stammt ca. aus dem 16. Jh, wobei das Steinkreuz li auf der Anhöhe in Richtung Neuhof aus dem 15. Jh stammt; es handelt sich hier vermutlich um das Sühnekreuz aus dem Obersontheimer Totschlag-Sühnevertrag von 1448. Dem r-Punkt-Weg folgend kommen wir zum Gehöft Neuhof. Ca. 300 m nach dem Hof biegen wir vor dem großen Strommasten re ab, wandern durch den Wald aufwärts und treffen nach ca. 1 km auf die Straße Bühlertann – Vetterhöfe, auf der wir li in Richtung Vetterhöfe weitergehen. Am Ortseingang Vetterhöfe führt unser r-Punkt-Weg re hinab ins Dammbachtal; von hier schöner Blick über das Tal auf die vorspringende Bergzunge mit der Tannenburg. Die Landschaft um das kurze Tal des Dammbaches steht unter Landschaftsschutz. Die ungewöhnlich vielseitige Landschaft mit Nadel- und Mischwäldern, eingestreuten Wiesen, einem feuchten Talgrund und natürlichem Bachverlauf soll erhalten werden. Parallel zur Starkstromleitung überqueren wir den Dammbach in südöstlicher Richtung, vorbei an einem naturbelassenen Feuchtgebiet und wandern die „Käppelesklinge" hinauf. Eine kleine Feldkapelle li am Wegrand und daneben eine Sitzbank laden zum Verweilen ein. Von hier herrlicher Blick hinab in das Dammbachtal. Wir wandern weiter, unser Weg führt uns durch eine gepflegte Streuobstwiese und nach wenigen

Die Tannenburg bei Bühlertann.   *Aufn.: K. Seidel*

Min haben wir die L 1060 erreicht, welche wir unterqueren. Am Ausgang der Unterquerung führt unser r-Punkt-Weg re, schräg den Hang hinauf zur Tannenburg.

Tannenburg siehe RW53 S. 296

Bei dem großen Kastanienbaum führt unser Wanderweg steil den Fußweg hinab zur Oberen Halden. Am Ortsende der Oberen Halden gehen wir nach li zur Unteren Halden; in der Ortsmitte re ab in Richtung Kreidelhaus und Avenmühle. Hier überqueren wir den Avenbach und gehen den Berg hinauf auf die Anhöhe Anzenberg. Beim TP 496 stoßen wir auf den AV-Weg mit Z r Kreuz (K 2627) und folgen diesem re über das Gehöft Eichberg nach Bühlerzell.

Bühlerzell. Die Ortschaft wurde vermutlich um das Jahr 800 n. Ch. von Mönchen aus dem Kloster Ellwangen gegründet. Wie eine Reihe von anderen Ortschaften im Gebiet des Virngrundes, wurde diese Niederlassung durch die Klosterbrüder einerseits als Grenz- und Stützpunkt für die Klostersiedlung Ellwangen und andererseits, um durch die Rodung des Waldes und die Anlegung von Höfen wirtschaftliche Vorteile zu erzielen. In dem 1285 erstmals erwähnten, überwiegend alt-ellwangischen Ort waren einzelne Güter im Besitz der Herren von Adelmann und der Schenken von Limpurg. Letztere verhalfen vorübergehend der Reformation zum Durchbruch. 1803 wurde Bühlerzell württembergisch. Der heutige Ortsname zeigt noch die Entwicklung als „Celle an der Bühler".

Von der kath. *Pfarrkirche St. Maria* stammt der Turm noch von dem 1514 errichteten Vorgängerbau. Die heutige Kirche wurde in den Jahren 1877 bis 1879 nach den Plänen des Aalener Architekten G. Necker völlig neu erbaut. Sie ist einer gotischen Basilika perfekt nachempfunden und durch aufwendige Details in der Ausführung der Gewölbe und Fenster, ja der gesamten Steinmetzarbeiten, eines der prägnantesten Beispiele neugotischer Architektur im Lande. Ihre Ausnahmestellung wird noch unterstrichen durch die nahezu komplette Erhaltung der Innenausstattung, deren wesentliche Teile – Altäre, Kanzel, Gestühl – der Zwiefalter Altarbauer Kleß lieferte, während August Schraivogel aus Rottenburg die Ausmalung vornahm. Die Chorfenster gehen auf die Bauzeit der Kirche zurück, die Fenster im Langhaus schuf Georg Sternbacher aus Unterkochen 1963/64. 1980 erfolgte eine durchgreifende Renovierung des Innenraums der Kirche.

Busverbindung: Bühlerzell – Obersontheim

SW 44   Wacholderheiden in der Crailsheimer Hart

Strecke: 15 km (Variante über den Eichenhain: 1,2 km länger)
Wanderkarten: L 6926 Crailsheim oder Blatt F 12 Schwäbisch Hall – Crailsheim
Besonderheiten: A, F, G, T, U
Ausgangspunkt: Crailsheim, Bahnhof

Crailsheim siehe Stadtbeschreibung S. 91

Die Stufe der Keuperberge zieht sich von Waldenburg kommend zum Burgberg westlich von Crailsheim, weicht li und re der Jagst weit nach Süden aus, zieht sich östlich von Crailsheim nach Norden und bildet dort die Frankenhöhe. In der Crailsheimer Bucht ist der Stubensandstein bereits abgetragen; die sanften Hügel und Wellen werden im wesentlichen von Gipskeuper gebildet. Unser Ziel ist die weite und liebliche Hügellandschaft südöstlich von Crailsheim mit kleinen Waldstücken, vielen Wiesen und Weiden, dazu große und kleine Wacholderheiden.

Vom Bahnhof Crailsheim gehen wir zur Stadt – zunächst zur Jagst und über eine schöne, gemauerte zweibogige Brücke. Die Brücke wurde bei den Kämpfen zerstört und dann wieder im alten Stil aufgebaut. Wir gehen die Wilhelmsstraße hinauf zum Rathaus, dessen großer Turm auffällt. Er wurde zum 200-jährigen Gedenken an die Reformation erbaut. Daneben die kleine Liebfrauenkapelle. Wir gehen im Bogen zur Durchgangsstraße nach Ansbach zurück und kommen bald an die Stelle eines ehemaligen Stadttores. An der fünffachen Straßenkreuzung gehen wir den „Mittleren Weg". Wir bleiben auf diesem immer in derselben

Richtung, auch nach Überqueren einer Umgehungsstraße und auch nach Verlassen der neuen Siedlungen. An deren Ende führt der „Mittlere Weg" über ein Bächlein und zu einer schönen alten Eiche, die als ND ausgewiesen ist; im Vorausblick liegt Goldbach. Nach wenigen hundert Metern führt der Weg über einen weiteren Bach, in dessen Talniederung ein ausgedehntes Feuchtgebiet erhalten blieb. Nach dem Bächlein geht es sofort auf einen geteerten Feldweg nach re, vorbei an zwei kleinen Fischweihern. Vor uns zieht sich von li ein bewaldeter Höhenzug herab, an dessen Fuß eine große alte Eiche, ein weiteres ND, steht. Gleich nach dieser Eiche führt ein Feldweg entlang des Waldrandes hinauf zur Höhe 458. Auf dieser Höhe bleiben wir immer auf dem Feldweg direkt am Rand der kleinen Hochfläche. Sie wird von der **Engelhofer Platte** gebildet, einer nur etwa 1 m mächtigen Steinmergelbank im höheren Gipskeuper. Bald endet der Wald re von uns und wir blicken in eine große Wacholderheide, die äußerst reizvoll und abwechslungsreich von hohen und niedrigen Wacholderbüschen und knorrigen alten Laubbäumen bestanden ist. Die Einheimischen nennen diese Bergzunge daher **„Wächeldersberch"** (Wacholderberg; ist NSG). Es ist die größte Wacholderheide weit und breit. Es gibt keine ausgedehntere Wacholderheide, keinen schöneren Heidehügel im schwäbisch-fränkischen Keuperland Württembergs (vgl. S. 16).

Am Ende der Heide gehen wir einen Feldweg re ab und auf diesem, jetzt wieder mitten durch die Heide, hinab nach **Westgartshausen.** Zuerst in den Ortsteil „Unteres Weiler". Wir steuern die Kirche an, der wir einen Besuch abstatten sollten, denn das Innere weist wertvolle Reste der alten Ausstattung auf – ein spätgotischer Flügelaltar, im Chor spätgotische Fresken, ein Wandtabernakel um 1504, dann noch Kanzel und Taufstein von 1610. Unsere Überlegung, wo der Hauptort von Westgartshausen zu finden ist, wird durch die alte Schreibweise von 1345 „Uskershusen" auf die richtige Spur gelenkt. Der Name dürfte auf einen Mann namens Usgard zurückgehen. Von der Kirche geht es direkt nach Süden (leicht ansteigend). Am Ende der Straße dann nach re und sofort wieder in spitzem Winkel nach li zurück. Die Straße biegt nach re und führt ziemlich steil an Kindergarten und Schule vorbei zur Straße Crailsheim – Dinkelsbühl (L 2218). Auf dieser gehen wir nur 100 m nach Süden und biegen in einen Feldweg halbrechts ab. Linker Hand lädt eine schöne Eichengruppe mit Wacholdern und aussichtsreicher Ruhebank ein. Im Blickpunkt liegt der Burgberg. Der Feldweg führt in den Wald hinein, in leichtem Bogen nach re. Beim Austritt aus dem Wald überrascht uns eine Wacholderheide, die sich nach li und re ausbreitet. Unser Feldweg führt hinab nach Wittau und dort dem Weidenbach entlang und schließlich zur K 2645. Hier geht es nach li und dann wieder nach re zu einem Aussiedlerhof. An diesem wandern wir vorbei und dann sofort wieder halbrechts auf einen Feldweg, der uns über Wiesen und Weiden

Naturschutzgebiet Wacholderberg.   *Aufn.: K. Seidel*

in leichter Steigung hinauf zu einem Waldstück führt. Nach Norden und Westen haben wir einen Ausblick in das liebliche, leicht gewellte Land der Crailsheimer Bucht. Wir kommen zur Höhe 452 und treffen dort auf einen Feldweg, der in westsüdwestlicher Richtung immer auf dem Kamm des Lerchenberges führt. Er quert die Straße nach Alexandersreut (K 2643), auf dieser einige m nach re, dann wieder dem Waldrand entlang, nun mit schönen Ausblicken auf das gewellte Land, das vom Degenbach entwässert wird. Auffällig ist die regelmäßige Anlage von Alexandersreut, 1789 von Markgraf Alexander gegründet. Unser Feldweg führt ein kleines Strück durch den Wald. Beim Austritt kommt von re ein in schlechtem Zustand befindlicher Waldweg herauf. Wir gehen aber nach li in spitzem Winkel einen grasigen Feldweg hinab in die Senke. Gleich den ersten Feldweg gehen wir nach re. Bei der ersten Wegabzweigung gehen wir nicht ge zu den Gipsbrüchen und dann zur B 290 – dort entlang gehen wäre nicht schön, sondern wir nehmen den geteerten Feldweg nach li. Vor uns liegen die neue Siedlung Burgberg und Jagstheim, die nicht mehr verfehlt werden können. Die Ortsmitte von Jagstheim mit der Bushaltestelle läßt sich leicht finden.

Bei der Kürze der Wanderung bieten sich zwei Varianten an:
1. Ein tief ausgebaggerter Gipsbruch tut sich vor uns auf, wenn wir nach Waldaustritt den Lerchenberg ge abwärts gehen. In den Monaten

Oktober bis März können wir der Absperrung entlang hinunter auf den Feldweg gehen, der uns nach Jagstheim bringt.

2. Ein ausgedehnter Eichenhain zieht sich auf einem kleinen Bergrücken von Burgberg nach Osten hin. Wir gehen dann vom Lerchenberg wie beschrieben abwärts, behalten aber die gerade Richtung bei. Auf der kleinen Verbindungsstraße Burgberg – Degenbachsee – Alexandersreut gehen wir wenige m nach Westen. Wo die Straße nach li abbiegt, gehen wir auf einem Waldweg nach Westen und am Hang des mit Eichen bestandenen Hügels auf Pfadspuren hinab nach Burgberg und Jagstheim.

Jagstheim siehe RW54 S. 303

Bahn- und Busverbindung Jagstheim – Crailsheim

SW 45   Wildenstein – Lautenbach/Hammersmühle – Buckenweiler – Segringen – Dinkelsbühl

Strecke: 11 km – Die Wanderroute verläuft auf dem E 8.
Wanderkarten: L 6926 Crailsheim oder Blatt F 13 Ellwangen – Aalen
Besonderheiten: A, E, F, K, R, S, T, U
Ausgangspunkt: Fichtenau-Wildenstein, Ortsmitte

Wildenstein liegt zwischen den Bachläufen Rotbach und Rotach und somit auf der **Europäischen Wasserscheide** zwischen Rhein und Donau. Die ersten Häuser entstanden um 1400 an der Straße, die von Stimpfach über Hübnershof an Dinkelsbühl vorbei zum Hesselberg führte. Dies war die Grenze zwischen Herzogtum Franken und Schwaben. Diese Grenze lässt sich heute noch an fränkischer und schwäbischer Mundart feststellen.
Wildenstein erscheint 1419 in einer Oettinger Wildbannbeschreibung. Hier ist von einem Felsen als Grenzpunkt die Rede. Im 15. und 16. Jh „zum wildenstain" und 1482 sogar „ze dem wilden stein" genannt, bedeutet das gewiss soviel wie Stein oder Fels im bebauten Land. Erst im Verlauf des 16. Jh, als Wildenstein Mittelpunkt einer ritterlichen Herrschaft wurde, entwickelte es sich zu einem Dorf größeren Ausmaßes. Besitzer des Rittergutes waren bis 1545 Hans von Schwabsberg, bis 1605 die Pappenheimer, bis 1662 die Knöringen auf dem benachbarten Kreßberg und schließlich, von da ab die Hofer von Lobenstein. In Wildenstein steht die renovierte *Schloss* der Familie Hofer von Lobenstein. Gegenüber dem Schloss steht die evang. Kirche, die „Martinskirche", früher eine Kapelle, deren erste Nennung aus dem Jahre 1583 stammt. Sie dürfte aber viel älter sein.

Von Ortsmitte Wildenstein gehen wir auf der Schlossstraße Richtung Crailsheim. Nach ca. 400 m biegen wir re ab in den Promenadenweg; – ab hier befinden wir uns auf dem E 8 (Z bl Strich und weiße Tafel mit

*Schloss Wildenstein.
Aufn.: Gemeinde
Fichtenau (Rottal)*

roter Aufschrift E 8) bis nach Dinkelsbühl. Beim Wanderparkplatz am
Waldrand folgen wir dem E 8 nach li ein kurzes Stück durch das
Wäldchen.
Hinweis: Am Waldende in li Richtung erreichen wir nach wenigen
Metern den Grill- und Spielplatz beim Stockweiher.
Nach Verlassen des Waldes führt uns der E 8 leicht abwärts in eine
Talsenke mit kleinen Weihern beidseitig des Weges und weiter nach
Lautenbach.

Lautenbach wurde früher Lauterbach genannt, was soviel bedeutet wie klarer
Bach. Der Ort liegt herrlich am Storchenweiher. Das kleine Rittergut Lautenbach
war durch Ankauf von einzelnen Gütern durch Eitel Hans von Knöringen gebildet
und zur Herrschaft Kreßberg gezogen worden. Das ehemalige Schloss, ein
einfaches Gebäude aus dem 17. Jh, ist heute (zum Teil) ein Bauernhaus. 1932
wurde die kath. Antoniuskapelle erbaut.

Wir queren die K 2648 und gehen, nur wenige Schritte nach li versetzt,
weiter ge in die „Schlosswiesen". Nach wenigen Min haben wir die
Hammermühle am Oberlauf der Rotach erreicht. Der gemütliche
Mühlengasthof mit **Wildgehege,** zwischen idyllischen Weihern ge-

legen, bietet sich zur Wanderrast an. Das Wasserrad der ehemaligen Getreidemühle ist noch erhalten. Der Weiterweg auf dem E 8 führt uns leicht ansteigend in ein kleines Waldstück und knickt in diesem nach Süden ab. Dem Waldrand entlang kommen wir an einem Waldeck zu einem geteerten Sträßchen, dem wir in östlicher Richtung folgen. Am Neuweiher biegen wir re ab und wandern in südlicher Richtung nach Buckenweiler.

Buckenweiler war im 12. Jh Teil einer Schenkung an das Kloster Hirsau, gehörte später dessen Tochter-Kloster Mönchsroth, nach dessen Aufhebung den Grafen von Oettingen. Diese besaßen über ihren Anteil die Vogtei, daneben die Gemeindeherrschaft. Ansbach gehörte 1/3 des Weilers, außerdem beanspruchte es die hohe Obrigkeit. Einen geringen Anteil hatte Dinkelsbühl. 1806 fiel Buckenweiler an Bayern, 1810 an Württemberg.

Mitten im Weiler folgen wir der K 2646 einige Meter nach li zur K 2647 und dieser nach Osten Richtung Dinkelsbühl. Gegenüber von Oberhard zweigt der E 8 re ab Richtung Wolfertsbronn. Re des Weges sehen wir einen kleinen Weiher, wobei wir uns auf der li Wegseite während der Blütezeit im März an einer prächtigen **Krokuswiese** erfreuen können. Bei der Weggabel vor dem Wald folgen wir dem E 8 li, – leicht ansteigend führt uns der Weg am Waldrand zur Anhöhe hinauf. Vor uns im Blickfeld grüßt schon die ehemalige Reichsstadt Dinkelsbühl mit dem Turm seiner berühmten St. Georgskirche und einigen hohen Türmen der Stadtbefestigung und im Hintergrund erhebt sich der Hesselberg mit dem Fernmeldeturm auf seinem langgestreckten Kamm. Halbre auf der Anhöhe sehen wir das Dörfchen Segringen mit seiner weithin sichtbaren Kirche, – sie weist uns den Weg dorthin. Der Feldweg mündet in ein Teersträßchen, dem wir re folgen. Wir queren einen Bachlauf, folgen dem leicht ansteigenden Sträßchen zur St 2220, queren die Autostraße und gehen ge die Anhöhe hinauf nach Segringen.

Segringen. *St.-Vinzens-Kirche mit historischem Friedhof.* Der Name Segringen weist hin auf die ursprünglich alemanische Siedlung vermutlich eines Segro. Segringen, zwei Kilometer westlich von Dinkelsbühl, ist deren Urpfarrei. Wer durch den bis zum Kranz romanischen Turm (1180–1220) der Kirche, dem „Glockenhaus", wie die Segringer sagen, in das Langhaus tritt, wird mit den zwei schmalen Rundbogenfenstern im Süden und dem einen in der Nordwand auf den ältesten Bauteil der Kirche hingewiesen. Im Quergang sehen wir einen Opferstock aus der Zeit um 1500 stehen. Auf dem Weg in den gotischen Chorraum (1380–1400) geht man vorbei an zwei kleinen Seitenkapellen. In der rechten ein barocker Taufstein und auf einer Konsole in feiner Holzplastik die Taufe Jesu. Draußen, neben dem Seiteneingang, finden wir noch ein Taufbecken wohl aus der Zeit, als die Kinder bei der Taufe ganz untergetaucht wurden. Über den Figuren von Petrus und Paulus im Chorbogen die sehr seltenen, bis jetzt ungeklärten Rötelzeichnun-

Krokuswiese bei Ober-
hard mit Frühlingskrokus
(Crocus napolitanus).
Aufn.: K. Seidel

gen. Der Flügelaltar aus der sogenannten „Schwäbisch-Fränkischen Schule"
(1450–1480) steht vor den im oberen Teil mittelalterlichen Glasfenstern (um
1450), die sich in ihren warmen Farben deutlich von den übrigen aus dem 19.
Jahrhundert abheben. Hinter dem Altar die erste gotische Sakramentsnische.
Treten wir dann wieder durch den Turm heraus, vorbei an den mit Blattornamenten
besonders schön geschmückten romanischen Säulenkapitellen, so empfängt uns
der seit 1978 denkmalgeschützte historische Friedhof. Die Form der Holzkreuze
mit den geschnitzten oder gemalten Verzierungen stammt aus der Zeit 1800–1820
und wird in der hiesigen Schreinerfamilie von einer Generation an die nächste
weitergegeben. Für die Namen und Knöpfe wird echtes Blattgold verwendet, das
selbst bei ganz schwachem Licht noch einen „Morgenglanz der Ewigkeit"
aufleuchten läßt.
Führungen werden auf Anfrage gerne durchgeführt (Tel. 09851-53553).

Wir verlassen Segringen auf der Straße, welche li der Kirche hinunter
zur St 2220 führt. In die St 2220 biegen wir re ein; – der E 8 führt uns an
der Reichertsmühle und kurz danach an zwei mächtigen Eichen (ND)
vorbei zur AN 45 und weiter nach Dinkelsbühl. Einem ausgiebigen
Stadtbummel mit Besichtigungen in der romantischen Stadt steht nichts
mehr im Wege.

Dinkelsbühl siehe Stadtbeschreibung S. 96
Busverbindung Dinkelsbühl – Wildenstein

SW 46   Gaildorf – Münster – Schönberg – Kreuzstein – Gschwend

Strecke: 14 km
Wanderkarten: L 6924 Schwäbisch Hall und L 7124 Schwäbisch Gmünd
oder Blatt F 13 Ellwangen – Aalen, bzw. Blatt F 28 Naturpark
Schwäbisch-Fränkischer Wald
Besonderheiten: A, B, G, W
Ausgangspunkt: Gaildorf, Wandertafel am Marktplatz, ehem. Schule

Gaildorf siehe Stadtbeschreibung S. 111, **Münster** siehe W3 S. 141

Vom Marktplatz in Gaildorf folgen wir dem AV-Weg mit Z bl Strich nach
Norden über die Kocherbrücke und re am Kocherufer entlang nach
Münster. Durch das Gelände eines Betonwerkes zum Gasthaus „Grüner
Baum". Re vom Gasthaus auf dem Geh- und Radweg parallel zur B 19
bis zur Einmündung der Fahrstraße zum Freibad. Wir gehen noch ca.
30 m ge weiter, überqueren die B 19 nach re zu einer Holzbrücke, die
über den Kocher führt. Ab der Brücke li auf dem Kocherdamm bis zur

Alter Speicher in Gaildorf.   *Aufn.: Stadt Gaildorf*

Fahrstrecke von Unterrot nach Bröckingen, dann re über das Bahngleis der Bahnstrecke Gaildorf – Untergröningen. An der Kreuzung li nach Schönberg. Von Schönberg bis zum Kreuzstein: Siehe Wegbeschreibung W 31 S. 222. An der Wegteilung beim Kreuzstein (li ein Steinkreuz – Bedeutung siehe W 31 S. 224), ab hier oZ, li aus dem Wald, am Mühläckerle vorbei bis re der Naturbadesee sichtbar wird. Zum See hinunter, über den Damm und auf einem Fußweg zur Siedlung und zum Marktplatz in Gschwend.

Diese Wanderung kann auch von Schönberg aus über Steigersbachtal, Bergsee gegangen werden (siehe W 31 S. 224 in umgekehrter Richtung). Gesamtstrecke: 13 km.

Gschwend. Besiedlung seit dem 12. Jh durch Rodungsbauern, ähnlich anderer Dörfer nördlich von Rems und Lein. Den Bauern wurden von den Staufern Privilegien und Freiheiten eingeräumt, insbesondere eigene Gerichtsbarkeit. Als Dorf wird Frickenhofen 1293 erstmals erwähnt. Seit dem 13. Jh Einflussnahme mehrerer Landesherren, die allmählich über den größten Teil des Gebietes der heutigen Gemeinde Hoheitsrechte und Vogtei beanspruchten. Einführung der Reformation 1537 durch die Limpurger. Bei Mittelbronn im 16. Jh Abbau von Steinkohle, in Horlachen stand im 17. Jh eine Glashütte. Am Marktplatz die 1861/63 im neugotischen Stil erbaute ev. Pfarrkirche anstelle der Vorgängerkirche von 1760. Erbauer der Kirche war Christoph Leins, der auch für wichtige Bauten Stuttgarts (Villa Berg, Johanneskirche am Feuersee) verantwortlich zeichnet.

Busverbindung: Gschwend – Gaildorf

SW 47 Lorch – Großdeinbach – St. Salvator – Schwäbisch Gmünd

Strecke: 12 km
Wanderkarten: L 7124 Schwäbisch Gmünd oder Blatt F 28 Naturpark Schwäbisch-Fränkischer Wald
Besonderheiten: A, F, K, P, T, W
Ausgangspunkt: Lorch, Bahnhof

Wir gehen unter den Gleisen hindurch auf dessen Nordseite – und dann zwischen der alten B 29 und den Gleisen nach Osten bis zu einer Straßenunterführung. An der Ampel überqueren wir die L 1154. Auf den Klosterberg führen zwei Wege: An der Nordseite ein weniger steil scheinender mit Durchblicken durch den Wald zur Klostermauer – und der steilere Weg auf der Südseite mit Ausblicken ins Remstal und auf alte Baumriesen entlang des Weges. Auch der Südhang des Klosterberges bietet mit seiner Schafweide interessante Aspekte.

Kloster Lorch / Limes. Die Mauern des Klosters hielten im Bauernkrieg den anstürmenden Bauern immerhin drei Tage lang stand. Der Klosterhof ist während des Tages immer geöffnet, die Kirche in den Sommermonaten von 10.30 – 12.30 Uhr und von 13.00 – 16.00 Uhr, vom 1. Nov. bis 30. April durchgehend von 9.00 – 19.00 Uhr. An der Pforte gibt's Erfrischungen. Der Klosterhof mit der stattlichen Abtei, den Resten der Konventsgebäude und zwei kleinen Bauwerken auf der Mauer und dem plätschernden Brunnen lässt in seiner behaglichen Ruhe die Zeit stille stehen. Die Kirche in ihrer Einfachheit erinnert an das Geschlecht der Staufer, deren Stammvater, Herzog Friedrich I. von Schwaben, das Kloster als Hauskloster und Grablege für sein Geschlecht im Jahre 1102 gegründet hat. Während 150 Jahren waren die Hohenstaufen maßgeblich an der deutschen und abendländischen Geschichte beteiligt. Es war die Blütezeit des Rittertums und höfischer Kultur. Vor dem Kloster blicken wir nach Osten ins Remstal, über dem der Rechberg mit Burgruine und dem Turm der Wallfahrtskirche zu sehen ist. Das rote Dach am Ende von paralleler Straße und Eisenbahnlinie gehört zum Wachthaus. Der Name erinnert daran, daß hier die Grenze des alten Herzogtums Württemberg verlief. Der nachgebaute römische Wachtturm steht direkt am Limes, der römischen Grenzsicherung gegen das freie Germanien. Der nach Norden verlaufende Feldweg entlang des „Saugrabens" – eine Vertiefung, die den Graben vor dem römischen Grenzwall zum Vorläufer hat. Hinter dem Limes, von Miltenberg am Main bis Lorch, lag die römische Provinz Germania Superior (Obergermanien), während der Limes östlich von Lorch die Provinz Raetia geschützt hat.

Wir gehen entlang der L 1154 bis an den Waldrand und dann nach re in den Hermann-Löns-Weg (hier P). Am Weg stehen alte Eichen und im Vorausblick auf den sich nach unten hinziehenden Wald sehen wir regelmäßig spitzkegelige Nadelbäume; es sind dies erst knapp 50-jährige Mammutbäume (Sequoia gigantea), die in Kalifornien heimisch sind. Bevor der Hermann-Löns-Weg in den Wald führt, gehen wir nach re einen Wiesenweg abwärts. Im Wald linker Hand sehen wir bald die Mammutbäume, dazu Lärchen und verschiedene Laubbäume. Der Wiesenpfad endet an einem Zaun. Nach li kommen wir an ein tief eingefurchtes Rinnsal, das wir mit etwas Geschick übersteigen. Zwischen zwei Zäunen hindurch kommen wir auf einen Feldweg, der ein schönes Kleingartengelände erschließt. Dieser Feldweg führt nun leicht fallend nach Osten. Bald bietet sich ein Rückblick auf Kloster Lorch. Aus dem Feldweg wird ein Grasweg. An einem Hochsitz wählen wir den rechten Weg, der sich bald zu einem kaum begangenen Pfad verwandelt. Wir kommen zu einem Waldstück mit Douglasien, deren Stämme aufgeastet wurden. Hier verliert sich der Pfad. Unterhalb dieses seltsamen Douglasienwäldchens finden wir jedoch einen deutlich erkennbaren alten Waldweg. Wir müssen nur durch den dichter bewachsenen Waldrand ein paar Schritte nach unten gehen. Dieser Waldweg führt uns durch einen sehr naturnahen Wald: Moose, Farne, umgestürzte und morsche Bäume, feuchte Stellen und natürlich vielerlei

Pflanzenarten sind hier zu finden. Der Weg wird oft zum Pfad, manches mal kaum zu finden. An einer Gabelung halten wir uns re und leicht abwärts. Schließlich kommen wir in den Talgrund und auf einen besseren Weg. Bald stehen wir auf der Asphaltstraße; hier müssen wir auf Autos achten! Wer die trockenere und leichter zu findende Variante wählen will, die im Nachwort empfohlen wird, geht hier auf der Autostraße li weiter. Wir gehen nach re auf einer Brücke über den Schweizerbach und jenseits am Waldrand gleich wieder li den Hessenwaldweg. Im Talgrund können wir Graureiher beobachten. Am Bach selbst finden sich Wasseramseln und der fliegende Edelstein, der Eisvogel. Schon nach 150 m auf dem Hessenwaldweg gehen wir den nach re abzweigenden Forstweg leicht aufwärts. Vor der bald erscheinenden Hütte nehmen wir den ersten Weg nach re steil hinauf. Wir kommen bald zu einer guten Forststraße, die wir jedoch steil hinauf überqueren. Unser Pfad führt zu einem Hochsitz, wo er sich verliert. Wir behalten die Richtung im steilen Hang bei – und kommen nach ca. 100 m auf einen verwachsenen Waldweg, der auf einem Höhenrücken nach li zieht. Wir behalten diese Richtung bei – auch an einer vierfachen Wegegabelung. Der Weg zieht leicht nach re biegend nun den Hang hinauf und mündet in einen nahezu hangparallelen Forstweg. Diesem Weg folgen wir nach re. Sofort nach Austritt aus dem Wald haben wir einen überraschend schönen Ausblick auf Rechberg und Stuifen, unmittelbar vor uns eine schöne Waldwiese mit aus Mischwald bestehendem Waldrand. Das Wiesengelände re und li fällt auf, weil es stark gewellt „hubbelig“, ist. Dies sagt uns, dass wir auf Knollenmergel gehen, der nach starken Regenfällen sich mit Wasser vollsaugt und dann sehr leicht ins Rutschen kommt. Über dem Knollenmergel lagern die harten Schichten des Angulatensandsteines und des Arietenkalkes. Weil diese der Abtragung Widerstand leisten, finden wir über dem Knollenmergel meist eine Steilstufe. Sobald unser Feldweg diese erklommen hat, sehen wir den Deinbacher WT. Wir gehen zu diesem und blicken nach Norden ins Haselbacher Tal und hinüber nach Alfdorf mit seiner barocken Kirchturmhaube. Wir müssen einige m zurück gehen und kommen dann auf einem geteerten Feldweg hinein nach Großdeinbach. Um einige interessante Häuser zu sehen, gehen wir nach re, dann nach li ins Dorf hinein und an der Vorfahrtsstraße wieder nach re.

Großdeinbach. Nacheinander lesen wir an etlichen Häusern interessante Erläuterungen zur Geschichte der Häuser, z. B.: Hirtenhaus, später mit Schulraum, dann als Rathaus und schließlich als Armenhaus benützt. – Dann findet sich der Hinweis „Zehntscheuer“, die Scheuer besteht nicht mehr, doch ist interessant zu wissen, dass hier der Zehnte für das Kloster Lorch abgeliefert werden musste. Eine weitere Tafel weist auf das Haus eines Freibauern, dessen Hof weitgehend abgabefrei war. Das „Ruplinhaus" schließlich war nach Schwäbisch Gmünd abgabenpflichtig und wurde schon im 14. Jh erwähnt.

Wir stoßen auf die Wetzgauer Straße (K 3268) und gehen auf dieser li, ca. 100 m weiter. Die Straße biegt hier nach re; wir behalten unsere Richtung bei und gehen auf dem „Haselbacher Weg" bis an den Ortsrand. Hier stoßen wir auf den AV-Weg mit Z bl Punkt; – dieser führt kurz in das Sträßchen „Im Holder" und biegt sofort re ab in den Gehweg, der uns zum Waldrand bringt. Weiter folgen wir dem bl-Punkt-Weg nach li in den Wald (die neue Wegbezeichnung ist in der TK noch nicht eingezeichnet) dem Steilabfall des Angulatensandsteines entlang, mit schönen Tiefblicken ins Haselbacher Tal und auf den gleichnamigen Weiler. Wir queren die Autostraße Wetzgau – Haselbach – Alfdorf und folgen weiter dem bl-Punkt-Weg nach Waldau. Mitten im Weiler stoßen wir auf den AV-Weg mit Z r Kreuz, dem wir nach re in Richtung Schwäbisch Gmünd folgen. Immer wieder liegen vor uns sehr malerisch Rechberg, Stuifen und Kaltes Feld. Am Ortsrand von Wetzgau sehen wir rechter Hand die Kolomanuslinden stehen, die an den iro-schottischen Missionar aus dem 7. oder 8. Jh erinnern. Dem r-Kreuz-Weg folgend queren wir in Wetzgau die K 3268, gehen auf der anderen Straßenseite ein kurzes Stück nach li und biegen nach wenigen m re in den Gehweg der zur Bushaltestelle und zum WP führt. Der r-Kreuz-Weg führt in den Wald hinein. Dieser Weg führt hinunter ins Taubental und weiter nach Schwäbisch Gmünd. Wir aber gehen am Rande des freien Feldes auf einem geteerten Feldweg nach Süden, und wechseln bald auf einen Fußpfad, der direkt hinter dem Waldrand parallel zum Feldweg verläuft. Hier sind wir wieder direkt an der sehr steilen Stufe des Angulatensandsteines. Wo der Feldweg nach Südwesten abbiegt, bleiben wir auf dem sog. „Philosophenweg", der bald leicht abwärts zu einem Waldweg führt. Dieser wird gequert. Der nächste Waldweg führt steil abwärts. Wir halten uns immer nach re und kommen dann zu einem eindrucksvollen Denkmal der Frömmigkeit zu Beginn des 17. Jh.

Felsenkapelle am Salvator. Schon seit alten Zeiten war in einigen Felshöhlen eine Stätte religiöser Verehrung. Ab 1617 baute der Gmünder Stadtbaumeister **Kaspar Vogt** um diese Höhlen eine zweistockige Kirche, deren beide Räume ganz in den Fels gehauen sind. Auf der aus natürlichem Fels belassenen Fassade finden sich eindrucksvolle Bildhauereien. Passend auch der spätere barocke Kirchturm und die Gebäude für die hier Dienst tuenden Geistlichen. Die alten Bäume und die Aussicht auf die Stadt geben dem Ort noch zusätzliche Atmosphäre.

Wir gehen vor der Kirche wieder etwas nach oben und an den Stationen eines Kreuzweges (auch Kalvarienberg genannt), die das Leiden Jesu Christi in barockem Realismus darstellen, hinab zum Ausgang des

Felsenkirche am Salvator.
Aufn.: Stadt Schwäbisch
Gmünd

Taubentales. Wir sehen dann schon die Straßenunterführung unter der Bahnlinie und sind dann direkt am Bahnhof Schwäbisch Gmünd.

Schwäbisch Gmünd siehe Stadtbeschreibung S. 116

Auch an Sonntagen verkehren stündlich Züge zurück nach Lorch und weiter nach Stuttgart.

Variante: Der Weg vom Kloster Lorch bis Großdeinbach ist bei sehr nassem Wetter und eventuell auch mit größeren Gruppen nicht zu empfehlen. Die Ursprünglichkeit des Waldes rechtfertigt allerdings das Abenteuer der Wegsuche. Einfacher ist es, dem AV-Weg HW 6 (mit Limesturm) „Hermann-Löns-Weg" hinab ins Schweizertal zu folgen. Dort gehen wir dann das Autosträßchen nach li bis zur Brucker Sägmühle. Wir gehen dann diese Straße weiter in Richtung Haselbach, biegen jedoch schon etwa 300 m auf einem Fußpfad – nun mit Z bl Punkt – nach re ab, – im Wald dann steil hinauf und schließlich auf die Hochfläche in der Nähe des bereits erwähnten Deinbacher WT. Wir bleiben nun auf dem bl-Punkt-Weg und sind bald auf der Wegstrecke,

die oben schon beschrieben wurde. In der Übersichtskarte sind beide
Wegstrecken eingezeichnet.
Wer jedoch den Verkehr auf dem Autosträßchen nicht scheut, kann das
idyllische Wiesental von der Brucker Sägmühle bis Haselbach gehen.
Von dort führt der AV-Weg mit Z r Kreuz auf die Höhe und weiter zum
Weiler Waldau.

SW 48   Heuchlingen – Hammerstadt – Hüttlingen

Strecke: 16 km
Wanderkarten: L 7124 Schwäbisch Gmünd und L 7126 Aalen oder Blatt
F 13 Ellwangen – Aalen
Besonderheiten: A, E, K, U
Ausgangspunkt: P am Limes, an der L 1158 auf halber Wegstrecke
zwischen Heuchlingen und Mögglingen

Nur ca. 20 m südlich vom P verläuft der HW 6 (Limes-WW Main –
Rems – Wörnitz). Wir folgen dem HW 6 mit Z r Strich am Waldrand
entlang in östlicher Richtung zum Gollenhof. Von hier führt uns der Weg
leicht ansteigend halbli hinauf zum Waldrand. Auf der ganzen Strecke
immer wieder herrlicher Fernblick zum Albtrauf mit den Kaiserbergen,
Rosenstein und Langert mit dem AT auf dem Aalbäumle. Wir folgen
weiter dem HW 6, der uns im Wechsel durch kleine Waldstücke, an
Waldrändern und über Wiesen führt. Linker Hand sehen wir die Höfe
Groß- und Kleindölzer Hof. Der Kleindölzer Hof ist lediglich ein von
dem ursprünglichen Dölzerhof abgeteiltes kleines Gut. Beide Gehöfte
gehörten ursprünglich zum Kloster Gotteszell. Von hier aus herrlicher
Blick über das Welland – eine wellig-kuppige, siedlungsarme und
waldige Landschaft. Am Horizont können wir von West nach Ost die
Ortschaften Eschach, Holzhausen, Hohenstadt, Adelmannsfelden und
Neuler, ebenso den Virngrund, erkennen. Vorbei am Gehöft Freuden-
höfle (war früher Bestandteil des Streithofes und wurde auch Hohen-
straß genannt; der alte Name bezog sich auf die benachbarte, von
Pfahlheim herkommende, gepflasterte Römerstraße) und weiter durch
den Wald, wo wir am Waldrand ein Bildstöckchen aus dem Jahre 1748
bewundern können. Re vor uns erhebt sich mit seiner bewaldeten Kappe
der 552 m hohe Kolbenberg. Noch ein kurzes Stück und wir haben die
L 1080 erreicht, queren diese und wandern auf dem geteerten Sträßchen
ge weiter (in der TK ist ab der L 1080 bis nach Hammerstadt noch der
ältere Wegverlauf eingezeichnet). Vorbei am Weiler Schwalbenhof und
weiterhin ge, führt uns in Kürze der Wanderweg zwischen Gartenlauben
den Hang hinab Richtung Hammerstadt. Vor der Ampelanlage an der
K 3326 folgen wir dem geteerten Feldweg nach li, gehen dann nach ca.

400 m re durch die Straßenunterführung und erreichen danach den Weiler Hammerstadt.

Hammerstadt. Der Weiler wird im Jahre 839 als erste Siedlung im heutigen Stadtgebiet Aalen urkundlich in einer Besitzerkunde des Klosters Fulda genannt. „Hamarstat".

Mitten im Weiler, auf der Wiesentalstraße, stoßen wir auf den von re kommenden AV-Weg mit Z r Kreuz. Wir folgen beiden Markierungen ein kurzes Stück der leicht ansteigenden Wiesentalstraße nach li und biegen nach ca. 50 m re ab in den Maifeldweg, der uns aufs freie Feld führt. Vor dem Wald trennen sich die Wanderwege; – wir folgen unserem r-Strich-Weg, der uns nach re, am Waldrand entlang und bald darauf auf freiem Feld, nach Treppach führt.

Treppach. 1240 – 1291 Ortsadel von Treppach urkundlich genannt. Name leitet sich von Trekkebach ab. *Kapelle Mariä Opferung* (kath.). 1778 erbaut, gestiftet von den einheimischen Bauern zur Abwendung von Viehseuchen. Altarbild nach Vorbild in der Kirche von Hohenstadt: „Opferung Mariens".

Der Pfahlstraße entlang erreichen wir die Bodenbachstraße (K 3325). Vor der Einmündung sehen wir li eine hölzerne Wegtafel mit der Inschrift „Limes 260 n. Chr.". Auf der Wegtafel aufgesetzt die hölzerne Statue eines römischen Soldaten am Grenzwall (Limes). Der Bodenbachstraße folgen wir li in Richtung Fachsenfeld und biegen nach ca. 50 m re in den Bogweg. Wir folgen dem r-Strich-Weg in nordöstlicher Richtung und erreichen auf der Anhöhe in wenigen Min die K 3237, auf der wir ein kurzes Stück, u.a. durch ein kleines Wäldchen, gehen. Am Waldende biegen wir li in den Feldweg ein, kommen an einem Feldkreuz vorbei (in der TK nicht eingezeichnet) und erreichen nach Ende des Feldes die geteerte, wenig befahrene Autostraße, der wir nach re, am Waldrand entlang, folgen. Bei der Weggabel am WT bleiben wir weiterhin auf dem markierten Wanderweg und folgen dem Hinweisschild „SAV-Wanderheim". Leicht abwärts kommen wir nach wenigen Min am **Wanderheim der Ortsgruppe Hüttlingen** des Schwäbischen Albvereins vorbei. Vom geteerten Weg führt ein steiler Pfad mit Staffeln dorthin; – ein bequemer Weg zum Wanderheim biegt ca. 100 m talwärts li ab.

Öffnungszeiten Wanderheim Hüttlingen: Freitag 19.30 Uhr bis Sperrstunde, Samstag 15.00 Uhr bis Sperrstunde, Sonntag 10.00 Uhr bis 21.00 Uhr. Tel.: 07361 / 72636

Von hier immer wieder schöner Blick in das Kochertal, auf die Ortschaft Hüttlingen und li hinüber zur Burg Niederalfingen (Marienburg). Auf

dem Seitsberger Weg gehen wir weiter den Berg hinab, biegen kurz
darauf li in den Ahornweg und gehen oZ die Staffeln hinunter zur
Buchwalder Straße. Nach wenigen Metern haben wir den Talgrund
erreicht und biegen li in die Lindenstraße ein. Flußabwärts, am Kocher
entlang, folgen wir dem AV-Weg mit Z bl Strich. Nach ca. 500 m
überqueren wir auf der Brücke den Kocher (ab hier oZ) und kommen zur
B 19. Auf dieser gehen wir nach re in Richtung Hüttlingen. Nach
wenigen Metern, beim Garten-Center Schmid, queren wir die B 19 und
biegen in die Mühlsteige ein, wo auch gleich unser Wanderziel, die
Limesanlage, eine Rekonstruktion von Palisaden und Mauer, Landkarte
in Mosaikform und eine Nachbildung eines bei Hüttlingen gefundenen
römischen Pinienzapfens zu sehen ist.

Garten-Center Schmid. Die Anlage, ein lohnender Abstecher, kann täglich
besichtigt werden. Wegweiser führen uns durch die Anlage, die Pflanzennamen
sind angeschrieben.
Hüttlingen siehe W17. S. 176
Burg Niederalfingen, Vogteigebäude (Heimatmuseum) siehe W16 S. 175, 176

SW 49   Mögglingen – Auf dem Wall des ehemaligen Limes zum Braunhof – Krausenhof – Iggingen – Herlikofen – Schießtal – Schwäbisch Gmünd

Strecke: 16 km
Wanderkarten: L 7124 Schwäbisch Gmünd oder Blatt F 13 Ellwangen –
Aalen
Besonderheiten: A, B, T, U
Ausgangspunkt: Mögglingen, Bahnhof

Mögglingen. Schon in vorchristlicher Zeit dürfte der Mögglinger Raum besiedelt
gewesen sein, da er an einer Durchgangsstraße lag, später Salzstraße genannt. Im
Norden der Mögglinger Markung verlief der rätische Limes, der um 90 n. Chr.
begonnen wurde und bis etwa 260 n. Chr. die Nordgrenze des Römischen Reiches
bildete. Erste urkundliche Erwähnung des Ortes 1143. Die Siedlung war im Besitz
der Reichsstadt Schwäbisch Gmünd, des Gmünder Spitals sowie des Klosters
Gotteszell, deshalb blieb Mögglingen während der Reformation katholisch.

Diese Wanderung ist an heißen Sommertagen nicht zu empfehlen. Das
Haupterlebnis dieser Wanderung ist die wechselnde Aussicht auf die
Albkette und die Wanderung auf einem Teilstück der **„Teufelsmauer"** –
dem ehemaligen Limes. Im Mittelalter wurden die Überreste des
römischen Limes vom unwissenden Volk als ein Werk des Teufels
bezeichnet; – daher der Name **„Teufelsmauer"**.

Am Bahnhof Mögglingen führt eine Unterführung auf die Nordseite der Geleise. Am östlichen Ende des Bahnsteiges eine Treppe hinauf und sofort halblinks die Steinstraße steil nach Norden hinauf. Sehr bald sind wir auf der nur ganz leicht ansteigenden Hochfläche mit schönem Ausblick auf den Rosenstein und Lauterburg, nach Westen auf alle drei Kaiserberge. Im Osten fallen die Kuppen des Wellandes auf. Kurz vor dem Wald folgen wir dem geteerten Feldweg re bis zur L 1158, auf dieser ein paar m li und wir haben den Waldrand erreicht. Wir treffen hier auf den HW 6 Limes-Wanderweg (das Z ist ein stilisierter Limesturm). Zwei Info-Tafeln (beim WP und neben der Limes-Steintafel) geben interessante Hinweise über den Limes. Im Ostalbkreis ist der Limes durch Steintafeln an den Schnittpunkten mit Straßen markiert. Wir wandern auf dem Wall des ehemaligen Limes in westlicher Richtung dem Limeszeichen folgend durch den Wald. Li und re des Weges im Wald sehen wir ansehnliche Hügel. Dies sind die weitgehend abgetragenen Reste von Hügelgräbern. Dazwischen ein aufgegrabener Hügel, der einmal ein römischer Kalkofen war. Andere Hügel sehen aus als hätten Grabräuber gewühlt. In der Nähe des Limeswalles deuten Erhöhungen auf römische Wachttürme. An manchen Stellen gedeihen Maiglöckchen und der Salomonssiegel. Durch's Unterholz haben wir immer wieder einen Blick auf die nördlich vor uns liegenden Liashöhen (hier die Frickenhofer Höhe) und dem Leintal davor. Das Obergeschoss des barocken Kirchturmes von Heuchlingen ist gerade noch zu sehen. Im Nordosten erstreckt sich der schmale, fast waagrechte Büchelberger Grat. Die nächste Stationen sind Braunhof, Krausenhof, Schafhäusle. Auf der Autostraße gehen wir 120 m nach Norden, um vor den ersten Häusern von Schönhardt auf die Straße nach Iggingen einzubiegen. Im Winterhalbjahr kann hier südlich der Straße auf Wiesen oder Äckern gewandert werden. Wir haben einen immer imposanter werdenden Blick auf Kaltes Feld, Stuifen, Rechberg und Hohenstaufen. Diese Berge thronen auf einem langhingezogenen Sockel aus Braunem Jura. Diese geologisch bedingte Geländestufe können wir nach Osten bis Essingen verfolgen. Das Segelfluglager auf dem Hornberg liegt dagegen auf der Verebnung des Weißen Jura Beta.

Iggingen. Das auf dem Höhenrücken zwischen Rems- und Leintal an einer uralten Höhenstraße gelegene Dorf wird erstmals 847 erwähnt. Vom 13. bis 15. Jh im Besitz eines mit der Familie der Adelmann verwandten Ortsadels, ging das Dorf im späten Mittelalter in den Besitz der Reichsstadt Schwäbisch Gmünd sowie des Klosters Gotteszell über, das die Pfarrei bereits 1372 inkorporiert hatte. *Altes Vogtshaus*, stattliches Fachwerkhaus, 1650 erbaut, Amtssitz des Vogtes der Reichsstadt Gmünd. *Pfarrkirche St. Martin* (kath.), erbaut 1856 bis 1859 von Gottlieb W. Wepfer im klassizistischen Rundbogenstil. Neben der zeitgenössischen Ausstattung spätgotische Pieta von guter Qualität sowie Figur der hl. Ottilie. Kreuzweg an den Langhauswänden und überlebensgroße Altarfiguren des

Gekreuzigten mit Maria und Johannes von Emil Sutor (1939). Farbfenster von
Georg Sternbacher (1974). Pfarrhaus und Pfarrscheuer neben der Kirche mit
Barockportal (1783) und Fachwerk.

In Iggingen fällt sofort in die Augen, dass dies einst ein reiches
Bauerndorf war. Ein stattliches Rathaus, Pfarrhaus und eine große
Kirche bilden den Ortsmittelpunkt. Auf der Straße Böbingen – Leinzell
gehen wir in Richtung Leinzell bis nach li die Kastengasse (vergleiche
mit der Karte!) abbiegt. Durch ein Neubaugebiet hindurch kommen wir
an die oberste Talfurche eines kleines Seitentälchens der Rems. Zu
einem guten Erdpfad müssen wir auf einer kleinen Wiese einige m nach
li gehen. Bald zweigt vom Pfad ein kleiner Pfad nach re ab; dieser führt
in tiefem Waldesdunkel zu einer Brücke über den kleinen Bach, der trotz
seiner Schmächtigkeit ansehnliche Felsbrocken in sein Bachbett gespült
hat. Auf der anderen Seite des Baches geht's wenige m hinauf, dann fast
eben nach Süden. Bald kommen wir an einer mustergültigen Kleintier-
zuchtanlage vorbei; die meist geöffnet ist und an Sonntagen auch ein
gutes Vesper bietet.

Herlikofen (Stadt Schwäbisch Gmünd), *kath. Pfarrkirche St. Albanus.* Der erste
der von Kirchenbaumeister Gottlieb Wepfer rund um Gmünd errichteten
Kirchenbauten (1835) an der Stelle einer gotischen Vorgängerkirche. Inneres
modern, im Chor Apsisfenster von Otto Eberle, „segnender Christus". An der
linken Wand des Schiffes zwei hervorragende spätgotische Figuren der hll.
Stephanus und Apollonia, der Patronin der Zahnleidenden (um 1510), sowie
ausdrucksstarkes großes Kruzifix von 1650, flankiert von den spätbarocken
Figuren von Maria und Johannes. Links vom Chorbogen segnender Auferste-
hungschristus.

In Herlikofen kommen wir zur Kreuzung mit Gasthaus / Metzgerei
Hirsch. Dort führt uns die Kerkerstraße nach Süden. Der abschreckende
Name wird verständlich, wenn man über den Ort hinaus einige m nach
Süden geht; dort steht eine Kreuzwegstation „Jesus im Kerker". Wir
gehen jedoch auf der Straße „Am Limes" nach Westen bis zur
Durchgangsstraße L 1075. Auf dieser nur wenige m nach re, und linker
Hand (nach Queren der Sackgasse) den langen Brunnensteig hinab. Ab
„Am Limes" gehen wir auf dem Limes-Wanderweg HW 6. Wir gehen
entlang des großen Gmünder Zweigwerkes der ZF (Zahnradfabrik
Friedrichshafen) und dann entlang des Schießtalsee-Freibades in
Richtung Stadt. Wer baden möchte, sollte auf der Nordseite des
Freibadgeländes gehen. Vom Freibad aus bis zum Bahnhof sind es noch
30 Gehminuten; doch fährt stündlich auch ein Bus. Der Fußweg nach
Gmünd, Bahnhof, ist leicht zu finden: Bezeichnung bl Kreuz. Der Weg
führt zunächst südlich der Vollzugsanstalt Gotteszell vorbei – und dann
immer direkt nördlich der Bahngleise. Auch der Hinweis „Fahrradweg

nach Lorch" hilft uns weiter. Schon in Sichtweite der Bahnsteige unterqueren wir die Bahngleise und gehen dann sofort wieder re. Nach wenigen Metern stehen wir auf dem Bahnsteig 1 des Bahnhofes Schwäbisch Gmünd.

Schwäbisch Gmünd siehe Stadtbeschreibung S. 116

Kastell in Böbingen/Rems. Nicht weit entfernt von der Bahnstation Böbingen liegt auf dem Bergvorsprung „Bürgle" das Gelände des ehemaligen römischen Kastells, welches auf dem strategisch günstigen Plateau zwischen den Tälern der Rems und des Klotzbaches stand. Der Limes verlief etwa 1 km entfernt nördlich auf der aussichtsschönen Liashöhe gegen das Leintal hin. Das Kastell Böbingen wurde wohl im 2. Jahrhundert n. Chr. erbaut. Seine Außenmauern besaßen mit 148 mal 135 Metern fast quadratische Ausmaße. Das Kastell hatte vier Tore, die jeweils von zwei Türmen flankiert waren. In den vier Ecken stand jeweils ein weiterer Turm und innerhalb der Ost- und Westmauer zusätzlich je ein Zwischenturm. Die Gemeinde Böbingen hat anfangs der 70er Jahre das Südtor, die Südostecke mit einem Eckturm sowie einen Teil der Ostmauer mit einem Zwischenturm konserviert. Das Kastell war Standort einer Kohorte (500 Mann) zum Schutz der Grenzanlage, des Limes. Rückten aus nördlicher Richtung Feinde aus Germanien gegen die Grenzanlage vor, so gaben die Wächter auf den steinernen Limestürmen durch Feuer- oder Rauchzeichen oder aber durch Hornsignale an das Kastell Alarm. Von dort zogen dann die Soldaten aus, um die Grenze zu sichern. Vom Böbinger Kastell konnte der Limes auf eine Länge von rund 15 km eingesehen werden; er bot mit seinen Türmen und Schutzmauern von weitem sicherlich einen beeindruckenden Anblick. (Vorstehende Angaben sind teilweise der Info-Tafel am Kastell entnommen).

Bahnverbindung Richtung Aalen und Stuttgart

SW 50   Bopfingen – Tannhausen

Strecke: 28 km
Wanderkarten: L 7128 Nördlingen oder UK L 21 Nördlingen – Ries
Besonderheiten: A, E, F, G, K, S, U
Ausgangspunkt: Bopfingen, P Bahnhof

Bopfingen. Die Stadt liegt im Egertal und gehört naturräumlich zu den Härtsfeldrandhöhen der Schwäbischen Alb, das Egertal bildet die Eingangspforte ins Nördlinger Ries. Die Gemarkung mit dem Zeugenberg Ipf ist die reichste archäologische Fundlandschaft im Ostalbkreis: Auf dem Ipf befinden sich mächtige vorgeschichtliche Befestigungsanlagen. In der Hallstattzeit war hier ein keltischer Herrensitz von überregionaler Bedeutung. Auf den fruchtbaren Böden des Egertals lassen sich Siedlungen seit der ältesten Jungsteinzeit nachweisen. Die Stadt selbst ist nach Aussage des Gräberfeldes „An der Steig" eine frühe

alamannische Gründung um 500 n. Chr.. Erstmals urkundlich genannt wird
„Pophingen" in den Fuldaer Schenkungsakten des 9. Jh, im 12. Jh nennt sich eine
Adelsfamilie, staufische Ministerialen, nach dem Ort. Bopfingen hatte im 13. Jh
bereits das Stadtrecht und wurde nach dem Aussterben der Staufer zur Reichsstadt.
Diesen Status bewahrte es sich, bis es 1802 an Bayern fiel. Durch den Staatsvertrag
von 1810 kam die Stadt zu Württemberg und gehörte bis 1938 zum Oberamt
Neresheim, dann zum Landkreis Aalen.
Die frühgotische, ev. *Stadtkirche* geht auf eine romanische Vorgängeranlage
zurück und ist vor allem durch den Marienaltar von Friedrich Herlin von 1472
bekannt. Das historische Rathaus von 1586 wurde 1969 restauriert.
Mit dem *Museum* im historischen Seelhaus besitzt die Stadt ein besonderes
Kleinod. Seine Bedeutung und Ausstattung geht weit über das Übliche hinaus. Ein
Besuchermagnet ist die alljährlich stattfindende Ipfmesse, die seit 1812 auf dem
Ipf, seit 1829 am Fuße des Berges abgehalten wird.
Hinweis: Eine besondere Broschüre „Archäologische Wanderungen am Riesrand
– vom Ipf zum Goldberg" kann bei der Stadtverwaltung Bopfingen, Marktplatz 1,
73441 Bopfingen (Telefon: 07362/801-22, Telefax: 07362/801-50) angefordert
werden.

Vom P führt uns der AV-Weg mit Z r Gabel über die Freitreppe in
nördlicher Richtung durch die Stadt, über die B 29 und die Egerbrücke li
in die Alte Kirchheimer Straße die Anhöhe hinauf bis zum WP des Ipfs
(in der TK ist noch der ältere Wegverlauf eingezeichnet). Hier finden wir
eine Hinweistafel über die Besiedlung und die Befestigungsanlagen des
Zeugenberges. Vom WP gehen wir in westlicher Richtung die
Lindenallee hinauf zum flachen Gipfel des Ipfs (nahe beim oberen
Ringwall Info-Tafel über die Vorgeschichte vom Ipf).

Ipf – bedeutendes europäisches Kulturdenkmal und NSG. Der Ipf (688 m)
erhebt sich etwa 200 m über die Stadt. Dieser vorgeschobene Zeugenberg der
Ostalb stellt mit seiner Kappe aus Weißem Jura Delta im Riesrand ein „echtes
Stück Alb" dar. Selbst die Rieskatastrophe überstand der Ipf ohne große
Veränderungen. Er steht wie seit Jahrtausenden hoch und kahl über der
Landschaft. Mit seinen vorgeschichtlichen Befestigungsanlagen zählt er zu den
interessantesten Bodendenkmälern Deutschlands. Beim Aufstieg überwindet man
mehrere Ringwälle; die flachere Ostseite bedurfte eines besonderen Schutzes. Das
Hochplateau umläuft ein etwa 600 m langer Wall mit einer fünf Meter dicken
holzversteiften Mauer. Am steilen Nordhang erkennt man Trichtergruben, die ins
Verteidigungssystem einbezogen waren. Hier befanden sich für die Wasserver-
sorgung der Höhensiedlung lebensnotwendige Brunnenschächte. Menschen
verschiedener prähistorischer Epochen haben seit der Jungsteinzeit auf dem Berg
ihre Spuren hinterlassen. Die meisten Wehranlagen dürften in der Zeit um 500
v. Chr. entstanden sein, als die Bergkuppe einen jener späthallstattzeitlichen
Herrensitze trug. In den Grabhügeln beim Hof Meisterstall (nordwestlich des
Berges) begruben die Ipfleute ihre Toten. Für die spätere Zeit vermutet man auf
dem Berg ein keltisches Oppidum. Der alte keltische Bergname „opie" hat sich im
Wort „Ipf" erhalten. Caesar beschreibt das Oppidum als eine Siedlung, hinter

Der Ipf mit den vorgeschichtlichen Wällen. *Aufn.: K. Seidel*

deren Mauern städtisches Leben herrschte; Straßen gliederten die Siedlung in Viertel unterschiedlicher Funktion. Es gab Werkstätten, Wohnhäuser, Tempel, Versammlungsplätze, zuweilen auch Freiflächen für das Vieh. Hochwertige Waren wurden hier hergestellt, wohl für eine Schicht, die auch die politische Macht in Händen hielt.

Rundsicht vom Ipf

Nach Osten. Vor uns liegt die weite Riesebene, aus der sich der Wallersteiner Felsen und der Nördlinger Daniel erheben.

Nach Nordosten. Fern am Horizont erhebt sich im Fränkischen der Hesselberg.

Nach Nordwesten. Vor uns, auf einer Weißjurascholle, blicken wir hinüber zum Schloss Hohenbaldern, dahinter ist das Schloss Ellwangen sowie die Wallfahrtskirche Schönenberg zu sehen und etwas li davon erscheint am Horizont der Hohenberg mit seiner Jakobuskirche.

Nach Westen. Das Egertal bis zur Kapfenburg.

Nach Süden. Wir blicken hinüber zur Ruine Flochberg – ihr zu Füßen auf Schlossberg, re davon zum Breitwang, zum Sandberg und dem Nordhang des Härtsfeldes.

Nach Südosten. Hinter dem Ohrengipfel (652 m NN), etwas li davon ist die Ruine Niederhaus sichtbar, weiter dahinter erhebt sich der Fernmeldeturm auf der „Rauhen Wanne" und weiter li am fernen Horizont ist der Fernsehturm auf dem Hühnerberg bei Harburg zu erkennen.

Das Ries – einzigartige Landschaft. Was einst als Naturkatastrophe begann, wurde im Laufe von Millionen Jahren eines der artenreichsten Naturparadiese unserer Zeit. Als besterhaltener Meteoritenkrater mit ca. 25 km Durchmesser liegt

die Riesebene zwischen Fränkischer und Schwäbischer Alb. Vor ca. 15 Millionen Jahren nähert sich ein Steinmeteorit von rund 1200 m Durchmesser in kosmischer Geschwindigkeit unaufhaltsam der Erde und bohrt sich beim Aufprall mit immenser Wucht 1000 m tief ein. Ganze Berge werden aus dem Krater bis zu 40 km ins Vorland geschleudert. Geschmolzenes kristallines Grundgebirge, verklebt mit Staub und Sedimentgestein, bildet den Suevit. Unter den Trümmermassen verschwinden Flusstäler und bilden für 2 Millionen Jahre einen einzigen abflusslosen See. Mit Anhebung der Alb, am Ende der Tertiärzeit, räumen zahlreiche Wasserläufe den durch Einschwemmungen allmählich angefüllten See aus. Nur die harten Riessee-Kalke werden als Erhebungen, wie z.B. der Goldberg und der ca. 70 m hohe zerklüftete Wallersteiner Felsen, konserviert. In der ausgedehnten Eiszeit legt sich dann eine Schicht von fruchtbarem Löß über den Kessel – Basis für grenzenloses Wachsen, Blühen, Gedeihen, Leben. So entstanden, besitzt das Ries heute ein angenehmes Eigenklima mit spürbar höheren Temperaturen als auf den Alb-Hochflächen.
Im Rahmen zahlreicher geologischer Aufschlüsse kann der Hobby-Geologe und Mineraloge die seinerzeitige Naturkatastrophe nachvollziehen. Sogar die US-Astronauten – Besatzungen von Apollo 14 und 17 – absolvierten ihr Feldtraining vor ihren Raumfahrten u.a. im Suevit-Steinbruch in Utzmemmingen, der ein mondähnliches Gestein aufweist.
Rund 7700 Jahre alt sind nach neuesten Untersuchungen die Gräber der *Ofnethöhlen,* die sich zwischen Nördlingen – Stadtteil Holheim und Utzmemmingen befinden – womit ein Beweis für die frühe vorgeschichtliche Besiedlung des Rieses erbracht ist. Ausgrabungen von zahlreichen ehemaligen römischen Gutshöfen und Befestigungsanlagen im Ries zeugen davon, dass sich bereits die Römer hier wohlfühlten. Im 6. und 7. Jh wurde das Gebiet von Alamannen bewohnt. Neben Geschichte, Kultur und Tradition bietet das Ries Ruhe und Erholung und lädt zu Erkundungstouren und Ausflügen besonders ein, denn auf den waldreichen Höhenzügen, die das Ries umrunden, findet man viele sehenswerte Schlösser und Burgen. Auch alte, ehemals freie Reichsstädte wie Bopfingen und Nördlingen laden zum Verweilen ein. Beim Spaziergang auf historischen Stadtmauern und in alten Gassen fühlt man sich ins Mittelalter versetzt – das Flair dieser alten, noch wohlerhaltenen Städte wird einen verzaubern.
Mitten durch das Ries führt die „Romantische Straße" und der Europäische Fernwanderweg E 8 von der Nordsee zur Donau, sowie die „Deutsche Ferienstraße Alpen – Ostsee". Die „Schwäbische Albstraße" beginnt in Nördlingen.

Unser Weiterweg führt uns zurück zum WP, von hier gehen wir oZ in nördlicher Richtung weiter auf dem Teerweg li am Blasenberg entlang (nördlich von Kalkofen). Von hier schöner Blick nach Nordwesten in das Sechtatal mit Schloss Hohenbaldern. Steil führt uns der Weg hinab nach Kirchheim/Ries und in südlicher Richtung durch ein schönes Tor in den Klosterhof.

Kirchheim am Ries. Kirchheim liegt am westlichen Riesrand. Die Geschichte des Ortes klingt wie eine Zusammenfassung der Vergangenheit dieses bayerisch-

Das ehemalige Zisterzienserinnenkloster in Kirchheim am Ries.
Aufn.: Kreisarchiv Ostalbkreis (B. Hildebrand)

württembergischen Grenzgebietes: Nördlich des Ortes liegt eine Keltenschanze;
die *Martinskirche* wurde dort errichtet, wo Jahrhunderte zuvor schon Römer
gebaut hatten. Von der Siedlung der Alamannen zeugen umfangreiche
Gräberfelder. Seit dem Hochmittelalter gehörten die meisten Güter einem
Zisterzienserinnen-Kloster. Doch die weltliche Herrschaft – die Grafen von
Oettingen-Oettingen – führten in Kirchheim die Reformation ein. 1731 war diese
Linie der Oettinger erloschen, katholische Herren folgten, die aber hoben das
Kloster auf. 1806 kam Kirchheim zum neugegründeten Königreich Bayern, 1810
zu Württemberg. Die Klosterkirche der ehemaligen Zisterzienserinnen-Abtei aus
dem 14. Jh ist Pfarrkirche des Ortes. Ihre ursprüngliche Schlichtheit entsprach dem
von Armut und Arbeit geprägten Orden der Zisterzienser. Erst die Prachtentfal-
tung der Barockzeit überzog den Innenraum mit Stuck und Gold.

Wir setzen unsere Wanderung am westlichen Ortsrand auf der K 3205
fort in Richtung Wössingen, gehen jedoch am Waldrand li hinauf nach
Jagstheim.

Keltische Viereckschanze. Etwa 100 m südlich des Weilers Jagstheim liegt im
Wald „Jagstheimer Holz" an einem leichten Nordosthang eine keltische
Viereckschanze. Die Südseite der Schanze ist etwa 70 m, die Westseite 84 m
lang. Die Nordseite hat heute noch eine Länge von etwa 67 m und die Ostseite eine
Länge von 89 m. Eine Info-Tafel gibt Hinweise über die spätkeltische
Viereckschanze.

*Die Pfarrkirche St.
Lukas in Tannhausen,
eine Chorturmkirche
von 1479.
Aufn.: Kreisarchiv
Ostalbkreis
(B. Hildebrand)*

Wir durchqueren den Weiler Jagstheim, queren die L 1060 und gehen
auf der K 3205 nach Wössingen. Re durch die Ortschaft und li Richtung
Norden (östlich der Autostraße) nach Zipplingen.

Zipplingen. Hier steht auf dem Kirchberg die schönste unter den Deutschordens-
kirchen im Vorderen Ries, die *Martinskirche*. Die in den Jahren 1761 bis 1766 vom
Ordensbaumeister Mathias Binder aus Burghausen an der Salzach errichtete
Barockkirche thront auf einer Randscholle des Riestrichters inmitten ihres
ummauerten Friedhofs.
Ca. 250 m nördlich des Ortes, li neben der K 3204, ist ein Straßenaufschluss
(Suevit) zu sehen; das Rieser „Mondgestein" bildet die Böschung.

Der Wanderweg führt uns weiter in nördlicher Richtung am Waldrand
entlang und ca. 500 m durch den Wald zur K 3209; – hier befinden sich
im Wald noch Reste von Hügelgräbern aus der Hallstattzeit. Auf der
K 3209 gehen wir li in Richtung Nordhausen bis zur Brücke über den
Achbach. Vor dem Achbach re zu einem kleinen Weiher mit Rast- und
Spielplatz. Wir wandern weiter, immer in nördlicher Richtung; – durch
ein Waldstück, über Wiesen wieder in den Wald. Nach ca. 500 m, an
einer Weggabel gehen wir re zu den Baronenweihern (Rastplatz für

Wasservögel). Nach den Weihern li bis zur L 1076 auf der es li leicht abwärts nach Tannhausen geht.

Tannhausen. Der 1215 erstmal erwähnte Ort unter einem nach Tannhausen benannten, seit 1145 nachweisbaren Ortsadel, dem angeblich auch der Minnesänger Tannhäuser angehört haben soll. Das im 18. Jh erbaute *neue Schloss* auf dem mittelalterlichen Burgstall wird heute noch von Mitgliedern dieses Geschlechts bewohnt. Lehensherren waren die Grafen von Oettingen, das Hochstift Eichstätt und das Augsburger Domkapitel, zu dem immer sehr enge Verbindungen bestanden haben. Tannhausen kam 1810 an Württemberg, nach kurzem bayerischem Zwischenspiel 1806.

Die 1479 anstelle eines frühgotischen Vorgängerhaus errichtete *Pfarrkirche St. Lukas* (kath.) gehört zu den interessantesten und schönsten Bauwerken der Spätgotik in unserem Raum. Architektonisch weist sie zwei Besonderheiten auf: Sie vertritt zu einer Zeit, in der diese Bauweise nicht mehr üblich ist, den Typ der Chorturmkirche – der hohe Turm steht über dem östlichen Chor und das Langhaus ist eine zweischiffige Halle mit tragendem Mittelpfeiler. Die Kirche ist ein Werk der Nördlinger Bauhütte; Nikolaus Eseler d. Ä., der Erbauer der Nördlinger Georgskirche, gilt als Erbauer von Chor und Turm, während der ebenfalls Nördlinger Stephan Weyrer als Architekt des Schiffes gilt. Ebenfalls in Tannhausen tätig war Hans Stiglitz von Miltenberg.

SW 51   Bopfingen – Schloss Baldern – Schloss Kapfenburg

Strecke: 28 km
Wanderkarten: L 7126 Aalen und L 7128 Nördlingen oder Blatt F 13 Ellwangen – Aalen, bzw. UK L 21 Nördlingen – Ries
Besonderheiten: A, F, G, H, K, R, S
Ausgangspunkt: Bopfingen, P Bahnhof

Bopfingen siehe SW50 S. 283

Hinweis: In der TK ist bei folgenden Streckenabschnitten noch der ältere Wegverlauf eingezeichnet: Alte Kirchheimer Straße hinauf zum Ipf und hinab nach Oberdorf sowie nach Oberdorf ab Beginn des Waldes auf eine Länge von ca. 1,3 km. Wir folgen grundsätzlich dem markierten Wanderweg.

Streckenverlauf bis zum Ipf siehe SW 50 S. 284
Der Weiterweg führt uns vom Westrand des Hochplateaus auf dem AV-Weg mit Z r Gabel hinunter nach Oberdorf; – durch den Hof am Hang, über die Sechtabrücke und zur L 1070 (Ellwanger Straße). Der L 1070

folgen wir nach re und gehen nach ca. 50 m li an der Siedlung hinauf zur
Kastellstraße.

Oberdorf siehe W 29 S. 218

Auf der Kastellstraße (nach Ortsende Feldweg) re weiter bis zum
Waldrand. Von hier schöner Rückblick auf den Ipf und in das Sechtal.
Am Waldrand gehen wir weiter bis von re ein Feldweg heraufkommt,
dem wir nach li in den Wald hinein folgen. Im Wald führt uns die
Wegbezeichnung r Gabel zum Waldrand und diesem entlang zur K 3201.
Auf der wenig befahrenen Kreisstraße wandern wir durch die
Blankenhöfe hinauf nach Baldern und oZ zum Schloss Baldern.

Baldern – Schloss Baldern. Die Siedlung ist in Anlehnung an die Burg im 14./15.
Jh entstanden. Eine Fahrstraße und mehrere Fußwege führen vom Dorf durch
einen mit exotischem und einheimischem Baumbestand angelegten Park hinauf
zum Schloss Hohenbaldern, das auf einer Weißjurascholle – durch den
Meteoriteneinschlag ins Ries hierher geschleuderter Klotz – erbaut ist. Hinter
seinen barocken Fassaden verbirgt sich eine mittelalterliche Burg, die sich bis in
12. Jh zurückverfolgen lässt. Zunächst im Besitz von Edelfreien kam sie 1215
durch Tausch vom Regensburger Bischof an die Abtei Ellwangen, die ihre Vögte,
die Grafen von Oettingen, damit belehnte. Baldern war für das Haus Oettingen

Schloss Baldern.   *Aufn.: K. Seidel*

eine wichtige Festung und eine beliebte Residenz. Eine Linie, die sich nach Baldern nannte, erlosch 1798. Die Burg fiel an Oettingen-Wallerstein und blieb dort bis zum heutigen Tag. Kraft Anton Graf zu Oettingen-Baldern ließ die Burg 1721–1737 in ein barockes Schloss umbauen. Die Bauleitung hatte der Graubündner Franz de Gabrieli, nach dessen Tod 1726 sein berühmter Bruder Gabriel, der Eichstätter Baudirektor.

Am Beginn des Weges zum Schloss steht eine Nepomukstatue – sehr gute Arbeit von 1718. Das Torgebäude 1719 errichtet, mit Atlanten und Wappen des Bauherren. Im engen Durchgang zum Vorhof schönes Relief des hl. Georg, 1436. Die Schlosskapelle St. Georg (kath.) 1725 barockisiert, reiche Stuckaltäre von Gabrieli. Im Hauptaltar Georg, flankiert von Johannes Nepomuk, Sebastian u.a., im li Seitenaltar Maria im Strahlenkranz.

Der Festsaal im Saalbau gehört zu den großartigsten Repräsentationsräumen des Barock in Süddeutschland, die Stukkaturen von den Brüdern Ulrich und Johann Schweizer aus Deggingen. In den Halbreliefs der Stuckdecke der „Bauplan der Welt" – an den Längsseiten die (damals bekannten) vier Erdteile Europa, Asien, Afrika, Amerika, in den Ecken die vier „Danielischen Weltreiche": Babylon, Persien, Griechenland und Rom. In der Mitte die über allem schwebende Göttliche Weisheit, begleitet von den sieben christlichen Tugenden. Schlossräume: Die herrschaftlichen Wohnräume und Kunstsammlungen sind mit Führung zu besichtigen (Möbel und Tapisserien aus dem 17. Und 18. Jh, Gemälde u. a. von Januarius Zick, hervorragende Stuckdecken, große historische Waffensammlung).

Führungen: 16. März – 31. Oktober, täglich außer Montag von 9 – 17 Uhr (März, April, Oktober von 9.30 Uhr – 16 Uhr).

Aussicht: Vom 1889 geschaffenen Aussichtsturm genießt man einen weiten Blick über das Härtsfeld und über den Virngrund hinweg ins Frankenland.

Unser Weiterweg geht ab Ortsmitte auf der K 3200 mit Z bl Dreieck westlich in Richtung Röttingen. Bald nach Ortsende folgen wir dem Wegzeichen bl Dreieck nach re. Sehr schöner Rückblick auf Baldern. Weiter, leicht abwärts, zum nahen Wald, durch den Wald bis zu einer großen Wegspinne, die wir mit Z bl Dreieck queren. Am Waldrand führt der Weg über einen Damm, der zwei Stauseen teilt (Stausee Stockmühle). Die Seen werden von der jungen Jagst gespeist, sie sind Vogel- und Naturschutzgebiet. Am oberen See gehen wir nach Norden, überqueren die K 3203 und kommen dann nach Dettenroden. Am Ortsbeginn verlassen wir den markierten Wanderweg und gehen oZ auf der Teerstraße durch das Waldstück „Nasser Hau" zur K 3318. Unter der Hochspannungsleitung ca. 100 m nach Nordwesten, dann auf einem Forstweg nach Südwesten um den Hornsberg herum.

Burgstall Hornsberg. Auf dem überragenden Hornsberg weist das erhaltene Erdwerk – besonders ein tiefer und breiter Graben und mehrere Trichtergruben – auf eine ehemals stattliche Burg hin. Für 1245 und 1262 wird ein Konrad von Hornsberg erwähnt. Ob er bereits zum Ortsadel von Killingen gehörte, der im 14.

und 15. Jh erscheint und der zu dieser Zeit die Burg besessen hat, ist nicht ganz gesichert. In den Jahren 1356, 1359 und 1437 wird der Burgstall urkundlich genannt. 1443 hat ihn der Abt von Ellwangen erworben.

Beim Gewann Vogelfeld treffen wir auf den AV-Weg mit Z bl Raute. Wir gehen ein kurzes Stück auf diesem Weg bis zum Burgstall bei Mohrenstetten.

Burgstall bei Mohrenstetten. Nordwestlich des Hofes Mohrenstetten liegt auf einem Bergrücken ein gut erhaltener Burgstall im Umfang von etwa 25 auf 35 m, 5 bis 6 m hoch, ringsum mit Wall und Graben umgeben. Auf der Oberfläche im südwestlichen Teil eine ovale (etwa 5 auf 7 m) Vertiefung von 1,5 m. Unmittelbar anschließend gegen Osten, aber durch Graben getrennt, ist eine zweite, ähnliche Anlage zu erkennen, sie wird im Westen und Osten durch Graben, im Süden und teilweise im Norden durch Steilabfall geschützt. Ob die Gesamtanlage einen Doppelburstel darstellte oder ob auf dem östlichen Teil Wirtschaftsgebäude standen, ist nicht geklärt. Ortsadel 1240 nachgewiesen (Dominus Volcardus de Murestan).

Wir verlassen beim TP 569 den markierten Weg und gehen oZ nach li, durch Mohrenstetten und dann in südlicher Richtung am Wbh vorbei durch das Wäldchen. Nach Waldaustritt zum TP 539 mit einem weiteren Wbh. Schöner Abstieg mit herrlichem Ausblick auf die Albkette von Baldern bis zum Braunenberg. Direkt vor uns thront die Kapfenburg. Wir durchqueren den Weiler Westerhofen, unterqueren Bundesstraße und Bahnlinie und gelangen auf der K 3293 hinauf zur Kapfenburg. Mehrere schöne Spiel- und Rastplätze mit Grillmöglichkeit laden hier am Ende der Wanderung zum Verweilen ein.

Kapfenburg. Die staufische Reichsburg am Eingang zum Ries erhielt ihr heutiges Gepräge im 16./18. Jh, als sie zu einem repräsentativen Deutschordensschloss umgebaut wurde. Die 1240 erstmals erwähnte Burg kam zwischen 1319 und 1322 durch König Friedrich von Habsburg an Graf Ludwig VI. von Oettingen. Der Deutsche Orden kaufte die Kapfenburg mit den Orten Hülen und Westhausen 1364 von Graf Ludwig VIII. von Oettingen. Er erhob die Kapfenburg zum Verwaltungsmittelpunkt für die Ordensgüter auf dem Härtsfeld und im oberen Jagsttal. Die Kommende (seit 1379/84) zählte zu den einträglichsten der Ballei Franken. Mit der Säkularisation des Ordens ging die Burg in den Besitz des Königreiches Württemberg über und war zunächst Residenz für Prinz Paul, danach Sitz der „Kameralverwaltung" des Oberamtes Ellwangen und des Forstamtes. Heute ist in den ehem. Räumen des Forstamtes das *Wanderheim des Schwäbischen Albvereins* untergebracht. Das Museum li vom Rittersaal enthält Dokumente zur Geschichte des Deutschen Ordens und der Kapfenburg (geöffnet nach Vereinbarung – Auskunft Stadtverwaltung Lauchheim). Von der Burg aus hat man einen herrlichen Ausblick (kapfen/gaffen = schauen). Im Außenbereich der Burg Freizeiteinrichtungen (Grillplatz, Rastanlagen).

Aussicht: Unten im Tal der noch jungen Jagst liegt vor uns Westerhofen, li davon Westhausen und südlich davon Reichenbach mit dem Bergsporn der ehemaligen Agnesburg; wiederum li davon der Wöllerstein (gehört mit 723 m Höhe zu den höchsten Erhebungen des Härtsfeldes). In der Ferne, in nordwestlicher Richtung, die Ellwanger Berge mit dem Hohenberg und der Jakobuskirche, Ellwangen mit Schloss und Wallfahrtskirche Schönenberg. Halbrechts im Tal die Stadt Lauchheim, dahinter der Stausee Stockmühle und in östlicher Richtung die Ipf.

Von der Kapfenburg auf AV-Weg mit Z r Raute zum Bahnhof Lauchheim (etwas mehr als 1 km). Von hier Rückfahrtmöglichkeit mit der Bahn nach Bopfingen, bzw. Aalen – Stuttgart.

Radwanderungen (RW)

RW 52   Eckartshausen – Burgberg – Ölhaus – Eckartshausen

Strecke: 15 km
Wanderkarten: L 6924 Schwäbisch Hall oder Blatt F 12 Schwäbisch Hall – Crailsheim
Besonderheiten: A, G, P, R, S, T, W
Ausgangspunkt: Eckartshausen, P Bahnhof. Eckartshausen, Stadtteil von Ilshofen, ist mit der Bahn gut erreichbar aus Richtung Aalen – Ellwangen – Crailsheim und aus dem Neckargebiet über Marbach – Gaildorf – Schwäbisch Hall, bzw. Heilbronn – Öhringen – Schwäbisch Hall.

Eckartshausen, Burgbergwald, Burgberg, Gaststätte und Aussichtsturm siehe W 1 S. 134, 135

Die Fahrtstrecke von Eckartshausen bis zur „Teufelsklinge" siehe W 1. Nach der versetzten Wegkreuzung mit der re beginnenden „Teufels- klinge" fahren wir ge weiter in südlicher Richtung. Bei der nächsten Kreuzung (TP 462) biegen wir li in den „Lorenzenzimmernweg" ein. Nach ca. 600 m biegt der „Radwanderweg Crailsheim" re ab, wir bleiben jedoch weiterhin auf dem „Lorenzenzimmernweg" (auf der Karte ist dieser Weg auch weiterhin als Radweg grün eingezeichnet) und fahren ge weiter. Eine kleine Steigung und wir haben die nächste Kreuzung erreicht. Hier biegen wir in den „Burgbergweg" ein; – das Sträßchen geht in einen Schotterweg über und ein kurzes Stück steil den Berg hinauf. Linker Hand kommen wir an der Saatschulhütte vorbei und kurz

*Die Markgrafeneiche,
eine stattliche, rund 350
Jahre alte Eiche mit
einem Stammumfang in
Brusthöhe von 5,50 m
(man vergleiche dazu den
mit gespreizten Armen
vor dem Stamm stehen-
den Mann).
Aufn.: Th. Müller*

darauf haben wir den Wald hinter uns. Li sehen wir nun den
Burgberghügel mit seiner Obstwiese und der Wellingtonie (Mammut-
baum). Im li Bogen geht es nun aufwärts zur Kuppe des Burgberges. Die
Rückfahrt bis zur Kreuzung „Burgbergweg / Lorenzenzimmernweg"
erfolgt auf gleicher Wegstrecke wie wir gekommen sind. *Achtung:
Teilweise steil abwärts führender Schotterweg bis zur Kreuzung –
gefährliche Abfahrt!* An der Kreuzung fahren wir auf dem geteerten
Sträßchen halbre weiter und stoßen kurz danach bei der Hütte auf den
AV-Weg mit z bl Hufeisen, der talwärts nach Maulach führt. Dem
Sträßchen folgen wir nach li, jetzt zusätzlichen mit der Hinweistafel
„Radwanderweg Buchklingenseen". Ca. 150 m vor der „Markgrafeneiche" biegt der Radwanderweg li ab; – wir bleiben jedoch weiterhin auf
dem bl Hufeisenweg, der in der Karte auch weiterhin als Radweg grün
eingezeichnet ist. Kurz nach der „Markgrafeneiche" erreichen wir die
Forsthütte vor der Waldlichtung, wir fahren ab hier noch ca. 200 m in
einer leichten Rechtskurve den Berg hinunter und biegen dann in
langsamer Fahrt im spitzen Winkel li in den „Wirtsgreutweg" ein. Wir
folgen dem Schotterweg (bitte vorsichtig fahren) und stoßen bei den
Buchklingenseen auf einen Forstweg, dem wir nach re folgen. Am Ende
der Seen stoßen wir auf ein geteertes Sträßchen, dem wir nach li folgen.

Wir fahren nun ge weiter und folgen der Hinweistafel „Radwanderweg
Crailsheim". Nach wenigen Min haben wir den Weiler Ölhaus erreicht;
– man könnte meinen, die Zeit wäre hier stehen geblieben, so ruhig und
verträumt liegt der Weiler im lieblichen Wiesental. Den Weiler queren
wir, biegen am letzten Gebäude li ab und fahren leicht ansteigend dem
Wald zu. Nach kurzem Anstieg im Wald stoßen wir auf den von
Eckartshausen kommenden bl-Strich-Weg; – dem uns bekannten
Sträßchen folgen wir re und fahren talwärts nach Eckartshausen zurück.
Hinweis: Nach der „Markgrafeneiche" stimmt die Wegmarkierung „bl
Hufeisen" in einem kurzen Abschnitt mit der Karte nicht überein. Das
Teersträßchen ist mit dem Z bl Hufeisen markiert, in der Karte verläuft
die Markierung noch auf dem Schotterweg, re neben dem Sträßchen.
Wir bleiben jedoch auf dem Teersträßchen.

RW 53   Bühler – Kammerstatt – Tannenburg – Geifertshofen – Hohenberg – Bühler

Strecke: 40 km, zahlreiche kleine Anstiege – insgesamt ca. 500 m
Wanderkarten: L 6924 Schwäbisch Hall und L 7124 Schwäbisch Gmünd
oder Blatt F 13 Ellwangen – Aalen
Besonderheiten: A, F, K, P, R, S, T, W
Ausgangspunkt: Bühler (Gemeinde Adelmannsfelden), im oberen
Bühlertal

Bühler. Der Weiler liegt am Hochflächenrand östlich über dem Bühlertal. Hinweis
auf Ortsadel in den Jahren 1382 bis 1404. Im 16. Jh teilten sich Ellwangen, die
Hürnheim zu Wöllstein (deren Teil wurde 1587 an Ellwangen verkauft) und die
Herrschaft Adelmannsfelden in den Weiler. Im 18. Jh übte Ellwangen jeweils zwei
Jahre, Adelmannsfelden ein Jahr die Obrigkeit aus. Um 1500 wurde die im Weiler
stehende kath. Kapelle St. Sebastian erbaut. Sie ist so groß wie eine Kirche, ist in
der TK aber mit der Signatur einer Kapelle eingetragen.

Diese Radwanderung führt durch eine liebliche, sehr abwechslungsreiche Landschaft, großenteils durch naturnahe Wälder mit reichem
Unterholz und munteren kleinen Bächen. Die noch fast ganz erhaltene
Tannenburg erinnert daran, dass dieses abgelegene Waldgebiet einstens
zur Fürstpropstei Ellwangen gehörte.
Von der Ortsmitte bei der schönen Kapelle fahren wir auf der K 3324 in
Richtung Adelmannsfelden. Sofort hinter dem Ortsendeschild biegen
wir nach li ab, hinunter auf einem Feldweg, – weiter fast eben zur K 3243
(hier sehen wir in der Ferne die Doppelkuppe des Altenberges – später
dann etwas weiter li davon den langgestreckten Höhenrücken des

Büchelberger Grates). Auf der wenig befahrenen Autostraße radeln wir
nach Haid und gleich steil hinab ins Tälchen des Uhlbaches. Nach der
Brücke biegt die Autostraße nach li, hinauf zum Weiler Hochbronn. Wir
fahren aber nach re hinein in das stille Waldtal mit dem klaren Uhlbach.
Nach 500 m verlassen wir den Talgrund scharf re aufwärts. Der
Waldboden hat reiches Unterholz, an manchen Stellen dichte Polster
von Heidekraut. Bald führt der Waldweg wieder eben am Hang entlang.
Nach einem kleinen See geht's re und wieder aufwärts. Auf dem quer
verlaufenden Forstweg fahren wir nach re zur K 3242 und ein Stück nach
li zur K 2627. Am Waldaustritt entdecken wir in einigen km Entfernung
einen höheren Waldrücken. Es ist dies der Schönberg bei Hinterbrand/
Hütten. Bald erblicken wir etwas nördlich davon den Hügel des
Hohenberges mit dem Turm der romanischen Kirche. Wir bleiben auf
der wenig befahrenen K 2627 bis Kammerstatt.

Kammerstatt. Der Weiler wird 1339 erstmals genannt und gehörte zu dieser Zeit
zur Tannenburg. Kammerstatt besitzt eine besonders schöne Kapelle zur „Heiligen
Dreifaltigkeit" mit wertvollen Heiligenfiguren.

Auf der K 2628 fahren wir weiter in Richtung Fronrot – Schwäbisch
Hall. Wir fahren an einer Abzweigung „nach Holenstein" vorbei, fahren
eine scharfe Linkskurve und biegen dann an einem Wegdreieck (ca.
350 m nach der Linkskurve) nach li ab in den Saurenbergweg. Bald biegt
unser Forstweg nach re ab und führt dann in leichten Kurven und
angenehmen Gefälle ins Tal des Saubaches hinab. Im Talgrund wird ein
kleiner Nebenbach überquert – und dann geht's etwas oberhalb des
Hangfußes in Richtung Holenstein. Der langgestreckte Bergzug rechter
Hand endet mit dem Gemäuer der Tannenburg, das großenteils von alten
Bäumen verdeckt wird. Vor Holenstein biegen wir spitzwinklig auf das
Teersträßchen ein, auf diesem weiter, vorbei an der Avenmühle, nach
Halden. Der Aufstieg zur Tannenburg geht leichter, wenn wir die Räder
in Halden stehen lassen und die Stufen zur Burg hinaufsteigen.

Tannenburg. Bald stehen wir staunend vor einer sehr hohen Schildmauer. Diese
ist mit 4,05 m Mauerstärke die dickste ihrer Art in Württemberg; noch mehr
überrascht uns bei einem Rundgang, dass die gesamte, sehr lange Burgmauer bis in
große Höhe aus staufischen Buckelquadern erstellt ist. In einer Chronik aus dem
Jahr 1320 wird berichtet, dass „die Tannenburg seit unvordenklichen Zeiten im
Besitz des Klosters Ellwangen sei". Vermutlich haben die Hohenstaufen (der
Kochergau gehörte ja auch zu ihrem Besitz) das ihnen ergebene Kloster zum Bau
dieser Burg veranlasst. Bis zur Säkularisation (im Zuge der napoleonischen Kriege
im Jahr 1803) saß auf der Tannenburg ein ellwangischer Vogt. Dessen
schwankende Haltung ermöglichte es den Bauern, die Burg im Bauernkrieg zu
besetzen und anzuzünden. Trotzdem wirkt der Burghof auch heute noch ungemein
stimmungsvoll. Man spürt, wie die Jahrhunderte hier vorbeigezogen sind. Das
langgestreckte Wohngebäude auf der Südseite wurde noch im 16. Jh wieder

aufgebaut. Der gänzlich aus schön behauenen Steinen gemauerte Bau am Westende birgt den Rittersaal. Er weist zwei gotische Fenster auf, die auf eine Bauzeit nach 1300 schließen lassen. Vor und in der Burg herrscht wieder Leben, seit im Burghofgebäude Ferienwohnungen eingerichtet wurden. Familien können von hier aus – etwa als Ritter auf Stahlrössern – das Land durchstreifen. Im Burghof setzt uns eine riesige alte Linde in Erstaunen; sie ist innen hohl – und wer den Kopf ganz hineinstreckt und nach oben schaut, kann feststellen, dass der Stamm bis zur Spitze hohl – und also nur noch eine Röhre ist.

Nach Voranmeldung über 07973 / 5115 (Ernst Zipperer) oder – / 5985 (Ernst Zipperer jun.) ist eine Führung durch die Burg möglich. Neben der Begehung der Schildmauer mit Aussicht weit ins Land ist auch die Burgkapelle (Gebäude spätgotisch, Ausstattung in Renaissance) sehr eindrucksvoll. Im Land gibt es nur wenige Burgen, die derart umfangreiches Mauerwerk aus Buckelquadern aufweisen.

Von Halden fahren wir über den Heuhof hinab ins Bühlertal, überqueren den Fluss bei der Weidenmühle und fahren auf der L 1072 nur 150 m in Richtung Bühlertann. Dann geht's wieder durch urtümlichen Wald auf gutem Forstweg auf den Höhenzug zwischen Fischach und Bühler. Am Waldrand geht's hinab in den flachen Talgrund der Fischach und etwas hinauf zur K 2627 (von hier schöne Ausblicke nach li zur Tannenburg) und ge weiter nach Geifertshofen.

Geifertshofen. Der 1085 erstmals erwähnte Ort kam vom Kloster Komburg über die Herren von Weinsberg zu Beginn des 15. Jh an die Schenken von Limpurg und fiel 1781 mit der Herrschaft Limpurg-Sontheim-Schmiedelfeld an Württemberg. Die ev. Pfarrkirche St. Sebastian brannte am 24. April 1626 ab. In den Neubau wurden die unteren Geschosse des mittelalterlichen Turmes einbezogen. In den Jahren 1902/03 kam es wegen starker Baufälligkeit zu einem fast vollständigen Neubau der Kirche nach einem Entwurf von Heinrich Dolmetsch aus Stuttgart unter Beibehaltung des Turmes. Die Jugendstilornamente im Innenraum wurden 1985 wiederhergestellt.

In Geifertshofen staunen wir über die Dorfkäserei, doch bei der lieblich-hügeligen Landschaft mit den Viehweiden darf einen dies ja nicht wundern. Nach der Kirche biegen wir re ab in Richtung Freibad. Der AV-Weg mit Z r Kreuz führt aus geteertem und gelegentlich befahrenem Weg zum Teil steil hinauf auf einen Bergrücken. In der Ferne ist wieder die Tannenburg zu sehen. Nach knapp 500 m im Wald biegen wir mit dem Z r Kreuz nach li ab, und achten bei den folgenden Abbiegungen immer genau auf dieses Z. Bei den zahlreichen Wegverzweigungen gibt es viele Möglichkeiten des Falschfahrens. Unser Weg führt durch liebliche Wiesen hinunter zum Mühlweiher der Teuerzer Sägmühle, über den Damm dieses Weihers – und dann (nun mit Z r Punkt) im Tal des Klingenbaches weiter talab. Der kleine Bach mit seinen unzähligen Schlingen und der dicht bewachsene grüne Waldboden lassen das Ganze

als Märchenland erscheinen; an dem man nicht vorbeifahren kann. Nach
500 m zweigt unser r-Punkt-Weg leicht ansteigend nach li ab. Er führt
aber wieder zurück ins Tal und dort weiter zum nächsten Grillplatz, der
ebenfalls sehr hübsch angelegt ist. Oben am Berghang wird der Hof
Säghalden sichtbar. Unser Weg führt wieder hinab zum Klingenbach
und direkt vor der Brücke weiter zu einer Trafostation. An dieser
verlassen wir das Tal und müssen nun steil hinauf zum Höhenzug mit
dem Weiler Gantenwald. Hier geht's auf der K 2632 nur 300 m nach re
und dann dem Wegzeiger „Hambacher Mühle" nach hinab ins nächste
Tälchen. Das sehr schmale Sträßchen wird von PKWs befahren, denn
unten am Mühlweiher befindet sich ein Campingplatz. Dort verlässt
unser r-Punkt-Weg gleich wieder das Tal des Hahnbaches und führt,
leicht ansteigend, ein Seitentälchen aufwärts. Wir verlassen dieses Z auf
einem geteertem Quersträßchen nach li abwärts, das durch eine Senke
zum Gehöft Uhlbach führt. Nach leichtem Anstieg erreichen wir den
Weiler Hohenberg. Ganz in der Ferne ist nochmals die Tannenburg
auszumachen. Wir bleiben nun auf dem grün gezeichneten Radweg, der
weitgehend mit dem r-Kreuz-Weg identisch ist. Für ein kurzes Stück
verlassen wir den AV-Weg, fahren nach li zum TP 493, hier re und bei der
Wüstung Vorhardsweiler biegen wir li ein; – queren die erste Wegspinne
ge. Bei der nächsten Wegspinne müssen wir nach li aufwärts zur
Eiwaldhütte abbiegen. Von dieser läuft's nun ge weiter in angenehmen
Gefälle hinab ins obere Bühlertal – und auf der Bühlerstraße (L 1072)
hinauf nach Bühler, unserem Ausgangspunkt.

RW 54   Ellwangen – Tal der Blinden Rot – Gründelhardt – Oberspeltach – (Burgberg) – Jagstheim – Jagsttal – Ellwangen

Strecke: 57 kam, mit Burgberg 63 km
Wanderkarten: L 6924 Schwäbisch Hall, L 6926 Crailsheim und L 7126
Aalen oder Blatt F 13 Ellwangen – Aalen und F 12 Schwäbisch Hall –
Crailsheim (nur für den Burgberg)
Besonderheiten: A, F, K, P, T, W
Ausgangspunkt: Ellwangen, P Schießwasen

Ellwangen siehe Stadtbeschreibung S. 101

Wir starten vom P in südlicher Richtung, fahren am Hallenbad und
Campingplatz vorbei, dann kurz aufwärts zur Rotenbacher Straße und in
das Dorf Rotenbach. Mitten im Dorf biegen wir re ab und folgen
sogleich dem Wegweiser „Ölmühle" nach li. Am Wegesrand bei Haus
Nr. 6 tritt der Stubensandstein der Ellwanger Berge hervor. In den roten

Fels wurde ein Felsenkeller gehauen. In der Tiefe des Felsabbruchs plätschert der Rotenbach. Einst war ein großer Weiher in der Talaue li aufgestaut. Kurz nach den letzten Häusern von Rotenbach kommen wir zu einer Weggabel; hier fahren wir re den Berg hinauf Richtung Eggenrot und in den Wald hinein. Dem Teersträßchen im Wald folgen wir bis zu einer Forsthütte neben einer Wegkreuzung. Hier biegen wir li in den Forstweg ein und fahren ge im Wald den Berg hinunter in das Rotenbachtal und vor zur L 1073. Auf der Straße biegen wir li ein und fahren nach wenigen Metern re ab zum Gehöft Glassägmühle.

Glassägemühle. Die Mühle wurde um 1425 von Heinz Glasbrunner aus Altmannsweiler am Landweiher im Rotenbachtal erbaut. Der Name der Sägmühle wurde von diesem Glasbrunner abgeleitet. 1960 wurde der Glassägweiher, auch „Schurrenweiher" genannt, mit einer sieben Meter hohen Talsperre zu einer Hochwasserentlastungsanlage mit einem Fassungsvermögen von 360 000 Kubikmeter erweitert. Das erste Gebäude rechts ist die alte Mühle.

Nach dem Gehöft folgen wir „schiebend" dem schmalen, steilen Teerweg hinauf zur Ortschaft Eggenrot.

Eggenrot = Rodung einer Ecke, 12. Jh „Ekkenroden", gehörte halb zum Kloster Ellwangen, halb zur Herrschaft Adelmannsfelden. Die Kapelle zum Hl. Patrizius wurde im 18. Jh von dem Ellwanger Bäcker Matthäus Geiger gestiftet.

Auf dem Sträßchen „Zur Glassägmühle" gelangen wir zur Patriziusstraße, der wir nach li folgen. Bevor die Straße im rechten Bogen zur L 1060 führt, biegen wir li in die Floriansstraße, – auf ihr gelangen wir zur Altmannsroter Straße. Hier biegen wir li ab und radeln Richtung Altmannsrot weiter. Auf der Fahrt dorthin erblicken wir li unten, in der Stille des Talgrundes eingebettet, den langgezogenen Glasweiher und ge erhebt sich stolz die Jakobuskirche auf dem Hohenberg (gleichlautender Berg wie die Ortschaft).

Altmannsrot wird im Jahre 1337 als Altmannsroden, Rodung eines Altmann (Adelmann) erstmals urkundlich genannt. Der über dem Rotenbachtal gelegene Ort hat eine 1958 erbaute Kapelle, am Kirchenweg in einem Hausgarten ein mittelalterliches Kreuz aus Stubensandstein. Massige Form, auffallend hoher Kopf, Datierung 15. Jh. Volkstümliche Überlieferung; es stamme aus dem 30-jährigen Krieg.

Den Weiler queren wir in einer Li/Re-Kurve, folgen dem Hinweisschild „Hinterbrand" und fahren ge auf dem Teersträßchen über freies Feld, danach durch ein Wäldchen bis zur K 3234, in die wir re einbiegen. Vor uns taucht im Blickfeld der Weiler Hinterbrand auf, den wir queren und ge weiter in den Wald fahren. Leicht abwärts kommen wir nach ca. 700 m zu einer Wegkreuzung, vor der auf der li Seite die Karl-Olga-Linde (ND) steht.

Karl-Olga-Linde. Etwa 1870 gepflanzt aus Anlass der Silbernen Hochzeit des Königspaars.

Re geht es nach Hohenberg, wir jedoch queren in der Kurve die Straße und fahren ge auf dem Forstweg weiter, jetzt dem Z der weißen Muschel auf bl Grund (Jakobsweg) folgend. Vorbei am Wander-P fahren wir bis zur Wegspinne vor der Steinstaffelhütte. Hier biegen wir re ab und fahren ge, jetzt leicht abwärts auf dem gut ausgebauten Forstweg weiter. Beim TP 486 biegen wir re ab, etwas ansteigend erreichen wir in einer Linkskurve den TP 471. Nach der Kurve fahren wir ge weiter (nicht li den Berg hinunter zur Röhmensägmühle) und erreichen nach ca. 600 m eine Wegkreuzung. Der Jakobsweg geht hier re weiter nach Hohenberg, wir jedoch queren die Kreuzung und fahren ge weiter, leicht abwärts bis wir nach ca. 400 m zur nächsten Wegkreuzung kommen, in die wir li einbiegen (li vor der Kreuzung sehen wir die Waldabschnittstafel „Dachsbrückle"). Bei der nächsten Weggabel fahren wir li in den Einsiedelsbachweg, zugleich Radwanderweg „Wälder Touren Bühlerzell, Juhe-Touren". Dem Forstweg folgen wir im schattigen Wald abwärts in das Tal der Blinden Rot. Im Talgrund befinden wir uns auf der Schnittstelle eines Längen- und Breitengrades. Am re Wegrand weist uns eine Tafel mit folgendem Text auf diese Schnittstelle hin: *An dieser Stelle schneidet sich der 10. Grad östlicher Länge mit dem 49. Grad nördlicher Breite.* Im Talgrund fahren wir auf dem „Rottalsträßle" re weiter; – in unzähligen Windungen schlängelt sich der Bach in der stillen Talaue uns entgegen. Vorbei an der re stehenden „Felixhütte" queren wir kurz darauf eine Wegkreuzung (AV-Weg mit Z r Kreuz, re von Hohenberg kommend nach Bühlerzell). Wir radeln ge weiter in der herrlichen Talaue, vorbei an der jenseits des Bachs stehenden Ludwigsmühle, bis zur L 1060. Auf dieser fahren wir li zu den Höfen Willa.

Willa. Es ist kein Zufall, dass dort, wo die alte Fernhandelsstraße das Tal der Blinden Rot durchquerte, Willa gegründet wurde. Schon im Jahr 1251 wurde im Jagdprivileg des Staufers Konrad IV. für den Schenken Walter von Limpurg dieser geschichtsträchtige Ort als Grenzpunkt des Jagdbezirks genannt. Mitten durch das Anwesen verlief die Waldbanngrenze zwischen der Fürstpropstei Ellwangen und der Markgrafschaft Brandenburg-Ansbach. Hier wechselte auch die Obrigkeit über die Straßenhoheit. Die Linde vor dem Wirtshaus markierte die Geleits- und Zollgrenze. Zudem bildete die Blinde Rot auch die Grenze zwischen den fürstpröpstlichen Ämtern von Ellwangen und der Tannenburg. Das Gut und die Schenke „zu dem Mullin" wird 1410 in einem Grenzstreit zu Ellwangen gehörend genannt.

Wir queren die Blinde Rot, biegen re ein und folgen dem Sträßchen Richtung Zollhof und Betzenhof; – ein alter gusseiserner Wegweiser zeigt die Richtung zum Weiler Zollhof und Hochthänn (Hochtänn) nach re an.

Die profanierte, romani-
sche Kirche St. Lukas in
Hellmannshofen mit
frühgotischem Fenster im
Turmchor und einem
Turmfachwerkaufsatz aus
dem 16. Jahrhundert.
Aufn.: K. Seidel

Zollhof mit Zollhaus. Der heutige Zollhof ist die 1539 erwähnte brandenbur-
gische Zollstätte, 1658 die „Zollstätte zu Hochthenn" genannt. Das Zollhaus
selbst, in dem sich auch ein Branntweinstüble befand, stand an der Straße von
Bühlertann nach Rosenberg am Übergang über die Blinde Rot.

Wir bleiben weiterhin in der Talaue und radeln ge weiter. An dem Weiher
bei Betzenhof verlassen wir das Tal, radeln leicht ansteigend zu den
Höfen, queren Betzenhof und erreichen eine Anhöhe, umgeben von
herrlichen Waldrändern. Nach ca. 500 m erreichen wir einen weiteren
alten gusseisernen Wegweiser; er zeigt die Richtung nach Willa und
Hirschhof an. Hier biegen wir re ab zum Weiler Hirschof. In Hirschhof
fahren wir an der Weggabel li weiter, durchfahren ein kleines Wäldchen
und haben dann auch gleich den Weiler Vorderuhlberg erreicht. Den
Weiler queren wir mit einer Li/Re-Kurve und fahren danach ge weiter
auf der K 2637, bergab durch ein Wäldchen in Richtung Gründelhardt.
Ca. 100 m vor der L 1066 biegen wir re ab und fahren auf dem Sträßchen
nach Hellmannshofen.

Hellmannshofen (Gemeinde Frankenhardt) ist 1373 erstmals genannt. Die
profanierte, romanische Kirche St. Lukas mit frühgotischem Fenster im Turmchor
und einem Turmfachwerkaufsatz aus dem 16. Jh. weist auf ein höheres Alter der
Siedlung. Die Kapelle wurde 1978 geschmackvoll restauriert.

Mitten im Weiler, bei der Kreuzung am Gasthaus „Waldhorn", auf der re
Seite sehen wir die St. Lukas-Kapelle, biegen wir li in die Hellmanns-
hofer Straße (von hier bis Gründelhardt auf dem HW 4, Z r Strich).
Leicht ansteigend führt uns die Hohlgasse auf die Anhöhe. Von der
Anhöhe sehr schöner Blick in das weite Tal und auf die Ortschaft
Gründelhardt. Ohne Anstrengung radeln wir hinab nach Gründelhardt,
biegen im Zentrum re ab Richtung Crailsheim und gleich darauf nach li
Richtung Oberspeltach.

Gründelhardt (Gemeinde Frankenhardt). 1285 Grindelhart, grindel = Balken,
hardt = Weidewald; Grindelhart = mit Schranken versehener Wald. Um 1300 war
die Siedlung flügelauisches Lehen der Kirchberg, deren Güter 1465 an die
Vellberg und von diesen z. T. an Ansbach, z. T. an Hall kamen. Das Kirchen-
patronat war ellwangisches Lehen. Die 1723 unter Einbeziehung des kreuzrippengewölbten, gotischen Chores im Barockstil neu erbaute ev. Pfarrkirche St.
Laurentius und Magdalena mit Stuckierungen und Grabdenkmälern der
Pfarrfamilie Spengler aus dem 18. Jh gehört zu den schönsten evangelischen
Kirchen dieser Art.

Nach Ortsende Gründelhardt öffnet sich der Blick zum Burgberg mit
Aussichtsturm und seiner weithin sichtbaren roten Vertäferung. Auf der
K 2639 radeln wir abwärts nach Banzenweiler, queren den Weiler,
folgen der K 2639 die Anhöhe hinauf und fahren talwärts nach
Oberspeltach.

Oberspeltach (Gemeinde Frankenhardt) umfasst zusammen mit den Ortschaften
Gründelhardt und Honhardt die vorgelagerte, im Gipskeuper ausgeräumte
Speltachbucht sowie die aus Schilfsandstein bestehenden Vorhöhen des
Burgbergs.

In Oberspeltach stoßen wir auf die Hauptstraße, der wir re folgen. Sehr
zu empfehlen, sofern genügend Kondition und Zeit vorhanden sind, ist
ein Abstecher hinauf zum Burgberg. Die herrliche Rundsicht weit in das
Land hinein, die Gaststätte, Grillstelle und die schöne Bergwiese, laden
zum Aufenthalt ein. Der gut markierte HW 4 biegt von der Hauptstraße,
vor der Kapelle, li in die Lanzenbachstraße und führt zum Burgberg
hinauf. Fahrtstrecke hin und zurück 6 km.

Burgberg und Beschreibung der Aussicht siehe W 1 S. 135, 136
Öffnungszeiten Gaststätte und Burgbergturm: Ganzjährig So/F, sonst Schlüssel
bei Pächter Fritz Stephan, Kleinteilstraße 11, Crailsheim-Onolzheim, Tel. 07951
23629

Wir fahren auf der Hauptstraße weiter durch den Ort in östlicher
Richtung. Eine Augenweide ist das Ortsbild von Oberspeltach, geprägt

von schönen Bauernhäusern mit prächtigem Blumenschmuck. Nach der
Ortschaft fahren wir auf der K 2665 ge weiter Richtung Unterspeltach.
Re unten in der breiten Talwiese begleitet uns die Speltach, die
geradlinig zu ihrer Mündung in die Jagst fließt. Wir stoßen auf die
L 1066, queren diese und fahren ge weiter, queren einen kleinen
Bachlauf und münden in die K 2640 ein. Die K 2640 biegt nach einer
kurzen Fahrstrecke re ab nach Unterspeltach, wir jedoch radeln ge
weiter auf gutem Feldweg Richtung Jagstheim. Vor Jagstheim mündet
unser Weg in die K 2641; – auf dieser fahren wir ein kurzes Stück und
biegen dann re in die Brückenstraße ein. Wir queren die Speltach,
münden in die Unterspeltacher Straße, die dann gleich li abbiegt und uns
zur B 290 führt.

Jagstheim (Stadt Crailsheim). Das 1212 zum ersten Mal genannte Jagstheim war
mit seinen über 80 Höfen und Gütern das größte Dorf im ehem. Oberamt
Crailsheim und zugleich ein sog. Ganerbendorf. Vier Herrschaften teilten sich den
Besitz. Dabei waren Lehen von Stift Komburg, den Schenken von Limpurg und
den Edelherren von Hohenlohe. Inmitten des ehemals befestigten Kirchhofes, auf
dessen Umfassungsmauern Gadenhäuser standen, erhebt sich die weit ins Land
blickende ev. Pfarrkirche St. Nikolaus. Die Kirche birgt beachtliche Kunstgegen-
stände.

Die B 290 queren wir und radeln ge auf der Stauseestraße durch die
Bahnunterführung. Hinter der Bahnlinie stoßen wir auf den Jagst-
Radweg, dem wir re folgen. Die gute Markierung des Radweges
begleitet uns nun bis zu unserem Ausgangspunkt in Ellwangen. Parallel
zum Bahngleis radeln wir nun in Richtung Stimpfach. Sehr abwechslungsreich zeigt sich das liebliche Jagsttal auf unserer weiten Fahrt. In
vielen Windungen schlängelt sich die Jagst mit ihren überwiegend
naturbelassenen Ufern durch die noch breite und im Oberlauf enger
werdende Talaue. Mehrere Seitentäler mit ihren Bachläufen münden im
Jagsttal, dabei mancher Bach mit beachtlichem Zufluss aus dem tiefen
Dunkel des großen Virngrundwaldes. Vor Steinbach wechselt der
Radweg über das Bahngleis, wir radeln auf der Hauptstraße durch den
Ort und kehren gegen Ortsende, nach dem Gasthaus, wieder auf den
Radweg li der Bahn zurück. Schnurgerade radeln wir nun nach
Stimpfach. Wer den Ort näher kennen lernen möchte, fährt vom
Gasthaus Rössle li in den Ort; – über den Sägwiesen- oder Talwiesenweg
kommt man dann wieder in das Jagsttal und zum Jagst-Radweg.

Stimpfach ist 1024 erstmals urkundlich erwähnt. 1261–1372 sind Ritter von
Stimpfach bezeugt. Die meisten Hoheitsrechte gehörten Ellwangen, seit 1608
auch die Gemeindeherrschaft. 1797 erzwang Preußen die Anerkennung seiner
Landeshoheit. 1803 kam Stimpfach zu Württemberg, gehörte zunächst zum
Oberamt Honhardt-Stimpfach. Die katholische Pfarrkirche St. Georg im erhöhten,

*Rokokokanzel in der
kath. Pfarrkirche
St. Georg in Stimpfach.
Aufn.: K. Seidel*

ummauerten Kirchhof wurde 1764/68 an Stelle einer hochgotischen Kirche des 14. Jh von Grund auf neu erbaut. Die drei Altäre sind Rokokoarbeit.

Beim Gasthaus Rössle fahren wir auf dem Radweg leicht re versetzt ge weiter, am Bahnhof (auf der TK nicht mehr eingezeichnet) vorbei, dann li über die Talaue. Auf einem Fußgängersteg überqueren wir die Jagst, biegen danach re ab und fahren ein Stück der Jagst entlang. In einem Linksbogen verlassen wir das Jagsttal für einige Kilometer, – der Radweg mündet in ein Teersträßchen, hier re weiter und kurz danach bei der Weggabel fahren, bzw. schieben wir li den steilen Berg hinauf zum Weiler Höhrbühl. Haben wir die Anhöhe erreicht, gönnen wir uns eine kleine Rast und genießen rückschauend in nordwestlicher Richtung den Fernblick nach Frankenhardt und zum Burgberg mit seinem Aussichtsturm. Den Weiler queren und verlassen wir in südlicher Richtung, jetzt immer ge weiter, durch den Wald und nach Waldende li ein kurzes Stück auf der K 3322. Nach ca. 300 m biegen wir re in den Hohrätlesweg ein und fahren im Wald abwärts in das Rotbachtal. Im sehr schön gelegenen Rotbachtal fahren wir auf der K 3229 re weiter, dem Rotbach folgend, der sich in vielen Windungen seinen Weg zur Jagst gesucht hat. Nach einer kurvenreichen Fahrt haben wir das Jagsttal wieder erreicht. Wir biegen in die B 290 li ein und noch vor der Jagstbrücke wieder li Richtung Fischbachsee, Kalkhöfe. Längs des stillen Sträßchens durch den Wald ergeben sich immer wieder sehr schöne Ausblicke nach re in die noch weithin unberührte und in ihrer Ursprünglichkeit nur von der Bahnlinie durchschnittenen Talaue der Jagst.

Hinweis: Ca. 800 m nach der B 290 kommen wir zu einer Wegabzweigung mit Hinweisschild „Achtung! Schranke 50 m". In wenigen Minuten von hier erreichen wir auf dem „Fischbachhaldeweg" den in herrlicher Waldumgebung liegenden Fischbachsee; sicher eine willkommene Gelegenheit, eine Erfrischung und Abkühlung in dem langgezogenen See zu nehmen.

Hügelig geht unsere Fahrt weiter nach Kalkhöfe. Im Weiler biegt der Radweg re ab, ein schmaler Weg führt durch die Bahnunterführung und über die Jagst, dann li weiter nach Schönau. Mitten im Weiler folgen wir dem Radweg nach li, queren die Jagst, biegen danach re ein und fahren weiterhin der Jagst entlang. Nach der Kläranlage taucht im Blickfeld Rindelbach auf und darüber die Wallfahrtskirche Schönenberg. An den Sportplätzen von Rindelbach entlang, – die Ortschaft liegt jenseits der Bahnlinie, folgen wir dem Radweg, er führt uns an der Eichkapelle vorbei, deren Besichtigung zu empfehlen ist.

Eichkapelle siehe W 25 S. 205

Auf dem Radweg erreichen wir in Kürze Ellwangen und unseren Ausgangspunkt Schießwasen.

Ellwangen ist mit der Bahn gut zu erreichen aus den Richtungen Ulm, Stuttgart, Aalen, Nördlingen und Crailsheim.

RW 55 Haselbachsee – Birkenzell – Langensteinbach – Dinkelsbühl – Wört – Konradsbronn – Hornberg – Haselbachsee

Strecke: 42 km
Wanderkarten: L 6926 Crailsheim, L 6928 Wassertrüdingen und L 7126 Aalen oder Blatt F 13 Ellwangen – Aalen
Besonderheiten: A, B, F, K, P, R, T, U, W
Ausgangspunkt: P am Südende des Stausees Häsle, von der K 3216 (von Ellwangen nach Pfahlheim) nach Hardt abbiegen.

Die Strecke führt durch eine abwechslungsreiche Landschaft mit viel Wald, Viehweiden, kleinen Weihern und Seen und immer wieder Ausblicken. Die hügelige Landschaft erinnert an das Allgäu. Achtung: Wir fahren meist auf nur wenig befahrenen Autostraßen.

Die einzige größere Steigung (60 Höhenmeter) bezwingen wir gleich zu Beginn: Vom P fahren wir zurück zur K 3216 und auf dieser steil hinauf zur Abzweigung nach Hirlbach. Von der Strecke aus schöner Rückblick auf den Haselbachsee und den Stausee Rötlen. Gegenüber der Abzweigung nach Hirlbach folgen wir dem Wegweiser nach Kraßbronn. Dort ge aus hindurch in Richtung Wasserturm. Der Feldweg ist zunächst geteert, später geschottert. Durch eine kleine Hangsenke geht's hinauf zum Wasserturm. Von dort schöne Sicht auf Baldern, Ipf und den weiteren Albtrauf von der Kapfenburg bis zu den Drei-Kaiser-Bergen. Im Nordosten ist der Rücken des Hesselberges zu sehen. In Birkenzell biegen wir nach li in die Straße nach Ellenberg ein. Ein Blick auf die Karte zeigt uns, dass wir uns hier auf der **Europäischen Wasserscheide** befinden. Der weitere Streckenverlauf bringt uns in das Einzugsgebiet der Donau. Ca. 300 m nach Ortsende biegen wir nach re ab in Richtung Wört/Stödtlen. Die K 3220 führt in angenehmen Gefälle hinab nach Tragenroden und zur quer verlaufenden Straße von Ellenberg nach Stödtlen. Vorsichtig queren wir die Straße und fahren auf einer schmalen Autostraße durch einen sehr schönen Nadelwald. Auf der L 1070 fahren wir dann in Richtung Wört, biegen aber nach dem Staudamm des Straßenweihers zur Brombacher Mühle re ab. Von der Mühle geht's scharf li etwas aufwärts und zu einem kleinen Weiher linker Hand.
Das Wäldchen bei dem kleinen Weiher ist der „Rhododendronwald". Dem Forstweg ge ein kurzes Stück folgend erreichen wir den Holzweiher am Rande des Wäldchens.

Rhododendronwald siehe W 24 S. 201

Nach dem kleinen Weiher, an der Weggabelung am Waldrand, halten wir uns re – Z bl Strich – und kommen zum geteerten Sträßchen vom Hirschhof zur Gaugenmühle. Vor der Gaugenmühle biegen wir nach li in den Wald hinein und kommen zur L 2385. Auf dieser fahren wir der Rotach entlang ca. 1,5 km talabwärts und biegen bald nach dem Springhof, beim Weiler Grünstädt, in Richtung Grobenhof nach li ab.

Hinweis: Ein Abstecher zu einer stillgelegten **Sandgrube mit Brutstätte der Uferschwalbe (ND)** und zum **Wild- und Vogelpark „Pfauengarten"** in Gaxhardt würde sich lohnen. Wir fahren dorthin noch ca. 1 km auf der L 2385 ge weiter und biegen dann re ab in die K 3212 nach Gaxhardt. Li sieht man nun in den Feldern einen kleinen Sandhügel, und dort ist die einzige Uferschwalbenkolonie der Gegend. Bitte nicht zu nahe herangehen und keinesfalls den Hügel betreten, da sonst die Bruthöhlen nachbrechen können. Von hier ist auch Gaxhardt gleich erreicht. Wir sollten jedoch unsere Zeit gut einteilen. In Dinkelsbühl als Hauptattraktion werden wir gerne 2 oder 3 Stunden verweilen.

Nach Grünstädt folgt ein wunderschön geführtes Sträßchen, zunächst
dem Waldrand entlang nach Langensteinbach. Hier vor allem erinnert
die Landschaft ans Allgäu. Langensteinbach erreichen wir am südöstlichen Ortsende und biegen nach den ersten Häusern re nach
Sittlingen ab. Linker Hand grüßt schon Dinkelsbühl mit dem großen
Dach seiner berühmten St. Georgskirche und einigen hohen Türmen der
Stadtbefestigung. Vor uns liegt die Wallfahrtskirche St. Ulrich.

Wallfahrtskirche St. Ulrich. Der Barockbau eines Voralberger Meisters bietet
eine hübsche Außenansicht. Das Innere ist sehr hell, enttäuscht aber etwas.
Abgesehen von den schön geschnitzten Wangen des Gestühls ist die Ausstattung
eher dürftig. Sehr beachtlich ist, dass die Bevölkerung von Dinkelsbühl für den
Erhalt dieses schönen Bauwerkes erhebliche Summen gespendet hat.

Der Weiterweg nach Dinkelsbühl führt zunächst hinab nach Radwang;
dort folgen wir dem Ortsschild und biegen in den Ort nach li ab. Dann
geht's knapp 2 km dem Walkweiher entlang, der mit seinem reichen
Uferbewuchs ein sehr schönes Bild abgibt. Auf der AN 45 von Wört
nach Dinkelsbühl erreichen wir schließlich diese außerordentlich gut
erhaltene ehemalige Freie Reichsstadt.

Dinkelsbühl siehe Stadtbeschreibung S. 96

Auf der Rückfahrt fahren wir auf dieser Straße in Richtung Langensteinbach bis zur Abzweigung zur Königsroter Mühle. Durch eine
liebliche leicht gewellte Landschaft kommen wir wieder hinunter ins Tal
der Rotach. Vor der genannten Mühle biegen wir in Richtung
Jammermühle ab (der Name soll von den vielen Unglücksfällen
herrühren, welche sich an den drei Weihern zugetragen haben). Sofort
nach der Mühle biegen wir nach li und kommen entlang des Talgrundes
nach Wört. Die Bebauung hat dort wohlweislich den Talgrund des
winzigen Flüsschens frei gehalten. So können Hochwässer keinen allzu
großen Schaden anrichten. Von der Brücke aus sehen wir rechter Hand
das „Schlössle" liegen.

Wört siehe W 24 S. 199

Nach einem kurzen Gefälle folgen wir dann nach li dem Wegweiser nach
Konradsbronn. In leichtem Auf und Ab erreichen wir diesen kleinen und
sehr schmucken Weiler. Meist fahren wir durch sehr schönen Wald. In
leichter Steigung erreichen wir die vielbefahrene L 2220 Dinkelsbühl –
Ellwangen. Ca. 500 m fahren oder schieben wir diese Straße nach li
aufwärts und nehmen dann den ersten Waldweg nach re. Dieser Waldweg
umrundet mit nur wenig kleinen Steigungen die Nord- und Westseite des

*Bei der kath. Pfarrkirche
St. Nikolaus in Wört
zeugt von einer romani-
schen Vorgängerkirche
noch der Turm, an den über einen Zwischenbau das höhere Hauptschiff,
erbaut 1725, 1876 verlängert, anschließt.*   Aufn.: K. Seidel

Hornberges. Wir blicken über der Ausfahrt des Autobahntunnels nach
Norden. Die **Europäische Wasserscheide** verläuft hier auf der A 6. Bei
der Umfahrung des Hornberges halten wir uns immer li, bis der
Waldweg schließlich steil hinab zu einem Grillplatz samt Hütte führt –
ca. 4,5 km nach der Abzweigung von der L 2220. Von dort führt unser
Weg – nun mit Z r Kreuz – im Grund des kleinen Waldtälchens leicht
aufwärts zur „Praterspinne", einer mehrfachen Weggabelung mit
schönen Wellingtonien/Mammutbäumen (Sequoia sempervirens), Lärchen und Birken. Wir bleiben auf dem r-Kreuz-Weg, unterqueren die A 7
und kommen im weiteren Wegverlauf am Neuweiher und am Muckenweiher vorbei. Sofort nach dem Muckenweiher queren wir die alte
L 2220. Gleich erreichen wir auch die neue Straße, auf der wir mit
größter Vorsicht (Rennstrecke) ca. 100 m nach re abwärts fahren. Dann
folgen wir dem Wegweiser nach Haselbach. Wenige Meter geht's auf
diesem Sträßchen aufwärts, bis ein geteerter Feldweg nach re abbiegt.
Dieser führt wieder hinunter in den Talgrund. Bald führt der Weg entlang
des Haselbachsees. Zu Beginn kann eine Wegschranke leicht umfahren
werden. Am See befindet sich ein großer Campingplatz, dazu sind viele
Segelboote abgestellt oder dümpeln an ihren Liegestellen vor sich hin.
Nach dem abgesperrten Uferbereich kommt ein ca. 50 m langer
künstlich aufgeschütteter Sandstrand. Wer es ruhiger haben möchte,
kann dem See auf der Südseite entlang fahren – und wird auch dort ein
Badeplätzchen finden. Nach dem Staudamm geht's kurz abwärts zum P,
von dem aus wir unsere Radtour begonnen hatten.

RW 56   Tal der Blinden Rot – Bronnen – Leinenfirst – Hohenberg – Rosenberg – Herlingsweiher – Tal der Blinden Rot – Mittelwald – Adelmannsfelden – Tal der Blinden Rot

Strecke: 40 km, mäßige Anstiege
Wanderkarten: L 6924 Schwäbisch Hall, L 6926 Crailsheim, L 7124 Schwäbisch Gmünd und L 7126 Aalen oder Blatt F 13 Ellwangen – Aalen
Besonderheiten: A, B, K, P, R, T, W
Ausgangspunkt: Abtsgmünd/Schäufele: P an der L 1073 von Abtsgmünd nach Adelmannsfelden, knapp 1 km oberhalb der Mündung der Blinden Rot in den Kocher.

Das **Tal der Blinden Rot** (NSG) ist noch sehr naturbelassen. Der Bach ist von Ufergehölzen gesäumt; er schlängelt sich in vielen Windungen durch die Talwiesen. Wir fahren dieses Tal ca. 1,5 km nach Osten, zweigen vor einem Geräteschuppen nach re ab und schieben am Nordhang der Buchhalde hinauf zur L 1075. Bevor wir die L 1075 erreichen, stoßen wir auf den von re kommenden AV-Weg mit Z r Kreuz. Bald haben wir die Autostraße erreicht, biegen in diese li ein und fahren leicht abwärts in Richtung Bronnen. Ca. 200 m nach Verlassen des Waldes biegen wir li ab, immer dem r-Kreuz-Weg folgend zum Binderhof. Den Berg schieben wir hinauf auf die Anhöhe nordwestlich von Bronnen. Fernab vom Verkehr genießen wir den schönen Blick in das Krummbachtal mit seinen herrlichen Obstbaumwiesen am Berghang. Der r-Kreuz-Weg geht am Hirtenweiher (ND) mit Baumgruppe und Feldkreuz in nördlicher Richtung weiter, wir jedoch fahren am Weiher vorbei; – in südlicher Richtung nach Bronnen.

Bronnen siehe W 16 S. 175

Mitten im Weiler Bronnen stoßen wir wieder auf die L 1075, der wir li durch den Weiler folgen. Nach Bronnen genießen wir die Aussicht auf Hohenbaldern, Kapfenburg, Braunenberg und Rosenstein, Stuifen, Rechberg und Hohenstaufen bis zur Teck. Auch bei der Weiterfahrt nach Norden haben wir immer wieder Ausblicke auf den Steilabfall der Ostalb. Auf der K 3232 geht's nach Ramsenstrut und Leinenfirst. Wir fahren hier auf der durch harten Sandstein gebildeten Liastafel (Lias alpha), die sich ein wenig von Norden nach Süden neigt. Die nur 0,4% Steigung sind durchaus zu spüren. Ab dem ehemaligen Oberbrandhof wird das Gelände hügeliger (jetzt auf der K 3234); doch wird man's noch mit Hilfe der Gangschaltung schaffen. Die Straße führt meist durch vielfältigen Wald. Beim Austritt aus dem Wald, 1 km nach Hinterbrand, liegt auch schon der langgestreckte Hohenberg vor uns. In der

Blick auf Bronnen mit der noch aus der Romanik stammenden Ägidius-Kapelle.
                                        Aufn.: K. Seidel

gleichnamigen Ortschaft führt uns die Hauptstraße hinauf auf den Berg. Der Anstieg ist mit Kreuzwegstationen (Kalvarienberg) geschmückt. Sie führen hinauf zur Wallfahrtskirche auf dem Gipfel. Sie ist gleichzeitig Dorfkirche und noch vom Friedhof umgeben.

St. Jakobus-Kirche bei Hohenberg siehe W 12 S. 162

Bei der Abfahrt nach Westen brauchen wir gute Bremsen. Am Fuß des Berges schwenken wir nach re und kommen auf einen schnurgeraden Waldweg (gleichzeitig HW 4 – Main-Donau-Bodensee-Weg) nach Rosenberg. Haben wir Lust auf ein Bad, fahren wir weiter zum Herlingsweiher. Andernfalls fahren wir vom Südwestende des Ortes auf Feld- und Waldwegen nach Westen, hinab zur Ludwigsmühle im Tal der Blinden Rot.

Vom Herlingsweiher zur Ludwigsmühle kommen wir auf Wald- und Feldwegen. Wir fahren nördlich des Weihers den ersten Waldweg nach li und kommen über Geiselrot ebenfalls zur Ludwigsmühle. Bei Geiselrot Rückblick auf den Hohenberg. Die leichte Talfahrt im Rottal ist äußerst angenehm. Durch den lockeren Wald im Talgrund fällt immer wieder ein Sonnenstrahl und die Rot plätschert über kleine Felsplatten oder nagt an ihrem Steilufer. Leider kann der Radler das Rottal nicht in seiner ganzen Länge durchfahren. An etlichen Stellen ist nicht einmal ein Fußpfad vorhanden. Selbst der Wanderer muss an einer Stelle auf einer Kletterpartie den Hang hinauf ausweichen. Wir verlassen das Rottal durch die Hahnlesklinge nach Westen. Die Kreisstraßen K 2627, K 3242, K 3324 bringen uns, in etwa der Kammlinie zwischen Bühler und Blinder Rot folgend, nach Adelmannsfelden. Um unnötige Höhenverluste zu vermeiden und um die Aussicht beim TP 493 (hier auch WT) zu genießen, fahren wir nicht den Radweg über den Ottenhof, sondern auf der K 3324 nach Adelmannsfelden hinein und zum Schloss der Grafen Adelmann von Adelmannsfelden.

Adelmannsfelden siehe RW 58 S. 320

Von dort fahren wir auf der K 3241 (in Richtung Neuler) hinab ins Rottal. Ab der Burghardsmühle bleiben wir im Rottal. Nach einem guten km müssen wir über die Brücke (siehe Karte) auf die re Seite der Rot. Das Ev. Jugendheim gibt vielleicht den Anstoß zu Plänen, auch mal mit der eigenen Jugend oder Familie ein paar ruhige Tage in diesem stillen Winkel unserer Heimat zu verbringen. Besonders mit dem Fahrrad gäbe es im Umkreis von 25 km ja sehr viel zu entdecken. Bei nur leichtem Treten erreichen wir auf unserem Talweg wieder den Ausgangspunkt.

RW 57 Röhlingen – Stausee Stockmühle – Jagstursprung – Walxheim – Pfahlheim – Sonnenbachsee – Stausee Häsle – Haselbachsee – Stausee Rötlen – Röhlingen

Strecke: 38 km, mäßige Anstiege
Wanderkarten: L 7126 Aalen oder Blatt F 13 Ellwangen – Aalen
Besonderheiten: A, B, F, R, S
Ausgangspunkt: Röhlingen, P in der Nähe der großen neugotischen Kirche

Röhlingen (Stadt Ellwangen) liegt an der Sechta und gehört naturgemäß noch zu den Goldshöfer Terrassenplatten. Die Lage des Ortes dicht am Limes sowie die vielen vorgeschichtlichen Fundstellen und Grabhügel der Gemarkung (der älteste aus der Bronzezeit) bieten ein ähnliches Bild wie im Nachbarort Pfahlheim. In den Urkunden taucht der Ort im 9. Jh als „Rehilingen" auf. *Pfarrkirche St. Peter und Paul* (kath.): Neugotischer Bau von 1900 anstelle einer romanischen, im 18. Jh umgebauten Kirche.

Südlich der Kirche findet sich ein schön gemauerter Kellerabgang, gegenüber ein Kruzifix. Dort beginnt ein gerader Feldweg nach Südosten anzusteigen. Gelegentlich findet sich das bl Dreieck. Auf der Höhe eine Sitzgruppe und schöne Sicht nach drei Seiten. Wir bleiben auf dem Höhenzug, biegen kurz vor dem Wald Ruhberg li ab und nehmen den Feldweg ge in den Wald hinein. Der Feldweg am Waldrand würde zunächst schöne Ausblicke in ein idyllisches Wald-Wiesen-Tal bieten; doch ist dieser Weg im späteren Verlauf sehr grob geschottert. Nach Durchfahren des Waldes kommen wir zur geteerten Autostraße, – auf dieser nach re und nach **Dettenroden** (der kleine Weiler besitzt eine stattliche Kapelle und sehr gepflegte Hofstellen). Nach dem letzten Haus, noch vor dem Ortsendeschild, geht's auf geteertem Feldweg nach li hinab zur K 3203; jenseits dieser über den Straßengraben hinweg (Achtung!), nach li zum Brühlgraben und diesem entlang zum oberen Teil des Stausees Stockmühle. Der See und seine Ufer sind NSG; die Wege sollen nicht verlassen werden; baden und Boot fahren sind verboten. Auch das Lagern auf den Wiesen ist nicht erlaubt. Der ruhige See mit seinen natürlichen Ufern und die zahlreichen Wasservögel entschädigen für diese Einschränkungen. Die Fahrt entlang des Sees bis auf den Stauseedamm ist lohnend. Der See wird von der Jagst – nur 4 ½ km nach ihrer Quelle – gespeist. Der Rückweg führt zunächst der Jagst entlang talaufwärts, dann nach li zur K 3203. Auf dieser kommen wir zur vielbefahrenen L 1060 (Ellwangen – Nördlingen). Die leichte Steigung nach der nur wenig auffälligen Jagstbrücke führt hinauf zur europäischen Wasserscheide. Dort schöner Blick auf Zöbingen mit seinen beiden stattlichen Kirchen. Wir nehmen den ersten Feldweg in spitzem Winkel nach li zurück und hinauf zu einem Kreuz. Auf geteerten Feldwegen fahren wir zunächst nach Norden, dann nach Osten. Unter einer angepflanzten Baumgruppe wurde die **Jagstquelle** von der OG Ellwangen des Schwäbischen Albvereins recht schön gefasst. Leider fließt bei längerer Trockenheit überhaupt kein Wasser aus dieser Quelle. Das Schloss Baldern ist hier wie auf der ganzen Radfahrt immer wieder am Horizont zu sehen. Vom Jagstursprung fahren wir zuerst nach Norden, dann auf einem Feldweg nach Walxheim.

Walxheim (Gemeinde Unterschneidheim). Der 1156 erstmals erwähnte Ort gehörte seit dem Mittelalter zum Hause der Grafen von Oettingen-Oettingen und war seit Einführung der Reformation 1558 im weiten Umkreis der einzige evangelische Ort. Ev. Pfarrkirche (ehemals St. Erhard), ein bescheidener Bau von 1769 anstelle eines gotischen Vorgängerbaus.

Am Nordende des Dorfes zweigt die K 3213 nach Pfahlheim ab. Nach dem Weiler Buchhausen taucht in der Ferne und wesentlich tiefer gelegen schon Pfahlheim auf. Wir verlassen die Autostraße am Waldeck, fahren auf einem Feldweg nach Süden und im Grund des Waldtälchens wieder nach Westen und Nordwesten. Pfahlheim liegt etwa auf der Mitte unserer Tour; dort auch gute Einkehrmöglichkeiten.

Die Jagstquelle bei Walxheim.   *Aufn.: K. Seidel*

Pfahlheim siehe W 26 S. 205

Von Pfahlheim zum Sonnenbachsee fahren wir *nicht* den nächsten Weg
auf der K 3217, sondern zum westlichen Ortsende, dann die Straße nach
Hirlbach. Diese führt hinab in das Tal des Sonnenbaches. Wo rechter
Hand ein kleiner Weiher liegt, verlässt diese Straße das Tal. Wir bleiben
im Talgrund und kommen in leichter Steigung auf den Staudamm des
Sonnenbachsees. Auf der Nordseite des Sees gibt's reichlich Badegelegenheiten, großenteils mit künstlichen Sandstränden. Ein Campingplatz lässt kein Gefühl der Einsamkeit aufkommen. Am Südufer führt
ein Grasweg entlang, der ebenfalls befahrbar ist. Das nächste Ziel,
Kraßbronn, wird über einen Feldweg erreicht, der kurz vor dem
östlichen Seeanfang nach Nordwesten, eine kleine Talmulde aufwärts
führt. Sehr malerisch liegt Beersbach auf einer Hügelkuppe. In
Kraßbronn fahren wir den Ort ge durch, die Hauptstraße wird leicht
nach re versetzt überquert – und hinab geht's zur Eiberger Sägmühle.
Dort bleiben wir im Talgrund; vor dem Gehöft Häsle geht's nach li auf
die Ostseite des gleichnamigen Stausees. An diesem See und gleich
daneben am Haselbachsee gibt es viele Bademöglichkeiten. Unser Weg
am Ostufer des Stausees Häsle führt zu einer Autostraße, die sich rechter
Hand zum Stausee des Haselbachsees hinaufzieht. Da auch dieser See
sehr idyllisch gelegen ist, empfiehlt sich die Rundfahrt um den See. Auf

unserer Tour ist dies die letzte Badegelegenheit. An diesen beiden Seen
liegen drei Campingplätze, z.T. mit Segelclubs und vielen Dauer-
campern.

Die Rückfahrt nach Röhlingen ist sehr leicht zu finden. Wir bleiben im
Talgrund der Ellenberger Rot. Ab Stausee Rötlen verläuft unsere wenig
befahrene Autostraße etwas auf den westlichen Höhen über dem
Talgrund. Schöne Vorausblicke auf Röhlingen, auf Hohenbaldern und
auf den Albtrauf mit der Kapfenburg.

**RW 58   Abtsgmünd – Heuchlingen – Horn – Schechingen –
Hohenstadt – Obergröningen – Hinterbüchelberg – Adel-
mannsfelden – Tal der Blinden Rot – (Abtsgmünd, Strecke
A) – Bronnen – Niederalfingen – Abtsgmünd (Strecke B)**

Strecke: A = 45 km / B = 58 km
Wanderkarten: L 7124 Schwäbisch Gmünd und L 7126 Aalen oder Blatt
F 13 Ellwangen – Aalen
Besonderheiten: A, B, F, K, P, R, S, T, U
Ausgangspunkt: Abtsgmünd, P Kochtalmetropolie (Sport- und Fest-
halle)

Abtsgmünd siehe W 35 S. 234

Vom P fahren wir vor zur Hauptstraße, biegen in diese re ein und radeln
ge weiter in den Ort hinein. Nach der Abtsgmünder Bank biegen wir re
ab in die Vorstadtstraße und folgen dieser ge weiter zum Hohenrainweg.
Oberhalb der Lein fahren wir auf dem Sträßchen bis wir auf die
Weiheräckerstraße stoßen, in die wir li und gleich danach re in den Geh-
und Radweg neben der L 1075 einbiegen. Vorbei an zwei prächtigen
Linden (ND), unter denen ein Kruzifix auf einem Steinsockel und ein
Gedenkstein stehen, und weiter nach Leinroden. Vor uns im Blickfeld
taucht auch schon der Weiler mit seiner Dorfkirche auf. Ein Abstecher
zu der ev. Dorfkirche im idyllisch gelegenen Weiler und zur Turmhügelburg jenseits der Lein ist zu empfehlen.

Leintal, Leinroden, Kirche und Turmhügelburg siehe W 35 S. 236

Wir queren den Weiler und erreichen kurz danach das Gehöft Roßnagel.

Roßnagel. Die Mühle, war Zubehör der Burg Roden und 1538 Sitz eines
woellwarthischen Gerichts. Die Woellwarth errichteten 1786 einen Hochofen, den
die fürstpropstliche Regierung in Ellwangen durch Bewaffnete zerstören ließ.

Blick ins Leintal mit Leinroden.   *Aufn.: K. Seidel*

Leicht ansteigend, durch ein kleines Wäldchen und wieder abwärts, erreichen wir den Ort Laubach.

Laubach (Gemeinde Abtsgmünd). Das ***Schloss*** wurde von Hans Sigmund von Woellwarth 1599 als Renaissance-Schloss anstelle einer früheren, erst im 15. Jh urkundlich gesicherten Burg errichtet. Die Schlossgebäude umschließen einen Hof von unregelmäßigem Grundriss, mit einem Hauptturm sowie drei Ecktürmen. Das Schloss ist heute in Privatbesitz.

Mit einer Li/Re-Kurve queren wir Laubach und fahren nach der Leinbrücke auf dem Radweg Richtung Heuchlingen. Eingebettet zwischen sanft geschwungenen Hängen taucht nach kurzer Fahrt die Gemeinde Heuchlingen auf. Vor Ortsbeginn hört der Radweg auf; wir fahren hier li hinunter zur Lein, dann re, der Lein entlang, in den Ort.

Heuchlingen. Erstmals 1240 urkundlich erwähnt, bis 1540 im Besitz der Herren von Rechberg, gelangt Heuchlingen nach deren Aussterben zur Fürstpropstei Ellwangen und bildet zusammen mit Abtsgmünd ein eigenes ellwangisches Amt. Ellwangen erwirbt 1609 die Burg, die bis ins 12. Jh zurückreicht. 1802 an Württemberg. *Pfarrkirche St. Vitus (Veit):* Die 500 Jahre alte Kirche ist neben dem hl. Vitus auch Maria vom Berge Karmel geweiht. Ihr sind die Deckenfresken über der Empore gewidmet; – sie stammen von Johann Michael Zink (1751). Vom gleichen Künstler sind die Fresken an der Südwand; sie haben den hl. Xaverius und den Gegenreformator Silvus zum Thema. Der Chorraum wird von Christus dem Friedensbringer beherrscht; – li in der Nische der Kirchenpatron St. Veit. Die *ehemalige Burg,* aus der Stauferzeit stammend (Buckelquader), heute verbaut. Sie liegt auf einem Bergsporn östlich der Lein und zu dieser steil abfallend. Zur Bergseite hin sehen wir noch tiefe, an einigen Stellen aufgefüllte Burggräben. Gewölbter Keller aus staufischer Zeit, jedoch nicht zugänglich.

Wer die **Hütte der Ortsgruppe Heuchlingen** des Schwäbischen Albvereins aufsuchen möchte, der fährt li über die Leinbrücke, dann re und gleich wieder re in die Brackwanger Straße und dieser entlang die Anhöhe hinauf. Sehenswert ist auch die über 500 Jahre alte St. Georgskapelle in der Brackwanger Straße (Öffnungszeit Albvereins-hütte: Sonntags von 10–22 Uhr. Tel.: 07174 / 350).

Zur Weiterfahrt queren wir die Hauptstraße bei der Leinbrücke, radeln ge weiter in die Schulstraße und im re Bogen zur Leinzeller Straße (L 1075). In diese biegen wir li ein und fahren flussaufwärts Richtung Leinzell. Kurz nach Ortsende können wir li neben der L 1075 auf ein schmales Teersträßchen ausweichen. Bald taucht Horn im Blickfeld auf. Der locker angelegte Weiler wächst am Hang über der Lein zur Hochfläche hinauf, auf der auf einem Sporn zwischen Federbach- und Leintal das Schloss steht. Wir nehmen nicht die erste Einfahrt nach Horn, sondern fahren noch ca. 700 Meter auf der L 1075 weiter und biegen in einer langgezogenen Rechtskurve re in den Unterdorfweg ein. Auf dem Sträßchen radeln / schieben wir den Berg hinauf und biegen li in die Tanngasse; danach kommen wir in die Hintere Gasse, rechter Hand vorbei an einer Möbelwerkstatt, und biegen nach li in das Sträßchen „Unter dem Schloss", dem wir in nördlicher Richtung folgen.

Schloss Horn. Gründung der Herren von Göggingen, danach seit dem 13. bzw. 14. Jh im Besitz der Herren von Rechberg, derer von Ahelfingen sowie verschiedener anderer Geschlechter. 1981, nach Brand der Ökonomiegebäude, umfassende Renovierung. Malerischer Torbau mit südlichem Rundturm. Hauptbau mit Mansardwalmdach, zweigeschossig, an der Ostfassade Volutengiebel mit Wappen der Familie von Schwarzach (1746–1954), Balkon mit großem rundbogigem Portal. Über dem Bogen des Torbaus Wappen derer von Schwarzach, von zwei Löwen gehalten. Schloss und Park im Privatbesitz, dem Publikum nicht zugänglich.

Zum Schloss gelangt man über die Tanngasse, dann bei der Kreuzung re abbiegen und die Kirchsteige hinauf. Den weiterführenden Radwander-weg erreichen wir, wenn wir auf der Anhöhe dem Sträßchen „Oberdorfweg" in Richtung Schechingen folgen.
Das Sträßchen „Unter dem Schloß" führt uns in nördlicher Richtung aus dem Weiler. Auf dem kaum befahrenen Sträßchen radeln wir am Waldrand entlang. Schön ist der Blick nach li auf den im herrlich grünen

Talgrund liegenden Federbach-Stausee. Das Sträßchen geht halbre in ein Wäldchen und hinauf zur Hochfläche. Hier stoßen wir auf die wenig befahrene Verbindungsstraße Horn – Schechingen, in die wir li einbiegen und in Richtung Schechingen weiterfahren. Eine eindrucksvolle Fernsicht zum Albtrauf belohnt uns für den Anstieg. Herrlich der Blick zur „blauen Mauer" der Schwäbischen Alb, li vom Braunenberg über den Rosenstein zu den Dreikaiserbergen. Vor uns haben wir Schechingen im Blickfeld und li Göggingen mit dem Wasserturm. Vor dem Sportplatz biegen wir li in den Horner Weg, beim Friedhof fahren wir re in die Brühlstraße, dann li ins „Gässle" und gleich darauf re Richtung Ortsmitte zur Hauptstraße.

Schechingen. Seit dem 13. Jh Ortsadel, dessen Burg bis 1757 bestand, danach Neubau des heutigen Schlosses. Seit 1435 ist die Herrschaft Schechingen mit Leinweiler im Besitz der Familie Adelmann als Lehen des Klosters Ellwangen, seit 1492 von Kaiser Friedrich III. mit Marktrecht und Gerichtsbarkeit ausgestattet. Bis zu Beginn des 19. Jahrhunderts noch Ortsbefestigung mit drei Toren.
Pfarrkirche St. Sebastian (kath.). Die mächtige, das Ortsbild bestimmende Barockkirche in ihrem Ursprung eine romanische Chorturmkirche, im unteren Teil des Kirchturms an der Ostseite noch zu erkennen. Das heutige Kirchenschiff eine Erweiterung von 1484 durch Georg Adelmann, dessen Grabplatte zusammen mit der seiner Frau sich in der Westapsis der Kirche befindet. Der Umbau zur heutigen Kirche erfolgte 1781, wobei das Langhaus in westlicher Richtung mit Westchor und -querhaus erweitert und die Kirche in Westrichtung umorientiert wurde. An der Decke sehr gutes großes Deckenfresko (1774) von Johann Nepomuk Nieberlein mit Szenen aus dem Leben und Martyrium des hl. Sebastian. Der barocke Hauptaltar mit zwei wertvollen seitlichen Holzfiguren der hl. Katharina und des hl. Nikolaus, beide um 1500, aus Buchau stammende spätere Erwerbungen. Bedeutsam auch die Stuckaltäre seitlich des Chorbogens, li mit einer spätgotischen Muttergottes, re mit barocker Josefsfigur. Barocke Kanzel und spätgotische Pieta im Langhaus.
Schloss. 1759 Errichtung des Schlosses, das 1982 zum Rathaus und Gemeindezentrum umgebaut wurde und mit dem Marktplatz ein besonders schönes Ortsbild darstellt.

Auf der Hauptstraße fahren wir ein kurzes Stück nach re und biegen dann li in die Kronenstraße (L 1158) ein, der wir ge folgen. Kurz vor Ortsende gabelt sich die Straße, re geht es nach Hohenstadt, wir jedoch bleiben auf der L 1158 und fahren ge weiter in Richtung Obergröningen. Nach ca. 1 km, vor dem Schechinger Weiher (in der TK noch nicht eingezeichnet), fahren wir re in das geteerte Sträßchen.

Schechinger Weiher. Der historische Weiher soll um 1800 herum von einer durchziehenden französischen Militäreinheit entleert und geplündert worden sein. Danach wurde der durchstochene Damm nicht mehr erneuert und das Gelände dem Wiesenanbau überlassen. 1995 gelang die Wiederherstellung des Weihers, der sich bis heute zu einem Eldorado vieler und seltener Tier- und Pflanzenarten entwickelt hat. So haben sich z. B. Zwergtaucher, Bläß- und Reichralle sowie in der Umgebung Kiebitze, Schafstelzen und Neuntöter angesiedelt. Als regelmäßige Nahrungsgäste findet man Roten und Schwarzen Milan, Wespenbussard, Habicht, Sperber und Baumfalke, auf dem Gewässer selbst Reiher- und Tafelenten, am Ufer Graureiher. Als Durchzügler wurden verschiedene Vertreter der Entenartigen (z.B. Höckerschwan, Graugans, Krick-, Stock-, Knäk- und Löffelenten) gesichtet.

Auf dem Teersträßchen fahren wir in östlicher Richtung weiter, genießen von hier nochmals den Panoramablick zum Albtrauf, bevor wir die K 3261 erreichen und in diese li einbiegen. Vor uns im Blickfeld erhebt sich der Kirchturm der Wallfahrtskirche von Hohenstadt; – er weist uns den Weg dorthin. Der Ort auf der Liashochfläche liegt unmittelbar an dem zum Kochertal steil abfallenden Stufenrand. Leicht zu finden in Hohenstadt ist die Amtsgasse mit all den in dieser Gasse vorhandenen historischen und kulturellen Sehenswürdigkeiten.

Hohenstadt, Schloss mit Wallfahrtskirche und Schlossgarten (ältester Heckenpark Europas) siehe W 35 S. 239

Zur Weiterfahrt radeln wir auf der gleichen Straße wie wir hergekommen sind zurück bis zur Abzweigung nach Schechingen. Am westlichen Ortsende biegen wir jedoch nicht li ab Richtung Schechingen, sondern radeln auf der L 1080 ge weiter, am Sportplatz vorbei nach Obergröningen, dessen Kirchturm wir auch schon sehen können.

Obergröningen. Der am nördlichen Rand der Frickenhofer Höhe gelegene Ort wird erstmals 1248 in einer Urkunde des Klosters Comburg erwähnt. Ursprünglich den Herren von Rechberg gehörend, ging das Dorf 1496 an die Schenken von Limpurg über, deshalb früh reformiert. *Ev. Pfarrkirche (ehemals St. Nikolaus).* Ein typisches und rein erhaltenes Beispiel einer Chorturmkirche innerhalb eines ummauerten Friedhofs. In der Anlage romanisch, lediglich das Südportal, die Maßwerkfenster und das Kreuzgewölbe im Chorturm sind gotisch, die Fenster des Langhauses aus dem 18. Jh. Im geschnitzten Apostelaltar besitzt die Kirche ein herausragendes Kunstwerk der Spätgotik.

Mitten im Ort biegen wir in der Linkskurve re ab und fahren weiter in Richtung Algishofen. Nach Ortsende geht es zunächst sanft abwärts ins Kochertal, mit schönem Blick hinüber zum Büchelberger Grat und re nach Hohenstadt. *Achtung:* Die Abfahrt durch das Wäldchen und weiter nach Algishofen wird sehr steil und kurvenreich. Im Talgrund queren wir den Weiler und radeln auf einer für das Kochertal typischen **überdachten Holzbrücke** über den Kocher und weiter zur B 19. In die

Für das Kochertal typische überdachte Holzbrücke über den Kocher.
Aufn.: K. Seidel

B 19 biegen wir nach re ein, fahren ca. 300 m in Richtung Abtsgmünd und biegen dann li ab in das Rötenbachtal. *Achtung* beim Queren der B 19 – gefährliche Strecke. In dem nicht allzu bekannten, jedoch herrlichen Tal (LSG) folgen wir dem Sträßchen bachaufwärts durch die Höfe „Vorderer Rötenbach" Richtung „Hinterer Rötenbach". Beim Ausflugsgasthof „Grüner Baum" biegen wir li ab und radeln weiter talaufwärts dem Rötenbach entlang. Die Stille im Wiesental mit seinem, in vielen Windungen mit Erlen gesäumten Bächlein, stellt eine wahre Oase der Ruhe dar. Am Haus in Mittelhohlenbach vorbei, taucht im Blickfeld auch schon Oberhohlenbach auf. Leicht ansteigend radeln wir ge weiter, jetzt dem Hohlenbach entlang durch ein Wäldchen. Ca. 800 m nach Oberhohlenbach erreichen wir eine Weggabel, bei der wir re weiterfahren. Nach ca. 300 m kommen wir an eine Wegkreuzung, die wir queren und ge weiter im Wald dem Eiwaldweg folgen (in der TK als Radweg grün eingezeichnet bis nach Adelmannsfelden). Leicht ansteigend führt uns der Forstweg zur Eiwaldhütte. Bei der Hütte biegen wir re ab in den Giesteichweg. Nach kurzer Fahrt erreichen wir rechter Hand ein Wegdreieck, an dem wir ge weiterfahren. Am Ende des Dreiecks biegt ein Forstweg nach li ab, wir bleiben jedoch in der Fahrtrichtung und folgen jetzt im re Bogen leicht abwärts dem Forstweg. Nach ca. 200 m biegen wir bei der Weggabel halbre ab und erreichen nach ein paar Kurven im Wald ein Teersträßchen. Wir queren das

Sträßchen und fahren auf dem Herrenbrunnenweg weiter; – am Wander-P vorbei führt uns der Forstweg leicht abwärts in eine kleine Waldsenke. Ein stilles Plätzchen li unten im kühlen Dunkel des Waldes, mit einer Sitzgruppe neben dem Bächlein, bietet sich zur Rast an. Folgen wir dem Waldpfad über den Holzsteg, so erreichen wir nach wenigen Metern eine 1935 gefasste, erfrischende Quelle. Leicht ansteigend radeln wir im re Bogen weiter, biegen dann bei der Wegkreuzung li ab und fahren in östlicher Richtung, dem Z r-Kreuz folgend aus dem Wald hinaus. Am Waldeck mündet unser Weg in ein Sträßchen, dem wir nach li folgen, hinab zum Gehöft Hammerschmiede mit Campingplatz und Badesee.

Hammerschmiedesee – auch Eisenweiher genannt, ist ein vor mehr als 900 Jahren künstlich angelegtes Gewässer zum Anlegen einer Fischzucht für die geistlichen Herren von Ellwangen. Von 1450 bis 1825 nutzte man die Wasserkraft des Sees zum Betrieb einer Hammerschmiede mit drei Hämmern, daher auch der Name des Gewässers. Als durch Industrialisierung das Erz in Wasseralfingen selbst verarbeitet wurde, musste man die Produktion umstellen und errichtete eine Sägmühle.

Der Weiterweg führt uns ein kurzes Stück aufwärts zur L 1072, welche wir, ein paar Meter nach li versetzt, queren. Weiter geht es aufwärts, eine kurze Strecke am Waldrand entlang in Richtung Adelmannsfelden. Re unten im Talgrund sehen wir den Schleifweiher und, nachdem wir die Hochfläche erreicht haben, taucht der westliche Ortsrand von Adelmannsfelden im Blickfeld auf. Re erkennen wir in der Ferne den Albtrauf und rückblickend den langgezogenen Rücken des Büchelberger Grats. Vor Adelmannsfelden queren wir die K 3324 und fahren ge auf der Hauptstraße in den Ort hinein.

Adelmannsfelden. Ursprünglich staufischer Besitz, im 14. Jh bei den Grafen von Oettingen, 1361 an die Fürstpropstei Ellwangen verkauft, seit 1380 den Schenken in Limpurg gehörend. Unter diesen Einführung der Reformation 1561. Das Schlossgut heute wieder im Besitz des Hauses Adelmann von Adelmannsfelden, das als gräfliches Geschlecht auf die Reichsministerialen der Stauferzeit zurückgeht.
Ev. Pfarrkirche (ehem. St. Nikolaus): Der Chorturm sehr alt, um 1130, das Kirchenschiff 1816 neu erbaut. Die Glasfenster in den gotischen Fenstern mit Fischblasenmaßwerk von Ernst Wanner, 1954, mit Szenen aus dem Neuen Testament. Der größte Schatz der Kirche ist das große holzgeschnitzte Kruzifix vom Anfang des 16. Jh, eines der besten Stücke dieser Art im Gebiet.
Im Innern der 1473 erbauten *Friedhofskapelle St. Leonhard und St. Barbara* an den Fensterleibungen spätgotische Wandmalereien mit Aposteln und Heiligen.
Das *Schloss* ist Stammsitz der 1790 in den Grafenstand erhobenen Familie Adelmann von Adelmannsfelden. Burganlage aus dem Mittelalter, bis ins 12. Jh

zurückreichend, um 1760 umgebaut, heute in Privatbesitz, der Öffentlichkeit nicht zugänglich.
Im Dorf das **Vohensteinsche Schlösschen, Geburtshaus der Reichsgräfin Franziska von Hohenheim,** Gemahlin von Herzog Karl Eugen von Württemberg.

Wir queren den Ort und folgen kurz vor Ortsende (linker Hand das Schloss) der Straße nach re, biegen dann, bevor die Straße den Berg hinunter führt, re ab in die Badgasse. Am Dorfweiher vorbei biegen wir li in den Fasanenweg und am Ortsende li in die Schillerstraße. *Achtung:* Ab hier steile Abfahrt in das Tal der Blinden Rot zur Papiermühle. Die Papiermühle wurde 1572 als Säg- und Mahlmühle erbaut. Sie war 1709 bis 1845 Papier-, dann Mahlmühle. Nach der Mühle queren wir die Blinde Rot und biegen re in den Mühlholzweg. Auf dem Forstweg mit Z bl Strich fahren wir zur Burghardsmühle, queren hier die K 3233 und folgen auf dem Rottalweg weiterhin der stark mäandrierenden Rot.

Tal der Blinden Rot (NSG) siehe W 14 S. 170

Nach kurzer Fahrt haben wir das ev. Jugendheim erreicht und gleich danach die Ölmühle. Ca. 1 km nach der Ölmühle gelangen wir zu einem Geräteschuppen mit Wegabzweigung nach li. Re am Hang sprudelt eine Quelle aus dem Berg und sorgt für erfrischende Abkühlung.
Weiterfahrt Strecke A: Wir bleiben im Talgrund, fahren ge weiter und biegen in die L 1073 li ein. Den Weiler Schäufele queren wir und fahren vor bis zur B 19. Die B 19 queren wir *(Vorsicht!)*, biegen li in den Radweg und fahren im Kochertal flussaufwärts zu unserem Ausgangspunkt Abtsgmünd zurück.
Weiterfahrt Strecke B: Bei dem Geräteschuppen biegen wir li ab, queren die Blinde Rot und schieben am Nordhang der Buchhalde hinauf zur L 1075. Bevor wir die L 1075 erreichen, stoßen wir auf den von re kommenden AV-Weg mit Z r Kreuz. Bald haben wir die Autostraße erreicht, biegen in diese li ein und fahren leicht abwärts in Richtung Bronnen weiter. Ca. 200 m nach Verlassen des Waldes biegen wir li ab, immer dem r-Kreuz-Weg folgend zum Binderhof. Den Berg schieben wir hinauf auf die Anhöhe nordwestlich von Bronnen. Fernab vom Verkehr genießen wir den schönen Blick in das liebliche Krummbachtal mit seinen herrlichen Obstbaumwiesen am Berghang. Der r-Kreuz-Weg geht am Hirtenweiher (ND) mit Baumgruppe und Feldkreuz in nördlicher Richtung weiter, wir jedoch fahren am Weiher vorbei; – in südlicher Richtung nach Bronnen.

Ägidiuskapelle in Bronnen siehe W16 S. 175

Mitten in Bronnen stoßen wir wieder auf die L 1075, der wir li durch den
Weiler folgen. Nach Ortsende biegen wir re ab, folgen dem Hinweisschild „Oberer Kohlwasen" und radeln auf dem wenig befahrenen
Sträßchen in Richtung Ebnat. Von der Hochebene haben wir immer
wieder Ausblicke zum Albtrauf mit Kapfenburg, Braunenberg, Rosenstein und den Dreikaiserbergen. Vor dem Weiler Ebnat biegen wir li ab,
queren Ebnat, überqueren die K 3232 und radeln ge mit leichtem Gefälle
in Richtung Niederalfingen. Bevor die Ebnater Straße steil nach
Niederalfingen hinab führt, fahren wir li in die Fuggerstraße und weiter
zur Marienburg (wer die Burganlage nicht anschauen möchte, fährt die
Ebnater Straße ge weiter den Berg hinab nach Niederalfingen – *Vorsicht,
steile Abfahrt*).

Burg Niederalfingen, Vogtgebäude (Heimatmuseum) siehe W16 S. 175

Nach dem Aufenthalt in der Burganlage gehen wir mit dem Rad auf der
Fuggerstraße das kurze, steile Stück hinab in den Ort (von der Burg in
den Ort hinunter ist Fahrverbot – Gegenrichtung ist Einbahnstraße).
Kurz nach dem Vogteigebäude biegen wir re in die Hürnheimer Straße,
fahren Richtung B 19 und vor dieser re in den Auweg. Nach wenigen
Metern queren wir die B 19 *(Vorsicht beim Queren),* fahren ge weiter
zum Kocher, überqueren die Brücke und biegen nach re in das
Teersträßchen ein. Wir befinden uns nun bis nach Abtsgmünd auf dem
Kochertal-Radweg, abwechselnd links- und rechtsseitig des Kochers.
Den Weiler Waiblingen queren wir auf der K 3325.

Burgstall in Waiblingen. Am westlichen Ortsende, nach dem Ortsschild li auf
einem Vorsprung, sind noch die Erdwerke eines Burgstalls zu sehen. Erdwerke
noch vorzüglich erhalten (Durchmesser 27–33 m), Graben auf drei Seiten.
Ortsadel: 1229 Ulricus de Wabelingen, im gleichen Jahr auch Ulricus de
Ellwangen genannt, ein Bruder Werners von Rotenbach; beide waren offenbar
Ministerialen des Abts von Ellwangen. Der Ortsadel ist bis ins 16. Jh nachweisbar;
1401 kam ihr Besitz in Waiblingen offenbar an die Woellwarth. 1362 wird die Burg
ausdrücklich erwähnt.

Wir radeln an der Scherrenmühle mit Mühlkanal vorbei und biegen nach
Überqueren des Kochers li in den Radweg ein. Ab hier sind es noch ca.
3,5 km flussabwärts im idyllischen Kochertal bis zu unserem Ausgangspunkt in Abtsgmünd.

Wer das **Wanderheim der Ortsgruppe Abtsgmünd** des Schwäbischen
Albvereins aufsuchen möchte, der fährt auf dem Radweg bis zur
Hauptstraße, biegt in diese li ein, nach ca. 200 m beim Gasthaus Ochsen
li in die Dewanger Straße und bei der übernächsten Abzweigung li in den
Erlenweg. Leicht ansteigend haben wir nach ca. 300 m das Wanderheim

am Laubbach-Stausee erreicht. Das Wanderheim mit Spielplatz sowie
der Badesee mit Grillstelle locken zum Verweilen. Öffnungszeiten
Wanderheim: Freitag 14 – 24 Uhr, Sonntag 10 – 20 Uhr. Zusätzlich vom
1. Juni bis 31. August: Montag bis Donnerstag und Samstag 15 – 20 Uhr.
Telefon Wanderheim: 07366 / 7323

**RW 59   Durch das Welland: Aalen – Mädle – Oberrombach –
Schwalbenhof – Faulherrnhof – Dewangen – Abtsgmünd –
Waiblingen – Seitsberg – Affalterried – Aalen**

Strecke: 26 km
Wanderkarten: L 7126 Aalen oder Blatt F 13 Ellwangen – Aalen
Besonderheiten: A, B, K, P, R, S, T, U
Ausgangspunkt: Aalen, P bei den Sportstadien im Rohrwang (Hin-
weisschilder: Jugendherberge, Waldfriedhof)

Aalen siehe Stadtbeschreibung S. 84

Wir fahren li am MTV-Vereinsheim auf dem schmalen Teerweg leicht
abwärts und folgen dem Radweg durch das kleine Wäldchen. Nach
Queren der Straßenunterführung radeln wir li am Freibad Unterrombach
vorbei und auf der Badgasse ge weiter bis zur Wellandstraße, in die wir
dann nach re einbiegen.

Unterrombach / Oberrombach. Der durch Unterrombach fließende Rombach
hat den beiden Stadtteilen von Aalen ihren Namen gegeben. Unterrombach ist von
alters her zur Reichsstadt Aalen gehörig. Im Jahre 1813 erfolgte die Bildung der
selbständigen Gemeinde Unterrombach aus vormals Aalener und Woellwarthischen Weilern und Höfen. Oberrombach erscheint schon seit 1389.
Rombach vermutlich von „rame“ = Schmutz abgeleitet.

Nach ca. 100 m, vor der Abzweigung nach Laubach, biegen wir bei der
„Welland-Apotheke“ li ab in die Straße „Im Sulzfeld“. Leicht aufwärts,
linker Hand an einem kleinen Fischweiher vorbei, erreichen wir in
Kürze den Wald. Im Wald fahren wir bei der Wegkreuzung re, – das
Sträßchen führt uns zu einer kleinen Anhöhe hinauf und li weiter zum
Weiler Mädle.

Mädle. Stelle einer kleinen Heumahd, einem Wiesenstück. Gewannname, der auf
den im 18. Jh entstandenen Weiler übertragen wurde.

Den Weiler queren wir nach re, fahren am Ortsende mit Schwung hinab
in die Talaue und sogleich hinauf nach Oberrombach. In die Limesstraße

biegen wir li ein *(Vorsicht im Einmündungsbereich)* und nach ca. 100 m
re in den Salinenweg. Nach kurzem Gefälle queren wir im Talgrund das
Salinenbächlein und fahren / schieben zur Anhöhe hinauf. Auf der
Anhöhe fahren wir li weiter; – mit schönem Blick zum Albtrauf mit
Rosenstein radeln wir am Schwalbenhof vorbei bis zur L 1080. In die L
1080 biegen wir re ein und fahren auf der leicht welligen Straße in
Richtung Dewangen. Nach dem Gehöft Gobühl biegen wir li ab, das
Sträßchen bringt uns, mit herrlichem Blick auf die Kaiserberge, zum
Weiler Faulherrnhof.

Faulherrnhof. 1403 kam der Hof „zum Fulherrn" von einem Gmünder Bürger an
die Adelmann, 1662 an die von Lang und 1682 ans Stift Ellwangen.

Den Weiler queren wir ge, vorbei an einer prächtigen Eiche (ND). Bevor
wir nach dem Faulherrnhof dem Teersträßchen nach re folgen, sollten
wir uns eine kleine Pause gönnen und von der Anhöhe den herrlichen
Fernblick genießen. Halbli vor uns erkennen wir Bernhardsdorf, im
Hintergrund Neubronn mit Schloss, re davon den Altenberg, Büchelberger Grat, sowie die Ortschaften Pommertsweiler und Adelmannsfelden, – halbre vor uns haben wir Dewangen, im Hintergrund Bronnen,
Neuler und den Schönenberg mit seiner Wallfahrtskirche im Blickfeld.
Sanft abwärts radeln wir nun weiter Richtung Dewangen. Im Talgrund,
nach Queren des erst beim Faulherrnhof entsprungenen Stapfelbachs (er
mündet nach kurzem Lauf in die Lein), fahren wir an einer Grillstelle
vorbei die Anhöhe hinauf. Entlang der ersten Häuser von Dewangen
biegen wir, bevor das Sträßchen re in die Ortschaft hineinführt, an der
Weggabel li ab, fahren an zwei Kastanienbäumen mit Sitzgruppe und
Feldkreuz vorbei bis zur Reichenbacher Straße. In dieser Straße biegen
wir re ein und erreichen leicht abwärts Dewangen.

Dewangen. Der Ort liegt in einer Quellmulde des Haldenbaches im Welland. Im
13. Jh erstmals genannt, stand Dewangen bis zum 14. Jh unter der Lehenshoheit
des Klosters Ellwangen. Dann kam es durch Kauf an das „Heilig-Geist-Spital" in
Schwäbisch Gmünd. 1803 ist das Dorf dem damals neu errichteten Oberamt Aalen
eingegliedert worden. Mittelpunkt der Gemeinde ist die Pfarrkirche zur
„Himmelfahrt Marias", die im Jahre 1820 erbaut wurde. Der Turm stammt noch
aus dem 13. Jh und erinnert in seiner wuchtigen Gestalt an die Zeiten des
ritterlichen Burgenbaus.

Die Ortschaft queren wir ge, – an der Kirche vorbei in Richtung
Fachsenfeld. Nach einer Linkskurve biegen wir nach dem Gasthaus li in
die Straße „Beckenhalde" ein. In Kürze stoßen wir auf den Rotsoldweg,
folgen diesem nach re Richtung Rotsold, Trübenreute, Skilift. Den
Weiler Rotsold queren wir und biegen danach li ab. Auf der Anhöhe

Das Wanderheim der Ortsgruppe Abtsgmünd des Schwäbischen Albvereins in Abtsgmünd.   Aufn.: K. Seidel

radeln wir nun ein kurzes Stück ge. Vor uns erkennen wir auf dem Ausläufer der Frickenhofer Höhe den Turm der Wallfahrtskirche von Hohenstadt und auf der li Seite den Rosenstein sowie die Kaiserberge Stuifen, Rechberg und Hohenstaufen. Nach einer Rechtskurve biegen wir kurz danach li und bei der nächsten Weggabel re ab Richtung Trübenreute, Skilift. Kurz bevor wir Trübenreute erreichen, lohnt es anzuhalten und die herrliche Aussicht hinab in das liebliche Leintal zu genießen. Im Tal erkennen wir Leinroden und über dem Weiler haben wir Neubronn im Blickfeld. Wir queren Trübenreute, fahren an der Skihütte und Piste vorbei, stoßen kurz danach auf ein von Dewangen kommendes Teersträßchen und folgen diesem li den Berghang hinunter. *Achtung:* Kurze, steile Abfahrt mit scharfer Linkskurve im Auslauf! Nach wenigen Min haben wir den Laubbach-Stausee (Badesee) und das Wanderheim der OG Abtsgmünd des Schwäbischen Albvereins erreicht. Das Wanderheim mit Spielplatz sowie der Badesee mit Grillstelle locken zum Verweilen.
Öffnungszeiten Wanderheim: Freitag 14 – 24 Uhr, Sonntag 10 – 20 Uhr. Zusätzlich vom 1. Juni bis 31. August: Montag bis Donnerstag und Samstag 15 – 20 Uhr. Telefon Wanderheim: 07366 / 7323

Abtsgmünd siehe W 35 S. 234

Ab dem Wanderheim geht das Sträßchen in einen Hohlweg über; – wir folgen ihm leicht abwärts in die Ortschaft. Nach den ersten Häusern mündet unser Sträßchen in die Dewanger Straße, dieser folgen wir nach re und biegen beim Gasthaus „Ochsen" re ab in die Hauptstraße. Vor der Kocherbrücke biegen wir nach re in die Mühlstraße (Kochertal-Radweg) ein und radeln nun flussaufwärts Richtung Waiblingen. Kurz nach der Scherrenmühle sind, vor dem Ortsschild von Waiblingen, rechter Hand auf einem Bergsporn noch die Erdwälle eines Burgstalles zu sehen.

Burgstall Waiblingen siehe RW 58 S. 322

Den Weiler Waiblingen queren wir ge; die K 3325 biegt kurz vor Ortsende re ab Richtung Fachsenfeld, wir bleiben jedoch weiterhin in der Talaue und folgen dem Hinweisschild „Klärwerk Niederalfingen". Vor uns, nun zum Greifen nahe, thront majestätisch über dem idyllischen Kochertal die Burg Niederalfingen. Vor dem Klärwerk radeln/schieben wir am Waldrand entlang die Anhöhe hinauf nach Seitsberg. Kurz vor Ortsbeginn haben wir einen schönen Ausblick hinüber nach Fachsenfeld. Seitsberg queren wir ge in Richtung Onatsfeld. Nach dem Weiler öffnet sich die Sicht zum Albtrauf. Sehr schön ist der Blick halbli zum Braunenberg mit Fernsehturm und ge zum Aalbäumle mit seinem Aussichtsturm. An einem Bildstock vorbei, biegen wir beim Wegdreieck re ab und folgen dem Radwegschild „Tour 2" nach Onatsfeld. *Vorsicht* beim Überqueren der K 3237 im Einmündungsbereich Seitsberger Straße. In Onatsfeld fahren wir ge bis zur Dorfmitte und biegen dann an der kleinen Kapelle li ab. Nach Ortsende fahren wir durch die Straßenunterführung und biegen bei der Kreuzung re ab. Nach ca. 100 m kommen wir re an der, nur noch zum Teil erhaltenen, keltischen Viereckschanze vorbei. Heute ist dort überackertes Geländes, – eine Baumreihe grenzt die Schanze ab.

Keltische Viereckschanze bei Heisenberg/Wasseralfingen. Die Schanze ist ungefähr nach den Haupthimmelsrichtungen orientiert und hatte einst folgende, auf der Wallkrone gemessene Ausdehnung: Nordseite 113 m, Ostseite 105 m, Südseite 109 m, Westseite 107 m. Erhalten ist ein 76,5 m langes Wallstück der Westseite, dem westlich noch ein 50 m langes, 0,5 m tiefes, von der Südwestecke ausgehendes Grabenstück vorgelagert ist. Die Nordseite ist als flache Böschung zu erkennen, die Nordostecke ganz verschliffen; die Ostseite zeichnet sich noch als kaum wahrnehmbare Erhebung ab, von der Südseite ist noch die Außenböschung zu erkennen. Im Innern der Schanze sind vorgeschichtliche Scherben aufgelesen worden.

Dem Teersträßchen folgen wir ge; – linker Hand haben wir nun den Braunenberg sehr nahe im Blickfeld. Beim Weiler Heisenberg biegen wir re ab, fahren durch die Straßenunterführung und weiter nach

Keltische Viereckschanze bei Heisenberg/Wasseralfingen.
Aufn.: Kreisarchiv Ostalbkreis (B. Hildebrand)

Affalterried. An der kleinen Kapelle queren wir die K 3325, fahren ge
weiter und biegen nach ca. 100 m, vor dem Gasthaus „Grüner Baum“, li
in die Forststraße ein. Hinter einer Kuppe biegen wir vom geteerten Weg
li in den Forstweg ein und folgen im Wald den Hinweisschildern
„Tour2“ und „Aalener Jugendherberge“. Nach Überqueren der
Straßenbrücke halten wir uns bei allen folgenden Kreuzungen und
Gabelungen re, bis zum P am Waldfriedhof. Von da aus erreichen wir auf
dem Teersträßchen in Kürze unseren Ausgangspunkt.
Einkehrmöglichkeiten in den Gaststätten der Stadien.
Aalen ist mit der Bahn aus allen Richtungen gut zu erreichen.

RW 60   Kapfenburg – Härtsfeld – Bopfingen –Sechtatal – Lauch-
heim – Kapfenburg

Strecke: 45 km
Wanderkarten: L 7126 Aalen und L 7128 Nördlingen oder Blatt F 13
Ellwangen – Aalen bzw. UK L 21 Nördlingen – Ries
Besonderheiten: A, F, G, K, P, R, S, T, U
Ausgangspunkt: Kapfenburg, P

Schloss Kapfenburg siehe SW 51 S. 292

Der P Kapfenburg ist leicht vom Bahnhof Lauchheim zu erreichen.
Bahnverbindung von Stuttgart – Aalen, bzw. Nördlingen – Bopfingen.

Die landschaftsbeherrschende Kapfenburg bei Lauchheim.
Aufn.: K. Seidel

Vom P fahren wir in südlicher Richtung nach Hülen und am Ortsbeginn li in östlicher Richtung. Auf dem ausgewiesenen Radweg immer ge bis zum Waldrand, durch den Wald in südöstlicher Richtung und beim TP 606 in östlicher Richtung. Ca. 1 km nach Waldaustritt halbre zum Weiler Michelfeld. Auf der K 3298 weiter nach Oberriffingen.

Bohnerzgruben im Waldabschnitt „Asang". Vom P am Ende des Waldes sind die Bohnerzgruben im Waldabschnitt „Asang" leicht zu finden. Hier wurde im letzten Jh im Übertagebau Bohnerz abgebaut und in Wasseralfingen verhüttet. Die mit Grundwasser gefüllten ehem. Abbaustellen bilden heute wertvolle Biotope.

Bei den ersten Häusern von Oberriffingen führt uns der Radweg an der Kapelle li auf dem Teerweg Richtung Hohenberg. Der Wbh oberhalb von Oberriffingen wird vom Brenzwasser aus Itzelberg gespeist, der Wbh von Hohenberg dagegen wird vom Wasserverband Eger versorgt (er bietet eine herrliche Aussicht). Die L 1070 bringt uns in rasanter Fahrt hinab nach Bopfingen.

Bopfingen siehe SW 50 S. 283
Oberdorf siehe W 29 S. 219

Auf der B 29 li bis zum Gasthaus „Grüner Baum", – wir biegen hier in die L 1070 nach Oberdorf und weiter nach Kerkingen ein. Nach Ortsende Kerkingen treffen wir auf die L 1060, auf der wir in Richtung

Nördlingen knapp 1 km fahren. Ab hier fahren wir eine kleine Strecke außerhalb des Kartenblattes F 13 auf der L 2221 nach Unterschneidheim.

Unterschneidheim. Im 9. Jh erstmals urkundlich erwähnt im Schenkungsverzeichnis des Klosters Fulda. Ortsadel seit dem 13. Jh bekannt. 1379 und 1419 kommt der Ort an den Deutschen Orden, Kommende Mergentheim. Daneben Besitz der Grafen von Oettingen. 1806 an Bayern, 1810 an Württemberg.
Pfarrkirche St. Peter und Paul (kath.): Die 1458 erbaute Kirche mit dem Deutschordenswappen am Chorbogen hat noch den gotischen, netzgewölbten, polygonal geschlossenen Chor. Li vom Chor der Turm, in seinem unteren Teil netzgewölbter gotischer Turmchor, heute Nebenkapelle. An der Westseite dieses Turmchors sehr gut erhaltenes, bei der Renovierung 1988 freigelegtes frühgotisches Fresko mit Christus als Weltenrichter in der Mandorla auf dem Regenbogen sitzend, re und li begleitet von Aposteln. Auf dem Hauptaltar großes spätgotisches Kruzifix, flankiert von eindrucksvollen, temperamentvollen Barockfiguren der Apostel Petrus und Paulus. Ebenfalls im Chor, an der Südwand, hervorragende spätgotische holzgeschnitzte Gruppe einer Marienklage mit drei trauernden Frauen. Der größte Schatz der Kirche ist am li Seitenaltar die große spätgotische Strahlenkranzmadonna, fränkische Schule (um 1500). Im spätbarocken, Ende des 19. Jh nach Westen erweiterten Langhaus schöne Barockkanzel sowie am re Seitenaltar sehr gute barocke Figur des hl. Leonhard.
Deutschordensschlösschen (Rathaus): An der Stelle einer alten Turmhügelburg an der Sechta steht der reizvolle Spätrenaissancebau des ehem. Deutschordensvogtes mit prachtvollem Wappen und der Jahreszahl 1514 an der Südseite. An der Brücke zum Schloss sehr gute Nepomukstatue von 1731, dahinter barocker Portalbogen.

Wir kehren zum südwestlichen Ortsende zurück und fahren auf dem Teerweg direkt in westlicher Richtung nach Walxheim.

Burgstall Walxheim. Zwischen Unterschneidheim und Walxheim (ca. 1,5 km nach Ortsende Unterschneidheim) sind auf der re Wegseite noch Graben und Wallreste einer Turmhügelburg zu sehen.
Walxheim. Auf windoffener Hochfläche 527 m NN liegt Walxheim. Die Straße nach Stödtlen markiert in etwa die **Europäische Wasserscheide** zwischen Rhein und Donau. Der 1156 erstmals genannte Ort gehörte hauptsächlich der Propstei Mönchsroth. Nach der Reformation unterstand Walxheim den Oettinger Grafen, kam 1806 an Bayern und 1810 an Württemberg. Die dem hl. Erhard geweihte ev. Kirche geht auf gotische Zeit zurück und erhielt 1769 ihr heutiges Aussehen.

Unser nächstes Ziel, den Jagstursprung, erreichen wir von der Ortsmitte Walxheim aus in westlicher Richtung. Für ein Picknick am Ursprung sind unter einer Baumgruppe ein Grillplatz mit Tischen und Bänken vorbereitet und laden zum Verweilen ein.
Auf der Rückfahrt fahren wir vor Walxheim in südlicher Richtung nach Zöbingen.

Zöbingen. Uralter Siedlungsplatz, an dem keltische Grabhügel und alamannische Reihengräber nachgewiesen wurden. Nach erster urkundlicher Erwähnung 1239 im Besitz der Grafen von Oettingen-Baldern und Oettingen-Wallerstein.

Pfarrkirche St. Mauritius (kath.): Der im Ursprung gotische Bau von 1394 mit im Untergeschoss romanischem Turm mit markanter barocker Zwiebel, im 18. Jh umgebaut. Bei der Renovierung im Jahr 1988 im Chor Reste gotischer Bemalung neben einer gotischen Sakramentsnische entdeckt. Im eingezogenen Chor sehr guter Hochaltar, in der Mitte mit dem Kirchenpatron Mauritius.

Wallfahrtskirche St. Maria (kath.): Die das Landschaftsbild prägende Wallfahrtskirche 1718 erbaut nach Entwürfen des vor allem in Eichstätt tätigen Baumeisters Gabriel de Gabrieli. Zentralbau auf griechischem Kreuz mit großer Kuppel, diese 1783 von Anton Wintergerst mit großem Deckenfresko versehen: Himmelfahrt Mariens sowie Geschichte der Entdeckung des Totenbaums und damit des Beginns der Wallfahrt. Der zufällige Fund eines alamannischen Grabes mit Totenbaum, in diesem Gebeine und Grabbeigaben, um das Jahr 1260 führte zum Beginn einer blühenden Wallfahrt, da man den Toten als frühchristlichen Märtyrer deutete. Das Gelände um die Kirche war ein großer alamannischer Friedhof. In der Sakristei ist der legendäre Totenbaum hinter einem barocken Gitter noch aufbewahrt. Andere dieser in Zöbingen entdeckten Baumsärge befinden sich in den Museen von Nördlingen und Stuttgart.

Auf der L 1060 fahren wir weiter in Richtung Ellwangen bis zur Abzweigung der K 3203 Richtung Lauchheim. Hier fahren wir auf der K 3203 bis nach dem Weiler Lindorf, biegen dann li ab und fahren dem Stausee Stockmühle entlang. Der See und seine Ufer sind NSG; die Wege sollen nicht verlassen werden, Baden und Bootfahren sind verboten. Wir fahren weiter nach Lippach bis zur Ortsmitte und südwestlich weiter nach Hettelsberg. Von der keltischen Viereckschanze östlich Hettelsberg sind nur noch geringe Spuren vorhanden. Bei der Abfahrt nach Lauchheim haben wir eine schöne Sicht auf Schloss Kapfenburg und den Albtrauf. Vor Lauchheim unterqueren wir die B 29, queren die alte Ortsdurchfahrt und kommen durch die Bahnunterführung und schließlich hinauf zur Kapfenburg. Mehrere schöne Spiel- und Rastplätze mit Grillmöglichkeit laden hier am Ende der Radtour zum Verweilen ein.

Lauchheim. Der Ort wird erstmals 1248 urkundlich erwähnt und gelangt im 13. Jh über die Herren von Gromberg ab 1363 in den Besitz des Deutschen Ordens, der Lauchheim 1431 die Stadtrechte verleiht. Im Dreißigjährigen Krieg weitgehend zerstört, danach planmäßiger Wiederaufbau im heutigen Stadtgrundriss.

St.-Barbara-Kapelle (ev.): Die um 1400 erbaute Kirche erfuhr 1610/20 eine grundlegende Erneuerung, aus der das große Renaissanceportal an der Straßenseite stammt. Der bemerkenswerteste Schatz der Kirche sind die erst 1951 entdeckten Wandmalereien von 1520 mit Darstellungen der Passionsgeschichte. Wenn geschlossen, Schlüssel bei Stadtapotheke daneben.

Pfarrkirche St. Peter und Paul (kath.): Der markante Bau mit West- und Ostturm ein Werk des Neubarock, nach Entwürfen des Stuttgarter Oberbaurates v. Morlok,

1869/70. Von einer Vorgängerkirche des 15. Jh stammt lediglich der Westturm mit achteckigem Oberbau. Das 1972 renovierte Innere überrascht durch die große Helle und Weite des an italienische Barockkirchen erinnernden Raumes. Unter den historisierenden Kirchenbauten aus der Mitte des 19. Jh ist die Lauchheimer Kirche eines der gelungensten Beispiele. Das Deckengemälde aus der Erbauungszeit „Christus zwischen Engeln schwebend" und im Obergaden des Langhauses in Blickfeldern die Kreuzwegstationen.

Oberer Torturm: Letzter Rest der ursprünglichen Stadtbefestigung, 1612 verstärkt, zeitweilig als Gefängnis genutzt. Über dem quadratischen Unterbau erhebt sich der achteckige Oberbau mit Kuppelhaube. Re und li Reste der Stadtmauer, z. T. in Hausbauten einbezogen. An der Außenseite des Tores große Tafel mit Wappen des Deutschen Ordens sowie verschiedener Deutschordensstädte. 100 m südlich weiterer Rundturm erhalten. Im Oberen Tor ist das Heimatmuseum untergebracht. Sehenswert ist der Marktbrunnen und gegenüber das Rathaus, ein stattlicher Barockbau aus der Deutschordenszeit, sowie das kleine Brunnenhäuschen vor der Barbarakapelle.

Geschichte, Kunst und Kultur in Museen und Galerien

Abkürzungen: ÖZ   Öffnungszeiten
nV   nach Vereinbarung
T / F   Telefon / Fax

73430 Aalen
Museum am Markt – Schubarts Museum
Menschen, Alltag und Geschichte(n), ein Spaziergang durch die Geschichte, Dichterschicksal
Marktplatz 4, T 07361/52–2219, F /52–3919
ÖZ: Di–So 10–12 und 14–17 Uhr

Urweltmuseum
Urzeit, Saurier und Fossilien
Reichsstädter Straße 1, T 07361/6556, F /961839
ÖZ: Di–So 10–12 und 14–17 Uhr

Limesmuseum
Römer, Reiter und Kastelle
St.-Johann-Straße 5, T 07361/961819, F /961839
ÖZ: Di–So 10–12 und 13–17 Uhr

73433 Aalen-Wasseralfingen
Museum Wasseralfingen
Stadtgeschichte, Kunst und Technik
Stefansplatz 5, T 07361/979143, F /52–3919
ÖZ: Di–So 10–12 und 14–17 Uhr

Ofenplattensammlungen der Schwäbischen Hüttenwerke GmbH
Öfen, Reliefs, Plastik
Wilhelmstraße 67, T 07361/502286
ÖZ: 1. Sonntag im Monat nV

73434 Aalen-Fachsenfeld
Schloß Fachsenfeld mit Schlosspark
Sehenswerte, komplett erhaltene Einrichtung mit bedeutender Kunstsammlung des schwäbischen Impressionismus sowie herrlich gelegener Schlosspark mit botanischen Raritäten.
Am Schloss 1, T 07366/2793
ÖZ: 19. März bis 1. November Sa, So und Feiertag 10–12 und 14–17 Uhr

73553 Alfdorf
Heimatmuseum
Bürgerliches und bäuerliches Wohnen und Arbeiten
Obere Schlossstraße 43, T 07172/3566
ÖZ: Mi–So 13–18 Uhr, Schulklassen und Gruppen nV

73441 Bopfingen
Museum im Seelhaus
Geologie, Archäologie, Vor- und Frühgeschichte, Stadtgeschichte
Spitalplatz 1, T 07362/3855 oder 801-29
ÖZ: April–Oktober Di–Fr 14–16 Uhr, Sa–So 14–17 Uhr, November–März Sa–So
14–17 Uhr

73441 Bopfingen-Oberdorf
Museum zur Geschichte der Juden im Ostalbkreis in der Gedenk- und
Begegnungsstätte ehemalige Synagoge Oberdorf
Lange Straße 13, T 07362/801-29 und /801-26
ÖZ: März–Oktober Sa- So und Feiertag 14–16 Uhr und nV

73441 Bopfingen-Trochtelfingen
Trochtelfinger Heimatstuben
Wohnen, Handwerk, Landwirtschaft
Ostalbstraße 54, T 07362/801–29
ÖZ: März–Oktober So 14–16 Uhr

73441 Bopfingen-Baldern
Schloss Baldern (Adelssitz der Fürsten von Oettingen)
Mobiliar und Inventar vorwiegend des 18. Jh, Waffensammlungen mit 800
Exponaten des 16. bis 18. Jahrhunderts
ÖZ: 18. März bis 31. Oktober Di–So 10–17 Uhr, November Fr 20–21 und So 14–
15 Uhr

74564 Crailsheim
Stadtmuseum im Spital
Stadtgeschichte. Der Museumsbestand schließt auch zwei Spezialsammlungen
mit Crailsheimer Fayencen und die Musikinstrumentensammlung Johann Strüber
ein.
Spitalstraße 2, T 07951/9464-0
ÖZ: Mi 9–20 Uhr, Sa 14–18 Uhr und nV. Eintritt frei

91550 Dinkelsbühl
Historisches Museum im Spitalhof
Exponate der Stadtgeschichte, des Handwerks und der bürgerlichen Wohnkultur
Dr.-Martin-Luther-Str. 6b, T (Touristik Service) 09851/90240, F /90279
ÖZ: Di–So 10–16 Uhr, Feiertagssonderregelung

Museum 3. Dimension
Holographie, Stereographie, Optische Illusion, 3D-Kunst
Am Nördlinger Tor, T 09851/6336
ÖZ: April–Oktober täglich 10–18 Uhr, November–März Sa–So 11–16 Uhr,
26. Dezember bis 6. Januar täglich 11–16 Uhr

Historische Graphik-Werkstatt
Gezeigt werden historische Drucktechniken mit Vorführungen und der Möglich-
keit kreativ mitzuarbeiten.
Nördlinger Straße 40, T (Touristik Service) 09851/90240, F /90279
ÖZ: April–Oktober täglich 14–18 Uhr, November–März Sa–So 14–18 Uhr,
Gruppen nV

73479 Ellwangen
Schlossmuseum Ellwangen
Puppenstuben, Karl Stirner, Sakralkunst, Fayencen, Fürstpropstei (ehem.
Thronsaal)
Schloss ob Ellwangen, T/F 07961/54380
ÖZ: Di–Fr 14–17 Uhr, Sa 10–12 und 14–17 Uhr, So u. Feiertag 10.30–16.30 Uhr

Alamannenmuseum (Eröffnung Herbst 2001)
Handwerk, Alltag, Christianisierung
Haller Straße 9, T 07961/84-238, F /9165-1906
ÖZ: Di–So 10–17 Uhr

73479 Ellwangen-Pfahlheim
Pfahlheimer Bauernstube
Bäuerliches Leben, Trachten, Hausrat
Kastellstraße 8, T 07965/322
ÖZ: nV

Naturkunde- und Jagdmuseum Ernst
Tierpräparate, Vogeleier, heimische Flora
Hasenbergstraße 4, (Pfahlheim), T 07361/87144 oder 07965/720
ÖZ: nV

73569 Eschach-Seifertshofen
Schwäbisches Bauern- und Technikmuseum
Marktstraße 5, T 07975/360
ÖZ: täglich 9–18 Uhr

74405 Gaildorf
Gaildorfer Heimatmuseum im Alten Schloss
Gebrauchsgegenstände, Werkzeuge und Bilder über Gaildorf und Geschichte.
Der Museumsbestand im Alten Schloss schließt die Dauerausstellung „Hexen,
Henker und Halunken – Strafjustiz in der Reichsgrafschaft Limpurg" mit ein.
ÖZ: Besichtigung nV mit Steffen Hinderer, Kirchstraße 8, T 07971/5966 und
6718, oder Stadtverwaltung Gaildorf, Fremdenverkehrsamt, Frau Blind, T 07971/
253-144

Theresientaler Heimatmuseum im Alten Schloss
Dokumente der Auswanderung aus Oberösterreich, Verschleppung nach Sibirien, Flößerstube.
ÖZ: Besichtigung nV mit Raimund Zepezauer, Graf-Bentinck-Straße 15, T 07971/5662

Kutschenmuseum Geiger
Zu der Sammlung gehören verschiedene Kutschen ab 1800, Pferdeschlitten sowie landwirtschaftliche Geräte.
Karlstraße 61, T 07971/7025, F /21364
ÖZ: täglich 10–17 Uhr

74417 Gschwend-Horlachen
Heimatmuseum Gschwend
Bauhandwerk, Hausrat, Wohnen
Altes Rathaus Horlachen, T 07972/5785 und /6810
ÖZ: April–November 1. Sonntag im Monat 14–17 Uhr

73460 Hüttlingen-Niederalfingen
Heimatmuseum im Vogteigebäude
Sehenswertes aus längst vergangenen Epochen und historische Zeugnisse aus unserem heimatlichen Lebensbereich, u.a. Feuerwehr, Handwerk, Flachsbearbeitung.
Fuggerstraße 3, T 07361/76954
ÖZ: März–Oktober 1. und 3. Sonntag im Monat 10–12 und 14–17 Uhr

73466 Lauchheim
Städtische Sammlung im „Oberen Torturm"
Stadtgeschichte, Bürgerwehr, religiöse Volkskunst, Hausrat
Hauptstraße 1,
ÖZ: nV unter T 07363/850 oder /4126, F /8516

Schloss Kapfenburg
Zu besichtigen sind die Lorenzkapelle, der Rittersaal, Stuckräume und die Musikschulakademie T 07363/9618-0, F /9618-20
ÖZ: nV ab 10 Personen

73547 Lorch
Heimat- und Klostermuseum
Die Sammlung zeigt römische Funde aus Lorch, Dokumente zur Geschichte der Stadt und des Klosters. Das Museum wird z.Zt. umgestaltet, Schwerpunkt Staufer (die Geschichte der Staufer wird auf einem großen Rundbild dargestellt). Wiedereröffnung 2002
Kloster Lorch, T 07172/927170
ÖZ: Mo–Sa 9–19 Uhr, So 9.30–19 Uhr

86720 Nördlingen
Rieskrater-Museum
Das Museum stellt die Entstehungsgeschichte des Rieses dar, Mondgestein.
Eugene-Shoemaker-Platz 1, T 09081/273822-0, F /273822-20
ÖZ: Di–So 10–12 und 13.30–16.30 Uhr, Feiertagsregelung auf Anfrage,
Führungen nV

73469 Riesbürg-Goldburghausen
Goldbergmuseum
Dokumentation zur vor- und frühgeschichtlichen Besiedlung des Goldberges von
4000 v. Chr. bis wenige Jahrhunderte v. Chr.
Ostalbstraße 33, T 09081/79223 oder 7271
ÖZ: April–Oktober So, Feiertag 14–17 Uhr

73525 Schwäbisch Gmünd
Ott-Pausersche Fabrik
Fabrikanlage zur Herstellung von Gold- und Silberwaren mit Ausstellung und
Fabrikantenwohnung
Milchgäßle 10, T 07171/38910
ÖZ: So 11–17 Uhr, Mi und Sa 14–17 Uhr

Museum im Prediger
Kirchenschatz, Malerei, Kunsthandwerk
Johannisplatz 3, T 07171/603-4130, F-4129
ÖZ: Sa und So 11–17 Uhr, Di, Mi, Fr 14–17 Uhr, Do 14–20 Uhr
Lapidarium in der Johanniskirche
Bauplastik Heilig-Kreuz-Münster
Johannisplatz, T 07171/603455
ÖZ: November–April Sa, So 14–16 Uhr, Mai–Oktober Di–So 10–12 und 14–17
Uhr

74523 Schwäbisch Hall
Hällisch-Fränkisches Museum
Kunst- und Kulturgeschichte der Region Württembergisch Franken, Geologie, Ur-
und Frühgeschichte, Stadtgeschichte
Im Keckenhof, T 0791/751-360, F /751-305
ÖZ: Di–So 10–17 Uhr, Mi 10–20 Uhr

Feuerwehrmuseum
Über 6000 Exponate umfassende Sammlung alter Feuerlöschgeräte aus fünf
Jahrhunderten.
Rippberg 3, T 0791/41798 oder 0171/3420612
ÖZ: Besichtigung im Rahmen von Führungen, Anmeldung: Touristik-Information
0791/751-386

74523 Schwäbisch Hall-Großcomburg
Kloster Comburg
Burgartige Klosteranlage mit Wehrgang. Reiche Innenausstattung. Stiftskirche St. Nikolaus mit romanischen Kunstschätzen sowie Kapitelsaal und Josephskapelle.
Großcomburg 5, T 0791/938185, F /938186
ÖZ: Di–Fr 10–12 und 14–17 Uhr, Sa, So und Feiertag 14–17 Uhr

74523 Schwäbisch Hall-Wackershofen
Freilandmuseum
In diesem historischen „Hohenloher Dorf" werden auf ca. 35 ha Volkskunst und Bautechnik, bäuerliches Wohnen und Arbeiten vergangener Jahrhunderte gezeigt.
T 0791/971010, F /9710140
ÖZ: März–April Di–So 10–17 Uhr, Mai–November Di–So 9–18 Uhr, Juni–August auch Mo

73485 Unterschneidheim
Heimatmuseum
Wohnen, Arbeiten um 1900, Hausweberei
Badgasse 25, T / F 07031/805222
ÖZ: nV

74541 Vellberg
Natur- und Heimatmuseum
Mittel- und Jungsteinzeit, Keltenfunde, Versteinerungen, Fossilien, heimische Tiere, Brauchtum.
Eschenauer Straße 7, T 07907/877-30
ÖZ: Ostern bis 31. Oktober, So und Feiertag 14–16.30 Uhr, Gruppen nV auch werktags und in den Wintermonaten. Eintritt frei.

Aussichtstürme, Wanderheime

Aussichtstürme

Aalbäumle (681 m über NN) auf dem Langert bei Aalen
    ständig geöffnet, Kiosk geöffnet Mitte April bis 31. Oktober So/F von
    9–19 Uhr (bei trockenem Wetter). Infos 07361/964429

Burgberg (534 m über NN) bei Frankenhardt-Oberspeltach
    geöffnet So/F, Schlüssel bei Fritz Stephan, Tel: 07951/23629

Einkorn (510 m über NN) bei Schwäbisch Hall-Hessental
    Schlüssel in der Wirtschaft beim Turm

Hagberg (585 m über NN) bei Gschwend
    geöffnet So/F, Schlüssel bei Hans Frank, Wasserhof

Kernerturm (458 m über NN) auf dem Kirgel bei Gaildorf
    geöffnet April–Oktober: So

Wanderheime des Schwäbischen Albvereins

Name und Lage	Anzahl Betten	geöffnet	Anmeldung bei Übernachtung
Sulzdorf in der Ortsmitte von Schwäbisch Hall-Sulzdorf an der L 1060 nach Vellberg	27	Sa/So/F	Manfred Ammer, Haselweg 13/1, 74523 SHA-Sulzdorf, 07907/ 545
Kapfenburg oberhalb von Lauchheim an der B 29 von Aalen nach Bopfingen	34	Sa/So/F	Walter Schülen, Vordere Gerbergasse 2, 86720 Nördlingen, 09081/3297

Wanderheime der Naturfreunde

Lemberg bei Michelfeld, unweit der B 14 von Schwäbisch Hall nach Mainhardt	30	Mi–So	NFH Lemberg, PF 506, 74505 Schwäb.-Hall, 0791/6740
Auf der Heide, Welzheim	16	Sa/So/F	Peter Nothdurft, Uhland-Str. 12, 73642 Welzheim 07182/7320
Braunenberg bei Aalen-Wasser-alfingen	41	Sa/So/F	Ute Bieg, Riemenschnei-derstr. 8, 73433 Aalen, 07361/971836

Jugendherbergen

Schwäbisch Hall, Langenfelder Weg 5	148	74523 Schwäbisch Hall Tel: 0791/41050 Fax: 0791/47998
Rechenberg, Zum Schloss	100	74597 Rechenberg Tel: 07967/372 Fax: 07967/8985
Ellwangen, Schloss	58	73479 Ellwangen Tel: 07961/53880
Schubart-JH, Stadionweg 8, Aalen	116	73430 Aalen Tel: 07361/49203 Fax: 07361/44682

In folgenden bayerischen JH können Erwachsene **nur dann** übernachten, wenn sie Kinder dabei haben.

Dinkelsbühl, Koppengasse 10	148	91550 Dinkelsbühl Tel: 09851/9509 Fax: 09851/4874
Nördlingen, Kaiserwiese 1	80	86720 Nördlingen Tel: 09081/271816

Sonstige Wanderheime

Ev. Jugendheim im Tal der Blinden Rot	40	Ev. Pfarramt, 73486 Adelmannsfelden Tel: 07962/850020 Fax: 07962/850021
Marienburg Niederalfingen, Jugendbildungs- und Freizeit-stätte, Schullandheim	114	Bärbel Zeller, Fuggerstr. 12, 73640 Hüttlingen Tel: 07361/1296

340

Literaturhinweise

Hugo Ackermann: Rosenberg, Geschichte und Kultur einer Gemeinde im Virngrund. Schwabenverlag AG, Ellwangen o.J.

Manfred Akermann, Horst Clauß, Joachim Hennze, Hans-Joachim König, Harald Siebenmorgen, Günter Stachel: Kunst, Kultur und Museen im Kreis Schwäbisch Hall. 2., neu bearbeitete Auflage. Konrad Theiss Verlag, Stuttgart 1991

Willi Beck und Dieter Planck: Der Limes in Südwestdeutschland. Limeswanderweg Main-Rems-Wörnitz. Konrad Theiss Verlag, Stuttgart 1980 (mit farbiger Wanderkarte im Maßstab 1:50 000)

Roland Biser: Der Kreis Schwäbisch Hall. Konrad Theiss Verlag Stuttgart und Aalen 1976

Horst Clauß, Hans-Joachim König, Ursula Pfistermeister: Kunst und Archäologie im Kreis Schwäbisch Hall. Konrad Theiss Verlag, Stuttgart 1979

Das Land Baden-Württemberg: Amtliche Beschreibung nach Kreisen und Gemeinden. Band IV Regierungsbezirk Stuttgart, Regionalverbände Franken und Ostwürttemberg. Verlag W. Kohlhammer, Stuttgart 1980

Georg Dehio: Handbuch der Deutschen Kunstdenkmäler, Baden-Württemberg I. Regierungsbezirke Stuttgart und Karlsruhe. Deutscher Kunstverlag München 1993

Philipp Filtzinger, Dieter Planck und Bernhard Cämmerer: Die Römer in Baden-Württemberg. 3. Auflage. Konrad Theiss Verlag, Stuttgart 1986

Führer zu vor- und frühgeschichtlichen Denkmälern: Band 22, Aalen – Lauchheim – Ellwangen. Verlag Philipp von Zabern, Mainz 1973

Geologische Karten von Baden-Württemberg 1:25 000. Herausgegeben vom Landesamt für Geologie, Rohstoffe und Bergbau Baden-Württemberg. Druck und Vertrieb Landesvermessungsamt Baden-Württemberg, Stuttgart

Geologische Übersichtskarte von Baden-Württemberg 1:200 000, Blatt 2 Nordost. Herausgegeben vom Geologischen Landesamt Baden-Württemberg. Druck und Vertrieb Landesvermessungsamt Baden-Württemberg, Stuttgart 1962

Otto F. Geyer und Manfred P. Gwinner: Geologie von Baden-Württemberg, 4. Auflage. Schweizerbart'sche Verlagsbuchhandlung, Stuttgart 1991

Kath. Kirchengemeinde St. Maria, Fichtenau-Matzenbach: Matzenbacher Bild. 2. Auflage. Schwabenverlag, Ellwangen 1993

Walter E. Keller: Das Ries, Europas größter Meteoritenkrater. Verlag Walter E. Keller, Treuchtlingen 1992

Wolfgang Kootz, überarbeitet von Walter Bogenberger: Romantisches Dinkelsbühl, Stadtführer. Kunstverlag Edm. von König, Heidelberg/Dielheim 1996

Eduard Krüger: Schwäbisch Hall. Stadt Schwäbisch Hall 1953

Konrad Kugelart: Wanderführer der Ortschaft Schrezheim mit ihren Teilorten. Schwabenverlag AG, Ellwangen o.J.

Klaus Lingel: Führer durch das Ries. 2. Auflage. Konrad Theiss Verlag, Stuttgart 1995

Max Miller und Gerhard Taddey: Handbuch der historischen Stätten Deutschlands Band 6 Baden-Württemberg. 2. Auflage, Alfred Kröner Verlag, Stuttgart 1980

Theo Müller und Erich Oberdorfer: Die potentielle natürliche Vegetation von Baden-Württemberg. Beihefte zu den Veröffentlichungen der Landesstelle für Naturschutz und Landschaftspflege Baden-Württemberg, Ludwigsburg 1974

Museen in Baden Württemberg. 4., neu bearbeitete Auflage. Konrad Theiss Verlag, Stuttgart 1999

Oberamtsbeschreibungen, herausgegeben vom Königlich-statistisch-topographischen Bureau. Reprint Verlag für Kultur und Wissenschaft Bissinger KG, Magstadt

Erich Oberdorfer, Angelika Schwabe Kratochwil und Theo Müller: Pflanzensoziologische Exkursionsflora. 8. Auflage. Verlag Eugen Ulmer, Stuttgart 2001

Dieter Planck: Das Freilichtmuseum am rätischen Limes im Ostalbkreis. Konrad Theiss Verlag, Stuttgart 1983

Kurt Richter: Wasserverband Obere Jagst 1956–81. Konrad Theiss Verlag, Stuttgart 1981

Stadt Schwäbisch Gmünd: Festbuch „800 Jahre Stadt Schwäbisch Gmünd". Einhorn-Verlag, Eduard Dietenberger, Schwäbisch Gmünd 1962

Konrad A. Theiss: Kunst- und Kulturdenkmale im Ostalbkreis. 2., neu bearbeitete und erweiterte Auflage. Konrad A. Theiss, Aalen 2000

Verzeichnis der Naturschutz- und Landschaftsschutzgebiete des Landes Baden-Württemberg. 3. Auflage mit Karte 1:250000, Grundlieferung und Ergänzungslieferungen 1–11. Landesanstalt für Umweltschutz Baden-Württemberg, Karlsruhe 1973–1996

Georg Wagner: Einführung in die Erd- und Landschaftsgeschichte mit besonderer Berücksichtigung Süddeutschlands. 3. Auflage. Verlag der Hohenlohe'schen Buchhandlung F. Rau, Öhringen 1960

Wasserverband Kocher-Lein: Broschüren „Hochwasserschutz und Naherholung" und „Von Stauseen und Voraussehen". Wasserverband Kocher-Lein, 1997

Diethelm Winter: Der Ostalbkreis. 2. Auflage. Konrad Theiss Verlag, Stuttgart 1992

Zeitschrift: Ostalb – Einhorn. Einhorn- und Ostalb-Verlag Schwäbisch Gmünd und Aalen

Die AutorenInnen

Luzia Aßfalg, Verwaltungsbeamtin

Dipl.-Archivarin (FH) Herta Beutter

Prof. Dr. Immo Eberl, Stadtoberarchivrat, Leiter des Stadtarchivs Ellwangen (Jagst); apl. Prof. Universität Tübingen, Historisches Semiar, Abt. für mittelalterliche Geschichte

Dr. Bernhard Hildebrand, Kreisarchivar im Ostalbkreis

Dr. Emil Kost †

Dr. Hans Mattern, Landeskonservator a.D., früherer Leiter der Bezirksstelle für Naturschutz und Landschaftspflege Stuttgart

Klaus Seidel, früherer Vorsitzender der Ortsgruppe Abtsgmünd des Schwäbischen Albvereins, Naturschutzbeauftragter im Ostalbkreis

Günther Stahl, früherer Hauptgeschäftsführer des Schwäbischen Albvereins

Dipl.-Ing. Hans Wolf

Register

Aalen 54, 84
Aalener Spion 87
Abflusspegel 79
Abkürzungen 128
Abtsgmünd 234
Adelmannsfelden 320
Adelmann von Adelmannsfelden,
  Herren 56
Ägidiuskapelle 175
ALA II Flavia 44
Albvorberge 37
Albvorland 35
Altenberg 34
Altmannsrot 299
Angulatensandstein 34
Ausleichten 69
Aussichtstürme 338
Auxilarkastell 44

Bachbegradigungen 31
Baldern 37, 290
Bannwälder 198
Beweidung 19
Behrer 71
Benediktinerkloster 101
Bergbaupfad am Braunenberg
  212
Berrothsbrunnen 158
Besemer Sägmühle 174
Besucherbergwerk „Tiefer Stol-
  len" 212
Biber 30
Bildstock am Handwald 204
Billingshalden 233
Biotop Sandgrube 192
Birkenlohe 225
Birkenzell 208
Bleiglanzbank 16
Blöcke 70
Blockholzflößerei 72

Böblinger, Matthäus 119
Bohnerz 42
Bohnerzgruben 328
Bopfingen 53, 283
Bopfinger Heideberge 218
Bösenlustnau 199
Braunenberg 211
Brauner Jura 37, 42
Brauner Jura Beta 211
Brenz, Johannes 124
Bronzezeit 45
Brünst 149
Buch 182, 186
Büchelberger Grat 33, 156
Bucher Stausee 185
Buckenweiler 270
Bühler 295
Bühlertal 11
Bühlertann 259
Bühlerursprung 158
Bühlerzell 264
Burgberg, Burgbergturm 11, 19,
  135, 136
Burgbergwald 134
Burgen und Burgruinen
  – Fochberg 53, 216
  – Kransberg 153
  – Limpurg 51
  – Niederalfingen 175
  – Schenkenstein 217
  – Waldau 253
Burgstall
  – Hornsberg 291
  – Mohrenstetten 292
  – Waiblingen 322
  – Walxheim 329
Bux, Johann Baptist 167

Chorherren (stift) 102
Civitas (Stadt) 101

Comburg 126
Crailsheim 58, 91
– , Herren von 95
Crailsheimer Hart 11

Dalkingen 184
Dauerstau 79
Dettenrode 312
Dinkelsbühl 52, 96
Dewangen 324

Eckartshausen 134
Egerursprung 218
Eggenrot 299
Eichenhaine 18
Eichkapelle 205
Eigenzell 203
Einkorn 11, 257
Eisbachtal 149
Eisensandstein 37, 211
Ellenberger Höhe 33
Ellwangen 54, 101
Ellwanger Berge 9
Engelhofer Platte 16, 266
Entlandungsarbeiten 30
Erbschenkenamt 111
Erzgrube 213
Erzhäusle 213
Eschach 248
Espachweiher 75, 165, 173
Espachweiler 173
Europäische Wasserscheide s.
    Wasserscheide

Faber du Faur 211
Fach 70
– , gebundenes 71
Faulherrnhof 324
Fayencemanufaktur 167
Felsenkapelle am Salvator 276
Fernverbindung 41
Feuchtflächen 26
Feuersteinlehm 42
Fischachtal 144

Floßbauern 70
Floßgewässer 68
Floßhaken 71
Floßholz 69
Flussbegradigungen 31
Fraas, Oscar 14
Fränkisches Volksfest 94
Franziska von Hohenheim 321
Freihof 207
Freilichtmuseum 182
Frickenhofen 226
Frickenhofer Höhe 33
Fronrot 147
Fürstpropst 102
Fürstpropstei Ellwangen 48

Gaildorf 111
Galerien 332 ff.
Garten-Center Schmid 280
Geburtshaus der Reichsgräfin
    Franziska von Hohenheim 321
Geifertshofen 297
Geologischer Lehrpfad 140
Gerbertshofen 188
Gerichtsstätte „Galgen" 164
Gipskeuper 14
Glassägmühle 299
Göggingen 248
Goldshöfer Sande 35
Grafschaft Limpurg 65
Grenzbefestigung 46
Grießweiher 180
Großdeinbach 275
Grundablasschieber 79
Gründelhardt 302
Grundgipsschichten 14
Gschwend 273
Gründischer Brunnen 15

Haal 71
Haalholz 70
Halden 147
Halheim 41
Häller 120

Halmesbuck, AP 177
Hammermühle 269
Hammerschmiedesee 320
Hammerstadt 279
Hanemann, Julius 29
Heide auf Knollenmergel 34
Hellmannshofen 301
Herlikofen 282
Hettensberg 147
Heuchlingen 315
Hinterbüchelberg 160
Hinterlengenberg 165
Hinweise 127
Hochwasserentlastungsanlagen
   (HWEA) 79
Hochwasserrückhaltebecken
   (HRB) 78
Hochwasserschieber 79
Hohenberg 33
Hohenloher-Haller-Ebene 11
Höhensande 36
Hohenstadt 239
Holzbrücke, überdachte 318
Holzmäler 70
Holztage 69
Horaffe 92
Hornsberg 37
Hütte der Ortsgruppe Heuchlin-
   gen 316
Hüttlingen 176
HW 3 243

Iggingen 281
Ipf 284
Irsbachtal 148, 150

Jagstheim 303
Jagstquelle 312
Jagsttal 11
Jagstzell 194
Jörg, Aberlin 119
Juden 92
Judenfriedhof 217, 219

Kagler, Dr. Leonhard 117
Kammerstatt 296
Kapf 241
Kapfenburg 58, 292
Karl-Olga-Linde 300
Karstlandschaft des Gipses 15
Kastell 186, 206, 283
   – Kohorten- 41
Kastellbad 185
Kastelldorf 185
Keller, Johann Michael 118
Keltischer Siedlungsraum 44
Kerner, Justinus 114, 153
Kernerturm 114, 221
Keuper, Mittlerer 13
Keuperbergland 42
Keuperwaldberge 9
Kieselabdstein 21
Kinderzeche 98
Kirchheim am Ries 286
Kirgel 114
Klingenbachtal 151
Kloster „Josefstal" 167
Kloster Lorch 274
Knollenmergel 33
Kocherflößerei 65
Kochertal 11
Kochertalexpress 132
Köder, Sieger 110, 162
Kohl(en)straße 60, 256
Kolbenberg 37
Kottspiel 144
Krokuswiese 270
Kulturgrenze 45

Landschaftsschutzgebiete 18, 32
Latènezeit 45
Laubach 315
Lauchheim 58, 330
Laufen/Kocher 229
Lautenbach 269
Lehrbergschichten 19
Lein 252
Leinroden 236

Leintal 236
Lias 34
Liasplatten 35
Limes 177, 274
– Obergermanischer und Rae-
    tischer 39
Limesanlage in Hüttlingen 280
Limesknie 41
Limesmauer 188
Limesmuseum in Aalen 183
Limestor bei Dalkingen 38, 39,
    183
Limesturm 187
Limesverlauf 187
Limpurger Berge 9

Mädle 323
Markgrafeneiche 137
Markgräfin Christiane-Charlotte
    92
Markgrafschaft Brandenburg-
    Ansbach 92
Marienburg 175
Matzenbach 193
Matzenbacher Bild 191
Mindestwasserführung 77
Missionshaus „Josefstal" 167
Mittelrot 221
Mögglingen 280
Mönchswand 79
Mühlen 31
Münster 141
Münster, Sebastian 28
Museen 332 ff.

Naturdenkmale 18, 26
Naturschutzgebiete
– Auweiher 29, 30
– Birkenweiher mit Ober- und
    Unterholzweiher 29
– Breitweiher mit Hilzenwei-
    her 29
– Bühlertal 261
– Crailsheimer Eichwald 18

– Feuchtflächen bei der Buch-
    mühle 27
– Gipsbruch Kirchbühl 14
– Ipf 284
– Orbachtal mit Streuwiesen 27
– Reisenberg (Reusenberg) 15
– Schlucht des Großen Wim-
    bachs 20, 229
– Stausee Stockmühle 32
– Tal der Blinden Rot 33, 170,
    309
– Vorbecken Buch 32
– Wacholdersberg-Geigerswa-
    sen 18, 266
– Weiherkette beim Spitalhof
    29
Neubronn 238
Neuler 172
Niederwasserauffüllung 80
Numeruskastell 41

Oberdorf am Ipf 218
Obere Bunte Mergel 20
Obergröningen 318
Oberrombach 323
Obersontheim 260
Oberspeltaach 302
Ölhäusle 173
Opalinuston 37

Parler 116
Paulus d. Jüngere, Eduard 22, 27,
    33
Pfahlheim 205
Pfanne 69
Pflanzenwelt 16
Pfauengarten 306
Pflege der Wuchsorte 26
Pommertsweiler 157

Querstauden 71

Rabenhof 161
Rainau 182

Rainau-Buch 41
Ramsenstrut 170
Rappenhof 228
Rechenberg 196
Reichsabtei 101
Reichsfürsten 102
Reichslimeskommissin 38
Reichsstadt Hall 65
Reichssteuergericht 116
Rhododendronwald 201
Ries 285
Rindenburg 204
Röhlingen 311
Roßnagel 314
Rotachtal 36
Rotenbachtal 164
Röterturm 221
Rückhaltebecken 31, 77

Sägweiher 174
Saline Hall 65
  –, Stillegung 66
Sandgrube mit Brutstätte der
  Uferschwalbe 200, 306
St. Antonius-Kapelle 168
St. Benedikt-Kirche 172
St. Jakobus-Kirche 162
St. Maria-Kirche 153
Saverwang 181
Schälzeit 69
Schechingen 317
Schechinger Weiher 317
Scheiterholzflößerei 72
Schenken von Limpurg 51, 56, 111
Schenken von Schüpf 51
Schilfsandstein 19
Schleifhäusle 167
Schlittenweg 224
Schloss
  – Adelmannsfelden 320
  – Baldern 290
  – ob Ellwangen 108
  – Gaildorf, Altes 113, Neues
  114
  – Horn 316
  – Hohenstadt 239
  – Kapfenburg 58, 292
  – Laubach 257
  – Obersontheim 260
  – Rechenberg 196
  – Schechingen 317
  – Schmiedelfeld 148
  – Untergröningen 231
  – Wildenstein 268
Schlossberg 33
Schnaitberg 254
Schnellklinge 146
Schönenberg 33, 34
Schönenberg, Wallfahrtskirche
  103
Schrezheim 167
Schrotplätze 69
Schrotstätten 70
Schubart, Christian Friedrich
  Daniel 89, 260
Schüttberg 188
Schwäbisch Gmünd 50, 116
Schwäbisch Hall 51, 121
Schwäbische Hüttenwerke Was-
  seralfingen 211
Schwabsberg 179, 182
Schwallstuben 70
Schwarzer Jura 34, 42
Schwenningen 179
Seerose, Glänzende 75
Segringen 270
Siedlungsbild 46
Stillegung der Saline 66
Stimpfach 303
Stöckenburg 262
Stockensägmühle 204
Stubensandstein 20
Stück 70
Sulzbach/Kocher 151
Synagoge, ehemalige 218

Täferrot 244
Tannenburg 296

Tannhausen 289
Teichwirtschaft 30
Teufelsmauer 46, 280
Tiefer Stollen 212
Tonolzbronn 247
Treiber 71
Treibsee 70
Treppach 279
Trias 13
Turmhügelburg 236

Übersicht der Wanderungen 129
Universität, katholisch theologische 103
Untere Bunte Mergel 19
Unterdeufstetten 190
Untergröningen 231
Unterrombach 323
Unterrot 220
Unterschneidheim 329
Untersontheim 143
Urach, Hans von 119

Vellberg 261
Vetterhöfe 146
Viereckschanze, keltische 287, 326
Virngrund 10
Virngrundweiher 74
Vogelarten 30
Vogellehrpfad 254
Vogelpark 306
Vogt, Kaspar 276
Vogteigebäude 176
Vohensteinsches Schlösschen 321
Vorderlengenberg 166

Wächeldersberch 18, 266
Wacholderheiden 16
Wachtturm 188, 209
Wagner, Georg 13
Wälder 23
Wäldershub 189
Wallfahrtskirche St. Ulrich 307

Wallfahrtskirche Schönenberg 103
Walxheim 312, 329
Wanderheim(e) 338 ff.
  – der Ortsgruppe Abtsgmünd 322
  – der Ortsgruppe Hüttlingen 279
Wasserscheide, Europäische 189, 193, 249, 268, 308, 329
Wasserverband Obere Jagst 78
Wasserverband Kocher-Lein 79
Wegsamkeiten 43
Weiher, Weiherland 28
Weiß, Adam 92
Weißer Jura 42
Welland 37
Westgarthausen 266
Wette 147
Widmann, Georg, Achilles Jason, Georg Rudolph, Erasmus 123, 124
Wiesentäler 25
Wildenberg 34
Wildenhäusle 360
Wildenhof 160
Wildenstein 268
Wildgehege 269
Wildpark 306
Wildschweingehege 156, 210
Wild- und Vogelpark „Pfauengarten" 200
Willa 300
Woellwarth, Hans Sigmund von 214
Woellwarth, Herren von 56
Wöllstein 240
Wölze 69
Wörnitz 11
Wört 199
Wulf, Eva 232

Zipplingen 288
Zöbingen 330
Zollhof mit Zollhaus 301

Natur – Heimat – Wandern
Die Regio-Wanderführer

Die Wanderführerreihe mit ausführlichen landeskundlichen Informationen im allgemeinen Teil sowie ca. 30 bis 50 Rund- und Streckenwanderungen. Hrsg. vom Schwäbischen Albverein. Jeder Band enthält eine Wanderkarte als Beilage und ist mit Zeichnungen, Farbphotos und Kartenskizzen reichhaltig illustriert. Die Reihe wird fortgesetzt.

Bisher sind erschienen:

Albuch – Härtsfeld – Ries, 2. Aufl., 192 Seiten

Bahnausflüge zwischen Neckar und Tauber, 249 Seiten

Heckengäu – Strohgäu und Glemswald, 216 Seiten

Heidenheim – Dillingen – Donauwörth, 256 Seiten, z. Zt. vergriffen

In Ulm und um Ulm herum, z. Zt. vergriffen, 3. Aufl. in Vorbereitung

Kaiserberge – Geislinger Alb, 224 Seiten, z. Zt. vergriffen

Lautertal – Zwiefalter Alb – Laucherttal, z. Zt. vergriffen, 2. Aufl. in Vorbereitung

Naturpark Obere Donau, 4. Aufl., 213 Seiten

Naturpark Schwäbisch-Fränkischer Wald, 3. Aufl., 279 Seiten

Naturpark Stromberg – Heuchelberg, 3. Aufl., 268 Seiten

Neckarland und Württ. Weinwanderweg, 270 Seiten

Nördliches Oberschwaben, 197 Seiten

Oberer Neckar, Baar und Baaralb, 275 Seiten

Östlicher Schwäbisch-Fränkischer Wald, 360 Seiten

Reutlinger und Uracher Alb, 3. Aufl., 224 Seiten

Schönbuch – Tübingen – Rammert, z. Zt. vergriffen

Schurwald – Esslingen – Filder, 2. Aufl., 254 Seiten

Schwäbische Alb – Nordrandweg (HW 1), 207 Seiten

Südliches Oberschwaben – Bodensee, 2. Aufl., 192 Seiten

Südöstliches Oberschwaben – Westallgäu, 232 Seiten

Teck – Neuffen – Römerstein, 231 Seiten

Zollernalb, 219 Seiten

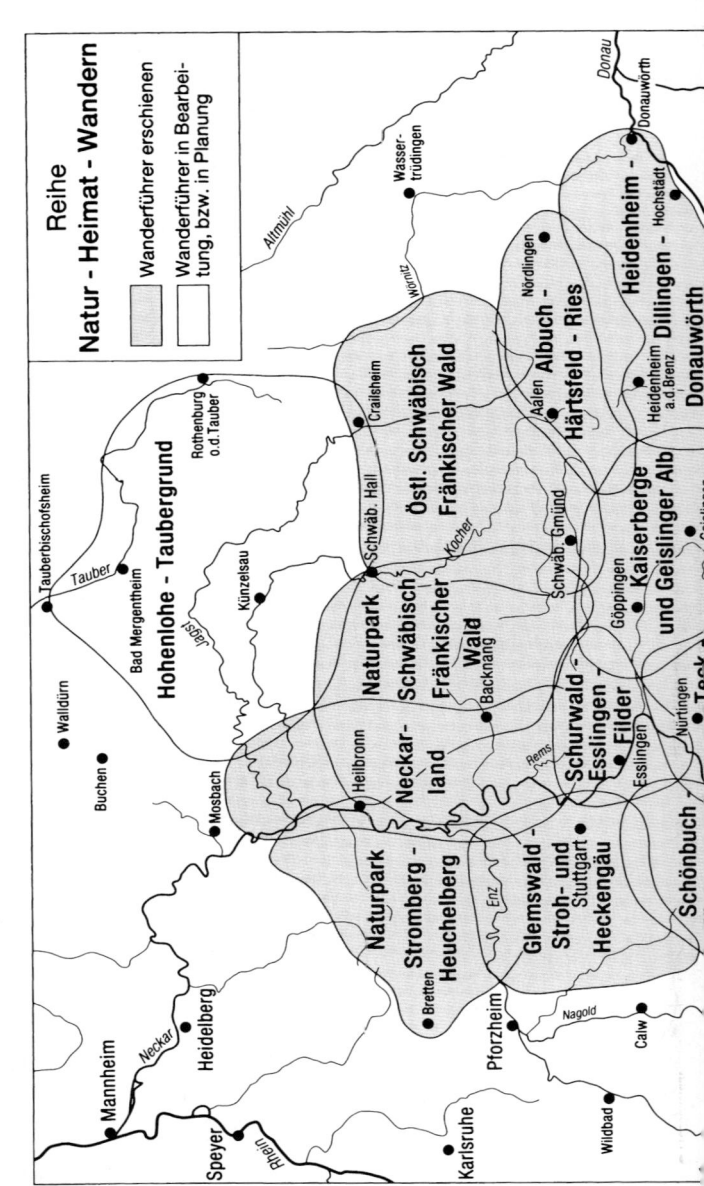

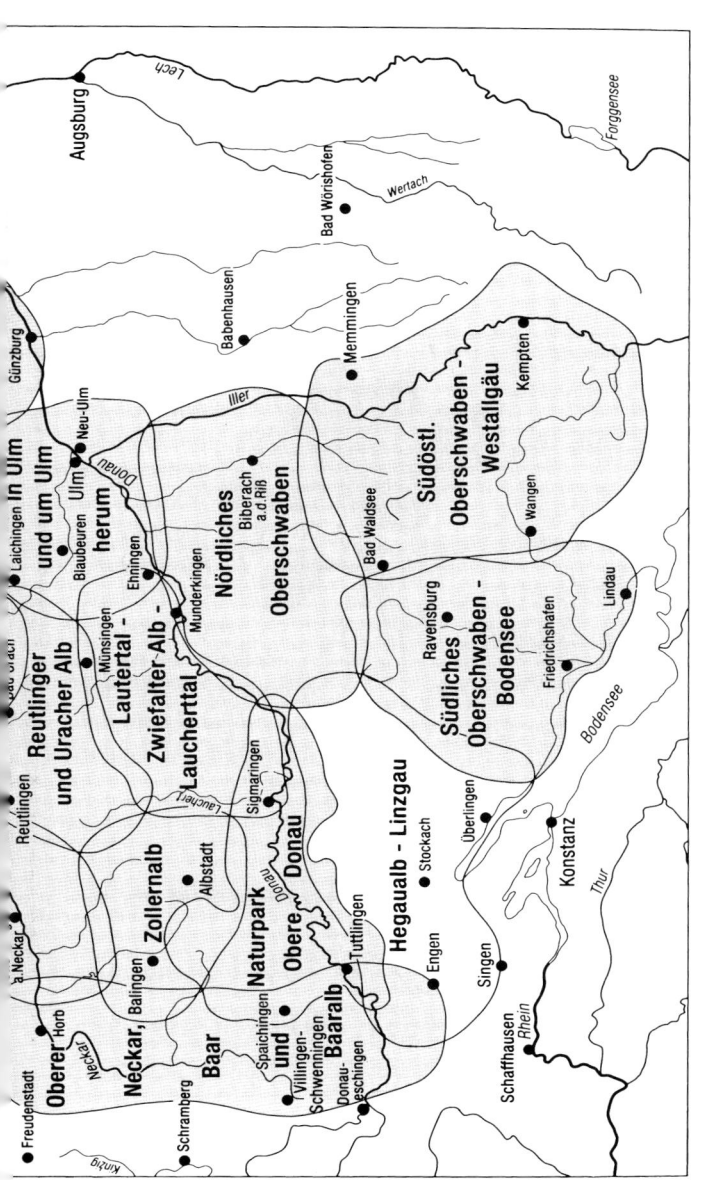

Aalen
Der Stadtführer

von Eugen Hafner
Eine Broschüre zur Stadtgeschichte

Führungen durch die historische Innenstadt
und Büchlein beim

Touristik-Service Aalen, Marktplatz 2, 73430 Aalen
Telefon 0 73 61 / 52 23 58, Fax 0 73 61 / 52 19 07

Kundenservice

Unser Kundenservice für das neue Jahrtausend

Wir sind für Sie da:

- 121 Bankstellen

- 71 Geldautomaten

- Telefon-Banking

- Internet-Banking

 Volksbanken Raiffeisenbanken

im Ostalbkreis

NOTIZEN